adt Cannstatt.

895.

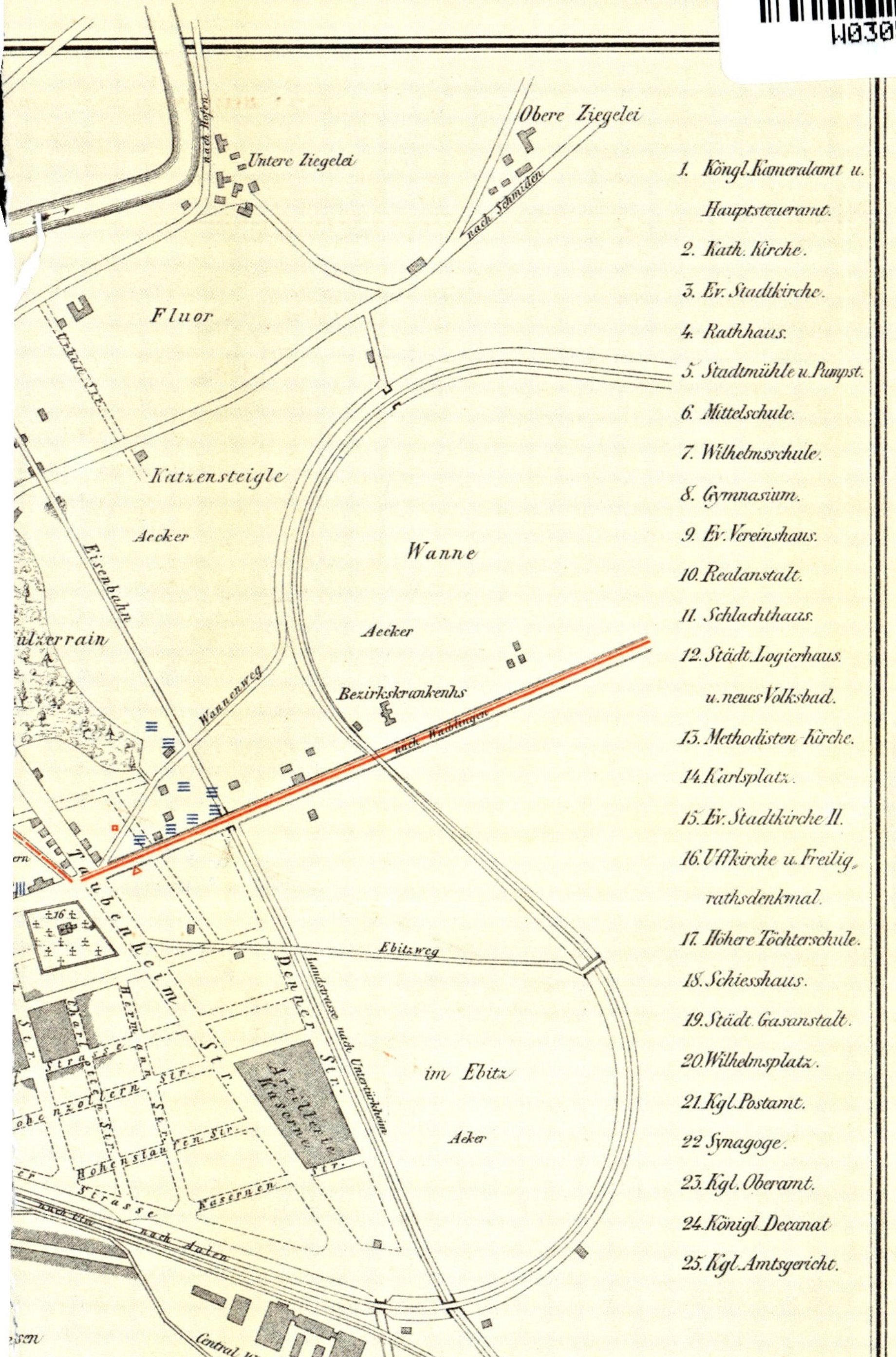

Lith. v. J. Mann.

500 600 700 800 900 1000 m. 1 Kilomtr.

che Zeit. — Aleman. Fränk. Zeit.

trasse. — noch unbest. Strasse. ≡ Gräber. — △ Fundort. ≡ Reihengräber.

tertümer nach Dr. E. Kapff.

Jürgen Hagel

Cannstatt und seine Geschichte

Jürgen Hagel

Cannstatt und seine Geschichte

Herausgegeben
vom Verein Pro Alt-Cannstatt

Silberburg-Verlag

Dr. Jürgen Hagel, Jahrgang 1925, war als Journalist und Redakteur bei einer Tageszeitung und der naturkundlichen Monatsschrift »Kosmos« beschäftigt, bevor er die Universitäts-Laufbahn einschlug. An der Universität Stuttgart forschte und lehrte er im Bereich Geographie. Seit 1989 im Ruhestand, schreibt er regelmäßig für verschiedene Zeitungen und Zeitschriften über landesgeschichtliche Themen.

Von Jürgen Hagel sind im Silberburg-Verlag erschienen:
Saurier, Pest und Brotkrawall. Episoden aus Stuttgarts Vergangenheit
Maskenfest und Mammutzähne. Episoden aus Stuttgarts Vergangenheit
Mensch und Natur im Stuttgarter Raum. Zur Geschichte einer schwierigen Beziehung

Vorsatzblatt vorn:
Plan der Stadt Cannstatt vom Jahr 1895 mit der Lage der damals bekannten Fundstätten

Vorsatzblatt hinten:
Das Oberamt Cannstatt um 1895

1 2 3 4 5 06 05 04 03 02

Satz und Gestaltung: INITIAL Medienvorstufe · info@starzmann.com
Umschlag: Frank Butzer, Tübingen,
unter Verwendung einer Fotografie von Klaus Wagner.
Druck: Karl Grammlich, Pliezhausen.
Printed in Germany.

ISBN 3-87407-529-X

Dieses Buch

wurde vom

Verein Pro Alt-Cannstatt

Pro Alt-Cannstatt

Aktion für eine schönere Altstadt

in Auftrag gegeben

und auf den Weg gebracht.

Es ist den Bürgern

von Bad Cannstatt

gewidmet.

Möglich wurde die Herausgabe des Bandes durch das Engagement der Mitglieder des Vereins Pro Alt-Cannstatt und durch die großzügige finanzielle Hilfe folgender Freunde und Förderer:

Manfred Aichele

Anita und Hans Betsch

Bücher Wagner, Inhaber Manfred Hauber

Elisabeth und Herbert Claus

Else Dannheim

Eisenlohr Verlag & Co.

Karl Epple

Norbert Feyerabend

Bruno Gaiser

Dr. Gernot Grieshaber

Helmut Henschel

Barbara und Hans Ibald

Hans-Joachim Kopp

Edelmar Krautter

Gabriele Leicht

Matthias Merz

Dr. Werner Merz

Karin und Michael Rosenberg-Pohl

Dr. Roland Schmid

Christel Stiehle

Volksbank in Stuttgart

Anne und Eberhard Wagner

Inhalt

11 Vorwort

12 Eine Vorbemerkung

16 Von den Mammut-Jägern zu den Alamannen

16 Funde aus frühen Zeiten
16 Jäger stellten den Mammuten nach
18 Als die Bandkeramiker kamen
19 Was von den Kelten blieb: Fürstengräber und Namen
21 Den Römern folgten die Alamannen

25 Cannstatt im Mittelalter

25 Aus der Frühzeit der heutigen Siedlung
26 Die sechs Cannstatter Burgen
27 Erzählung und Wahrheit: die Erhebung zur Stadt
29 Kirchen von großer Bedeutung
32 Wachstum auf Kosten der Nachbarn
33 Sorgen und Freuden im Alltag

35 Cannstatts Entwicklung in der Neuzeit

35 Cannstatt wird evangelisch
36 Die erste Poststation im Land
38 Die Postämter in Cannstatt
39 Immer wieder Krieg
42 Als Cannstatt Festung werden sollte
43 Die Kriegsereignisse von 1693 ...
44 ... und von 1796
47 Neue Belastungen zur Zeit Napoleons
48 Seltsame Himmelserscheinungen erregten die Bürger
48 Von Zauberei, Hexenwahn, Pest und Feuersbrunst

50 Cannstatt – die heimliche Residenz?

50 Königliche Gunst für die Badestadt
50 Dem König zuliebe – wie die Stadtplanung in Cannstatt begann
53 Die alten Türme missfielen dem König
55 Das Landhaus Bellevue
56 Cannstatter Weingärten für Schloss und Park Rosenstein
57 Das Schützencorps im Dienst für den König
58 Vom Sommersitz zum Zoologischen Garten: die Wilhelma
60 Am Anfang der Industrialisierung stand die Wasserkraft
62 Erste Industriebetriebe
62 Großer Hunger und große Not
63 Politische Unruhe um 1848
65 Die rollenden Dampfrösser kamen
66 Cannstatt – ein berühmtes Bildungszentrum
67 Schädlinge und andere Kalamitäten
69 Noch lebten alte Bräuche

71 Wie Cannstatt Industriestadt wurde

71 Cannstatt blieb noch immer eine Agrarstadt ...
72 ... und eine arme Stadt
75 Cannstatter im Krieg
76 Als die Kohle kam
78 Vom Bau der Eisen- und der Straßenbahn
81 Erste Industriegebiete entstanden
83 Cannstatts Vorteil: Vielseitigkeit und Spezialisierung
87 »Zugereiste« gaben starke Impulse
90 Mit der Industrie wuchsen die Umweltprobleme
91 Die Stadt dehnte sich immer schneller und weiter aus
96 Probleme der Versorgung
97 Neue Gotteshäuser entstanden
99 Vom Alltag in der Stadt
102 Vereine, Vereine, Vereine

103 Aufstieg zu einer Stadt in der Großstadt

103 Die Vereinigung von Cannstatt mit Stuttgart
105 Weiteres Wachstum im 20. Jahrhundert
108 Das Wachstum schreitet fort
110 Stuttgart erhält einen neuen Friedhof
111 Cannstatt als Garnison

113 Der Burgholzhof – eine wechselvolle Geschichte
115 Die Geschichte des Cannstatter Krankenhauses
116 Übergriffe des NS-Regimes
118 Bad Cannstatt im Zweiten Weltkrieg
121 Nachkriegsnot und Wiederaufbau
123 Bad Cannstatts Mitte – ein bedeutendes Geschäftszentrum
124 Dienstleistungenlösen die Industrie als größten Wirtschaftssektor ab
129 Umweltschutz und das Problem der Altlasten
130 Stein- und Lehmgruben wurden geschlossen
131 Die ausländischen Mitbürger in Bad Cannstatt
133 Kleingärten spenden Erholung
134 Die Sanierung der Altstadt
137 Warum Erdfälle entstehen
139 In Cannstatt weiß man die Feste zu feiern
141 Neues Geld und neue Maßeinheiten

142 Ein Geschenk der Natur: die Mineralquellen

142 Die frühe Entwicklung
145 Ausbau zum bedeutenden Kurort
147 Cannstatt – das »Paradies des Neckars«
148 Das Bad auf dem Höhepunkt
151 Es gab auch Probleme
152 Zentrum geselligen Lebens: der Kursaal
153 Bedeutende Heilanstalten stärkten Cannstatts Ruf
156 Wichtiges Gebot: Reinhaltung der Quellen
156 Die Cannstatter Verschönerungsvereine
159 Schwimm- und Duschbäder standen im Neckar

161 Der Neckar – Segen und Fluch der Stadt am Fluss

161 Fischerei seit alter Zeit
162 Langholz-Flöße fuhren durch Cannstatt
164 Der erste Ausbau des Neckars für den Schiffsverkehr
165 Belebung des Verkehrs unter Herzog Carl Eugen
167 Aufschwung im 19. Jahrhundert
172 Vergnügen auf dem Fluss
173 Neue Pläne für den Ausbau des Neckars
176 Große Schäden durch Hochwasser und Eis
178 Hochwasserschutz – erst groß, dann klein geschrieben
179 Von Uferbau und Flussverlegung
181 Eine »schmutzige und übel riechende Flüssigkeit«

183 Das Cannstatter Nadelöhr: die Neckarbrücke

183 Eine Brückenverbindung seit alter Zeit
184 Streit um den Brückenzoll
187 Immer wieder schwere Schäden
188 Eine neue Brücke war vonnöten
190 Eine lange Diskussion
193 Die neue Brücke entsteht
194 »Die schönste Brücke des Landes«
197 Die anderen Brücken von Bad Cannstatt

200 Vom Schlagloch-Weg zum bedeutendsten Verkehrsknotenpunkt von Stuttgart

200 Die Fernstraße über die Prag – eine der wichtigsten des Landes
201 Den Fuhrleuten drohte große Gefahr
202 Fröner mussten die Straße instand setzen
203 Das Chausseehaus und das Wirtshaus an der Prager Straße
204 Immer wieder Probleme
206 Der Ausbau in neuerer Zeit

208 Was wäre Cannstatt ohne den Wasen!

208 Als man noch die Wiesen bewässerte
209 Ein Platz für die Seiler
209 Wo einst Soldaten exerzierten
212 Von weither besucht: das Landwirtschafts- und das Volksfest
215 Der Wasen als Flugplatz
219 Einrichtungen für Sport und Großveranstaltungen

221 Bad Cannstatts Geschichte im Überblick

243 Anhang

243 Verzeichnis der verwendeten Literatur und Quellen
250 Nachweis der Bildquellen
251 Anmerkungen
256 Personen- und Sachregister

Vorwort

Die Anregung zu diesem Buch richtete der auch über Bad Cannstatt hinaus bekannte Verein Pro Alt-Cannstatt e. V. an Herrn Titus Häussermann vom Silberburg-Verlag. Es ehrt mich, dass die Bitte, das Manuskript zu verfassen, dann an mich herangetragen wurde. Obwohl ich mich für Exkursionen mit Studenten und für Vorträge in der Volkshochschule bereits mit einigen Themen der Cannstatter Geschichte befasst hatte, erschien es mir doch notwendig, für die Ausarbeitung des Manuskripts nicht nur erneut die einschlägige Literatur vorzunehmen, sondern auch im Hauptstaatsarchiv, im Staatsarchiv Ludwigsburg und im Stadtarchiv Stuttgart neue Archivstudien zu betreiben. Das dort vorhandene Material über Stadt und Amt Cannstatt ist erfreulich umfangreich, ja es ist so reichhaltig, dass angesichts des für dieses Buch vorgegebenen Rahmens die über den Krieg erhalten gebliebenen Bestände gar nicht vollständig ausgewertet werden konnten. Das gilt auch für die Literatur über Bad Cannstatt. So manches, was ich bereits notiert hatte, musste ich wieder streichen, weil das Buch sonst zu umfangreich geworden wäre.

Ein Buch dieser Art kann nicht ohne eine vielfältige Unterstützung entstehen, wie ich sie auch dieses Mal von vielen Seiten erfuhr. Zum einen seien die zahlreichen, stets hilfsbereiten Mitarbeiterinnen und Mitarbeiter der Archive und Bibliotheken genannt, zum anderen einige Heimatforscher, die mich mit wertvollen Hinweisen und Hilfestellungen förderten. Vor allem möchte ich die Herren Hans Betsch und Eberhard Wagner nennen, die in freundlicher Weise das Manuskript durchsahen und mit mir besprachen. Herr Wagner lieferte und beschaffte zudem zahlreiche Abbildungen. Ihnen allen danke ich sehr herzlich für die stets freundliche Unterstützung und Diskussion. Mein Dank gilt auch dem Verein Pro Alt-Cannstatt e. V. für seine Anregung sowie dem Silberburg-Verlag für die Aufnahme des Buches in sein Programm und für die lobenswert gute Zusammenarbeit.

Angesichts der begrenzten Auflage hätte das Buch nicht ohne eine finanzielle Unterstützung zu einem annehmbaren Preis erscheinen können; deshalb bedanke ich mich sehr herzlich ein weiteres Mal bei dem Verein Pro Alt-Cannstatt e. V. wie auch bei allen Bürgern und Institutionen, die durch eine Spende den Druck des Buches ermöglicht haben. Ein besonderes »Danke!« gilt meiner lieben Brigitte in Winnipeg (Kanada), bei der ich zeitweise an diesem Buch arbeiten konnte und der ich um dieses Buches willen allzu viel Geduld abverlangte.

Jürgen Hagel

Eine Vorbemerkung

Eigentlich hätte nicht der Stutengarten in der sommer-heißen Sackgasse des Nesenbachtals zur Hauptstadt Württembergs werden dürfen, sondern Cannstatt hätte es werden müssen. Denn dieser Platz ist ausgezeichnet durch seine Lage an einem Flussübergang und einem wichtigen Straßenknoten, an heilenden Quellen und in einer fruchtbaren Umgebung – Faktoren, die den Bodenfunden zufolge nicht erst zur Zeit der Römer bedeutungsvoll waren, sondern schon lange zuvor. Der Wille der Landesherren steuert die Geschicke aber mitunter in eine nicht zu erwartende Richtung.

Die Geschichte der früher selbständigen Stadt Cannstatt und des späteren Stuttgarter Stadtteils Bad Cannstatt ist nicht nur sehr vielseitig, sondern auch reich an bedeutungsvollen Ereignissen. Eben deshalb lohnt es sich, ihr nachzugehen. Freilich kann ein Buch wie dieses nur einen Überblick geben; die Geschichte Cannstatts erschöpfend zu beschreiben, ist nur in einem viel umfangreicheren Werk möglich, zumal früher auch der Ort Berg großenteils zu Cannstatt gehörte und eine spezielle Funktion erfüllte, nämlich Mühlengasse und Holz-Umschlagplatz zu sein. Doch Berg ist seit 1836 ein Teil Stuttgarts und soll deshalb ausgeklammert bleiben, denn auch seine Geschichte ist sehr umfangreich. Ebenso verdienten es manche anderen Themen, ausführlich beschrieben zu werden, doch fordert der begrenzte Umfang auch hier den Mut zur Lücke. So blieben zum Beispiel die Flurnamen ebenso ausgeklammert wie die an der noch vorhandenen Bausubstanz ablesbare und baugeschichtlich interessante Baugeschichte der Stadt, die allein für sich ein Buch füllen könnte.

Weil die Geschichte Bad Cannstatts einige Besonderheiten aufweist, die es verdienen, zusammenhängend dargestellt zu werden, sollen in diesem Buch neben den nach Epochen gegliederten Abschnitten (mit in sich durchaus thematisch gegliederten Kapiteln) einige wichtigere Themen umfassend für sich dargestellt werden. Die auf Wunsch von Pro Alt-Cannstatt am Schluss angefügte Chronik stellt dann, alle Kapitel übergreifend, die Geschichte Bad Cannstatts in rein zeitlicher Abfolge dar. Dabei können überall Ergebnisse zeitraubender Archiv- und Literaturstudien einfließen. Allerdings war es nicht möglich, allen noch immer offenen Fragen der Cannstatter Geschichte nachzugehen. So muss beispielsweise weiterhin die große Frage offen bleiben, wann denn Cannstatt das Stadtrecht erhielt. Aber geht es in jedem Fall um die genaue Jahreszahl? Ist es nicht wichtiger, den Gang der Entwicklung und die damit verbundenen Veränderungen vorzustellen sowie – wenn es möglich ist – zu zeigen, was davon geblieben ist?

Dabei muss man auch auf die Menschen eingehen, und da liest man bei Thaddäus Troll (Dr. Hans Bayer): Die Cannstatter hatten ihren Kopf für sich. Sie waren »gegen alles Fremde, gegen alle Reigschmeckten«. Oder: »Wer in der Schule nicht schwäbisch schwätzte, der wurde so lange verhauen, bis er von seinem Hochdeutsch abließ.« Und in der Oberamtsbeschreibung von 1895 hieß es über die

Cannstatter: »Sie hängen mit großer Zähigkeit am Althergebrachten, leben meist unter sich abgeschlossen, sind mißtrauisch gegen fremde Einflüsse.« 1869 hatte es dagegen in einem Fremdenführer geheißen: »Der Cannstatter benimmt sich gegen den Fremden so, dass letzterer, wenn er nur will, sich schnell heimisch fühlen wird.«

Die Zähigkeit der Cannstatter war sogar im politischen Bereich zu spüren, wenn sie etwa immer wieder drängelten, den Brückenzoll erhöhen zu dürfen, weil die Kosten für die Brücke die Einnahmen überschritten, oder wenn sie mit der Stadt Stuttgart und mit der Regierung des Neckarkreises in Ludwigsburg über die Verschmutzung des Neckars stritten. Die Cannstatter Ratsherren schreckten in diesen Fällen auch nicht vor Einsprüchen oder Prozessen zurück, in denen sie dann doch den Kürzeren zogen. Allerdings vergaßen sie mitunter, was in den Akten als verbindlich festgeschrieben war.

Bei der Abneigung gegen das Fremde mochte es geschehen, dass man, wie Thaddäus Troll sich ebenfalls erinnerte, in Cannstatt »ziemlich weltfremd« aufwuchs. Allerdings scheint es so weltfremd doch nicht gewesen zu sein, denn J. F. Cast meinte 1836, in Cannstatt sei eine »seltene Fülle von Intelligenz und Bildung« anzutreffen. Immerhin hatten zahlreiche bedeutende Köpfe in Cannstatt ihr Zuhause. Stellvertretend seien hier genannt der 1684 in der Küblergasse 12 geborene vielseitige Wissenschaftler Georg Bernhard Bilfinger, der als Mathematiker auch für Peter den Großen arbeitete, der Cannstatter Bürgermeisterssohn und spätere Staats- und Kriegsminister Ferdinand Friedrich von Nicolai, dessen Karten- und Plansammlung in der Württembergischen Landesbibliothek als eine besondere Kostbarkeit gilt, der Dichter Hermann Hesse, der 1892/93 das hiesige Gymnasium besuchte und hier die mittlere Reife erwarb, sowie Wilhelm Blos, der erste Staatspräsident Württembergs. Man könnte auch den Griechenland-Forscher Jakob Linckh nennen, den Nassauischen Landbaumeister Christian Zais und den Bildhauer Emil Kiemlen. Hans Otto Stroheker und Hansjörg Schultz haben sie und viele andere 1979 gewürdigt.

Auch die Abneigung gegen Fremde war gewiss nicht in jedem Fall so stark. Schließlich waren viele »Reigschmeckte« wesentlich daran beteiligt, Cannstatt zu einer bedeutenden Kur- und Industriestadt zu machen: Der aus Ludwigsburg stammende Arzt Albert Veiel, Gottlieb Daimler aus Schorndorf und Wilhelm Maybach aus Heilbronn, Hermann Werner, dessen Wurzeln auf der Alb lagen, der Mundartdichter August Lämmle aus Oßweil, der Komponist Richard Stolz und ... – wir könnten noch etliche mehr anführen, auf die man heute in Bad Cannstatt stolz ist.

Bezeichnend für die Cannstatter ist ihr ungebrochener Lokalpatriotismus, der in der Frage gipfelt, ob Cannstatt bei Stuttgart oder Stuttgart bei Cannstatt liegt. Schließlich steht Stuttgart nur am Nesenbach, Cannstatt aber am Neckar. Außerdem liegen, wie Heidi-Barbara Kloos betont, die Wilhelma, der Rosensteinpark, das Naturkunde-Museum, das Neckarstadion mitsamt dem VfB, der Wasen mit dem Volksfest – es ist ja im Herbst bekanntlich der Nabel der Welt –, und auch die meisten Mineralquellen auf Cannstatter Gebiet. Man weiß doch: Cannstatt kann ohne Stuttgart, Stuttgart aber nicht ohne Cannstatt leben. Andere sagen, erst durch die Vereinigung mit Cannstatt sei Stuttgart so recht zur Landeshauptstadt geworden, und der frühere Oberbürgermeister Rommel meinte: »Stuttgart hat durch Cannstatt erst eine Geschichte bekommen.« Ein wenig Übertreibung schadet dabei nicht. Immerhin fühlen sich die alteingesessenen Cannstatter immer noch nicht als Stuttgarter, obwohl die Stadt schon fast 100 Jahre zur Landeshauptstadt gehört. So sagte Thaddäus Troll: »Ich bin in Cannstatt geboren und lebe in Stuttgart, also in der Emigration.« Aber das ist keine Besonderheit, denn diese Einstellung findet man auch in Feuerbach oder Degerloch oder in anderen Stadtbezirken, eben einen gesunden »Viertelsgeist«, mit dem man seine eigenen Feste feiert.

Den folgenden Ausführungen sind noch einige Bemerkungen vorauszuschicken:

Dem Verfasser liegt sehr daran anzugeben, woher er seine Informationen genommen hat; denn zum einen sollen die Angaben überprüfbar sein, zum anderen sollen jene Leser, die einem Thema weiter nachgehen möchten, erfahren, wo sie einschlägige Angaben finden. Deshalb werden, aus Platzgründen kapitelweise zusammengefasst, entsprechende Hinweise gegeben und ein Verzeichnis der benutzten Literatur und Quellen beigefügt. Leider fehlen derartige Angaben in so manchen (vor allem älteren) Darstellungen – auch in solchen über Bad Cannstatt –, weshalb diese Veröffentlichungen für weiterführende wissenschaftliche Arbeit nicht nutzbar sind. Außerdem ist es wichtig, im Text deutlich zu machen, welche Zitate aus unveröffentlichten Akten

Bad Cannstatt aus der Luft gesehen. Ganz links erkennt man die Rosensteinbrücke und den Hochbunker, etwas weiter rechts die Wilhelms-Brücke und die Marktstraße. Unten halb rechts liegt der Wilhelmsplatz, von dem aus nach links oben die Wilhelmstraße zum Gebiet am Mühlgrün und nach rechts oben die König-Karl-Straße zum Kursaal führen.

Der Pragsattel zu der Zeit, als die Stadtbahn neu gebaut wurde (Juni 1987).

stammen – sie sind hier in *kursiver Schrift* gesetzt – und welche aus Büchern übernommen wurden – sie sind mit Anführungszeichen versehen.

Der Name der Stadt Cannstatt wird in der jeweils zeitgenössischen Form geschrieben werden, das heißt, der Zusatz »Bad« wird erst für Angaben ab 1933 verwendet.

Von den Mammut-Jägern zu den Alamannen

Funde aus frühen Zeiten

Wann erstmals ein Mensch das Gebiet durchstreifte, in dem sich das heutige Bad Cannstatt erstreckt – ein Ur-Cannstatter gewissermaßen –, wird sich nie genau sagen lassen. Doch außer Zweifel steht, dass es weit mehr als hunderttausend Jahre zurückliegt. Schon häufig nämlich wurden bedeutsame Funde geborgen, die sehr weit zurück in die Vorzeit weisen, und diese Funde verdanken wir einer Besonderheit Bad Cannstatts: der Bildung von Sauerwasserkalk, bei der Zeugnisse früher Menschen konserviert wurden. Darin liegt ja ein Vorteil der Sauerwässer, dass sich bei ihrem Austreten Kalk abscheidet, der alles, was dort wächst oder was Menschen hinterlassen, überzieht und damit konserviert. Dadurch sind wir hier besser als anderswo über die Menschen informiert, die vor mehreren hunderttausend Jahren – noch vor der letzten Kaltzeit – diesen Raum durchstreiften[1].

Infolge dieser Bedingungen konnten in den Jahren 1980/82 beim Abbau des Travertins an der linken Neckarhalde aus lehmigen Einlagerungen sowohl viele Steinwerkzeuge als auch Abfälle von Mahlzeiten geborgen werden. Dies waren vor allem Knochen und Zähne von Wald-Elefanten, Wald- und Steppen-Nashörnern, Wildpferden und -rindern, Wildschweinen und Edelhirschen. Vor rund 250 000 Jahren, zur Zeit des Steinheimer Urmenschen, benutzten die Menschen hier die Rastplätze.

Bereits seit 1931 kamen außerdem im Steinbruch Biedermann bei Untertürkheim etwa 100 000 bis 130 000 Jahre alte Steinwerkzeuge sowie Mahlzeit- und Jagdreste (Knochen, Geweihe) zum Vorschein, die in einer Höhle hinterlassen worden waren. Auch Holzkohle und Reste von Feuerstätten wurden gefunden. Die Fundstücke stammen aus der »Untertürkheimer Warmzeit«, einer Periode vor der letzten Kaltzeit. Längst sind die Belege für Menschen, Tiere und Pflanzen so zahlreich, dass sich die Umwelt und die Lebensweise der damals hier lebenden Menschen gut erschließen lassen.

Jäger stellten den Mammuten nach

Als ein weiterer bedeutender Fundplatz erwies sich der zum Burgholzhof ansteigende Hang in den Steigäckern. Beim Abbau von Travertin stieß man dort im Steinbruch Lauster in dem Löss, der den Travertin bedeckt, im Herbst 1953 und erneut 1964 auf interessante Zeugnisse der früher hier lebenden Menschen. Alle diese Funde bestätigen, dass auch während der letzten Kaltzeit Menschen in diesem Raum umherstreiften. Es waren – vor etwa 35 000 Jahren – Mammut-Jäger, die hier zeitweise ihre Rastplätze hatten.

Denn das ist bei Bad Cannstatt eine weitere Besonderheit: Was die Menschen vor 35 000 Jahren hinterließen, wurde während und zum Ende der Kaltzeit vom Löss, dem Flugstaub aus dem Oberrheingebiet, wie mit einem Schleier zugedeckt. Zufälle waren es, die zur Entdeckung der Lager von Mammutzähnen führten und halfen, die Lebensbedingungen dieser frühen »Cannstatter« zu erhellen. Freilich gab es Cannstatt damals noch nicht, weshalb man eigentlich nicht von »Cannstattern« reden sollte.

Den ersten Hinweis auf die Mammut-Jäger fand man in der Mitte des 17. Jahrhunderts. Es war der Zahn eines Mammuts, den die herzogliche Kunstkammer in Stuttgart bereits seit dem Jahr 1654 verwahrte. Über seine Herkunft ist allerdings nichts mehr bekannt. Einen großen Fund machte dann der Grenadier Schreishohn am 4. April 1700 nahe der Uffkirche, wo er am Boden etwas Weißes entdeckte. Er grub sogleich nach und fand »diese wundersamen Sachen in der Erden«, so heißt es in dem darüber erstellten Bericht. Herzog Eberhard Ludwig befahl sofort, der Sache durch eine Ausgrabung nachzugehen. Es war das erste Mal, dass ein Rastplatz eiszeitlicher Menschen flächenhaft ausgegraben wurde. Das danach aufgestellte Verzeichnis der Fundstücke nennt insgesamt 178 Nummern! Es handelte sich um Zähne, Gebiss- und Kieferteile, um Knochen, Hirschhörner und Hirnschalen. Insgesamt barg man bei dieser Arbeit, die sich bis in das Jahr 1701 hinzog, rund sechzig Stoßzähne von Mammuten mit Längen von ein bis zehn Fuß.

Als »Fossilia Cannstadiensiae« wurden die Fundstücke weit über Württemberg hinaus bekannt. Man war sich jedoch noch nicht dessen bewusst, dass sie ein Lager eiszeitlicher Jäger bezeichneten, obwohl einige der Knochen Bearbeitungsspuren aufwiesen. Unter den Knochen war auch – als erstes Fundstück vom Körper eines eiszeitlichen Menschen überhaupt – ein menschliches Schädeldach, doch erkannte man dieses damals noch nicht. Das gelang erst 1818 Carl Christoph Friedrich Jäger in Stuttgart.

Im Jahr 1816 wurde am Seelberg beim Abbau von Lösslehm dieses Lager von Mammutzähnen entdeckt.

Der nächste bedeutsame Großfund ist dem Lehrer Johann Georg Memminger zu verdanken, der im Oktober 1816 in einer Lehmgrube am Seelberg nahe der Bahn zwischen der Heinrich-Ebner- und der Daimlerstraße auf ein ungewöhnlich reiches Lager von Mammutzähnen stieß. Über den Fund informiert, eilte König Friedrich persönlich an den Platz und ordnete die Ausgrabung an. Er hielt die Ansammlung von dreizehn Stoßzähnen, acht Backenzähnen und verschiedenen Knochen für die größte Merkwürdigkeit seines Lebens und vermutete, es seien Menschen bei dieser Anhäufung von Resten einer längst ausgestorbenen Tierwelt beteiligt gewesen. Die Wissenschaftler teilten seine Auffassung nicht, lag doch über dem Fund ein »unberührter, natürlicher, gewachsener« Löss-Boden, den die Forscher noch nicht als nachträglich entstanden erkannten. Man glaubte, die Stücke seien von einer Flut zusammengeschwemmt worden. Sechs Pferde mussten angespannt werden, um das große Fundstück ins Naturalien-Kabinett zu bringen. Der König bezahlte sein Interesse mit dem Leben: Er zog sich bei dem schlechten Wetter eine Lungenentzündung zu und starb kurz danach. Das Fundstück wurde leider im Zweiten Weltkrieg ein Opfer der Bomben.

Den dritten Fund dieser Art machte man 1859 in der Cannstatter Winterhalde beim Bau der Eisenbahn nach Waiblingen. Wiederum stieß man auf ein größeres Lager von Tierknochen. König Wilhelm I. befahl die Ausgrabung, die sich dann vom Herbst 1860 bis ins Frühjahr 1861 hinzog. Dabei konnten mehrere Wagenladungen von Knochen und Zähnen geborgen werden. Es handelte sich um Reste von Mammut und Höhlenbär, Wildpferd und Fellnashorn, Steppenbison, Riesen- und Edelhirsch. Auch Stücke von Holzkohle sowie von Menschen bearbeiteter Hornstein waren darunter.

Erst 1866 gelang Oskar Fraas der Nachweis, dass es sich hierbei um Lagerplätze eiszeitlicher Menschen mit den Resten ihrer Mahlzeiten handelte. Er bestätigte damit, was König Friedrich bereits 1816 vermutet hatte. Allerdings darf man die Gruppen, die sich zeitweise auf diesen Plätzen niederließen, ehe sie weiterzogen, nicht zu groß annehmen; denn schon kleine Gruppen mussten viele Tiere erlegen, um ihren Energiebedarf zu decken, und bei der Jagd mit dem Faustkeil dürfte so mancher Mann den kräftigen Tieren unterlegen sein.

Solange es Sammler und Jäger waren, die auf dem (späteren) Cannstatter Gebiet umherstreiften, lebten sie naturverbunden und eingepasst in ihre Umwelt. Wenngleich sie einzelne Tierarten stark bejagten, bewirkten sie doch keine wesentlichen Veränderungen der Natur. Unter diesen Bedingungen konnte der Raum, der durch große sommergrüne Laubwälder geprägt war, nur eine kleine Zahl der nicht sesshaften Menschen ernähren.

Als die Bandkeramiker kamen

Wiederholt bestimmten Bevölkerungs-Wanderungen die weitere Entwicklung und damit auch die Nutzung der natürlichen Gegebenheiten oder, wie man heute sagen muss, die Eingriffe in den Naturhaushalt. Eine ganz entscheidende Veränderung brachten in dieser Hinsicht die Bandkeramiker, die, vor 7500 Jahren aus Vorderasien kommend, in das vorwiegend mit Wald bestandene Gebiet einwanderten. Hier begannen sie, kleine Flächen zu roden und darauf Ackerbau zu betreiben. Den Pflug hatten sie ebenso aus ihrem Herkunftsgebiet mitgebracht wie Ziege, Schaf, Rind und Schwein sowie die Getreidearten Emmer und Einkorn, neben denen sie auch Erbsen, Linsen und Lein anbauten. Die Rinder und Schweine wurden zur Weide auch in den Wald getrieben. Dass sie mit dem Entblößen des Bodens durch das Pflügen die Abspülung auf den Äckern und damit auch die Ablagerung in den Tälern veränderten, bemerkten die Menschen nicht, weil diese Vorgänge über viele Generationen hinweg ablaufen. Steinbeile und Äxte, mit denen sie ihre Hütten erbauen konnten, sowie verschiedenartige Beigaben haben sich in Gräbern bis heute erhalten.

Die Wirtschaftsweise der Bandkeramiker war nur bei Sesshaftigkeit möglich, auch wenn vielleicht gelegentlich ein Ortswechsel vorgenommen wurde. Man nennt den von diesen Menschen gebrachten großen kulturellen Umbruch die »Neolithische Revolution«. In diese Zeit sind die Reste einer Siedlung einzuordnen, die 1908 beim Bau der Dragoner-Kaserne unter den römischen Überresten auf der Steig gefunden wurden, darunter eine Hacke, die auf Ackerbau hinweist. Ebenfalls in die Jungsteinzeit gehören Funde vom Seelberg und die 23 Lehmgruben mit Hausrat- und Küchenabfällen, die Oskar Paret 1924 auf der Steig untersuchte.

Eine Klimaschwankung bewirkte Bevölkerungs-Wanderungen und damit manche Veränderungen. So brachte eine Gruppe, die um 2000 v. Chr. aus Südrussland und den Gebieten nördlich des Schwarzen Meeres eingewandert sein mag, erstmals Pferde in unsere Gegend[2].

Mit der Erfindung der Bronze war es möglich, schärferes und stabileres Werkzeug herzustellen, mit dem man Wälder leichter roden konnte. Dinkel und Gerste gewannen an Bedeutung, auch Rispenhirse und Ackerbohne. Grabhügel sind die auffallendsten Zeugnisse dieser Zeit; ein Dutzend fand man 1909 auf der Höhe über dem Neckar, auf dem später die Römer ihr Dorf anlegten. Nach 800 v. Chr. ermöglichte die Eisenbearbeitung eine Verbesserung der Ackergeräte, und wieder konnten neue Flächen und neue Pflanzen in Kultur genommen werden. Nun wurde der Boden nicht mehr nur geritzt, sondern die Scholle konnte gewendet werden. Roggen und Hafer stiegen vom Unkraut zu Kulturpflanzen auf[3]. Grabhügel aus dieser Zeit fand man 1908/1910 beim Bau der Dragoner-Kaserne unter dem Westteil des Römerkastells.

Was von den Kelten blieb: Fürstengräber und Namen

Die älteste Volksgruppe, von der etwas bis in die heutige Zeit erhalten geblieben ist – wobei von den Funden im Boden abgesehen sei –, waren die Kelten, die im 6. und 5. Jahrhundert v. Chr. Südwestdeutschland besiedelten[4]. Sie lebten in kleinen Dörfern und setzten die Land-

Aus den Keltengräbern im Steinhaldenfeld wurden 1934 und 1937 kostbare Goldstücke geborgen. Die Bilder zeigen eine Goldschale und einen Kronreif (heute im Württembergischen Landesmuseum)

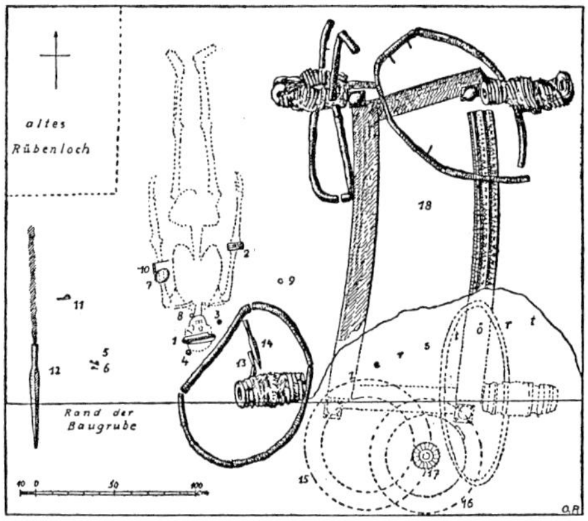

Grundriss des Fürstengrabes I von Steinhaldenfeld. Der Tote lag von Süden nach Norden und trug auf dem Kopf einen groldenen, breiten Reif, am rechten Arm ein goldenes Armband und am linken Arm einen Bronzereif. Links lag eine Lanze. Rechts die Reste eines Wagens.

wirtschaft in der traditionellen Weise fort. Ihr wichtigstes Haustier war das Rind, das man als Zugtier einsetzen konnte und das Milch, Fleisch und Häute (für Leder) lieferte. Auch Schweine, Ziegen, Schafe und Hunde wurden gehalten, doch die Hauskatze wurde erst in römischer Zeit hier heimisch. Das Handwerk war hoch entwickelt, insbesondere das Schmiedehandwerk, in dem Eisen, Bronze und Gold verarbeitet wurden. Handel und Verkehr waren sehr rege, doch gab es kein ausgebautes Straßennetz. Im Laufe der Jahrhunderte gab es mancherlei Umwälzungen, doch brauchen diese hier nicht näher beschrieben zu werden.

Aus dieser Zeit, genauer: aus dem 6. Jahrhundert v. Chr. (Hallstattzeit) stammen die beiden Fürstengräber, die 1934 und 1937 bei den Ausschachtungen auf dem Steinhaldenfeld gefunden wurden. Angelegt waren sie als hölzerne Grabkammern, bedeckt von Hügeln, die inzwischen aber verschliffen waren. Aus jedem Grab wurden Kopfreif, Armreif, Ringe und Fibeln aus Gold sowie Bronzeschmuck geborgen, wie sie allgemein zu den eindrucksvollsten Zeugnissen keltischer Kunst gehören und noch heute Staunen erwecken. In einem der Gräber fanden sich – wie in Hochdorf und in vielen anderen Fürstengräbern auch – Reste eines prunkvollen vierrädrigen Wagens, dessen Holzteile zwar zerstört waren, dessen Beschläge aus Bronze- und Eisenblech aber eine Rekonstruktion erlaubten. Auf ihm waren dem Toten ein Eimer und ein Becken mit Speisen und eine prächtige goldene Trinkschale mitgegeben worden. Auch das zweite Grab enthielt ein Bronzebecken, gefüllt mit Resten einer Speise von Fleisch und Wiesenblumen. Bemerkenswert ist eine 7,5 Zentimeter hohe bronzene Statuette aus einem Grab von der Steig, die aus dem 5. Jahrhundert v. Chr. stammt; sie ist eine der ältesten rundplastischen Darstellungen des Menschen aus unserem Raum.

So mancher heutige Name stammt, ohne dass wir uns dessen immer bewusst sind, aus der Zeit der Kelten. So auch der des Neckars, der »schnell«, »hüpfend« bedeutet, ebenso wie der von Rhein und Main. Vielleicht ist auch die Vorsilbe »Can« oder »Cant« keltischen Ursprungs? Die Vorstadt Brie ist wahrscheinlich nach keltisch »bríva« (Brücke) benannt. Vielleicht ist mit dem im Jahr 708 n. Chr. genannten Biberbach oder Biberburg ein Brivaburg (und nicht Feuerbach) gemeint, das dann in der Altenburg zu suchen wäre. Auch die Bezeichnung Brag/Prag kann keltischen Ursprungs sein; die gelegentlich vertretenen Ableitungen von Brak (feste Kruste, befestigte Straße) und von Brack (Brache) sind aus sprachlichen Gründen nicht haltbar.

Den Römern folgten die Alamannen

Noch deutlicher fassbar ist die Zeit der Römer, von denen sogar Gebäudereste wie Mauern und Brunnen die Zeiten überdauert haben. Die Römer besaßen ein Gespür für die Lage dieses Platzes. Da war nämlich die Höhe ob der Steig, von wo aus man die östliche Umgebung sehr gut überblicken konnte und wo deshalb der Platz für ein Kastell wie vorgegeben erscheinen musste, und da waren die Mineralquellen, die Gesundheit spendeten. Folglich gab es zwei Ansätze für eine Ansiedlung.

Mit dem Einzug der Römer um 90 n. Chr. begann eine neue Zeit. Zum einen legten sie Steinbrüche an, um Material für Hausbau, Straßenbau und die Anfertigung von Plastiken zu gewinnen, zum anderen führten die Söhne des sonnigen Südens die Weinrebe und die Welschnuss (Walnuss) hierher ein. Das Gebiet von Cannstatt war für sie ein wichtiger Stützpunkt. Die Zeugnisse aus dieser Zeit sind zahlreich. Schon seit dem 16. Jahrhundert interessierte man sich nicht nur in Cannstatt für die Funde, die der Boden nach und nach freigab. Memminger entdeckte 1817 nordwestlich des römischen Kastells, wo Lehm für die Höfer'sche Ziegelei abgebaut wurde, ein Gräberfeld von mindestens 300 Gräbern mit unzähligen Beigaben. Durch den Lehmabbau für die Ziegelei wurde es 1894 bis 1906 allerdings gänzlich beseitigt. Beigesetzt waren dort Leute teils einer einheimischen, teils einer von jenseits des Rheins gekommenen gallischen Bevölkerung, die zwar die Kulturgüter der Römer übernommen, jedoch im Totenritus an der alten keltischen Bestattung festgehalten hatte. Bedeutender aber war die Entdeckung vom 15. März 1894, als Ernst Kapff auf Reste eines größeren Bauwerks stieß und sich bald darauf herausstellte, dass es sich um die Ziegel vom Nordost-Tor eines Kastells han-

Die Westecke des Römerkastells, wie sie sich im Jahr 1898 nach der Freilegung präsentierte. Auf der Höhe ist der Rest der Gigantensäule wieder aufgestellt worden.

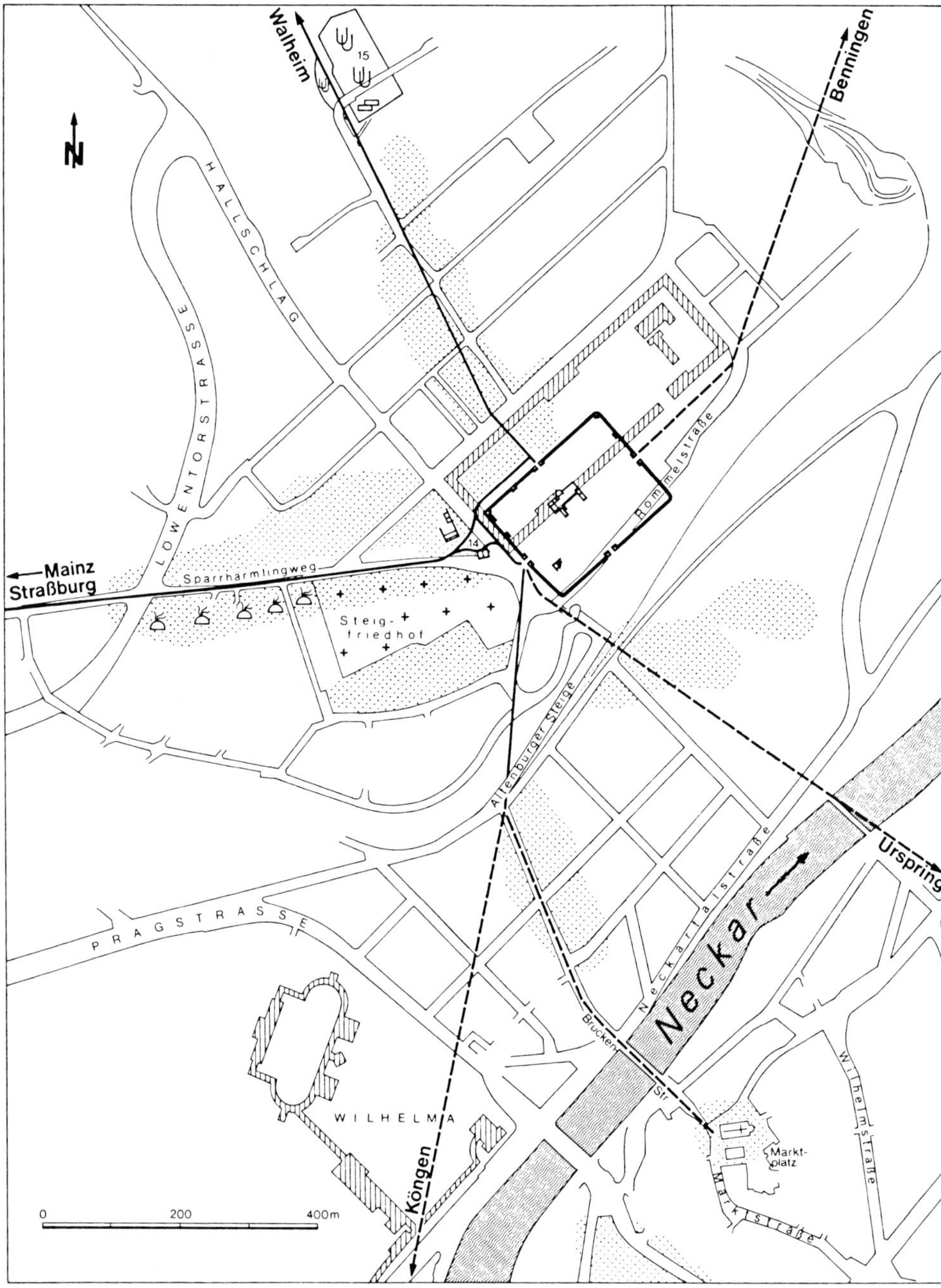

Lageplan des Römerkastells und der Verlauf der von ihm ausgehenden Straßen. Die Wohnsiedlungsgebiete sind punktiert. Am Sparrhärmlingweg sind die ehemaligen Töpferöfen angedeutet; im Nordwesten bezeichnen die Buchstaben U Urnengräber, das andere Zeichen Körpergräber.

An dieser Stelle entdeckte Johann Georg Memminger im Oktober 1816 ein großes Lager von Stoßzähnen. Bei der Besichtigung des Fundes zog sich König Friedrich eine Lungenentzündung zu, an der er wenig später starb. (Aufgenommen im Juli 2002).

delte. Mehrfach wurde in der Folgezeit durch wissenschaftliche Grabungen versucht, die Geschichte dieser Anlage aufzuklären[5].

Den Kern der Römersiedlung bildete ein Kastell für 480 Reiter mit 544 Pferden, das auf einer kleinen Terrasse oberhalb des Neckars stand, einen guten Überblick über das Land bot und das militärische Zentrum des Neckargebiets war. Gebaut worden war die erste Anlage unter Kaiser Domitian um 90 n. Chr. Ausgebaut und erweitert wurde sie bereits etwa zehn Jahre später zu einem steinernen Kastell von 215 Metern an der Vorder- beziehungsweise 220 Metern an der Rückseite und 170,5 Metern an der Schmalseite. Auf den 20 Türmen der zinnenbekrönten Mauer konnten Wurfgeschütze aufgestellt werden. Mit 3,74 Hektar Größe übertraf es sogar die berühmte Saalburg im Taunus. Als die bei Cannstatt stationierte Truppe um 150 bis 160 n. Chr. in das Kastell bei Welzheim verlegt wurde, nutzte man die hiesige große Anlage noch als Nachschubplatz.

Neben dem Kastell bestand – im heutigen Bereich Sparrhärmlingweg, Essener und Rostocker Straße – ein römisches Dorf, in dem 1866 ein Brunnen mit Holzverschalung ausgegraben wurde, der mit einem Durchmesser von 1,30 Meter bis 15,80 Meter in den Boden hinab reichte. Viele Gegenstände, die in ihn hineingefallen waren, konnten geborgen werden, auch die ganze Aufzugsvorrichtung samt Rad und Eimer. 1881 fand man eine unterirdische Heizungsanlage, 1894 einen Keller mit Nischen und Lichtschächten, 1910 einen Altar. Handwerksbetriebe wie Schmiede, aber auch Wirte, Fuhrleute, Händler und eine Töpferei mit etwa 40 Brennöfen hatten sich in dem Dorf angesiedelt.

Außerdem hatten die Römer entdeckt, dass die Quellen im Bereich der heutigen Altstadt heilkräftige Wirkung zeigten, die sie auch entsprechend nutzten, so dass dort zu Beginn des 2. Jahrhunderts im Tal eine weitere Siedlung entstand, sowohl auf der linken wie auf der rechten Seite des Flusses. In der Brückenstraße wurde 1924 eine Jupiter-Gigantensäule gefunden, zu der ein Altar gehörte. Die Funde sind ungemein reichlich. Auch eine vom Ebitzweg kommende Wasserleitung gehört dazu.

Nach der Verlegung der Truppe verlagerte sich der Siedlungsschwerpunkt von der linken auf die rechte Seite des Neckars. Das lässt sich anhand der Bestattungen und ihrer Beigaben zeigen, denn das Gräberfeld beim Kastell verlor an Bedeutung, während das am Seelberg gewann. Datieren lässt sich diese Entwicklung anhand der gut bekannten Keramik und der Münzen, die in den Gräbern lagen.

Geblieben ist bis in die heutige Zeit die Linienführung der wichtigen Verbindungsstraßen. Die Geradlinigkeit der in das Remstal führenden Bundesstraße und der Schwieberdinger Straße geht auf die Römer zurück. Sie bauten auch die Steinstraße, die – ebenfalls geradlinig – bei Feuerbach durch den Wald nach Botnang und von dort weiter über Leonberg nach Pforzheim führte. Ihr heutiger Name weist hin auf das Pflaster, das die Römer legten. Das Kastell wurde leider zerstört, als man an seiner Stelle 1910 die Reiterkaserne erbaute.

Die Alamannen bereiteten der römischen Siedlung das Ende, die Brandschichten in den Trümmern zeigen das an. Als die Alamannen um 260 n. Chr. in den Stuttgarter Raum vordrangen, waren wahrscheinlich noch romanisierte Kelten hier verblieben. Die Funde aus der Zeit der Alamannen beginnen etwa ab 500 n. Chr. In dieser ersten Phase der nach-römischen Siedlungsentwicklung, der Landnahmezeit (etwa 300 bis 600 n. Chr.), siedelten die Alamannen zunächst in den fruchtbaren, ebenen Gebieten im Gäu und auf den Fildern, im Neckartal wählten sie trockene Lagen. Die Verbreitung der Ortsnamen aus jener Zeit, die aus Personennamen und den Endungen -ingen und -heim gebildet sind, zeigt diese Bevorzugung an: Öffingen, Waiblingen, Türkheim, Schmidheim (Schmiden) und vielleicht auch Wangheim (Wangen), um nur einige Beispiele zu nennen. Ein großer Bestattungsplatz, der bereits 1750 beim Straßenbau entdeckt wurde, lag nördlich der Waiblinger Straße zwischen Uffkirche und Kursaal-Anlagen. Auf ein weiteres Gräberfeld stieß man 1946 beim Bau der Andreä-Kirche in der Beuthener Straße. Peter Goeßler sieht übrigens in dem Namen »Seelberg« einen Hinweis auf die dortigen früheren Totenstätten. Die Funde zeigen an, dass nicht nur Bauern, sondern auch Handwerker hier lebten.

Viele der angesprochenen oder ähnliche Fundstücke können heute im Staatlichen Naturkundemuseum am Löwentor, im Württembergischen Landesmuseum im Alten Schloss und im Lapidarium am Schillerplatz besichtigt werden, so dass man sich ein gutes Bild jener frühen Zeiten machen kann.

Cannstatt im Mittelalter

Aus der Frühzeit der heutigen Siedlung

Die frühe schriftliche Überlieferung beginnt ab dem 8. Jahrhundert, ab dem die Bezeichnungen »Canstat ad Neccarum« und »Condistat« in Urkunden schriftlich fixiert sind. Dieser Ortsname mit der Endung -statt (Wohnstätte) weist ebenso wie jene mit -stedt und -stetten auf eine alamannische Ansiedlung der Landnahmezeit hin. Der erste Teil des Ortsnamens könnte in germanischer Art aus einem Sippennamen (Canto?) entstanden sein, doch wahrscheinlich ist er keltischen Urspungs. Häufig benutzten die Alamannen die vorhandenen römischen Siedlungen nicht weiter, sondern wählten lieber neue Plätze. Bei Cannstatt kann dies wegen der Mineralquellen anders gewesen sein. Das heißt: Es mögen hier durchgängig Menschen gewohnt haben, eine ethnische, rechtliche und kulturelle Kontinuität gab es aber nicht. Sicher ist dagegen eines: Wenn »Canstat ad Neccarum« erstmals im Jahr 708 urkundlich erwähnt wurde[6], dann bestand es zu dieser Zeit schon lange. Das bezeugt auch die Verbreitung alamannischer Gräberfelder.

Die allmähliche Bevölkerungszunahme führte in der frühen Ausbauzeit (etwa 500 bis 800 n. Chr.) zu weiteren Siedlungen. Sie sind durch andere Namens-Endungen kenntlich und liegen alle in etwas weniger ebenem Gelände: Zazenhausen, Zuffenhausen, Mühlhausen, Hofen, auch Fellbach und Feuerbach. Ihren Höhepunkt erreichte diese Phase der Neugründungen im 6. Jahrhundert. Erst jetzt gab es kaum noch freie verfügbare Flächen. Immer noch wechselten der Feldbau mit Dinkel als der wichtigsten Frucht und die Graswirtschaft einander ab, und Wald nahm noch große Flächen ein, bis sich im 8./9. Jahrhundert die Dreifelderwirtschaft durchsetzte, bei der man Winterfrucht, Sommerfrucht und Brache einander folgen ließ. Die Siedlungen hatten allerdings noch nicht die Größe, wie ihre alten Kerne es heute vermuten lassen.

Wahrscheinlich war Cannstatt um 700 bereits mehr als nur ein Dorf und hatte eine überörtliche Bedeutung, denn sonst hätte der Herzog von Alamannien wohl kaum gerade hier eine Urkunde besiegelt, nämlich jene, mit der er das Dorf Biberburg am Neckar dem Kloster Sankt Gallen schenkte. Es ist nicht unwahrscheinlich, dass der Herzog hier einen Hof besaß, bei dem sich später eine Ansiedlung bildete. Auch der 746 von dem fränkischen König Karlmann abgehaltene Gerichtstag, auf dem die aufmuckenden alamannischen Adligen verurteilt wurden, spricht für die Bedeutung dieses Platzes »Condistat«. Vermutlich hatte Karlmann den alamannischen Herzogshof nach der Niederwerfung des Alamannen-Aufstandes 746 zum Königsgut gezogen, bei dem er dann bis ins 13. Jahrhundert verblieb.

Als Nachfolger dieses Herzogs- oder Königshofes kann der in der östlichen Altstadt gelegene Fronhof gelten, auch wenn er erst ab den 1280-er Jahren belegt ist. Um diese Zeit war er bereits in zwei Besitz-Einheiten – eine der Grafen von Württemberg und eine der Grafen von Grüningen-Landau – aufgeteilt. Aus diesen gingen später der Esslinger und der Konstanzer Hof hervor.

Bei dem Hof mögen einige Handwerker gelebt haben, sicherlich Sattler, Wagner und Schmied. Dennoch kann man Cannstatt zu dieser Zeit noch nicht als Stadt im funktionalen, geschweige denn im rechtlichen Sinn bezeichnen. Die Bevölkerung lebte von der Landwirtschaft und trieb vielleicht ab dem 8. Jahrhundert auch ein wenig Weinbau in ebenem Gelände. Etwa ab der Zeit um 1000 ist mit Rebkultur in Terrassen zu rechnen.

Die sechs Cannstatter Burgen

Die typische mittelalterliche Siedlungsform des Adels war die Burg. So wie in und um Stuttgart mehrere Wasser- und Höhenburgen standen, so gab es solche auch auf dem heutigen Gebiet von Cannstatt. Sicherlich waren es nur ummauerte Wohntürme, und sie waren deshalb nicht so groß wie jene berühmten Burgen, die heute von vielen für typisch gehalten werden wie etwa Hohenneuffen oder Teck. Sie seien im Folgenden kurz vorgestellt[7].

1. Die Burg bei der Uffkirche stand auf einem inzwischen verschwundenen Felsen am Süd-Ende des Kurparks, etwa 250 bis 300 Meter nördlich der Uffkirche. Sie gehörte den Grammen von Cannstatt, die oft den Beinamen von Uffkirch(en) führten. Die Anlage dürfte 1287 von König Rudolf zerstört worden sein. Reste wurden im Jahr 1700 bei der bereits erwähnten Ausgrabung von Mammutzähnen beseitigt.

2. Die Spielburg stand zwischen Wilhelmsplatz und Bahnhof, wo früher ein Flurstück diesen Namen trug. Wahrscheinlich war es eine Wasserburg, das heißt ein Turm auf einem künstlichen Hügel mit einem umgebenden Wassergraben. Die Anlage scheint schon früh abgegangen zu sein.

3. In Niederhofen stand in ebenem Gelände nordwestlich des Sulzerrains eine weitere Burg. Die früher dort bekannten Flurnamen Burggraben und Burgstall weisen darauf hin. Auch diese Burg wurde 1287 von König Rudolf zerstört, doch der Weiler gleichen Namens bestand noch bis ins 14. Jahrhundert.

4. Die Burg zum Stein, ein Wohnturm auf einem ovalen Hügel, um den sich ein Wassergraben zog, stand nordöstlich der Stadtkirche. Bei Bauarbeiten 1960/61 stieß man auf die Reste des Grabens. Auch diese Burg wurde 1287 von König Rudolf zerstört, danach jedoch, wenn auch nicht wieder als Turm, so doch als Steinhaus an der Stelle des Gebäudes Helfergasse 25 (heute Spreuergasse 37) neu erbaut, wo Keller nachgewiesen wurden. Jedenfalls wurde die Burg 1289 in einer Urkunde genannt. Bei der Anlegung der Stadt bezog man sie in den ummauerten Bereich mit ein, womit auch das Landgericht, das hier unter freiem Himmel vor dem versammelten Volke tagte, nunmehr innerhalb der Stadt lag.

5. Die Burg Brie war eine kleine Wasserburg, ein Turm auf einem Hügel mit Wassergraben in der Talaue des Neckars. Vermutlich wurde sie in der ersten Hälfte des 13. Jahrhunderts erbaut, aber schon 1287 zerstört. Der Wiederaufbau erfolgte nur als Haus, das aber 1604 nicht mehr genannt wurde, während der Graben noch erhalten war. Noch im 18. Jahrhundert konnte man beim Schillingschen Haus östlich der Kreuzung Hall-/Gartenstraße (heute: Aachener Straße) Reste der Um-

fassungs-Mauern sehen. Diese Burg beherrschte die Zufahrt zur Neckarbrücke und zugleich die Anfahrt zur Steig und zur Prag und hatte damit strategisch eine besondere Bedeutung.

6. Auf einem Vorsprung an der Steig, vermutlich beim heutigen Friedhof, einem strategisch ebenfalls wichtigen Platz, stand die Altenburg. Möglicherweise gab es hier schon in nach-römischer, aber vorkarolingischer Zeit eine Wehranlage, die dann im Hochmittelalter als Sitz eines Adelsgeschlechts, das sich von Altenburg nannte, ausgebaut wurde. Sie wäre dann die älteste Burg bei Cannstatt gewesen, wie es ihr Name besagt, der sich wahrscheinlich nicht, wie es manche Autoren vermuteten, auf das römische Kastell bezieht. 1287 wurde sie zerstört, doch die Ansiedlung neben ihr bestand zunächst weiter. Die Grundmauern der Burg waren im 19. Jahrhundert noch sichtbar.

Die Herren dieser Burgen waren, wie sich aus ihren Wappen ableiten lässt, im 12. Jahrhundert Gefolgsleute der Markgrafen von Baden, denen Stuttgart seine Gründung als Stadt verdankt. Hinweise auf eine Zugehörigkeit zu Württemberg finden sich zu dieser Zeit nicht.

Um die Mitte des 13. Jahrhunderts oder kurz darauf gelangte Cannstatt in den Besitz der Grafen von Württemberg. Als König Rudolf im Kampf gegen Graf Eberhard den Erlauchten 1287 die Cannstatter Burgen zerstörte, bedeutete dies deren Ende, denn weil die Württemberger die Umgebung in ihre Hand bekommen hatten, bestand hier keine Notwendigkeit zum Bau von Burgen mehr. Zudem besaß die mindestens seit etwa 1330 ummauerte Stadt eine größere Wehrkraft. Sofern sie wieder aufgebaut wurden, entstanden die Burgen deshalb nur als feste Häuser, nicht wieder als Türme.

Erzählung und Wahrheit: die Erhebung zur Stadt

Im Hauptstaatsarchiv Stuttgart befindet sich ein nach 1611 verfasster Bericht des Magisters Jakob Frischlin aus Balingen, der um 1580 Schulmeister in Cannstatt war. *Ein überaus schön lustig orth* nennt Frischlin die Stadt und meint, sie sei 392 von Canutus, König von Schwaben erbaut, aber 725 vom Frankenkönig zerstört worden. Berta von Beutelsbach habe sie 1022 mit Hilfe des Kaisers Konrads II. wieder aufgebaut und ummauert, und der Kaiser habe dem Ort das Marktrecht verliehen. In der Zeitübersicht gibt Frischlin ergänzend an, die Mauer sei 1122 erbaut worden, und die Stadt habe 1286 Privilegien durch König Rudolf I. erhalten[8].

Frischlin wusste es nicht besser, denn Cannstatt wurde trotz seiner günstigen Verkehrslage erst spät eine Stadt, im Gegensatz zu Waiblingen, das die Grafen von Württemberg um 1250 dazu ausbauten. Der Grund dafür mag in den zersplitterten Besitzverhältnissen gelegen haben. Noch im Jahr 1324 wurde »Kannestat« als Dorf bezeichnet. Immerhin bezeugt die Erwähnung des Brieer Tors, dass die Siedlung schon ummauert war. Außerdem besaß sie Bürgermeister und Richter. Doch so viel ist sicher: Am 11. Dezember 1330 bestätigte Kaiser Ludwig dem Grafen Ulrich von Württemberg, dass die »stat ze Chanelstatt« alle Rechte, Ehren und guten Gewohnheiten haben sollte wie die Reichsstadt Esslingen. Dazu gehörten auch die Zunftgerechtigkeit und die Magistratsverfassung. Der im Jahr 1300 erstmals genannte Landtag, der bis dahin vor der Stadt abgehalten wurde, durfte nun in ihr tagen, offenbar deswegen, weil die inzwischen vollzogene Ummauerung die Burg Stein mit umschloss.

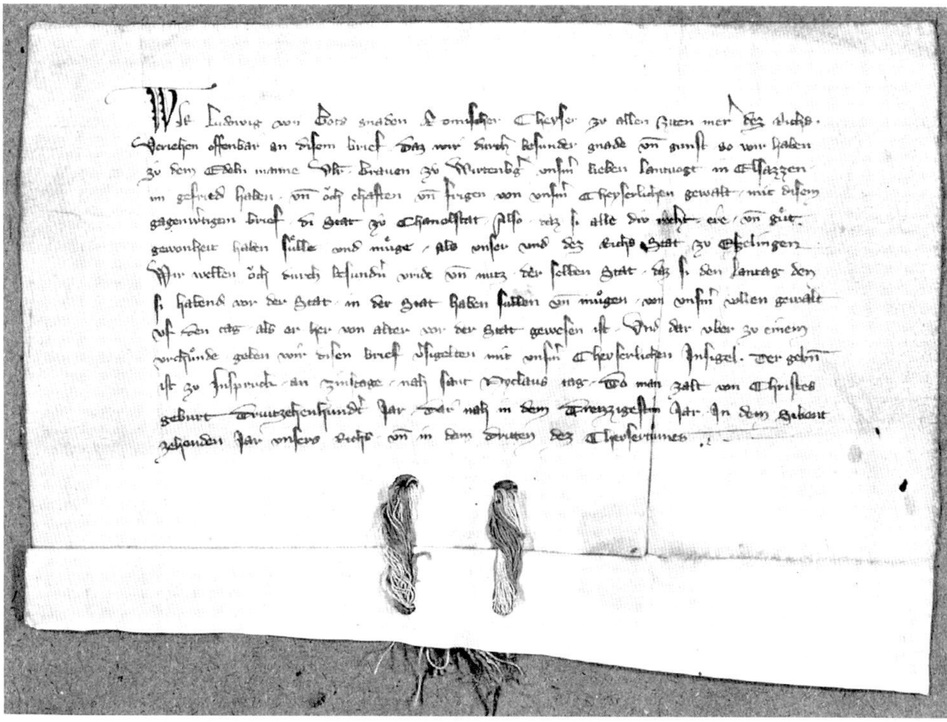

Mit dieser Urkunde bestätigte Kaiser Ludwig der Bayer 1330 Cannstatt die gleichen Rechte, wie Esslingen sie bereits besaß. In der fünften Zeile ab dem dritten Wort: »di Stadt zu Chanelstat«.

Wie Cannstatt Namen und Wappen erhielt, erzählt Frischlin so: Die Bauleute hatten bei den Wirtshäusern am Neckar wegen des Baues der Stadt einen Streit. Sie hätten dann *das Schenckhfaß auff den Platz gestellt und gesagt, da die Kandt statt, soll die Stadt gebaut werden, also die Schenckhkandten zuem Schildt und Wappen geführt, und dem Orth, da die Kandt statt,* [ist] *der Nahm der Statt geblieben.* Das klingt zu schön, um wahr zu sein. Tatsächlich ist das Wappen seit 1283, das Siegel mit der Kanne seit einem Cannstatter Kaufbrief von 1353 bekannt, und das Wappen ist als ein »sprechendes« anzusehen, dessen Zeichen nach dem bereits vorhandenen Namen gewählt wurde.

Jetzt also war Cannstatt eine Stadt! Doch wenn der Kaiser sie 1330 bereits »Stadt« nannte, muss sie schon vorher dazu erhoben worden sein. Wann war das? Bis heute ist das nicht geklärt.

Aber was hieß denn »Stadt«? Wovon lebte sie? Den Haupterwerb bildete ohne Zweifel die Landwirtschaft mit dem Weinbau als dem wichtigsten Zweig. Damit war kein Reichtum zu gewinnen, und »städtische« Impulse waren angesichts der Nähe von Stuttgart, Esslingen und Waiblingen kaum zu erwarten. Wichtig aber war der Verkehr, der hier den Weg über die Neckarbrücke nahm. Das Brückengeld, das die Fuhrleute zu entrichten hatten, ging zwar für die Instandhaltung der Brücke drauf, aber dafür mochten Gastwirte, Wagner, Sattler und Schmiede am Verkehr verdienen. Selbstverständlich gab es auch Bäcker und Metzger, und sie dürften ihre »Lauben« – wie es damals üblich war – im Erdgeschoss des Rathauses betrieben haben, das bezeichnenderweise »Kaufhaus« genannt wurde. Es stand in der heutigen Erbsenbrunnengasse und wurde 1805 abgebrochen.

Dieses Rathaus wurde 1491 durch einen Neubau ersetzt, der das älteste erhaltene Rathaus aller Stuttgarter Stadtteile ist, wenngleich sein Aussehen durch mancherlei Umbauten und Veränderungen abgewandelt ist. Früher war sein Fachwerk sichtbar, bis es 1803 verputzt wurde. Außerdem erhielt es 1875 ein Portal mit spätgotischer Verzierung. Durch die Umbauten ist auch die offene Laube im Erdgeschoss verschwunden, die auch dieses Haus besaß. Die ältere der beiden Glocken, die im Dachreiter hängen, soll aus der ersten Hälfte des 13. Jahrhunderts stammen – die jüngere entstand 1505 – und könnte damit vom ersten Stadt-Rathaus übernommen worden sein. Sie gilt als die zweitälteste Glocke in Württemberg.

Neben dem Rathaus (auf dem heutigen Marktplatz) brach früher die Sulzquelle hervor und bildete einen kleinen See, aus dem der Sulzbach durch die Straßen abfloss. Die Quelle war so kräftig, dass um 1350 eine Mühle betrieben werden konnte. 1873 fasste man die Quelle und leitete das Wasser unterirdisch ab.

Eine Wehrmauer umzog die alte Stadt. Durch drei Tore konnte man in sie gelangen: durch das Brückentor von der Brücke her in die Marktstraße, durch das Obertor von Waiblingen her sowie von Norden durch das Schmidheimer Tor. Zum Neckar führte das kleine Fischertor. Die Ecken der Mauer waren mit Türmen besetzt. Mauern und Türme verschwanden 1811 bis 1832 fast restlos, nur zwischen Badstraße und Felgergasse ist ein Stück erhalten, an der Ecke Badstraße/Badergasse ein Stück erneuert.

Die Lage der Stadt brachte ihr viele Vorteile. Davon war bereits die Rede. Man fragt sich geradezu, warum Stuttgart, die in der Sackgasse des Nesenbachtals versteckte Siedlung, die Landeshauptstadt wurde und nicht das viel verkehrsgünstiger gelegene Cannstatt. Der Grund liegt vielleicht in den Besitzverhältnissen. Als die Markgrafen von Baden Stuttgart zur Stadt machten, besaßen sie Cannstatt nicht oder zumindest nicht alleine, vielmehr hatten hier mehrere Herren Rechte, so dass nicht ein Einzelner die Hoheit ausüben konnte. Die Lage konnte somit nicht genutzt werden.

Kirchen von großer Bedeutung

Am heutigen Steigfriedhof stand einst das wahrscheinlich erste Gotteshaus des Stuttgarter Raumes, die dem heiligen Martin gewidmete Kirche von Altenburg. Sie könnte, wenn auch nur klein, zwischen 650 und 700 errichtet worden sein. Dorthin waren spätestens in ottonischer, wahrscheinlich aber schon in karolingischer Zeit außer Altenburg und Brie die Orte Berg, Gaisburg, Gablenberg, Wangen, Rohracker, Sillenbuch und Stuttgart eingepfarrt, vermutlich auch Mühlhausen, bis Graf Ulrich 1321 die Stiftskirche in Stuttgart zur Pfarrkirche erhob und ihr die Kirche von Altenburg zuwies[9].

Unter Herzog Ulrich wurde die Kirche 1506 in die Neckar-Vorstadt verlegt; offenbar war Altenburg bereits verlassen. Ab der Reformation diente sie als Kornhaus, Weinkeller und herrschaftliche Kelter. Der Friedhof blieb jedoch für die links des Neckars wohnende Bevölkerung erhalten und ist damit der

Die Uffkirche im 20. Jahrhundert. Der jetzige Bau stammt aus den Jahren 1494 bis 1500.

wohl älteste christliche Begräbnisplatz in Stuttgart. Auf ihm fand so mancher bedeutende Cannstatter seine letzte Ruhe wie zum Beispiel Oberbürgermeister Oskar von Nast.

Die Uffkirche Unserer lieben Frau entstand an einem Kreuzungspunkt wichtiger Wege. Sie ist 1275 als Filiale von Sankt Martin in Altenburg bezeugt, wurde selbst aber vor 1344 Pfarrei, zu der zeitweise alle Kirchen des östlichen Neckarufers von Obertürkheim bis nach Hofen gehörten, auch Schmiden, Fellbach und Uhlbach. Im Jahr 1506 wurde die Pfarrei jedoch aufgehoben, weil sie verwaist war, und die Stadtkirche trat die Nachfolge an. Das heutige Gebäude stammt aus den Jahren 1494 bis 1500, doch sind im Turm noch Reste der Vorgängerkirche erhalten. Heute dient der Bau als Friedhofskapelle des sie umgebenden Kirchhofs, auf dem viele bedeutende Cannstatter ihre letzte Ruhe gefunden haben. Genannt seien Gottlieb Daimler, Wilhelm Maybach, Ferdinand Freiligrath und Wilhelm Ganzhorn, der Dichter des Volkslieds »Im schönsten Wiesengrunde«.

Die Stadtkirche bestand – vermutlich als Eigenkirche des alamannischen Herzogs oder der Karolinger – wahrscheinlich bereits um 800. Wohl wegen der Nähe der heilenden Quellen war sie den beiden Heiligen Cosmas und Damian, den Schutzpatronen der Ärzte und Apotheker, geweiht. Der erste, romanische Bau wurde 1169 bis 1182 durch einen zweitürmigen Neubau und knapp ein Jahrhundert später durch einen frühgotischen Bau ersetzt. Den heutigen Kirchenbau errichtete der Baumeister Aberlin Jörg auf Geheiß des Grafen Ulrichs des Vielgeliebten im Spätmittelalter, nämlich 1460 bis 1471, als dreischiffige Hallenkirche. Dieses Gotteshaus gilt als die am besten erhaltene gotische Kirche in Stuttgart. Den oberen Teil des Turms erhielt es

Der Schluss-Stein in der Stadtkirche zeigt die beiden Kirchen-Heiligen Cosmas und Damian, ein Ärzte-Brüderpaar aus Byzanz. Die Kirche wurde wohl wegen der Nähe der heilenden Quellen den beiden Schutzpatronen der Ärzte und Apotheker geweiht.

allerdings erst 1612/13 durch den Baumeister Heinrich Schickhardt, der zweite Turm wurde nie gebaut. Nach einem Blitzschlag wurde das Gewölbe 1790 provisorisch geschlossen und erst bei der Restaurierung 1858 durch Baumeister Leins wieder hergestellt. Beim neuen Eindecken der Kirche 1791 verzichtete man allerdings auf den Dachreiter. Der Kirchhof bei der Stadtkirche wurde 1506 wegen des zu feuchten Bodens aufgehoben. Fortan diente der Uffkirchhof als Begräbnisplatz der Cannstatter und auch der Hofener, bis diese 1522 eine eigene Pfarrstelle und einen Friedhof erhielten. In einem Augenschein-Riss von 1561 ist demgemäß bei der Uffkirche vermerkt: *der von Canstat begrebnüß.*

Die Stadtkirche von Bad Cannstatt wurde in ihrer heutigen Form in den Jahren 1460 bis 1471 von Aberlin Jörg erbaut. Den Turm fügte Heinrch Schickhardt 1612 bis 1613 hinzu. Das Rathaus stammt aus dem Jahr 1491 und hatte früher unten eine Laube. Aufgenommen 1937.

Wachstum auf Kosten der Nachbarn

Ursprünglich beschränkte sich die Cannstatter Markung auf das Gebiet rechts des Neckars und war dort wahrscheinlich kleiner als heute. Doch noch im Mittelalter wuchs sie beträchtlich, und zwar anscheinend in zwei Phasen[10].

In der ersten Phase ging es um die Siedlungen Uffkirchen und Niederhofen, um Burg Stein und den Hof Hochflur, von denen Uffkirchen erstmals 1275 und Niederhofen 1268 urkundlich genannt wurden. Nachdem die Burgen 1287 zerstört worden waren, wurden sie nicht als solche wieder aufgebaut, denn ihre Bedeutung war dahin. Es ist deshalb denkbar, dass die Einwohner der (kleinen) zugehörigen Siedlungen nach der Erhebung Cannstatts zur Stadt in diese umgesiedelt wurden, um der Stadt eine größere Bevölkerung zu verschaffen. Beispiele für solche Maßnahmen gibt es genug, nicht zuletzt Frankenbach und Immenhofen bei Stuttgart. Zudem ließen die Pestwellen und die um 1350 einsetzende Agrarkrise die Bevölkerung stark schrumpfen. Die so verwaisten Gemarkungen wurden der Stadt zugeschlagen und dabei die Zelgen neu eingeteilt, so dass es für das vergrößerte Gebiet bei drei Zelgen blieb[11].

Während die Namen Niederhofen (wahrscheinlich im Gegensatz zu einem Oberhofen, das jedoch nicht belegt ist), Stein (als Bezeichnung für eine aus Stein erbaute Burg) und Hochflur leicht zu erklären sind, fällt dies bei dem Namen Uffkirchen etwas schwerer. Helmut Doelker leitet ihn ab von einer Gebietsbezeichnung »oben bei der Kirche«. Eine andere Ansicht besagt, die Kirche sei ursprünglich dem heiligen Onuphrius, einem Einsiedler, gewidmet gewesen. Dessen Rolle sei, nicht zuletzt infolge der Reformation, in Vergessenheit geraten und sein Name im Volksmund verkürzt worden. Allerdings müsste das schon sehr früh geschehen sein, weil der Name Uffkirchen bereits für 1284 belegt ist, als der Graf von Württemberg zugunsten des Klosters Steinheim auf das Patronatsrecht verzichtete. »Uff« wird aber auch als Abkürzung für »Unsere liebe Frau« gedeutet.

Die zweite Phase vollzog sich im Lauf des 15. Jahrhunderts, als die gemeinsame Markung von Altenburg und Brie nach Cannstatt einbezogen wurde. Die Zelgen dieser Orte wurden ab 1473 in den Lagerbüchern zusammen mit Cannstatt genannt und Brie ab 1492 als Vorstadt erwähnt. Die getrennt von Cannstatt beschriebene Einteilung der Zelgen bezeugt, dass Altenburg und Brie vorher eine eigene Gemarkung gebildet hatten.

Altenburg fiel um diese Zeit wüst (wurde verlassen), wie es bereits für Uffkirchen beschrieben wurde. Wenn Brie sich hielt, so vermutlich aufgrund seiner Lage an der Brücke, die doch so manchen Vorteil brachte. Aus welchem Grunde einige Weiler bei Cannstatt verlassen wurden – Memminger nennt Immenrode (dessen Name in der Immenroder Kelter erhalten blieb), Blick, Herzogenbrunn, Wolfersberg, Wartberg, Erbenol und Mühlberg –, muss offen bleiben.

Später kam noch ein Teil der Feuerbacher Heide zu Cannstatt, so dass dessen Gebiet fast bis an den Feuerbacher Weg reichte, sowie Teile der Brag und von Berg. Um die Grenze bei Berg gab es einen Streit zwischen den beiden Städten Stuttgart und Cannstatt, zu dessen Klärung als Hilfsmittel 1559 eine Augenschein-Skizze angefertigt wurde, die älteste, auf der ein Teil des damaligen Cannstatter Gebietes dargestellt ist.

Auch auf der Feuerbacher Heide kam es im 15. und 16. Jahrhundert zwischen den beiden Städten Cannstatt und Stuttgart vielfach zu Streitereien, denen eine Augenschein-Karte von 1574 zu verdanken ist, die ebenfalls zu den ältesten von Stuttgart und Cannstatt zählt.

Sorgen und Freuden im Alltag

Die Bürger der Stadt lebten auch am Ende des Mittelalters in erster Linie von Landwirtschaft, Weinbau und etwas Fischfang. Cannstatt war also eine Agrarstadt. In zehn Keltern wurde der Wein, der damals zu den besten des Landes zählte, gekeltert. Selbstverständlich wurden auch Handwerke betrieben, deren Meister sich in Gilden zusammenschlossen. Die Gesellen hatten eigene Vereinigungen. Daneben gab es Gilden mit verschiedenen Zielen wie die Schützengilde, auf die wir noch zurückkommen werden. Wer Latein lernen wollte, konnte dies mindestens seit 1484 in der Cannstatter Lateinschule üben. Von den für die Herrschaft zu leistenden Diensten sei die Zufuhr von Brennholz zur Burg Württemberg erwähnt, die im 14./15. Jahrhundert zu einem Viertel von der Stadt und zu drei Vierteln vom Amt Cannstatt zu leisten war[12]. Andererseits zahlte Cannstatt um 1350 die »Schönbuchmiete«, um aus dem Schönbuch Brennholz zu holen.

Sorgen und Nöte plagten die Cannstatter im Mittelalter und in der frühen Neuzeit nicht geringer als heute. Man war allgemein stärker gläubig als jetzt, hing aber auch manchem Aberglauben nach. Das Hochgericht mit dem Galgen stand auf der Feuerbacher Heide. Aber wenn wir heute »Zustände wie im Mittelalter« beklagen, vergessen wir zumeist, was es damals bereits gab. Denn für die armen und kranken Leute wurde durchaus der Zeit gemäß gesorgt. So ist für 1390 ein Armeleutehaus (wohl Brunnenstraße 7) nachgewiesen, in dem 1536, als es weltlich wurde, 15 Pfründner, vier Pfründnerinnen, zwei Nonnen und drei Mägde wohnten.

Das 1463 erbaute Klösterle gilt als das älteste noch erhaltene Wohnhaus im gesamten Stuttgarter Stadtgebiet.

Eine andere Einrichtung der Fürsorge waren die Beginen-Häuser. Im 12. Jahrhundert begannen sich in den Niederlanden Gemeinschaften klosterartiger Form zu bilden, die unter frei gewählten Vorstehern oder Vorsteherinnen in eigenen Gebäuden lebten und sich der Fürsorge widmeten. Die Männer nannten sich Begharden, die Frauen Beghinen oder Beginen. Ihre Blütezeit erreichten sie im 13. und 14. Jahrhundert, als sie in Mitteleuropa weit verbreitet waren. Unter Papst Nikolaus V. gingen sie im 15. Jahrhundert in den kirchlich kontrollierten »Dritten Orden« (Tertiarier) auf. In diesem Jahrhundert gab es in Cannstatt zwei Beginenhäuser des Dritten Ordens des heiligen Franziskus. Eines stand in der Brählesgasse, das andere war das Klösterle. Dieses war 1463 gegründet worden, wurde aber 1541 aufgehoben, doch behielten die Frauen zunächst noch das Wohnrecht. Das 1470 erbaute zweite Haus der Anlage wurde um 1650 zu einem Wirtschaftsgebäude umgebaut. Später gehörte das Haus dem Verwalter der ehemals geistlichen Güter, Albert Wacker oder Weckherlin; er ließ 1571 die kleine Kapelle einrichten und das Strohdach durch Ziegel ersetzen.

Das als Klösterle bekannte Gebäude wurde, wie die Altersbestimmung am Bauholz ergab, 1463 erbaut und gilt als das älteste noch erhaltene Wohnhaus im Groß-Stuttgarter Stadtgebiet. Die Anlage umfasste ursprünglich drei Gebäude, die durch Brücken in den Obergeschossen miteinander verbunden waren. Ging schon durch Krieg und Nachkriegszeit einiges verloren, so war im Zuge der Altstadtsanierung anfangs geplant, auch die restlichen Gebäude abzureißen und dort ein Kaufhaus zu errichten, das die Attraktivität des Stadtteils stärken sollte. Schon 1937 war der Abbruch verfügt und 1938 die Eintragung in das Denkmalbuch beantragt, aber abgelehnt worden. Nach einem neuen Vorstoß erfolgte 1976 – »in letzter Minute« – diese Eintragung doch noch. Zum einen erwies sich die historische Bausubstanz als weitgehend erhalten, zum anderen machte der Verein Pro Alt-Cannstatt das Thema zu einem lokalen Politikum. Die Stadt Stuttgart übernahm 1980 das heruntergekommene Haus, um es in seinem Bestand zu sichern, und Pro Alt-Cannstatt gelang es, durch Aktionen und Spendenaufrufe 100 000 Mark aufzubringen – das war zu der Zeit sehr schwer –, die zur Sanierung der Fassade eingesetzt wurden.

Die Instandsetzung des Klösterles ist das Werk des Architekten Hermann Kugler. Er kaufte das Gebäude 1983 und richtete es in mühevoller Arbeit und vorbildlicher handwerklicher Ausführung im Zustand des späten 16. Jahrhunderts wieder her. Für die Instandsetzung wurde ihm 1984 der Peter-Haag-Preis verliehen, mit dem der Schwäbische Heimatbund und die Württembergische Hypobank alljährlich private Bauherren für die denkmalpflegerisch beispielhafte Wiederherstellung historischer Gebäude auszeichnen. Im Erdgeschoss befindet sich jetzt eine Weinstube, die oberen Geschosse beherbergen einen Ausstellungsraum und Büroräume. Das zweite noch vorhandene Gebäude behielt die Stadt und gestaltete es zum Stadtmuseum Bad Cannstatt aus. Die Hervorhebung der Holzkonstruktion macht übrigens deutlich, wie groß der Bedarf an Bauholz im Mittelalter war. Deshalb bestand schon zu jener Zeit, als das Klösterle entstand, eine empfindliche Holznot, der Herzog Eberhard im Bart durch Verordnungen zum Waldschutz zu begegnen versuchte.

Die Lage Cannstatts an einem wichtigen Fluss-Übergang brachte in allen Jahrhunderten nicht nur Vor-, sondern auch schwere Nachteile, waren doch solche Übergänge immer wieder ein Marschziel vorrückender oder abziehender Truppen. Sei es die Zerstörung durch König Rudolf von Habsburg bei der Belagerung Stuttgarts 1287 oder die Zerstörung durch die Reichsstädte im Krieg Kaiser Heinrichs VII. gegen Graf Eberhard den Erlauchten 1310/12 gewesen, die Bevölkerung hatte es immer hinzunehmen.

Cannstatts Entwicklung in der Neuzeit

Cannstatt wird evangelisch

Die Reformation war nur der äußere Ausdruck eines Wandels, der einen geistigen Umbruch brachte, nämlich der Renaissance, wörtlich: der Wiedergeburt. Nicht nur, dass der katholische Glaube in Frage gestellt wurde, man sah die Welt auch mit anderen Augen. Zunächst verhielt man sich in Stuttgart durchaus zurückhaltend, bis im Jahr 1534 Herzog Ulrich sein Land zurückeroberte und den Übergang zur evangelischen Konfession befahl. Doch in Cannstatt kam die Reformation eher auf leisen Sohlen. Ein Kloster war hier nicht zu schließen, weil es keines gab. Ansonsten war man offenbar nicht so streng, denn das Beginenhaus bestand noch bis 1541. Immerhin wurden – gegen den verständlichen Protest des Konstanzer Domkapitels – außer der Martinskirche neun Kaplaneien und 1535 der katholische Gottesdienst in der Uffkirche aufgehoben. Nach der Einführung der neuen Kirchenordnung für Württemberg 1536 trat ein Jahr später Kaspar Graeter als erster evangelischer Pfarrer an der Stadtkirche sein Amt an. Das Vermögen der Kirche, das heißt die geistlichen Anstalten und Stiftungen – auch Spital und Beginenhaus – wurden dem »Armenkasten« zugeführt, der Schulen und soziale Einrichtungen finanzierte, und 1541 zusammengefasst. Einige Altarpfründen blieben sogar etwas länger bestehen, so die vom Heiligkreuz-Altar bis 1542. Die Kirchen-Geräte, -Gefäße und -Gewänder ließ der Herzog im Februar 1536 einziehen, später als in anderen Orten. Anhänger sonder- und widerkirchlicher Bewegungen setzte man zum Teil gefangen, Einzelne wies man aus der Stadt. Das Pfarrhaus von Sankt Martin erhielt der Verwalter des ehemals geistlichen Besitzes zur Wohnung, und noch Ende des 19. Jahrhunderts nutzte es der (staatliche) Kameralverwalter als solche; das Pfarrhaus der Uffkirche, das im Fischergässchen stand, wurde später gegen ein anderes eingetauscht[13].

Auch in der evangelischen Zeit erfolgte die Besoldung der Pfarrer noch weitgehend in Naturalien. So standen dem Stadtpfarrer um 1560 jährlich außer 22 Pfund Heller an Geld acht Scheffel Roggen, 22 Scheffel Dinkel, acht Scheffel Hafer, ein Fuder Wein sowie je ein Wagen Heu, Stroh und Holz zu. Außerdem war es Brauch, den Pfarrer zu Tauf-, Hochzeits- und Trauerfeiern zum Essen einzuladen.

In der Wirtschaftsstruktur änderte sich allerdings nicht viel. Dies aber ist die Zeit, bis in welche die älteste Bausubstanz in Cannstatt zurück reicht: Die Stadtkirche entstand 1460-1471, das Klösterle 1463/1470, das Rathaus 1491, das Haus Sulzbachgasse 16 1512 und das Haus Felgergasse 4 ebenfalls in der ersten Hälfte des 16. Jahrhunderts. Es musste aber noch ein weiteres Jahrhundert vergehen, ehe hervorragende Zeichner das Bild der Stadt auf dem Papier festhielten. G. W. Kleinsträttl und G. A. Böckler zeichneten unabhängig voneinander in Ansichten und Stadtplänen, wie Cannstatt 1655 aussah.

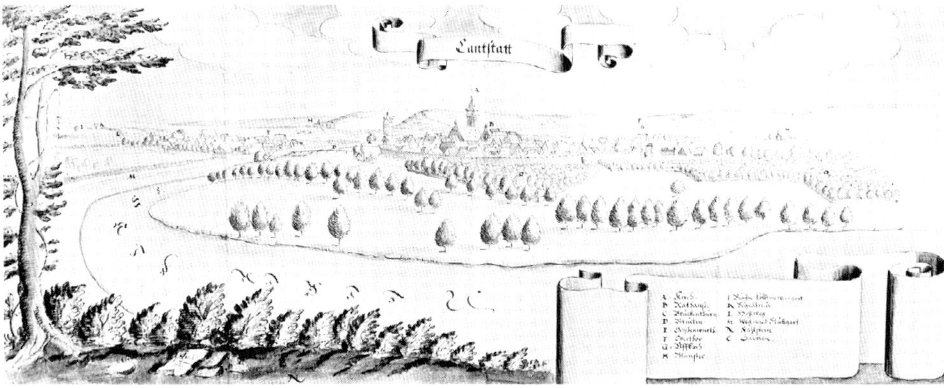

So sah im Jahr 1655 Georg Andreas Böckler vom Kahlenstein (Rosenstein) aus die Stadt Cannstatt. In der Ferne halbrechts erkennt man die Uffkirche.

Vier Jahrzehnte später, 1686, entstand die berühmte Ortsansicht aus dem Werk von Andreas Kieser. Sie lässt am Ufer bei der Brücke eine hölzerne Plattform erkennen, die zum Waschen im Fluss diente.

Dass Ereignisse der großen Politik auch in so kleine Orte ausstrahlen können, spürte man um 1700. Aus Frankreich kamen 400 vertriebene Reformierte, die mit neuen Berufen der Wirtschaft wichtige Impulse gaben. Es war auch das erste Mal, dass Bürger sich zu einer anderen als der Landes-Konfession bekannten und ihren eigenen Gottesdienst hielten. Besonders zahlreich waren unter ihnen die Strumpfweber, aber es kamen auch Leute mit anderen Berufen, welche die Wirtschaft der Stadt belebten. 1712 wird erstmals die Kattunfabrik (Baumwollfabrik) eines Waldensers erwähnt.

Weil der Herzog den französischen Flüchtlingen den Gottesdienst in der Muttersprache zugestanden hatte, bildete sich 1700 eine reformierte Gemeinde, die ihren Gottesdienst zunächst im Gasthaus zur Rose, später im alten Rathaus abhielt. Als die Reformierten 1718 eine eigene Kirche einrichten wollten, meinte der Vogt, es seien meist arme Leute und ihre Zahl nehme ab. Überdies habe die Gemeinde noch Schulden zu begleichen. Mit anderen Worten: Warum brauchen die eine Kirche, die sie gar nicht bezahlen können? Der Herzog aber erlaubte ihnen, eine Kirche in Cannstatt zu bauen, sobald dies auf einem schicklichen Platz und ohne Störung des einheimischen Gottesdienstes geschehen könne. Es kam jedoch nicht dazu.

Die Bevölkerung wuchs nur allmählich. Für 1760 werden 2417 Seelen angegeben, für 1780 2626 und für 1800 2738.

Die Lage »mitten im Lande«, an einem Fluss und an wichtigen Straßen war es übrigens, die Gottfried Wilhelm Leibniz 1669 zu dem Vorschlag bewog, Cannstatt zur Hauptstadt Württembergs zu machen und somit die Residenz von Stuttgart und die Universität von Tübingen dorthin zu verlegen.

Die erste Poststation im Land

Diese Lage an einer wichtigen Reichsstraße und Straßenkreuzung machte Cannstatt zu einem geeigneten Standort für eine Poststation, zumal die Post vor dem Aufkommen der Eisenbahn auch die Personenbeförderung betrieb[14]. Weil Nachrichten früher durch laufende Boten oder durch Reiter befördert wurden, die ihre Pferde nicht wechselten, also pausieren mussten und in der Nacht schliefen, dauerte die Übermittlung relativ lange. Da erschien es sinnvoller, Personen und Pferde zu wechseln und dadurch die Beförderung zu beschleunigen. Das erforderte allerdings die Einrichtung von Stationen, an denen ausgeruhte Boten und Pferde bereitstanden. Dieser Schritt wurde unter Kaiser Maximilian ab 1490 vollzogen. Die Postboten mussten die Briefe in einem verschlossenen »Felleisen« befördern, und jeder Bote hatte in einem Begleitschreiben dessen Übernahme zu bestätigen. Schon in einem solchen Begleitzettel der Route Mailand – Augsburg – Cannstatt – Worms vom November 1495 notierte »nolrich hauger post bott zu kannstatt«, hier einen Brief empfangen und nach Knittlingen gebracht zu haben. Cannstatt, wo Ulrich Hauger die Beförderung übernahm, war das erste Postlager in Württemberg. Bereits 1496 wurde die Route zwar geändert, aber 1516 richtete der Generalpostmeister von Taxis die Poststation in Cannstatt wieder ein. Dank seiner Lage im Verkehrsnetz erhielt sie die größte Bedeutung im Herzogtum Württemberg. Von hier wurden auch Briefe von und nach anderen Orten abgefertigt, insbesondere von und nach Stuttgart. Deshalb war der Postmeister hier nicht nur ein kaiserlicher, sondern auch ein herzoglicher, wofür er aber nur eine geringe Bezahlung sowie Kleidung und jeweils in Stuttgart ein Essen erhielt.

Der Lauf der Zeit brachte für den Postdienst manche Unterbrechung und Ände-

Wenn eine Postkutsche im Schnee stecken blieb, mussten auch die Passagiere mit Hand anlegen.

rung, auch neue Verträge und Postlinien. Beispielweise verkehrte ab 1705 zweimal wöchentlich eine Reitpost in beiden Richtungen zwischen Cannstatt und Dinkelsbühl mit Anschlüssen nach Straßburg und Nürnberg. Übrigens mussten auch die Schiffer gemäß der Schifferordnung von 1719 Briefe von der und für die fürstliche Kanzlei unentgeltlich mitnehmen und zustellen. Als später auch Postverbindungen von Cannstatt über Stuttgart nach Süden sowie nach Heilbronn bestanden, war Cannstatt ein Knotenpunkt.

Eine Übersicht aus dem Jahre 1749 zeigt uns den Betrieb bei dem »Kayserlichen Reichs-Post-Amt zu Cannstatt« an.

Von Frankfurt nach Augsburg und umgekehrt bestand also direkter Anschluss, ebenso nach Stuttgart, das anfangs durch Botengänge oder -ritte von Cannstatt aus bedient wurde. 1705 stieg die 1691 eingerichtete Posthalterei in Stuttgart zu einem Postamt auf, das nun die Abfertigung in der Residenzstadt übernehmen konnte.

Die Postämter in Cannstatt

Anfangs befand sich die Post sehr wahrscheinlich auf dem linken Neckarufer in der Nähe dieser Kelter. Ab 1543 wurde ein Gebäude bei der Bebenhäuser Kelter in der heutigen Brückenstraße genutzt, das etwa dort stand, wo sich einst die Burg Brye befand. Den Eingang des Hauses zierte eine Holztafel mit einem schwarzen kaiserlichen Doppeladler.

Im Jahr 1593 baute Hans Vogel, der von 1571 bis 1597 kaiserlicher Postmeister war, in der Brunnenstraße nahe bei der Stadtkirche ein stattliches Gebäude, über dessen von zwei Halbsäulen eingefasstem Eingang ein Posthorn seine Funktion bezeichnete. In dieser Zeit wurde die Post – von einigen Unterbrechungen abgesehen – jeweils am Mittwoch abgefertigt. Nach der Postordnung von 1596 waren für den Ritt von Enzweihingen nach Cannstatt fünf und für den von Cannstatt nach Ebersbach (mit einer Abfertigung in Deizisau) sechs Stunden veranschlagt. Drei gute Pferde hatte der Postmeister bereitzuhalten, die in dem Stall hinter dem Gebäude untergebracht waren.

Im Jahr 1719 erbaute Postmeister Mittler ein neues »Reichspostgebäude« an der heutigen Brückenstraße 2. Es war ein stattlicher Bau mit großem Erker und Balkon, vier gewölbten Weinkellern, Gästezimmern und großem Stall. Über der Einfahrt war das in Stein gehauene Wap-

Postverbindungen in Cannstatt 1749

Ziel	*Häufigkeit*	*Ankunft*	*Abgang*
Straßburg	täglich	20–21 Uhr	22 Uhr
Augsburg	täglich	21–22 Uhr	1–2 Uhr
Frankfurt	täglich	1–2 Uhr	21 Uhr
Stuttgart	täglich		
Schaffhausen	zweimal wöchentlich	Mo., Fr.	So., Mi.
Nürnberg	zweimal wöchentlich	Di., Fr.	Di., Sa.
Speyer	einmal wöchentlich	Mi.	Sa.

Cannstatt hatte die erste Poststation in Württemberg. Das Bild zeigt das Posthaus von Thurn und Taxis in der Brunnenstraße im Jahr 1593. Das Gebäude fiel dem Krieg zum Opfer.

pen der Familien Mittler (Einhorn) und Ramßler (Widder) mit einem Posthorn angebracht; es wurde später an den Erker versetzt[15]. Als 1764 der Poststall von der Postexpedition getrennt wurde, übernahm ihn der Ochsenwirt Jacob Linck auf zunächst 20 Jahre. 1795 ging dieses Patent auf Lebenszeit auf die tüchtige Witwe Sophia Linck über, die sich nicht scheute, selbst täglich die Post nach Enzweihingen und zurück zu bringen.

Nachdem Kurfürst Friedrich Mitte Dezember 1805 die Taxis'sche Post übernommen hatte, wurden das Postamt und der Poststall am 11. Juni 1806 mit dem Stuttgarter Amt vereinigt und Cannstatt fortan von Stuttgart aus bedient, wo der Cannstatter Postmeister Fischer die Verwaltung übernahm.

Immer wieder Krieg

Jedes Jahrhundert wieder bekam Cannstatt die Gräuel des Krieges zu spüren, sei es durch feindliche oder freundliche Truppen, sei es durch die Anforderung einer Mannschaft. Im Jahr 1461, als Herzog Ulrich V. gegen den Pfalzgrafen Friedrich kämpfte, musste die Stadt 240 Mann mit zwölf Wagen für Rüstungen und Zelte und vier Wagen für die Küche stellen. Wenig später forderte Graf Eberhard der Ältere 171 Mann an, neun mit langen Spießen, 98 Büchsenschützen, 34 Hellebardiere, 30 mit Setzschitten, dazu einen Wagen mit Sturmleitern, 35 beschlagene Schaufeln, zwölf Reithauen, zwölf Bickel, zwölf Pfahlhappen und zwölf Äxte. 1499 wurden für den Krieg mit der Schweiz erneut 195 Spießträger, 120 Hakenschützen, 60 Hellebardiere und 16 Wagen angefordert. (Haken sind im 14. Jahrhundert aufgekommene Handrohre, die – wie die Büchsen – auf eine Gabel gesetzt werden mussten.)

Der Aufstand des »Armen Konrad« 1514 ging glimpflich an Cannstatt vorbei, doch ließ Herzog Ulrich den 80-jährigen Vogt Konrad Vaut als angeblichen Verräter richten: Er wurde am 11. Dezember gefoltert und gevierteilt.

Schlimm ging es auch im Bauernkrieg 1525 zu, als der Truchsess von Waldburg die Stadt besetzte: Es wurden »umb Stugart und Kanstatt zwen lutterisch Pfaffen an die Bem gehenckt«. Die Cannstatter selbst waren allerdings auch nicht zimperlich. Veit von Wernau beklagte sich 1526 darüber und verhandelte seinen Streit mit Stadt und Amt Cannstatt bis 1528 vor Statthalter, Regenten und Räten des Kaisers. Truppen von Cannstatt – mit Hauptmann, Fähnrich, [Feld-] *Webel* und [Lands-] *Knechten* – waren 1525 in seine beiden Schlösser in Pfauhausen (Wendlingen) und Unterboihingen eingefallen, hatten *Kisten, Casten und Keller aufgebrochen, Wein, Früchten, Haußrat* und auch Vieh *mit gewaltiger frevenlicher that raublich herauß genommen, getragen unnd hinweg gen Wendlingen und andere ort firen lassen, Öffen, Fenster und auch die hewser* [Häuser] *Jamerlich zerschlagen.* Überdies nötigte der Hauptmann den Amtmann von Boihingen, den Wein von Pfauhausen nach Wendlingen ins Schloss zu fahren, wo die Knechte sich einquartiert hatten, und man zwang die Einwohner, die Kirche aufzuschließen, um sie anschließend auszurauben. Bitten und Betteln nutzte nichts. Der Schaden betrug etwa 1000 Gulden, und der Adlige wollte, da nicht alle Landsknechte aus Cannstatt kamen, wenigstens 500 Gulden ersetzt haben[16].

1546/47, im Schmalkaldischen Krieg, musste Cannstatt nicht nur Spanier aufnehmen, sondern Stadt und Amt hatten auch für die evangelischen Stände ein Fähnlein von 311 Spießen, Hellebarden und Spielleuten sowie 58 Hakenschützen, 24 Pferde und 13 Wagen zu stellen.

Wer den Krieg kennt, der ahnt, was der Dreißigjährige Krieg den Menschen brachte. Die Cannstatter kamen in ihm nicht ungeschoren davon. Es begann 1629 mit dem Durchzug von 18 000 Mann wallensteinischer Truppen. Wohl noch schlimmer war die Flucht unzähliger Söldner 1634 nach der Schlacht bei Nördlingen, denen auf dem Fuß raubend und plündernd kaiserliche Truppen folgten. Zu allem Übel griff auch die Pest von Fellbach her auf Cannstatt über. Erneut forderten 1638 durchziehende Truppen hohe Abgaben, und 1643/44 gab es abermals großen Schaden, als Freund und Feind hin und her zogen. Als dann Anfang 1645 ein französisch-weimarisches Heer bei Cannstatt lagerte und das Hauptquartier in die Stadt kam, waren hier zwölf Generäle, drei Brigaden Fußvolk (eine Brigade sind mehrere Regimenter) und 4000 Pferde unterzubringen. Sie sollen nicht nur alle Vorräte aufgezehrt, sondern auch alles Schreinerwerk, Fußböden, Fässer, Keltergeschirre und viele tausend Obstbäume verheizt haben. Und nur ein Jahr später erpressten schwedisch-französische Reiter erneut hohe Summen.

Auf eine Umfrage des Herzogs, welche Schäden in den fünf Jahren 1634 bis 1638 in den einzelnen Städten und Ämtern entstanden waren, meldeten Stadt und Amt Cannstatt, was sie *ann allerhand Kriegscosten und schäden erlitten,* und schrieben, dass *der schad sich Summarie inn die 10.491.050 Gulden erlaufft,* sofern er aus den Büchern zu ermitteln war, aber wahrscheinlich war er noch viel höher. Das war die höchste Summe für eine Stadt und ein Amt überhaupt, gefolgt von Stadt und Amt Schorndorf mit rund 4 305 712 Gulden. Die Summe war so hoch, dass die Regierung noch einmal in Cannstatt rückfragte und erneut diese Zahl genannt bekam. Eine 1652 durchgeführte Bestandsaufnahme ergab, dass die Verluste der wehrfähigen Mannschaft in Stadt und Amt 1400 Mann betrug – von 1658 Mann, die im Jahr 1634 noch einsetzbar waren. Viele Ländereien lagen

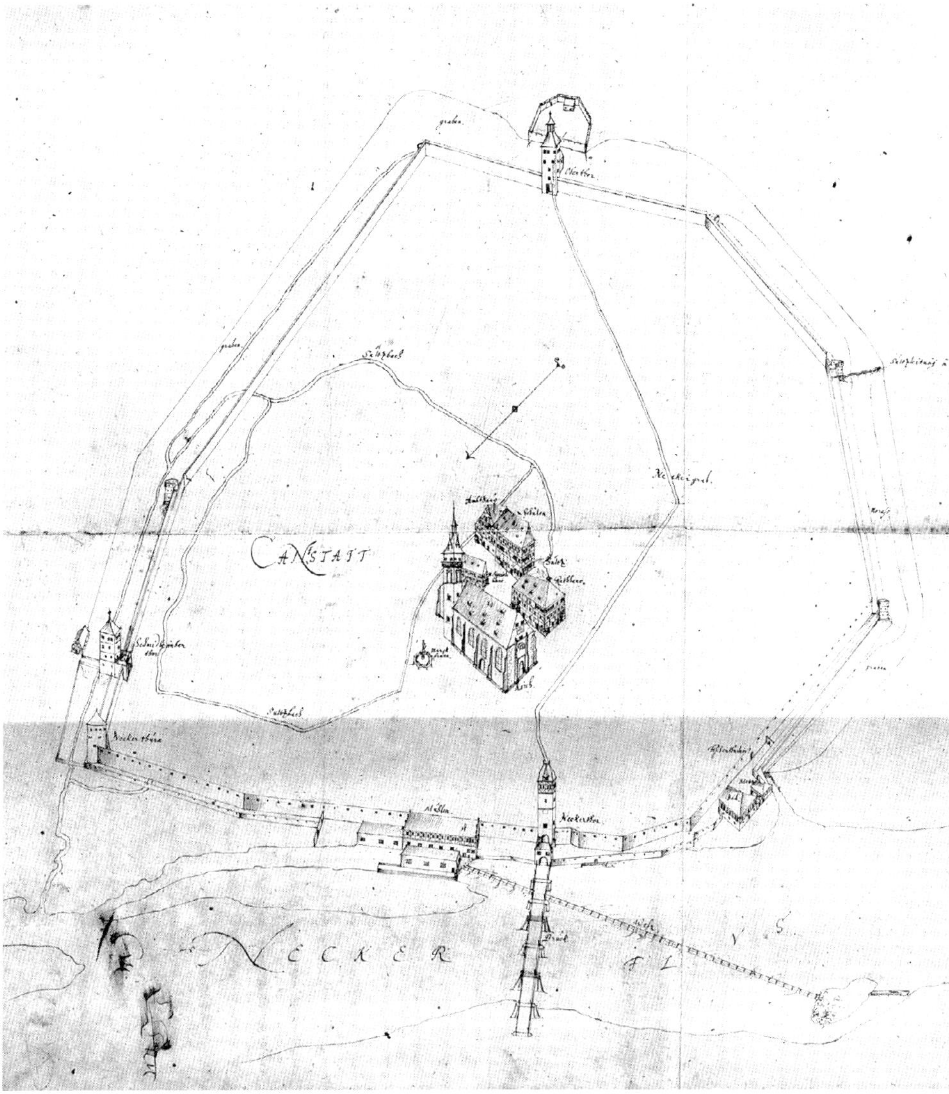

1655 zeichnete Georg Wilhelm Kleinsträttl diesen Plan. Im unteren Teil erkennt man die Neckarbrücke, das Neckartor und die Mühle mit dem Wehr, links den Neckarturm und das Schmidener Tor, oben das obere Tor mit einem Zwinger, rechts unten das Bad. Zwischen Rathaus und Schule ist die Sulz verzeichnet, von welcher der Sulzbach abfließt.

wüst – auch in Cannstatt –, weil das Land derart entvölkert war, dass niemand sie bestellen konnte, weshalb Herzog Eberhard III. die Bauern 1650 aufforderte, auch die entfernt liegenden Äcker zu bewirtschaften. Im Übrigen war zu dieser Zeit alles Aufspielen und Tanzen verboten. Als sich einige Cannstatter 1650 auf mehreren Hochzeiten nicht daran hielten, wurden etliche von ihnen bestraft.

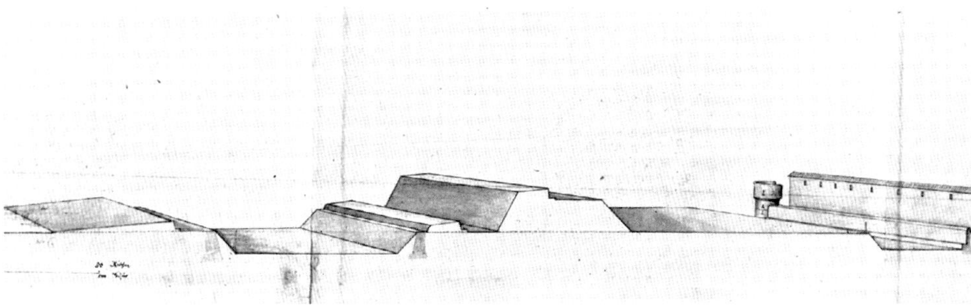

Der 1655 von Georg Andreas Böckler entworfene Plan für den Ausbau zur Festung im Profil. Von links nach rechts: Graben und Wallanlagen, weiter rechts der Stadtgraben und die Stadtmauer.

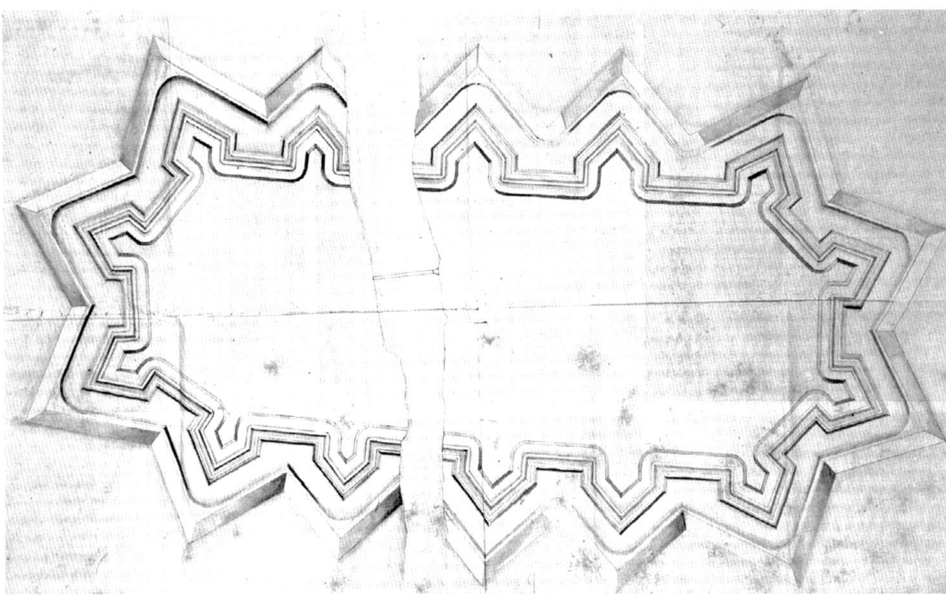

So sollte die 1655 geplante Festungsanlage aussehen, die Cannstatt (rechts) und die Vorstadt (links) einfassen sollte. Zwischen beiden der Lauf des Neckars mit der Brücke.

Als Cannstatt Festung werden sollte

Das Hauptstaatsarchiv verwahrt vom Baumeister Georg Andreas Böckler um 1655 gezeichnete Entwürfe für den Ausbau Cannstatts zu einer über den Neckar hinweggreifenden Festung. Ein Plan zeigt die Ummauerung der Stadt mit den Toren und Gräben, andere Entwürfe geben Grundrisse und Profile für starke Bastionen wieder. Offenbar dachte Herzog Eberhard III. zu dieser Zeit – nach dem Dreißigjährigen Krieg – daran, die Stadt »als Knoten und Schlüssel fernherführender Straßen« und als Brückenort auf beiden Seiten des Neckars vor der Stadtmauer mit starken Befestigungen, nämlich mit Wällen und spitz vorspringenden Bastionen zu umgeben.

Ausgeführt wurden die Entwürfe allerdings nicht.

Böckler zeichnete auch drei Ansichten der Stadt – vom Sulzerrain, vom Kahlenstein und von Altenburg her gesehen – und markierte darin besondere Objekte mit Buchstaben, die er auf der Zeichnung erläuterte. Ebenfalls von 1655 stammt ein Grundriss von Georg Wilhelm Kleinsträttl, und dieser fertigte ebenfalls eine Ansichtszeichnung, gesehen vom Sulzerrain. Kleinsträttls Zeichnungen sind etwas genauer als die von Böckler[17].

Rückschauend kann man sagen: Erfreulicherweise ist die Umsetzung des Plans unterblieben, denn sie hätte die Entwicklung der vielleicht 2000 Einwohner beherbergenden Stadt eher gebremst als gefördert.

Die Kriegsereignisse von 1693 ...

»Frankreichs Despot, der ehr- und ländersüchtige Ludwig XIV.«, so schrieb Karl Pfaff 1846 in seiner Geschichte der Stadt Stuttgart, »schickte am Ende des 17. Jahrhunderts wieder einmal seine Truppen in unser Land.« Für seine Schwägerin Liselotte hatte er Erbansprüche auf die Pfalz erhoben und versuchte 1688 bis 1697, sie im »Pfälzischen Erbfolgekrieg« durchzusetzen. Weil die Militärs damals bestrebt waren, einen Krieg der »verbrannten Erde« zu führen, um dem Gegner die Versorgung abzuschneiden, weil man möglichst viele Kontributionen eintreiben wollte und weil die Soldaten plünderten, wo sie nur konnten, lebte die Bevölkerung in Angst und Schrecken – nicht nur vor den Franzosen. Im Jahr 1688 konnten sich die Cannstatter noch mit 9260 Gulden von der Plünderung durch die Franzosen freikaufen. 1689 aber geriet die ganze Cannstatter Kompanie bei Bretten in Gefangenschaft und wurde nach Frankreich verschleppt[18].

Doch schlimmer noch war der folgende Feldzug. Nachdem französische Truppen Mitte Mai 1693 den Rhein überschritten hatten, erschienen sie Mitte Juni im Stuttgarter Raum. Cannstatt wurde am 7. August von 600 Dragonern und 250 Mann Infanterie besetzt. Viele Dörfer rund um Stuttgart wurden geplündert, Fellbach und etliche Städte niedergebrannt, Felder und Weinberge ruiniert. Aus dem Amt Cannstatt nahmen die Franzosen den gesamten Wein-Vorrat von 3460 Hektolitern weg. Allein die Kirchen in Amt und Stadt erlitten einen Schaden von 15 445 Gulden.

Gegen die Zahlung einer größeren Summe konnten die Orte sich durch eine französische Schutztruppe, die Salvegardia, vor einer Plünderung schützen lassen. So gelang es Cannstatt, in das sich viele Einwohner der Nachbarorte geflüchtet hatten, sich durch große Lieferungen und Zahlung einer beachtlichen Summe einer Brandschatzung zu entziehen. Als die Franzosen Ende August diesen

Kriegsschäden 1693

	Gulden	*Kreuzer*
Cannstatt	106 979	31
Fellbach	107 705	40
Untertürkheim	23 926	19
Obertürkheim	2662	–
Uhlbach	2631	53
Rotenberg	1057	56
Wangen	6327	40
Hedelfingen	3540	16
Münster	6337	–

Quelle: Siehe Anm. 18.

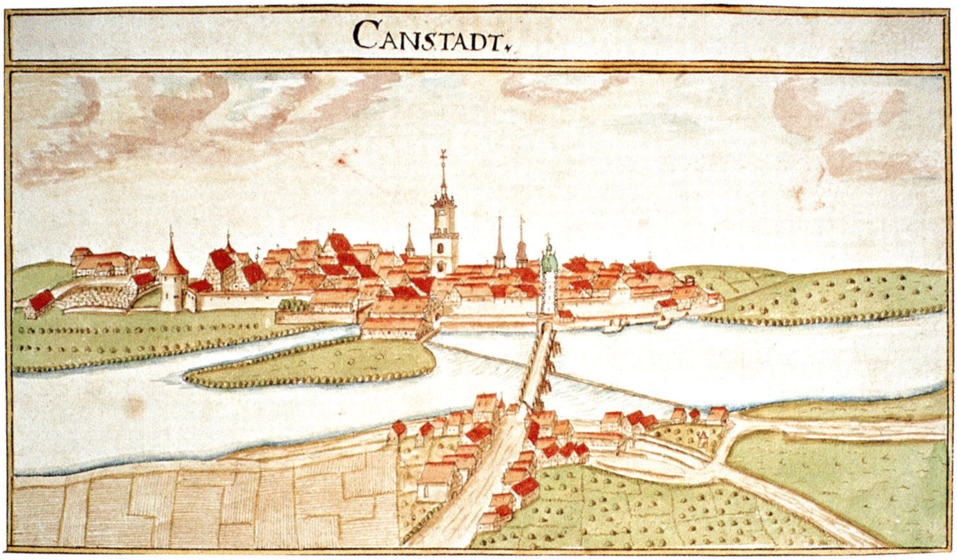

Eine der bekannten Ansichten der Stadt wurde 1686 unter Andreas Kieser angefertigt. In der Bildmitte ist die 1605 erbaute Stadtmühle mit dem zugehörigen Wehr sichtbar, links der Neckarturm und – außerhalb der Stadt – Werkhäuser.

Raum verließen, weil die Großbäckerei in Vaihingen/Enz durch Brand vernichtet worden und damit die Versorgung der Truppe nicht mehr gewährleistet war, da war Cannstatt – im Gegensatz zu vielen anderen Orten – einigermaßen glimpflich davongekommen, auch wenn es hohe Leistungen hatte erbringen müssen. Was die Franzosen damals anrichteten, zeigt eine Übersicht über die Höhe des Schadens, den sie verursachten. Auch 1704 und 1707 folgten schwere Jahre.

... und von 1796

»Bei Kannstatt an der Brucken, da war das Schießen groß, als aufeinander stießen Östreicher und Franzos« schrieb Friedrich Theodor Vischer in einem berühmt gewordenen Gedicht von jenem Ereignis, das die Einwohner des ganzen Stuttgarter Raumes in Angst und Schrecken versetzte[19]. Besonders Cannstatt hatte schwer zu leiden.

Während des Koalitionskrieges (1792 bis 1797) stießen die Franzosen im Juni 1796 ins Schwabenland vor. Am 18. Juni erschienen sie auf dem Hasenberg, wo es zu ersten Scharmützeln kam. Dann drangen sie in Stuttgart ein, während die Österreicher sich auf die rechte Seite des Neckars zurückzogen. Am 21. Juli marschierte eine starke Kolonne französischer Infanterie von Botnang her auf der Feuerbacher Heide auf, die auf dem Kahlenstein verbliebene österreichische Vorhut zog sich zurück. Rücksichtslos plündernd, besetzten die Franzosen die Neckar-Vorstadt und eroberten Berg.

Die schwersten Schießereien gab es um Cannstatt, das von Österreichern besetzt war. Unter dem Erzherzog und Feldmarschall Karl erhielt Carl Adolf Baron Vauthier von Baillamont, Fähnrich in einem Infanterie-Regiment, den Befehl, mit 67 Mann und allen Zimmerleuten des Regiments die Neckarbrücke zu verteidigen und zu zerstören. Der Fähnrich wies mit seinen Männern nicht nur zwei Angriffe ab, freilich unter schweren Verlusten und selbst verwundet, sondern er machte sogar zwei erfolgreiche Gegenstöße und trieb die Franzosen zurück. Die Zimmerleute hatten derweil die Aufgabe, die Brücke zu zerstören. Das gelang, und damit war den Franzosen vorerst der Weg in die Stadt verwehrt. Dieses Geschehen zeigt ein Bild, das später die Söhne die Fähnrichs anfertigen und mit einer Erläuterung versehen ließen.

Die Gebäude im Bereich des Gefechtsfeldes erlitten durch das Kanonen- und Gewehrfeuer große Schäden. Am stärksten wurden der Gasthof zum Ochsen (links des Neckars) und das Frösnersche Bad (rechts des Neckars) betroffen. Im Gasthof zum Ochsen fielen zwei Franzosen den Wirt Wagner an, misshandelten ihn, warfen ihn zu Boden und forderten seine Habseligkeiten. Da schlug eine österreichische Zwölfpfünder-Kugel ein, zerschmetterte den Kopf des einen Franzosen und riss dem anderen die Brust entzwei. Wagner lag bewusstlos neben den Toten, als wenig später ein Franzose das Zimmer betrat, ihn auf ein Bett legte und wieder zur Besinnung brachte.

Die Lage am Fluss-Übergang führte immer wieder zu Truppendurchmärschen und Gefechten. Das Bild zeigt den Kampf um die Neckarbrücke am 21. Juli 1797. Geschützt durch Soldaten, zerstören österreichische Zimmerleute die Brücke vor den rechts vorstoßenden Franzosen.

Eine andere Geschichte schildert das zitierte Vischer'sche Lied: Ein französischer Jäger am linken Neckarufer bemerkte, dass ein österreichischer Offizier auf den Brückenturm stieg. Er schätzte ab, wenn derselbe wieder an einer Maueröffnung vorbeikommen musste, drückte dann ab und traf ihn. Ein ungarischer Husar beobachtete den Schützen, als er danach am Fluss sein Gewehr reinigte. Er setzte mit seinem Pferde unbemerkt über den Fluss, schlich sich an und ergriff den Schützen am Nacken, nahm ihn auf sein Pferd und brachte ihn ins österreichische Lager.

Als man 1884 beim Schlachthaus baggerte, stieß man auf mehrere hundert Bleikugeln von den Gefechten[20].

Am nächsten Tag herrschte Ruhe, doch in der folgenden Nacht zogen die Österreicher ab. Oberamtmann Seyffer, der Magistrat, Dekan Anhäuser und ein Trompeter zogen daraufhin in der Morgendämmerung des 23. Juli vor das Brückentor, der Trompeter blies das Signal zum Parlamentieren, und die Cannstatter übergaben die Stadt an einen französischen Offizier. Nun musste die Brücke provisorisch wieder hergestellt werden, so dass die Franzosen in die Stadt einziehen konnten. Als dann am 25. Juli ihr Hauptquartier nach Cannstatt verlegt wurde, hatten die Bürger vier Tage lang unter schwerer Drangsal zu leiden.

Die französischen Soldaten trugen kaum Uniformen, viele steckten in Lumpen und besaßen nicht einmal Schuhe. Sie nannten sich selbst die »Sansculotten« (Ohnehosen). Kein Wunder, dass sie die Bevölkerung ausplünderten, wo sie nur konnten und sogar die Kleidung vom Leibe rissen, ja auch Schuhe und Stiefel raubten. »Was sie nicht wegtrugen, zerstörten sie«, berichtet eine Chronik. Lebensmittel und Wein ließen sie sich auftischen, Weinfässer auslaufen, wenn sie diese nicht leertranken. Hühnern und Gänsen drehten sie die Hälse um, Schweinen und Rindern schlugen sie die Köpfe ab. Die Frauen, vom Mädchen bis zur Seniorin, betrachteten sie als Freiwild. Auch viele Österreicher ließen zuvor mitgehen, was sie kriegen konnten. Dass in Cannstatt etliche Plünderer hart bestraft wurden, minderte die Verluste nicht.

Am 16. September erschienen wieder die Österreicher, und nur drei Husaren nahmen die in Cannstatt liegenden rund 30 Franzosen gefangen. Sowohl Cannstatt als auch Stuttgart wurden nun von durchziehenden kaiserlichen Truppen überschwemmt. Abermals mussten die Bürger Soldaten aufnehmen, Lebensmittel und Futter liefern, Vorspann stellen (den sie oft nicht wiedersahen) und großes Leid erdulden. Doch nicht genug damit, das von den Österreichern mitgeführte Vieh brachte die ungarische Rinderpest mit, die im Oktober den größten Teil des den Bürgern verbliebenen Viehs dahinraffte. Zu allem Überfluss bescherte ein dreimaliges Hochwasser 1797 schwere Schäden. 1798 brach die Rinderpest erneut aus, und große Kälte brachte empfindliche Schäden an Bäumen und Reben. Es war fürwahr eine Zeit schlimmer Not.

Baron Vauthier von Baillamont kehrte 1838 nach Cannstatt zurück, um die Neckarbrücke wieder zu sehen. Er stiftete 150 Gulden mit der Auflage, sie bis zum 21. Juli 1896, dem hundertsten Jahrestags des Gefechts, anzulegen und verzinsen zu lassen und ab dann aus den Zinsen jährlich ein armes, unbescholtenes Mädchen auszustatten oder, falls einmal keine Bewerberin vorhanden wäre, den Betrag an Invaliden und die zehn ärmsten Bürger der Stadt zu verteilen. Die Stadt bedankte sich in einem Schreiben für die Stiftung und verlieh dem Baron in Anerkennung seiner Verdienste bei der Verteidigung der Stadt das Ehrenbürgerrecht. Kämmerer und Hauptmann Baron Vauthier von Baillamont starb am 6. Dezember 1856 im Alter von 78 Jahren in Wien.

Neue Belastungen zur Zeit Napoleons

Die Ereignisse von 1796 waren noch nicht einmal vergessen, da erschien 1798 erneut österreichisches Militär in Cannstatt, und 1800/1801 kamen abermals Franzosen[21]. Im Jahr 1805 waren sie erneut da, und im Oktober musste die Stadt 24 000 in Ulm gefangen genommene Österreicher aufnehmen. Auch 1809, im Krieg mit Österreich, gab es französische Einquartierung, Cannstatt war Etappenstation, und auf dem Turm der Stadtkirche war ein optischer Telegraph aufgebaut. 1813 machten zweimal russische Truppen hier Quartier, von denen die erste Gruppe sich ordentlich betrug, die zweite aber umso zügelloser hauste. Anfang 1815 wurden wieder Österreicher einquartiert, ja die Erzherzöge Ferdinand und Ludwig von Österreich nahmen mit mehreren Generalen im Bad Quartier.

Auch solche Durchmärsche, die ohne Kämpfe erfolgten, bedeuteten stets eine schwere Belastung, wurden doch die Soldaten nicht nur bei den Bürgern einquartiert, sondern sie mussten von diesen auch versorgt werden. Zehn bis 15 Mann konnten zu einem Bürger, der oft selbst nur beengt wohnte, eingewiesen werden, 20 bis 30 Mann in ein Haus. Bei begüterten Einwohnern konnten es noch viel mehr sein. Auch Scheunen und öffentliche Gebäude wurden belegt. In den Jahren 1809 bis 1811 musste das Amt Cannstatt (mit den Dörfern) 336 817 Mann beherbergen, darunter 71 Generale und 12 975 Offiziere. Von den 195 826 Pferden waren drei Viertel in der Stadt eingestellt. Sogar Napoleon weilte am 4./5. Oktober 1805 und erneut im April 1809 in der Stadt.

Rektor Daiber stellte 1878 die Belastung für diese Zeit zusammen und kam für Stadt und Amt auf folgende Beträge, die, nachdem bis 1798 rund eine Million Gulden hatten aufgebracht werden müssen, als Kriegsschaden umzulegen waren. Für die genannten acht Jahre waren das zusammen 810 310 Gulden, für ein Gebiet, das 1806 nur 15 220 Einwohner hatte, davon die Stadt allein 2967.

Andere unangenehme Begleitumstände brachte im Januar 1806 die Einquartierung von mehreren tausend Russen, die in der Schlacht bei Austerlitz (2. Dezember 1805) gefangen genommen worden waren. Sie brachten nämlich eine gefährliche Nervenkrankheit mit – Daiber spricht von typhösem Fieber –, die auch unter den Bürgern der Stadt und mehrerer Nachbarorte viele Tote forderte.

Kriegsschäden in Cannstatt 1798 bis 1811

1798	100 000 Gulden
1799	60 000 Gulden
1800	146 603 Gulden
1801	139 500 Gulden
1806	123 000 Gulden
1807	58 507 Gulden
1810	136 700 Gulden
1811	46 000 Gulden

Seltsame Himmelserscheinungen erregten die Bürger

Blutregen, Höhenrauch und Nebensonnen konnten in Cannstatt zweifellos ebenso oft beobachtet werden wie über Stuttgart, auch wenn von hier keine Angaben vorliegen. Ein besonderes Ereignis, das sich am 23. Mai 1642 zutrug, ist aber aus Cannstatt aktenkundig geworden. Der Vogt berichtete nämlich dem Herzog, etliche Personen hätten ihm erzählt, *welcher Gestalt die liebe Sonn bey dem Uffgang mit ohngewöhnlichen Farben und Größin mehrenteils sich feurig erzeiget*. Von ihr seien unzählige Feuerstrahlen, *Dampf und Rauch, dann auch Kuglen ausgegangen und scheinbar auf den Boden gefallen*. Abends eilten die Einwohner scharenweise auf den Wasen, und auch der Vogt erblickte, wie er dem Herzog meldete, die Sonne feuerrot mit schwarzen Strichen. Bürger berichteten ihm, sie hätten die Sonne *bluetrot* gesehen, sie habe *viel hundert Kuglen, welche uff alle Seyten gegen Leonberg, Stuedtgart, Hailpronn und abwerts, vil auch gegen Canntstatt ußgefahren*. Eine Kugel sei auf das auf der Bleiche ausgelegte Leinen gefallen, andere in den Neckar, in Weinberge und Äcker. Ähnliche Erscheinungen wurden an anderen Orten beobachtet[22]. Gerade um diese Zeit – 1642/43 – häuften sich derartige Meldungen. Es dürfte sich um Ascheteilchen eines Vulkanausbruchs gehandelt haben, die das Sonnenlicht verfärbten und vielleicht als Staub auf die Erde fielen.

Selbstverständlich musste man in Cannstatt ebenso wie überall im Lande Dürren und Regenjahre, Kälte- und Hitzewellen ertragen. So soll es – um nur einige Beispiele zu nennen – 1289 (in Cannstatt?) so warm gewesen sein, dass die »Jungfrauen« – heute würde man »Teenies« sagen – am Dreikönigstag (6. Januar) Kränze von Veilchen und Kornblumen trugen. 1538 blühten bereits um Weihnachten die Bäume, 1572 schlugen sie im Januar aus und brüteten im Februar die Vögel, und 1811 blühten die Blumen im März und erneut im Oktober. Andererseits erwiesen sich die Winter 1708/09 und 1728/29 als ungewöhnlich streng.

Von Zauberei, Hexenwahn, Pest und Feuersbrunst

Der Aberglaube war auch in der Neuzeit weit verbreitet. Eine besonders unrühmliche Rolle spielte dabei der Hexenwahn. So wurden 1562, als man meinte, ein besonders heftiger Hagelschlag sei von Hexen veranlasst worden, Anna Wickher aus Sillenbuch sowie die »Schwarze Apla« und eine Lena von Stuttgart in Cannstatt den Folterknechten übergeben. Als sich 1565 Magdalena Horb aus dem Armen-Seelhaus in Cannstatt als Hexe anzeigte, ließ man sie allerdings laufen, weil sie als kindisch galt. Aber 1653 wurde in Cannstatt Katharina Seeger mit Schwert und Feuer gerichtet (geköpft und verbrannt), weil sie Zauberei betrieben und einen Schäfer veranlasst haben soll, sein Weib zu vergiften[23].

Geht man einmal die Berichte über Gerichtsverhandlungen in Cannstatt durch, so stößt man – ähnlich wie heute – auf Diebstahl, Raub, Ehebruch, Notzucht, Totschlag, Mord, ja auch auf Sodomie, Bigamie und Hexerei. 1672 bis 1680 wurden sogar drei sieben- bis elfjährige Mädchen aus Wangen und Kornwestheim vor dem Gericht in Cannstatt der Hexerei beschuldigt. Auch Morde von und an Soldaten waren mehrmals zu verhandeln. Zur Strafe für »leichtere« Vergehen konnte man »eingetürmt« werden, aber es gab noch viel Schlimmeres: Halseisen, Pranger, Auspeitschung, Landesverweis, Rädern, Vierteilen, Hinrichten mit dem Schwert und Verbrennen. Ein Bauer und Weißgerber aus Cannstatt, der 1651 wegen Inzestes vor dem Gericht stand, kam mit einer Geldstrafe davon, und als der Cannstatter Bader um 1587 Kranke mit verbotenen Arzneien und Zaubereien behandelt haben sollte, wurde er nach der Untersuchungshaft von 14 Tagen und Übernahme der Gerichtkosten freigelassen. Glimpflicher kamen auch jene Bürger davon, die 1751 in einem Aufstand gegen den Magistrat protestierten. Sie erhielten Zuchthausstrafen, wurden aber begnadigt.

Wenn die Pest grassierte, dann flüchteten jene, die es sich leisten konnten, aus der Stadt. So zog 1564 der Vogt von Cannstatt ohne Erlaubnis in das (kirchliche) Pfleghaus in Münster um, weshalb sich der Kirchenrat beschwerte und verlangte, er solle in einen anderen Flecken des Amtes oder in die Burg Württemberg übersiedeln. Ebenso verlegte Vogt Nicolaus Kälblen 1611 sein Hauswesen wegen der Pest in Cannstatt nach Münster. Den weniger bemittelten Bürgern blieb nur zu bleiben.

Bedroht fühlten sich die Menschen zudem durch besondere Naturereignisse und durch Feuer. 1655 zum Beispiel geriet ein Haus durch Unachtsamkeit eines ledigen »alten Weibes« in Brand, und es brannten auch das Nebenhaus und eine Scheuer nieder. Der Wind trieb die Funken, und sie entzündeten zwei weitere Häuser und das Türmlein auf dem oberen Tor, die ebenfalls niederbrannten. Zwanzig oder mehr Häuser haben »geglost«, konnten aber erhalten werden, eines nur dadurch, dass der Besitzer das Feuer mit seinem Wein löschte, weil kein Wasser verfügbar war.

In der Altstadt wie auch in der Vorstadt – hier in der Brückenstraße – kann man an vielen Stellen die Hausabstände sehen, die früher »Winkel« genannt wurden. (Die Aufnahme stammt aus dem Mai 2002)

Im Übrigen sorgten Bauvorschriften schon seit dem Mittelalter dafür, die Feuersgefahr zu vermindern. So waren die Gebäude früher durch schmale Abstände, die »Winkel«, voneinander getrennt, wie man sie noch heute stellenweise in der Altstadt und im altstadtnahen Teil der Brückenstraße sehen kann, auch wenn sie mit Brettern verkleidet sind. Dass durch diese Winkel oft genug Schmutzwasser auf die Straße floss, war man gewohnt.

Cannstatt – die heimliche Residenz?

Königliche Gunst für die Badestadt

König Wilhelm I. hegte für Cannstatt eine besondere Vorliebe. Das zeigte er wiederholt auf verschiedene Weise: Beim Hochwasser 1817, als er aus seinem Landhaus Bellevue (bei dem heutigen Wilhelma-Parkhaus) durch das Fenster in einen Fischerkahn stieg, sich zur Wohnung des Oberamtmanns fahren ließ und sich informierte, Unterstützung spendete und Lebensretter belohnte; sodann durch den Wunsch auf Abbruch einiger Türme der Stadtmauer; auch durch die Beschleunigung der Stadtplanung für Cannstatt; durch den Bau des »Landhauses« Rosenstein und der ganz privaten Wilhelma; schließlich auch durch die Förderung des Badebetriebs, für den er immerhin fast 50 000 Gulden aus seiner Privatkasse beisteuerte. Seine Gunst wird auch ersichtlich an seinem Dekret vom 22. Dezember 1831, als er befahl, dem Magistrat der Stadt im Streit um den Zuschuss für die neue Neckarbrücke nicht *eine so kathegorische Erklärung* zu geben, wie das Ministerium des Innern es auf eine Eingabe der Stadt hin tun wollte, vielmehr dem Magistrat zu eröffnen, was er denn tun könne. Auch schenkte Wilhelm, als die nach ihm benannte Neckarbrücke gebaut wurde, für die Verbesserung der Auffahrt 15 000 Gulden. Vermutlich entsprang das Interesse des Königs dem Wunsch, die Stadt nahe seinen vorhandenen beziehungsweise geplanten Sommersitzen (Bellevue, Rosenstein) möge ein ansprechendes Gesicht zeigen. Er soll sich sogar mit dem Gedanken getragen haben, die Residenz nach Cannstatt zu verlegen[24].

Dem König zuliebe – wie die Stadtplanung in Cannstatt begann

Als im Februar 1818 der Zimmermann Gottschall an der Chaussee nach Ludwigsburg (Pragstraße) ein Wohnhaus errichten wollte, befürchtete der Minister der Residenzpolizei, Freiherr von Phull, über den alle Bauanträge von Stuttgart und Cannstatt dem König zugeleitet werden mussten – wie es König Friedrich 1812 angeordnet hatte –, es könnten dort bald weitere Gebäude entstehen. Er ordnete deshalb an, für die Vorstadt einen Bauplan zu entwerfen. Schon knapp einen Monat später, am 22. März 1818, lag der von Landbaumeister Friedrich Bernhard Adam Groß angefertigte Entwurf mitsamt der Stellungnahme des Cannstatter Magistrats auf dem Tisch, und nach der Beratung in den zuständigen Gremien konnte der Minister ihn am 28. Juni dem König unterbreiten, der ihn bereits am folgenden Tag genehmigte.

Der Entwurf sah vor, die jetzige unterste Pragstraße zu begradigen, sie durch die Hallstraße mit der Brückenstraße zu verbinden und die neu anzulegende Vorstadt durch die Aachener Straße zu unterteilen. Die Fuhrwerke sollten in Zukunft von der Prag- durch die Hall- und die Brückenstraße auf die Brücke fahren und so die damalige Enge und den scharfen Knick beim Wirtshaus zum Ochsen (Wilhelma-/Neckartalstraße) umfahren.

Schon vier Jahre später, am 26. Juli 1822, befahl der König, ihm einen Generalbauplan für Cannstatt, also für die ganze Stadt mitsamt der Vorstadt vorzulegen, ja den Entwurf zu beschleunigen, damit *die neuen Bauten daselbst für die Zukunft nach einer festen Ordnung und mit mehr Regelmäßigkeit* errichtet werden könnten. Im September drängte er abermals. Es fehlte aber ein exakter Plan, der als Grundlage dienen konnte. Deshalb wies Staatsrat von Schmidlin die seit 1818 mit der Vermessung des Landes beauftragte Kataster-Kommission an, sogleich in Cannstatt zu vermessen. Auf diese Weise erhielt Cannstatt als eine der ersten Städte im Königreich ihren Katasterplan.

Wiederum fertigte Baurat Groß den Entwurf des Stadtbauplans. In Cannstatt hieß man ihn gut, und der König gab am 13. September 1823 seine Zustimmung. Nach diesem Plan sollte der Stadtgraben aufgefüllt und zu einer einseitig bebauten Allee umgestaltet werden. Neue Baugebiete waren vor dem Waiblinger Tor und außerhalb der heutigen Wilhelmstraße vorgesehen, wobei zu berücksichtigen war, dass ein Hochwasser ungehindert zwischen Stadt und Seelberg sollte ablaufen können. Die Unregelmäßigkeiten der Stadtmauer wollte man »verbessern«, alte und hässliche Gebäude auf der Mauer allmählich verschönern oder dem Anblick entziehen. Der König verlangte zusätzlich, eine Zufahrt für eine neue Brücke (an der Stelle der heutigen Rosensteinbrücke) von der Bebauung freizuhalten, und er befahl mit einer handschriftlichen Randbemerkung eine *Untersuchung des Grunds des Flußbetts.*

Auch auf rechtlichem Gebiet sollte Klarheit herrschen. Deshalb entwarf Baurat Groß zugleich eine polizeiliche Bauordnung, die für Neubauten Vorschriften über Gebäudelänge, Zahl der Stockwerke, Torpfeiler, Bauweise des Erdgeschosses, Fußwege, Hintergebäude und anderes mehr enthielt. Zum Beispiel sollten den Raum zwischen zwei Häusern der Winkel des einen und die Einfahrt des andern einnehmen, womit jedes Haus auf einer Seite einen Winkel, auf der anderen eine Einfahrt besaß, also nicht unmittelbar an die Grundstücksgrenze stieß. Haustreppen durften nicht weiter als einen Schuh in die Straße ragen. Mit dieser Bauordnung war man in Cannstatt der Landeshauptstadt, in der das Bauwesen noch immer durch die veraltete Landesbauordnung sowie durch einzelne Erlasse des Königs und der Regierung gesteuert wurde, erheblich voraus. Als die Verordnung für Cannstatt am 28. Mai 1824 genehmigt wurde, erhielt sie noch eine Ergänzung: *LandbauOrdnung alle Stallthüren in Hof zu richten* schrieb der König an den Rand. Hier wurde also ein Maßstab für das ganze Land gesetzt, denn diese Bestimmung, so die ministerielle Umschreibung, erschien *für eine allgemeine Bauvorschrift als etwas für zweckmäsige Verschönerung der Orte sehr wünschenswerthes.* Es sollten an den Straßen keine Dungstätten mehr liegen, und deshalb sollten Stalltüren in Zukunft nicht zur Straße hin zu öffnen sein.

Man hielt den Stadtbauplan von 1823 für *so weitumfassend,* dass er für viele Jahre die Grundlage des Stadtbaus sein könne, doch das bauliche Wachstum Cannstatts beschleunigte sich in den 1830er-Jahren zusehends, weshalb der Plan bis 1834 viermal geändert werden musste. So wurde 1831 die Spreuergasse zum Stadtgraben geöffnet und damit der Bau der Wilhelm-

Im Jahr 1836 erhielt Cannstatt bereits seinen zweiten Stadtbauplan. Dessen besonderes Merkmal sind die Alleen anstelle des Stadtgrabens sowie die rechtwinklig geplanten Straßen im Osten (rechts) und in der Vorstadt. In der Mitte unten das Frösnersche Bad, links oberhalb davon der freie Platz, von dem aus die Brücke den Fluss überspannen sollte.

straße eingeleitet. Schon 1832 verlangte der König eine Neubearbeitung, die, ebenfalls von Baurat Groß vorgenommen, 1836 vorlag. Jetzt war die Idee einer Allee auf dem ehemaligen Graben zugunsten einer zweireihigen Bebauung aufgegeben. Auch Mauerdurchbrüche wollte man schaffen. Das Ochsengässle (Wilhelmastraße) sollte verbreitert und die Front der Altstadt am Neckar begradigt werden. Als König Wilhelm diesen Entwurf am 23. November 1836 genehmigte, befahl er, auch die Uferstraße links des Neckars allmählich zu verbreitern.

Baurat Groß überarbeitete nun auch die Bauvorschriften der Stadt, die der König dann am 1. Februar 1837 genehmigte. Danach durfte kein Wohnhaus an den neuen Hauptstraßen, insbesondere an der Wilhelm- und der Badstraße, weniger als zwei Stockwerke haben, Hintergebäude mussten parallel zu den Hauptgebäuden stehen, und Häuser aus Fachwerk mussten innerhalb von sechs Jahren verputzt werden. Deutlich spiegelt sich in den Bestimmungen der damalige Gedanke der Landesverschönerung wider.

Bereits 1837 erwies es sich als nötig, den Stadtbauplan abermals zu ändern. Den Anlass dafür bot der Wille des Königs, das Wilhelma-Theater zu errichten. Damit musste man nämlich die städtebauliche Situation rund um das geplante Theater klären. Man wollte die von Ludwigsburg kommende, leicht kurvige Straße bis zum Neckar begradigen und den Häuserblock, der dem Theater gegenüber lag, neu gestalten. Für die Häuser am Neckar zwischen Theater und Brücke wünschte die Regierung eine einheitliche Gestaltung, von der noch heute etwas zu erahnen ist. Die Umsetzung des Plans zog sich allerdings über etliche Jahre hin.

Doch damit nicht genug: Im Herbst 1839 musste abermals neu geplant werden. Jetzt ging es um die Anlage der Haldenstraße. Seitdem verging kein Jahrzehnt, in dem nicht irgendeine Änderung oder Ergänzung des Bauplans nötig wurde. Als auch das Wachstum zum Sulzerrain hin einsetzte, versuchte die Stadtverwaltung, das Bauen dort durch ein Lokalstatut zu steuern, das unter anderem Vorschriften über Fahrweg, Gebäudegröße und Ableitung der Küchenwässer enthielt. In keinem der dort entstehenden Gebäude durfte »ein mit Lärm, Geräusch oder üblem Geruch verbundenes oder sonst die Nachbarschaft belästigendes Gewerbe« betrieben werden, denn dort sollte ein vornehmeres Viertel mit Platz für Kurgäste entstehen, für das auch Grünanlagen, nämlich die Kursaal-Anlagen, eingeplant waren. Dieser Gedanke der Nutzungsbeschränkung war damals noch lange nicht Allgemeingut der Planung.

Eine besondere Frage ergab sich 1845 für die Bahnhofstraße. Sie war vor allem als direkte Verbindung des Bahnhofs mit dem Neckarhafen gedacht und sollte ebenso wie die Wilhelmstraße mit Schienen belegt werden, die Bahnhof und Hafen miteinander verbinden sollten. Der König genehmigte den Plan am 17. Dezember 1845, doch gab man das Vorhaben 1856 auf, ohne es überhaupt begonnen zu haben.

Mit dem Wachstum der Stadt nahm auch die Zahl der jüdischen Bürger zu. Es bildete sich 1827 eine jüdische Gemeinde, die sich eine Synagoge erbaute. Ein israelitischer Friedhof wurde 1872/73 jenseits des Sparrhärmlingwegs eingerichtet; auf ihm liegt die Großmutter Albert Einsteins begraben: Jette Koch (1829–1886).

Ein besonderes Ereignis dieser Zeit war die Abtretung des zu Cannstatt gehörenden Teils von Berg an Stuttgart am 30. Juni 1836, die erste Gebietsreform im Stuttgarter Raum. In dieser Zeit erlangte die Stadtplanung einen solchen Stellenwert, dass in Cannstatt 1840 ein Stadtbaumeister angestellt wurde[25].

Die alten Türme missfielen dem König

Die Stadtmauer hatte zwar noch den Zweck, die Stadt abzugrenzen und an den Toren den Verkehr zu überwachen – für eine Verteidigung eignete sie sich längst nicht mehr –, doch war ihre Zeit abgelaufen. Die Türme wurden abgetragen, der des Brückentors 1811 und der des Waiblinger Tors 1812[26].

Im Jahr 1817 verhandelte der Magistrat darüber, ob nicht derjenige Teil der Stadtmauer, *welcher ein Eck bildet und die Straße bedeutend verengt, als presthaft eingerissen werden sollte.* Gemeint war der Abschnitt zwischen dem Brückentor und dem Frösnerschen Bad, den man für baufällig (*presthaft*) hielt. Der Magis-

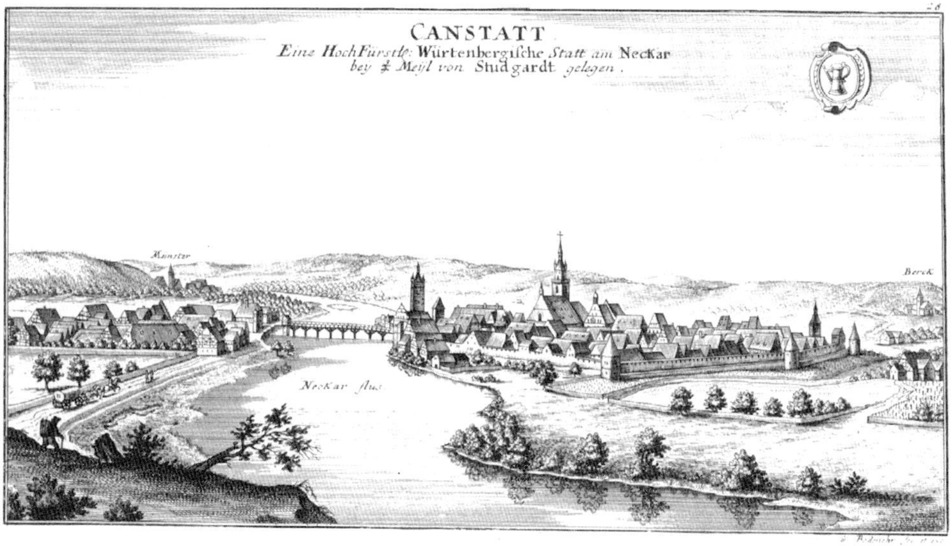

Nach dem Kupferstich von Matthäus Merian fertigte Gabriel Bodenehr in den 1720er-Jahren diese Ansicht von Cannstatt an. Die Kirche rechts hinten ist allerdings nicht die von Berg, sondern die Uffkirche. In der Stadtmauer erkennt man deutlich die Türme, die König Wilhelm I. missfielen.

trat wollte die Reparaturkosten sparen und den Weg von der damals noch einzigen Neckarbrücke zu dem vielbesuchten Bad verbreitern. Badwirt Frösner erklärte sich auf der Stelle bereit, den Abbruch zu übernehmen, und begann auch alsbald damit, obwohl darüber noch gar keine Vereinbarung getroffen war. Der Magistrat musste deshalb die Aktion stoppen und erst bei der Regierung die Genehmigung erbitten. In seinem diesbezüglichen Schreiben vom 30. September 1817 meinte der Magistrat, dass *der Abbruch der Stadtmauer an diesem Theil der Stadt nicht nur zur Verschönerung derselben und bequemerem Gebrauch der Straße dienen, sondern auch den dabei befindlichen Häußern einen großen Vortheil gewähren würde.* Schon am 5. Oktober stimmte König Wilhelm zu.

Ein Jahr später ging es einem weiteren Teil der Mauer an die Substanz. Der König äußerte den Wunsch, der Magistrat möge *Bedacht auf die möglichst baldige gänzliche Abhebung der so häßlichen, von dem K. Schloß Bellevue aus auffallend sichtbaren alten Thürme auf der Stadtmauer* nehmen. Gemeint waren die Türme zwischen dem Waiblinger und dem Fischertor. Einmütig entschied der Magistrat, dass er es sich *zur angenehmsten und angelegentlichsten Pflicht mache*, die Türme abzubrechen, die *des Königs Majestät mißfällig seyen und die Aussicht von Bellevue aus stöhren.* Der Königs Wunsch war dem Magistrat Befehl.

Allerdings musste man für die Aktion um Aufschub bitten, weil einer der Türme einem Hafner als Werkstatt und Wohnung diente. Dessen Umsiedlung bereitete unerwartete Schwierigkeiten, weshalb der Magistrat erst am 1. März 1819 melden konnte, dass die Türme *bis zu derjenigen Höhe, auf welche man die äußere*

Mauer zu reduzieren gesonnen ist, abgebrochen sind. Die Mauer werde *um ein bedeutendes Maß niedriger werden und ein etwas freundlicheres Aussehen gewinnen.* Es dauerte noch bis 1820, ehe der Hafner eine Ersatzwohnung erhielt. Sie kostete die Stadt einen Zuschuss von 100 Gulden, und der König legte seinerseits 150 Gulden dazu.

Das Landhaus Bellevue

Im Jahr 1806 erwarb König Friedrich vom Cannstatter Fabrikanten Wilhelm Zais ein Landhaus, das unterhalb des Kahlensteins (heute Rosenstein) an der Biegung des Neckars stand (etwa dort, wo sich heute das Parkhaus der Wilhelma befindet). Hinter dem Gebäude legte er eine Gartenanlage an, die sich den Hang hinaufzog. Ein Pavillon am oberen Ende gewährte einen hübschen Ausblick. Als sein Sohn im Jahr 1816 die Großfürstin Katharina von Russland heiratete, schenkte der König die ganze Anlage seiner Schwiegertochter zur Vermählung. Hier hielt sich das Königspaar gerade auf – König Friedrich war zu dieser Zeit bereits tot –, als der Neckar 1817 zum Hochwasser anschwoll. Mit dem Tod Katharinas im Jahr 1819 ging die Anlage an König Wilhelm über, der das Haus bei der Einrichtung der Wilhelma verkaufte und die Fläche zur Wilhelma schlug. Das Haus wurde vom Käufer in die Badstraße umgesetzt; es steht in der Biegung gegenüber dem heutigen Hochbunker.

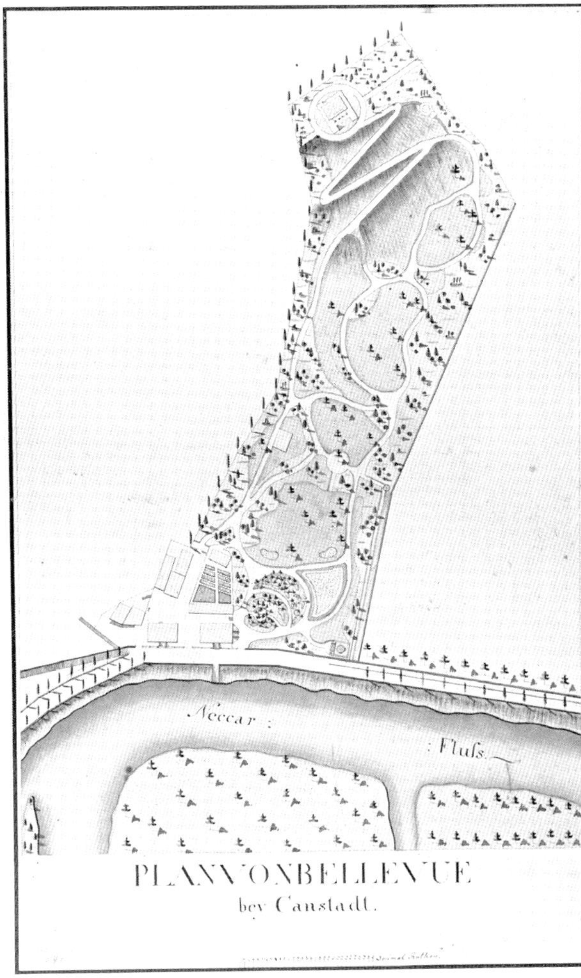

König Friedrich erwarb 1806 das Anwesen des Fabrikanten Zais und gestaltete es zum Landhaus Bellevue um. Dieser Plan zeigt den Zustand von 1816, als der König die Anlage seiner Schwiegertochter Katharina zur Hochzeit schenkte. Das Gebäude selbst stand etwa dort, wo sich heute das Parkhaus der Wilhelma befindet.

Wenn Hochwasser die Uferstraße überschwemmte, die Cannstatt mit Berg, Stuttgart und Esslingen verband, durften Fußgänger, Reiter und leichte Wagen nach altem Recht ihren Weg über

Um die Wilhelma anlegen zu können, verkaufte König Wilhelm I. das Landhaus Bellevue. Der Käufer setzte es an die Badstraße um. (Aufnahme Mai 2002)

die Ländereien hinter Bellevue nehmen. Nachdem der Bellevue-Garten angelegt war, ging das jedoch nicht mehr. Deshalb musste die Straße am Neckar so erhöht werden, dass sie bei einem Hochwasser von sechs bis sieben Fuß (1,7 bis 2,0 Meter) nicht mehr überschwemmt wurde. Doch auch nach dieser Erhöhung blieben die Straße und vor allem der Fußweg daneben ein Sorgenkind, das der König im März 1832 sogar persönlich in Augenschein nahm.

Cannstatter Weingärten für Schloss und Park Rosenstein

Im Jahr 1807 befahl König Friedrich, im Anschluss an den Schlossgarten eine Allee bis zum Kahlenstein zu pflanzen. Bald kaufte er weitere Grundstücke auf. König Wilhelm setzte die Erwerbungen 1817/18 mit der Übernahme von über 500 Parzellen von über 500 Eigentümern zügig fort. Zahlreiche Cannstatter Bürger mussten also ihre Güter auf dem Kahlenstein an den Landesherrn verkaufen[27]. Ab 1823 ließ er durch Oberhofgärtner Johann Wilhelm Bosch dort den Rosenstein-Park nach englischem Vorbild als Landschaftsgarten mit Freiflächen, Einzelbäumen und Baumgruppen anlegen. Er schuf damit eine der kulturgeschichtlich bemerkenswertesten Grünanlagen in Württemberg.

Schon 1818 ließ König Wilhelm, der Ende 1816 die Regierung übernommen hatte, sich von mehreren namhaften Architekten des In- und Auslandes Entwürfe für ein Landhaus auf dem Kahlenstein vorlegen, doch erst am 9. September 1823 stimmte er dem von Giovanni Salucci konzipierten und überarbeiteten Plan zu. Am 20. April 1824 gab er dem geplanten Landhaus per Dekret den Namen »Rosenstein«, am 31. Mai wurde der Grundstein für das als »Landhaus« einstöckig geplante Gebäude gelegt, doch erst 1829 war der Bau vollendet. Der König hielt sich nur ganz selten in ihm auf, schloss dort aber 1864 seine Augen für immer.

Nach dem Ersten Weltkrieg wurde im Schloss Rosenstein die Weltkriegsbücherei, 1933 außerdem ein Kriegsmuseum untergebracht. Nachdem die Schäden der Bombennächte vom September 1944 beseitigt waren, konnte ab 1954 das Staatliche Museum für Naturkunde ins Schloss einziehen. Doch erst mit dem Neubau des Museums am Löwentor (1985) und mit der Renovierung des Schlosses (1993) wurde es möglich, die hervorragenden Sammlungen in einem gebührenden Rahmen zu präsentieren.

Für die Cannstatter hatte die Anlegung des Rosensteinparks eine unangenehme Folge: Der Fußweg über den Kahlenstein

Das Schloss Rosenstein wurde 1822 bis 1829 nach dem Entwurf des Baumeister Giovanni Salucci als Landhaus für König Wilhelm I. errichtet, von diesem aber selten benutzt.

war nicht mehr benutzbar, weil die Stuttgarter Staffel 1822 beseitigt worden war. Deshalb bat die Stadt 1823, einen schmalen Gehweg herzustellen. König Wilhelm reagierte mit dem Befehl, den bereits begonnenen Weg unterhalb des Kahlensteins bald fertig zu stellen. Es gab allerdings einige Probleme, auch bezüglich der Kosten, die hier jedoch ausgespart bleiben mögen. Immerhin beschloss der Stadtrat von Cannstatt, die Straße mit einer Allee zu bepflanzen, wie sie auf späteren Bildern zu sehen ist[28].

Das Schützencorps im Dienst für den König

Schon früher hatte es in Cannstatt eine Schützengesellschaft und ein Schießhaus gegeben. So hatten sich 1501 am großen Preisschießen in Stuttgart auch fünf Schützen aus Cannstatt beteiligt, und 1571, 1576 und 1586 hatten Schützen aus Cannstatt in Stuttgart und Straßburg jeweils einen gemästeten Ochsen gewonnen. Um 1590 sollen die Männer jeden Sonntag nach dem Gottesdienst mit Büchse und Armbrust geübt haben. Von 1617 liegt noch eine gedruckte Einladung zum Büchsenschießen aus Speyer vor. Die Gesellschaft hatte sich jedoch infolge der allgemeinen Entwaffnung in der Zeit Napoleons aufgelöst[29].

Inzwischen hatten sich die Zeiten jedoch geändert, und so fanden sich im Frühjahr 1819 etwa 30 bis 40 Cannstatter zusammen, um die Tradition wieder zu beleben. Sie wandten sich – mit 14 Unterschriften – an den König und baten ihn nach dem üblichen Lob seiner Person, die Neubildung zu genehmigen. Konkret baten sie, wenn es Alter und *sonstige Verhältnisse* (sprich: finanzielle Verhältnisse) *gestatten, sich auf eine einfache und zweckmäßige Art uniformiren und bewaffnen zu dürfen*, um beim Volksfest und ähnlichen Anlässen Ordnungsdienste zu leisten, auch die Wache vor dem Landhaus Bellevue und (später) Schloss Rosenstein zu übernehmen, wenn Militär infolge anderer Einsätze nicht zur Verfügung stand.

Die Männer planten eine einheitliche Uniform und Bewaffnung. Vorgesehen waren ein kurzer grüner Oberrock mit schwarzem Samtkragen, blanken Knöpfen und grünen wollenen Epauletten, lange Beinkleider vom gleichen Tuch und Bundstiefel sowie ein Jägerhut mit schwarz-rotem niederem Busch. Die Bewaffnung sollte aus einem gezogenen Stutzen und einem kurzen Hirschfänger mit gelbem Beschlag bestehen, dazu schwarz lackierte Kartusche und schwarzes Lederwerk.

Die Frage war allerdings, woher man so schnell die 50 Büchsen bekommen könnte, da doch schon die Uniform teuer genug war. Das Corps bat den König, sie zu einem *Gnadenpreis* aus dem Arsenal abzugeben. Dieses hatte solche Waffen aber nicht und schlug deshalb vor, die Cannstatter mögen sich in ihm umsehen, was vorhanden sei. Anscheinend kam jedoch durch den Cannstatter Vorstoß eine andere Entwicklung in Gang. Im September 1819 erhielten sie nämlich den Bescheid, bei der Stadtdirektion Stuttgart sei eine Waffe vorhanden, die *zur Musterbüchse für sämtliche Schützengesellschaften bestimmt ist.*

Die Offiziere sollten vom Corps gewählt, Ernennung und Beförderung jedoch vom Ministerium der Residenzpolizei bestätigt werden. Tatsächlich aber entschied der König. Nur unbescholtene Bürger konnten Offiziere des Schützencorps werden. Erster Kommandeur war Hauptmann von Brandenstein, der sich ab 1836 Major nennen durfte. Außer ihm sind in den Akten als Offiziere genannt Fabrikant Adolf Zais (1835 Oberleutnant, 1839 Hauptmann), Apotheker Rothaber (nur 1835, Unterleutnant), Fabrikant Wilhelm Zais (Unterleutnant) und Albert Zais (ab 1839 Unterleutnant). Im Jahr 1836 zählte das Corps drei Offiziere, elf Chargen und 79 Schützen, zusammen 93 Mitglieder, 1839 insgesamt 89 Mitglieder.

Vom Sommersitz zum Zoologischen Garten: die Wilhelma

Als eine Anlage besonderer Art ließ König Wilhelm die 1845 von ihm so benannte Wilhelma errichten[30]. Die Arbeiten begannen mit Dekret vom 6. April 1837, das Landhaus Bellevue abzubrechen und ein Theater zu bauen, mit dem der König den Badebetrieb fördern wollte. Es folgten 1842–1846 das maurisch gestaltete »Badhaus«, die Aufstellung von Gewächshäusern aus dem Botanischen Garten in Stuttgart und die gärtnerische Anlage. Der Ausbau und die Gestaltung des Gartens zogen sich allerdings über die Eröffnung, die anlässlich der Hochzeit des Kronprinzenpaares Karl und Olga im Jahr 1846 gefeiert wurde, bis 1864 hin.

Die auch im Innern der Gebäude im maurischen Stil mit einer Wendung ins Exotische und Phantastische gehaltene Anlage, die im Grunde verschiedene islamische Stilrichtungen vereinigt, hat in der Baugeschichte kaum Parallelen. Ein Orientalist schrieb, es seien »die mor-

Die von König Wilhelm erbaute Wilhelma war zu seiner Zeit sein ganz privates Reich und wurde erst unter König Karl mit Erlaubnisschein zugänglich.

genländischen Wunder der Alhambra in das Zaubertal des Neckars versetzt«. Die Eckpavillons der Gewächshäuser waren damals in ihrer Größe und der vollständigen Gusskonstruktion einmalig.

König Wilhelm betrachtete die Anlage als privaten Bereich, dessen Besuch er nur mit seiner persönlichen Erlaubnis gestattete. Erst König Karl ließ hierin eine Änderung zu. Seit 1880 war die Wilhelma mit Erlaubnisschein allgemein zugänglich. Im Bombensturm von 1944 brannten die Gebäude aus und wurden danach nur teilweise wieder hergestellt: Die »historische« Wilhelma ist untergegangen.

Um die Gartenanlage neu zu beleben, nahm Albert Schöchle ab 1950 Tiere hinein, zunächst in improvisierten und begrenzten Sonderschauen wie über Tiere in deutschen Märchen, und begann so, hier einen Zoologischen Garten einzurichten, der später auch in den Rosensteinpark hinein erweitert wurde. Heute bietet die etwa 24 Hektar große Anlage viele Sehenswürdigkeiten, bemerkenswerte Erfolge in der Zucht und eine große Artenfülle in Aquarien und Terrarien. Damit ist sie weit über Stuttgart hinaus bekannt geworden.

Das Wilhelma-Theater ließ König Wilhelm 1839 durch Ludwig Zanth in klassizistischem Stil für die Badestadt errichten und am 29. Mai 1840 feierlich eröffnen. Die Aufführungen waren allgemein zugänglich. Aber bald schlief der Betrieb ein. Nach dem Brand des Hoftheaters in Stuttgart 1902 zunächst wieder belebt, musste der Spielbetrieb auf der Bühne wegen baulicher Unzulänglichkeiten ab 1929 eingestellt werden. Immerhin diente

Im Jahr 1861 stiftete König Wilhelm I. die Wandelhalle im Kurpark. Leider wird sie heute von gewissenlosen Sprayern verunstaltet und muss dann unter hohem Aufwand gereinigt werden. (Aufnahme Juni 2002)

das Theater ab 1952 als Lichtspieltheater, lag dann aber wieder jahrelang ungenutzt. Nach einer gründlichen Reinigung durch den Verein Pro Alt-Cannstatt konnte erstmals wieder eine Theater-Aufführung stattfinden. Jetzt ist das Haus nach einer gründlichen Renovierung die Probebühne der Hochschule für Musik und Darstellende Kunst, wird aber gelegentlich auch für Gastspiele genutzt.

Der König ließ 1861 auf Cannstatter Markung noch zwei weitere bemerkenswerte Gebäude errichten, nämlich am oberen Ende der Pragstraße das königliche Weinberghaus, das im Stil der italienischen Renaissance gehalten war, sowie im Kurpark die noch heute erhaltene Wandelhalle (unterhalb des Daimler-Turmes). Das Weinberghaus, das einen herrlichen Ausblick bot, steht nicht mehr. An seiner Stelle ließ Robert Bosch 1937 bis 1940 das nach ihm benannte Krankenhaus errichten. Nachdem dieses 1973 in den Neubau auf der Bergheide umgezogen war, fand die Landespolizeidirektion II in dem alten Krankenhausbau eine Bleibe.

Am Anfang der Industrialisierung stand die Wasserkraft

Es ist nicht zu viel behauptet zu sagen, die Nutzung der Wasserkraft sei mit ihren technischen Einrichtungen ein Wegbereiter der maschinellen Produktion gewesen. Viele Mühlen haben sich doch später zu Fabriken entwickelt, nicht zuletzt auch am Neckar in Berg, das ja lange Zeit hindurch großenteils zu Cannstatt gehörte.

Leider wissen wir nicht, wann die erste Mühle in oder bei Cannstatt eingerichtet wurde. Immerhin stammt die älteste Nachricht von Mühlen in der Stadt aus dem Jahr 1353, als die Mahlmühle (Getreidemühle) erwähnt wurde. 1390 wurde die Sulz-Mühle genannt, 1414 die Schleifmühle eingerichtet und 1473 die Flur-Mühle erwähnt. Im 15. und 16. Jahrhundert gab es hier fünf Mühlen, die im Jahr 1605 durch eine einzige Mühle mit neun Gängen ersetzt wurden. 1832 umfasste die Mahlmühle neun Gänge sowie eine Säge-, eine Tabak- und zwei Gipsmühlen[31].

Für die Mühle war es wichtig, stets genügend Wasser zu erhalten. Dies sollte das Wehr ermöglichen. Weil sich aber jeder Stau flussaufwärts auswirkt und möglicherweise dortige Mühlen beeinträchtigt, mussten die Cannstatter sich am 20. August 1669 mit dem Herzog, dem die Mühlen in Berg gehörten, darüber einigen, an ihrem Wasserbau nichts zu verändern, ohne seine Genehmigung einzuholen. Die Höhe des Wehrs wurde durch drei eiserne Klammern mit Hirschhorn, Kanne und Jahreszahl markiert, die mit Blei vergossen wurden.

Überdies gab es ab 1814 im Zwinger beim Schmidener Tor eine Sägmühle, die später noch durch eine Ölmühle ergänzt wurde. Sie nutzte für den Antrieb das von der Sulzquelle abfließende Wasser und ab 1816 auch das Wasser des Sulzbachs, in dem eine Stellfalle das Wasser in den eigens hierfür gebauten Kanal zum Stadtgraben lenkte. Sie ging 1852 an den Schreiner Wilhelm Krauß über, der in dem Bauwerk eine Kochgersten-Mühle einrichten wollte, wie es sie im weiten Umkreis nicht gab. Die Sägmühle stand nämlich wegen mangelnder Nachfrage die meiste Zeit still. Dass es über seinen Plan erheblichen Streit mit dem Magistrat gab, den die Kreisregierung mit ihrer Genehmigung schließlich beendete, steht auf einem anderen Blatt.

»Kannstadt« um 1860, nach der Natur gezeichnet und lithographiert von Eberhard Emminger. Der Eisenbahntunnel führte damals direkt unter dem Schloss Rosenstein hindurch. Links im Neckar sind die Badeanstalten von Strauß (rechts) und Krause (links) erkennbar.

So mancher Betrieb, der für Cannstatt bedeutsam wurde, hat in der Tat seine Wurzeln am Wasser. So pachtete M. Müller 1844 die Sägemühle in Berg, erweiterte sie um eine mechanische Werkstatt und begann dort mit dem Bau von Mühlen-Einrichtungen. Er begründete damit den Mühlenbau in Württemberg. Daraus entstand eine Maschinenfabrik, die Müller 1861 nach Cannstatt verlegte. Auch die 1804 gegründete Baumwollspinnerei von Wilhelm Zais nahm ihren Anfang in Berg. Genannt sei ferner die Kesselfabrik Hildt & Mezger, die in den 1840er-Jahren als Kalbfell'sche Maschinen-Fabrik gegründet wurde und ihre Maschinen mit Wasserkraft betrieb. Infolge des Wachstums der Fabrik dürfte so mancher Mitarbeiter aus Cannstatt eingestellt worden sein.

Erste Industriebetriebe

Sieht man als Kriterium der Industrie die arbeitsteilige Produktion unter Verwendung von Maschinen und Lohnarbeitern an, so gehörte Cannstatt neben Esslingen und Ludwigsburg zu den ersten Städten am mittleren Neckar, in denen sich um 1810 industrielles Leben regte[32]. Stuttgart schied zunächst hierfür aus, weil die Wasserkraft des Nesenbachs zu gering war und die industrielle Entwicklung in Residenzstädten in der Regel verspätet einsetzte.

Wie an vielen Orten in Südwestdeutschland stand auch in Cannstatt die Textilindustrie im Vordergrund, neben der die Produktion von Nahrungs- und Genussmitteln bedeutsam war. Es herrschte also die Konsumgüter-Industrie vor, denn für eine Produktionsgüter-Industrie fehlte es in Württemberg an Rohstoffen. Memminger nennt 1812 für Cannstatt folgende Betriebe:

- Türkisch-Garnfärberei Zais
- Türkisch-Garnfärberei und Baumwollspinnerei Wergo
- Türkisch-Garnfärberei und Baumwollspinnerei Kylius & Co
- Woll- und Baumwollspinnerei Reuchlin
- Nanquin-(Baumwoll-)Fabrik am Kahlenstein
- Cotton-(Baumwoll-)Druckerei und Färberei Krimmel & Co
- Strumpfweberei
- Lederfabrik Faber (in Berg auf Cannstatter Markung)
- Gerberei und Stiefelschaft-Fabrik Landauer & Co
- Bier- und Essigbrauerei Beuttenmüller & Krimmel
- Tabakfabrik Binder & Co
- Tabakfabrik Stern
- Cichorienkaffeefabrik Kylius

Immerhin waren unter diesen Firmen schon zwei Großbetriebe, nämlich Wergo mit 130 und Stern mit 100 Beschäftigten. Noch 1812 kam die Tabakfabrik Anderwert hinzu. Ihren Markt fanden sie vornehmlich im Stuttgarter Raum. Dass auch Handwerksbetriebe überörtliche Bedeutung erlangen konnten, beweist die 1782 gegründete Werkstatt des Orgelbauers Walcker.

Großer Hunger und große Not

So positiv diese Berichte erscheinen, die Zeiten waren durchaus nicht immer rosig. Der Krieg gegen Napoleon war noch nicht zu Ende, da blies am 5. April 1815 in Indonesien der Vulkan Tambora in der bis heute größten Eruption überhaupt eine riesige Menge von Lockerstoffen in die Luft[33]. Nicht genug damit, dass dabei 65 000 bis 92 000 Menschen ums Leben kamen, die Asche trieb jahrelang in der oberen Stratosphäre um die ganze Erde und schirmte das Sonnenlicht ab. Die Folge war eine weltweite Hungersnot. Sie musste besonders katastrophal wirken, nachdem – neben dem Krieg – seit 1811 Missernten die Versorgungslage gewaltig verschlechtert hatten. Eines Jahres wie 1816, so schrieb Daiber, »konnten sich auch die ältesten Leute nicht erinnern«: Unausgesetzt nass und kalt und »mit ganz außerordentlichen Erscheinungen in der Atmosphäre«. Die Sonne war den ganzen Sommer über, so Daiber, »mit schwarzen Flecken bedeckt«. Die Ernte verzögerte sich um mehr als einen Monat, das Getreide wurde unerschwinglich. Statt Gemüse kochte man Gras, Klee, Heu und Wurzeln, und dem Mehl mischte man Kartoffeln, Runkelrüben und Kohlrabi, Kleie und sogar Sägemehl bei. Zu allem Übel richtete am 27. Mai 1817 ein Hochwasser von lange nicht bekanntem Ausmaß besonders in Cannstatt schwere Schäden an. Als nach einer wieder besseren Ernte Ende Juli 1817 der erste Getreidewagen in Cannstatt einfuhr, gab es – wie überall im Land – ein großes Freudenfest, und die Einwohner dankten in einem Gottesdienst für das Ende der Not. Für so manche Württemberger aber war diese Hungerszeit der Anlass, in eine neue Heimat auszuwandern. Für Cannstatt bezeichnet sie den Beginn des Volksfestes.

Wie sich die Notzeiten in den Preisen niederschlagen, zeigt eine Tabelle von Daiber, der für einige Notjahre die Preise gegenübergestellt hat. Zum Vergleich stellen wir das Jahr 1824 mit relativ niedrigen Preisen voran.

Politische Unruhe um 1848

Das industrielle Wachstum konnte Missernten und Teuerung nicht verhindern, die ab 1846 Württemberg erfassten. Politische und soziale Unzufriedenheit griffen um sich, es kam in Ulm, Stuttgart, Tübingen und anderen Städten zu den berüchtigten »Brotkrawallen« vom Mai 1847, in dessen Verlauf das Militär eingesetzt wurde. Eine Einheit der Reiterei besetzte dabei auch Cannstatt, zog am 16. Mai aber wieder ab. Inzwischen war

Getreidepreise in Jahren der Not in Gulden pro württembergischem Scheffel im Vergleich zu 1824

	1824	*1795*	*1817*	*1847*	*1854*	*1856*
Roggen	3,5	18,33	50	24,8	21,16	14
Kernen	3,5	30	67,2	37,75	33,25	23,25
Dinkel	2,75	13,75	32	15,6	11,5	10
Gerste	3,66	17	52	26,66	20,33	12
Hafer	2	11,5	19,5	10,33	8,75	6,5
ein Pfund Brot	1,5 Kr.	5 Kr.	12,5 Kr.	7,375 Kr.	5,75 Kr.	4,5 Kr.

Quelle: Daiber 1878, S. 152

am 13. Mai ein Dekret erlassen worden, das es den Gemeinden erlaubte, »für die Dauer der gegenwärtigen außerordentlichen Zeitumstände aus den rechtlich gesinnten Einwohnern besondere Sicherheitswachen zu errichten«. Daraufhin bat der Stadtrat über das Oberamt am 15. Juni um 200 Säbel für die Sicherheitswache; es wurden jedoch nur hundert bewilligt[34].

Die Unruhe war aber nicht beseitigt, sie machte sich 1848 in der Revolution Luft, wobei sich auch viele Bürger daran stießen, dass die Stadträte auf Lebenszeit gewählt wurden und unter Ausschluss der Öffentlichkeit tagten. Daraufhin traten die Cannstatter Stadträte am 23., Stadtschultheiß Idler und Stadtpfleger Lemppenau am 28. März zurück. Als dann am 26. Mai der neue Stadtschultheiß Pfäfflin in sein Amt eingeführt wurde, war denn auch die Öffentlichkeit eingeladen.

Die Antwort auf die Unruhen waren Gesetze einerseits über eine »Volksbewaffnung«, andererseits über Versammlungsfreiheit und Aufhebung des Zehnten. Daraufhin bildeten sich viele »vaterländische« Vereine. 45 Delegierte aus dem ganzen Land trafen sich am 27./28. September 1848 (zum Volksfest!) in Cannstatt im Hotel Hermann zur Generalversammlung der württembergischen Volks- und vaterländischen Vereine. 1852 wurden diese Vereine allerdings verboten. Übrigens tagten auch 1888 die württembergischen Sozialdemokraten, deren Organisation damals verboten war, in Cannstatt und konnten das sogar geheim halten.

Nachdem das Gesetz über Volksbewaffnung erlassen worden war, bildete der Stadtrat von Cannstatt am 30. März 1848 eine Kommission zur Gründung einer Bürgerwehr. 550 Mann fanden sich in fünf Kompanien zusammen und übten unter der Anleitung des Zollkontrolleurs Halder den Umgang mit der Waffe. Die Beschaffung von Waffen und Uniformen bereitete allerdings der Kosten wegen einige Schwierigkeiten.

Größere Unruhe kam in der Stadt auf, als am 14. Juni 1848 die Raubmörder Mauthe und Schaff, die eine ältere Einwohnerin bestohlen und ermordet hatten, mit dem Schwert hingerichtet werden sollten, der Vollzug aber nicht erfolgte. Die große Menschenmenge, die sich aus Nah und Fern eingefunden hatte um zuzuschauen, wurde unruhig, stürmte das Schafott, zertrümmerte es, warf Teile in den Neckar, verbrannte die anderen, und einige riefen: »Es lebe Hecker [der Führer der Revolution], es lebe die Republik, es lebe die Freiheit!« Dann marschierte die Menge in die Stadt. Zwei der »Tumultuanten« wurden verhaftet, und von Stuttgart rückte Militär an. Am Abend zog ein Bataillon des 4. Infanterie-Regiments in die Stadt, ein anderes umstellte das Schafott, und das 4. Reiter-Regiment besetzte den Wasen. Kurz nach fünf Uhr wurde die Exekution vollzogen.

Mitte August gab es erneut Unruhe. Sie wurde ausgelöst durch den arbeitslosen Schriftsetzer Benz, der sich als Bevollmächtigter des Revolutionsführers Friedrich Hecker ausgab und für die Republik warb, aber die Leute, die sich ihm anvertrauten, verriet. Er wurde am 17. August 1848 verhaftet und im Schutz eines Spaliers der Bürgerwehr vom Oberamtsgebäude zum Oberamtsgericht geführt. Auf dem Marktplatz stand eine Abteilung des 4. Reiter-Regiments einsatzbereit. Zu Ausschreitungen kam es dank der Bemühungen des Stadtschultheißen Pfäfflin und des Moritz Anderwert aber nicht.

Gegen Ende September wollte Gottlieb Rau von Rottweil aus mit Aufrührern zum Volksfest nach Cannstatt ziehen und unterwegs weitere Revolutionäre sammeln. Auch in anderen Teilen des Landes warben Raus Genossen für den Marsch. Auf dem Volksfest wollten sie die Monarchie stürzen. Das Unternehmen brach jedoch zusammen, ehe die Leute Cannstatt erreichten. Die Letzten kehrten um, als sie das aufmarschierte Militär bemerkten, das schon auf den Bahnhöfen in Ludwigsburg und Esslingen bewaffnete Demonstraten fern halten sollte. An der Kiesbrücke bei Berg lagerte das 2. Reiter-Regiment, und in der Nähe des Burgholzhofes war Artillerie zur Stelle. Zudem waren die Cannstatter Bürgerwehr, die Stuttgarter Bürgerwehr und die Stuttgarter reitende Stadtgarde aufgeboten, um die Ordnung auf dem Volksfest aufrechtzuerhalten. Die in Cannstatt zu dieser Zeit, wie bereits erwähnt, tagenden Vereine distanzierten sich von Raus Unternehmen. So blieb es auf dem Fest denn auch ruhig.

Noch im Jahr 1848 bildete sich in Cannstatt die Schützengesellschaft. Sie wollte die gleichen Aufgaben wie das (inzwischen offenbar aufgelöste) Schützencorps übernehmen. Seit 1863 trägt sie den Namen »Schützengilde Cannstatt«. In ihr waren ab 1875 auch Herzog Eugen von Württemberg und Prinz Hermann von Sachsen-Weimar Mitglieder.

Nach dieser Zeit des Hungers und der Unruhen verließen abermals viele Menschen ihre Heimat und suchten eine neue jenseits des Ozeans.

Rechnet man aus, wie hoch der Prozentsatz der Auswanderer, gemessen an der Einwohnerzahl, im Jahr 1852 war, so erhält man für Stuttgart 0,14, für Cannstatt 0,75 und für die (später eingemeindeten) Dörfer 0,90 Prozent. Während aus Cannstatt 92 Prozent der Auswanderer nach Nordamerika gingen, waren es aus Stuttgart nur 67 Prozent, denn aus Stuttgart zogen viele in andere deutsche Länder, die damals als Ausland galten. Vergleicht man die in den Verzeichnissen enthaltenen Berufsangaben, so ergibt sich, dass aus Stuttgart ganz andere Berufsgruppen – besonders Handwerker – abwanderten als aus den Dörfern, aus denen vor allem Weingärtner und Tagelöhner hinauszogen. Cannstatt ähnelte dabei den Dörfern – ein Hinweis auf die noch wenig städtische Struktur der Stadt. 1851 stellten übrigens drei Familien mit 17 Personen den größten Anteil der 20 Auswanderer.

Die rollenden Dampfrösser kamen

In Württemberg begann der Bau der Eisenbahn relativ spät. Zwar erfolgten die ersten Anregungen bereits 1835, und Ge-

Die Zahlen der Auswanderer 1851 bis 1856

	1851	*1852*	*1854*	*1855*	*1856*	*Einwohner 1852*
Stadt Stuttgart	54	69	169	24	41	50 003
Stadt Cannstatt	20	50	112	11	17	6 698
Dörfer um Stuttgart	104	276	479	112	77	30 679

Zahlen der Dörfer addiert. Für 1853 fehlen Angaben.
Quelle: HStAS E 143 Bü 486-495

neralmajor von Seeger entwarf 1839 einen Plan, wonach eine Linie von Stuttgart unterhalb des Rosensteins verlaufen und zum Cannstatter Hallgebäude (Lagerhaus an der Hallstraße) führen sollte, das als Bahnhof dienen könnte. Der entscheidende Schritt, nämlich der Erlass des Eisenbahn-Gesetzes, erfolgte aber erst 1843[35].

Am 3. Oktober 1845 besuchte König Wilhelm I. die Bahn und sah einer Probefahrt der in Philadelphia bei Baldwin & Whitney gebauten sechsrädrigen Lokomotive »Neckar« zu. Ein Zug bestand aus einem Wagen 1./2. Klasse, einem ebenfalls in Philadelphia gebauten Wagen 2. Klasse und zwei Wagen dritter Klasse. Die Wagen der 1. und 3. Klasse kamen aus der Fabrik von Wiekens, Münch & Starker in Stuttgart. Am 22. Oktober 1845 konnte der fahrplanmäßige Betrieb zwischen Cannstatt und Untertürkheim aufgenommen werden. Wo man früher mit der Post eine Stunde unterwegs war, schaffte man es jetzt in fünf Minuten. Am 26. September 1846 begann auch der Verkehr zwischen Stuttgart und Cannstatt und 1861 schließlich der ins Remstal.

Bemerkenswert ist, dass man im Zuge der heutigen Daimlerstraße im Damm der Bahn eine Brücke vorsah, um eventuell auftretendem Hochwasser den Abfluss um die Stadt herum zu ermöglichen (siehe Seite 178). Ein zweiter Durchlass wurde später in der Verlängerung der König-Karl-Straße geschaffen.

Zunächst glaubte man, so berichtet Beck, die Bahn würde wegen ihres Lärms und der mit dem Rauch verbundenen Feuersgefahr zu einer Entwertung von Grund und Boden führen. Deshalb wagte niemand, nahe beim Bahnhof zu bauen, nur der Gastwirt David Mertz betrieb die einzige dort stehende Wirtschaft. Man musste erst lernen, mit der Bahn zu leben.

Cannstatt – ein berühmtes Bildungszentrum

Das königlich geförderte Bad entwickelte sich in seiner Blütezeit zu einem bekannten Bildungszentrum, das neben den städtischen Schulen gleichzeitig mehrere private Ausbildungsstätten aufwies[36]. Angesichts der Entwicklung der Stadt erforderte aber auch das städtische Schulwesen eine ständige Erweiterung: Von der Realschule über die Sonntags-Gewerbeschule, von der Mädchen- und der Knabenschule über die Höhere Töchterschule bis hin zum Mädchen-Lyzeum und zur Frauen-Arbeitsschule waren alle Arten und Stufen mit Neugründungen und Neubauten vertreten.

Den Hintergrund für die Gründung der privaten Lehranstalten bildeten sicherlich die Bedeutung der Stadt als Bad und das als milde gelobte Klima. Das erste Institut, die Erziehungsanstalt für Töchter gebildeter Stände, gründete 1852 Professor Karl Kleemann. 1858 verlegte er es an den Wilhelmsplatz. Hier fanden bis zu 30 Töchter »höherer und gebildeter Stände« eine Ausbildung, die auch fremde Sprachen, Turnen und Tanzen einschloss. Vor allem aber sollte der Sinn für das Familienleben gefördert werden. Das Institut bestand bis 1875.

1854 begründete Professor Hirsch ein Institut, das vor allem von jungen Engländern und Franzosen besucht wurde. Der Unterricht erfolgte in deutscher, englischer und französischer Sprache. Ab 1857 benutzte es das von Karl Etzel an der Ecke bei der Rosensteinbrücke erbaute Haus. Ein »Knaben-Institut« schuf

Das Gymnasium an der Brunnenstraße (das frühere Wilhelmsbad, heute steht hier die Brunnen-Realschule), an dem Hermann Hesse die Mittlere Reife erwarb. (Alte Ansichtskarte)

Professor Dr. Josef Klose im Jahr 1859. In ihm sollten jeweils 30 Schüler für das praktische Leben ausgebildet werden. Hier wurden ebenfalls Fremdsprachen gelehrt, darunter auch Russisch, und im Rahmen des Sports sogar das Fechten. Dieses Internat bestand bis 1883.

Als letztes Institut folgte die Erziehungsanstalt der Damen Abele und Dietter für 30 Töchter aus höheren Ständen. 1862 in der Badstraße eingerichtet, lockte es Schülerinnen aus England, Frankreich und der Schweiz an, die in neueren Sprachen, Musik und Malerei unterrichtet wurden.

Die Ausbildung englischer Schüler in Cannstatt hatte eine unerwartete Folge: Durch sie nämlich fanden die englischen Rasenspiele Eingang in Cannstatt und damit auch in Stuttgart. Bereits 1862 spielten die jungen Engländer in Kloses Institut Rugby. Um 1879 wurde in Cannstatt auch bereits gekickt. Anfang der 1880er-Jahre gab es in Cannstatt immerhin schon zwei englische und einen deutschen Fußballklub. Am 25. März 1890 – dreieinhalb Jahre vor dem Vorgänger des berühmten VfB 1893 – entstand der »Cannstatter Fußball-Club, Verein zur Betreibung aller Rasenspiele und athletischen Sports« (heute Cannstatter Tennisclub), in dem sich die Mitglieder hauptsächlich dem Rugby widmeten, aber auch Cricket und Leichtathletik sowie auf einem dafür auf der Veiel'schen Wiese hergerichteten Platz schon 1890 Tennis betrieben. Bereits in den 1890er-Jahren spielten Damen in Cannstatt Tennis.

Schädlinge und andere Kalamitäten

Wiederholt – so im Jahr 1840 – berichten die Cannstatter Akten von starken Schäden durch Feldmäuse, Raupen, Wespen und Maikäfer[37]. 1836 vernichteten die gefräßigen Frostspanner-Raupen, *beim Landmann unter dem Namen »Maiwürmer« bekannt,* in manchen Gemeinden des Oberamts die ganze Obsternte. Auch 1838 richteten sie große Schäden an, desgleichen die Raupen des Kohlweißlings. Zur Bekämpfung der Raupen empfahl das Ministerium, sie mit Tabak- und Seifenwasser zu betupfen, so dass sie herabfallen. Um die Stämme sollten *becherartige Gürtel von mit Wagenschmiere und Terpentinöl überstrichenem Papier* gelegt werden. Wenn die herabgefallenen Raupen wieder auf die Bäume kriechen, sammeln sie sich dort zu großen Klumpen und können leicht getötet werden. 1836 wurde auch von einem *Geheimmittel eines gewissen Johann Paukert aus Erfurt* gesprochen; es bestand aus einem Öl, mit dem die Bäume beschmiert wurden und auf dem die Raupen augenblicklich starben.

Die Maikäfer nahmen mitunter derart Überhand, dass der Magistrat Prämien aussetzte wie 1839. Im Jahr 1836 wurden 369 Simri ein Viertel (ein Simri sind 22 Liter) gesammelter Käfer abgeliefert. Auch 1872 gab es eine große Maikäfer-Plage. In diesem Jahr wurden im Oberamt 1360 Simri, in der Stadt allein 88,5 Simri Käfer gesammelt. Rechnet man, wie die Akten schreiben, auf ein Simri 10 000 Maikäfer, so waren das im ganzen Oberamt 13,6 Millionen Käfer, die eingesammelt und getötet wurden.

Schon 1812 und erneut 1822 gab das Innenministerium Hinweise, wie man die Feldmäuse vernichten könne. Es schlug mehrere mögliche Maßnahmen vor, die man heute mit Interesse liest:

1. Große, mit Wasser gefüllte glasierte Töpfe eingraben und mit Erbsen- oder Wickenstroh abdecken. Die Mäuse *fallen in die Töpfe und versaufen*. Man könne auch leere Töpfe nehmen, aus denen sie nicht herauskommen und sich zuletzt selber auffressen.

2. In ihre Löcher mit dem Blasebalg Schwefeldampf blasen, so dass sie herauskommen oder ersticken.

3. Reifen oder Ruten stecken, von denen aus Krähen, Elstern und andere Vögel Ausschau halten können.

4. Acht bis zehn Bund Stroh aufstellen, damit die Mäuse sich darin sammeln, und darum einen Graben anlegen. Beim Anzünden oder Ausklopfen des Strohs kommen die Mäuse heraus und können im Graben erschlagen werden.

5. Kalk und Mehl mischen und in die Löcher geben. Das wirkt tödlich.

6. Wasser mit Jauche oder Leim vermischen und in die Löcher schütten. Die Mäuse kommen mit verschlossenen Augen heraus und können erlegt werden.

7. Ein Maß Gerstenmehl zusammen mit weißer Nießwurz und Läusekraut pulvern, durch ein Haarsieb schlagen, mit Honig und Milch zu einem Teig verarbeiten und daraus erbsengroße Kügelchen herstellen und in die Löcher werfen.

8. Löcher bohren, worin sich die Mäuse sammeln und gefangen werden können.

Die Feldmäuse erwiesen sich auch noch in anderen Jahren als eine Plage, so 1842, 1866 und 1867, bis Regen und Schnee sie im Frühjahr 1868 dezimierten.

Andere Kalamitäten ergaben sich immer wieder durch Frost. So richtete der kalte Winter 1788 im Obstbau großen Schaden an, und am 16. Mai 1825 erfror der Wein in vielen Lagen total. Schweren Schaden brachten 1836 Dürre und Wassermangel. 1837 vernichtete Hagelschlag je nach Lage ein Sechstel bis ein Drittel der Früchte, und am 20. Juli 1839 entwurzelte ein Hagelsturm viele Bäume. Auch in den Weinbergen gab es Schäden. Am 28. Juli 1873 fielen Hagelkörner bis zur Größe von Hühnereiern und schlugen viele Fensterscheiben entzwei. Ei-

Mindestens seit 1289 durften die Bürger alljährlich am 29. September mit einem Rohr aus den Bütten vom Zehntwein trinken. Heute wird der Rohrtrunk beim Sturm auf das Rathaus gezeigt.

nen schweren Schaden brachte der Winter Anfang 1880: 3676 tragende und 102 946 nicht tragende Obstbäume gingen zu Grunde, und geschädigt wurden 1893 beziehungsweise 11 923 Bäume. Trotzdem feierten die Cannstatter ein Fest auf dem Eis (siehe Seite 176).

Auch blieb Cannstatt nicht von Seuchen verschont, die das ganze Land heimsuchten. Genannt sei die Pest, die 1635 hier 1500 Tote forderte. Im Januar und Februar 1814 starben nur in der Stadt 120 Kinder an Scharlach und Masern und im ganzen Jahr mehr, als in zwei Jahren geboren wurden. Auch im November 1861 bis März 1862 forderten Masern und Scharlach unter den Kindern unzählige Opfer.

Nicht minder gravierend waren die Seuchen des Viehs. So trat 1857 unter dem Rindvieh sporadisch eine Lungenseuche auf und raffte eine andere Krankheit zahlreiche Schweine dahin, und 1938 grassierte in Bad Cannstatt die Maul- und Klauenseuche.

Schließlich findet man in Daibers Chronik die Mitteilung, ein orkanartiger Sturm habe am 26. Oktober 1870 die Wand der Säulenhalle (im Kurpark) eingedrückt.

Noch lebten alte Bräuche

Die aus früherer Zeit überlieferten Bräuche waren noch lange lebendig[38]. Denken wir zum Beispiel an das »Pfeffern«, das alljährlich am Tag der unschuldigen Kindlein, dem 28. Dezember, in Teilen Bayerns und Schwabens betrieben wurde. Dabei schlugen Jugendliche ihnen begegnende Erwachsene mit Ruten und fragten: »Schmeckt der Pfeffer gut?« Dann erhielten sie eine Gabe, ursprünglich Pfefferkuchen. Im Jahr 1842 hob man das Pfeffern in Cannstatt allerdings »als eine Bettelei und als unsittlich« auf. Trotzdem verschwand es zunächst nicht ganz, ist aber heute nicht mehr üblich.

Das Fest der Kinder war seit Jahrhunderten, wie weitum im Land, das Maienfest. In der kriegerischen Napoleonischen Zeit verschwand es. 1808 jedoch belebte man es in Cannstatt neu. Mit Blumen geschmückt und festlich gekleidet zogen die Kinder durch die Stadt zum Seilerwasen. Bei den Wettkämpfen galten als Preise nützliche Dinge wie einige Bogen Papier und bunte Bänder. Am Nachmittag gab es Kuchen, abends Brot und Wein. 1815 fand der Brauch abermals ein Ende. Immerhin hatte man ab 1818 ja das Volksfest. 1850 versuchten die Cannstatter erneut, das Fest wieder zu beleben, und diesmal nahmen sogar Kronprinz Karl und Kronprinzessin Olga teil. Es konnte sich jedoch nicht auf Dauer halten, obwohl einzelne Vereine sich wiederholt bemühten, es wieder zu einer Tradition zu machen.

Zu den überlieferten Bräuchen gehörte auch der »Rohrtrunk«, der seinen Ursprung im Mittelalter hat. Nach einem Kaufvertrag von 1289 sollten die Brüder Berthold und Heinrich von Fellbach, als sie den Konstanzer Hof als Lehen übertragen bekommen hatten, den Bürgern jährlich zu Michaelis (29. September) eine Urne Wein reichen. Die Bürger durften dann mittels eines Rohres aus den öffentlich aufgestellten Bütten und Zehntfässern trinken. Dass dabei oft zu viel genossen wurde, bezeugt eine Anfrage des Vogts von Cannstatt an den Herzog im Jahr 1566. Alle Zehntherren klagten, schrieb er, und im vergangenen Herbst seien über 40 Eimer (11 757 Liter) getrunken worden, aber *es sey ein allt herkommen: es möge trincken wehr da welle.* Er wollte dem einen Riegel vorschieben und fragte, was er tun solle. Der Herzog befahl, eine Ordnung zu erlassen und öffentlich zu verkünden: Wer in den Weinbergen und in einer Kelter geschafft habe, dürfe mehr trinken, aber er solle sich deshalb nicht legen oder setzen, und wer die Kelter verlassen habe, solle damit zufrieden sein. Später legte die Stadt eine »Pro-Kopf-Weinmenge« fest und setzte den Geldbtrag dafür in den Stadthaushalt ein. Damit erhielt jeder Bürger am Dreikönigstag (6. Januar) eineinhalb Maß Wein (etwa 2,75 Liter) sowie einen Laib Brot. Infolge der Aufhebung aller Zehntleistungen wandelten die bürgerlichen Kollegien von Cannstatt den Rohrtrunk 1850 derart um, dass für den Wert von 32 Gulden nur noch den ältesten Bürgern und Witwen auf Lebenszeit je ein Maß Wein und ein einpfündiger Brotlaib gegeben wurden. Bis 1885 wurde das so gehalten; jetzt zeigt man den Rohrtrunk am Fasnachtssdienstag beim Rathaussturm.

Fürsorge in Not zu leisten, war die Aufgabe der »Suppenanstalten«, durch die der Wohltätigkeitsverein beispielsweise 1854 in Cannstatt 43 783 Portionen Suppe unentgeltlich und 39 908 Portionen zu einem ermäßigten Preis ausgeben ließ. Längst vergessen ist, dass nach der Ernte ärmere Leute »stoppeln« gingen, das heißt: sie sammelten die liegen gebliebenen Ähren vom Feld. So kam am 6. August 1857 eine Gruppe alter Leute und Kinder aus dem Remstal durch Cannstatt, die im Strohgäu nicht weniger als sieben Wagen Ähren aufgelesen hatten.

Wie Cannstatt Industriestadt wurde

Cannstatt blieb noch immer eine Agrarstadt ...

Trotz der geschilderten Entwicklung blieb Cannstatt noch eine Agrarstadt, denn nach wie vor bildete die Landwirtschaft den Haupterwerbszweig. Sogar Ende des 19. Jahrhunderts betrieben noch 20 Prozent der Haushaltungen zumindest nebenbei Landwirtschaft, deren Haupt-Ackerfrucht der Dinkel war. Ende des 18. Jahrhunderts war auf der Feuerbacher und der Wolfersberger Heide der Anbau von Kartoffeln aufgenommen und damit eine neue Nahrungsquelle erschlossen worden, denn um 1895 waren die »Cannstatter Frühkartoffeln« begehrt. Etwa 200 Weinbergbesitzer trieben um 1890 auf 260 Hektar Weinbau, und mit 8500 Kernobst- und 1160 Steinobstbäumen war der Obstbau noch immer bedeutend. Der Viehbestand war nicht sehr groß. Die Rinder hielt man mit Stallfütterung. Von den 652 Kühen, die es 1892 in Cannstatt gab, mussten 371 Arbeit auf dem Acker leisten. Die Milch wurde Ende des 19. Jahrhunderts großenteils aus den umliegenden Orten geliefert. Die Zunahme des Pferdebestandes erklärt sich aus dem Anstieg des Güterverkehrs. Schon 1869 und 1872 machte sich in der Landwirtschaft ein Mangel an Arbeitskräften bemerkbar[39].

Der Nutztierbestand in Cannstatt

	1812	*1865*	*1892*
Pferde	170	212	340
Rinder	692	685	749
Schafe	1200	1014	–
Schweine	197	319	464
Ziegen	–	63	224
Bienenstöcke	–	64	155

Quellen: Memminger 1812, Daiber 1878, OA Cannstatt 1895

Landwirtschaftliche Betriebsgrößen um 1890

Größe	*Zahl der Betriebe*
< 1 ha	4921
2 ha	105
2–10 ha	145
10–20 ha	2
> 50 ha	2 (Burgholzhof, Krongut Rosenstein)

Quelle: OA Cannstatt 1895

Die Schafhaltung hatte, wie die Zahlen zeigen, eine beachtliche Bedeutung. Das geht auch daraus hervor, dass die Stadt Cannstatt, die selbst die Schafweide besaß, 1791 auf einer Versteigerung in Hohenheim 13 Widder kaufte, der zweite Käufer, Markgröningen, dagegen nur zwei.

Die meisten landwirtschaftlichen Betriebe waren um 1890 nur klein, so dass sie allenfalls im Nebenerwerb bewirtschaftet werden konnten.

Zeitweise betrieb man in Cannstatt auch die Zucht von Seidenraupen, die ja mehrmals von den Landesherren besonders gefördert wurde, um nicht die Seide einführen zu müssen. So pflanzten im

Jahr 1699 Glaubensflüchtlinge auch bei Cannstatt und Berg Maulbeerbäume. Bei einem späteren Versuch begannen 1756 einige Bürger erneut mit der Produktion und richteten ein Seidenfabrik ein. Doch schon 1786 stand die Fabrik wieder still, und von den zwischen 1750 und 1755 gesetzten Bäumchen waren 14 359 bereits bis zum Jahr 1755 eingegangen. Weil die Stadt für die Anpflanzung 1351 Gulden ausgegeben, aber nur 19 Gulden Gewinn erzielt hatte, fühlte der Stadtrat sich 1767 bewogen, die Maulbeerbäume umhauen zu lassen. Dafür erhielt die Stadt eine Strafe, doch war das Holz inzwischen längst verkauft. Immerhin gewannen 1768 noch drei Cannstatter Bürger zusammen 341,5 Pfund Kokons. Zu Beginn des 19. Jahrhunderts hatte die Raupenzucht aber ganz aufgehört.

Dass in Cannstatt zeitweise auch Hopfen angebaut wurde, ist heute vergessen. Immerhin besaß die Stadt 1867 eine junge Anlage von sieben Morgen, die ab 1868 Erträge lieferte.

Eigenen Wald hatte die Stadt auf ihrer Gemarkung nicht, doch besaß sie Waldstücke auf anderen Gemarkungen. Auf Zuffenhauser Gebiet lag das Burgholz, *sonst Kegelswald genannt*, mit nicht ganz acht Morgen (etwa 2,5 Hektar). Der Flurname Burgholz ist dort noch heute erhalten. Cannstatt wollte diese Fläche, die nur noch mit schlechtem Buschholz bestanden war, 1823 ausstocken, um Obstbäume zu setzen. Sie sollte aber entweder ihren Wald verkaufen oder den Hofkammerwald erwerben. Sie wollte Letzteren aber nicht, wenn sie ihn nicht roden dürfte. 1829 erwarb der ehemalige Ochsenwirt Linckh das der Stadt gehörende Waldstück und erhielt 1830 die Genehmigung, es auszustocken; er wollte dort eine Wiese anlegen (siehe Seite 113f.).

Am Frauenkopf und Dürrbach gehörten der Stadt Cannstatt drei Waldstücke mit gut 47 Morgen (etwa 15 Hektar). Weil der Ertrag nur gering war und die Entfernung keine rentable Bewirtschaftung zuließ, verkaufte Cannstatt diese Flächen 1827 an die Stadt Stuttgart. Die Grenzsteine mit den Cannstatter Wappenzeichen sind teilweise noch erhalten (siehe die Abbildung Seite 102). Dem Cannstatter Spital gehörte 1556 ein Waldstück an der Grenze von Feuerbach gegen Botnang. Außerdem gab es 1775 noch den Vogteiwald oberhalb der Weingärten an der Berg- und Kochshalde. Am Cannstatter Rain in Gaisburg wurde der Wald bereits um 1520 für den Weinbau gerodet.

... und eine arme Stadt

Als sich die Cannstatter 1830 wehrten, einen hohen Beitrag für den Neubau der Neckarbrücke zu leisten, schilderten sie, wie arm die Stadt, die viele für wohlhabend hielten, eigentlich sei[40]. So schrieben sie, die Cannstatter lebten vorzugsweise vom Weinbau. Und *wenn man eine arme Volksklasse bezeichnen will, so wird es stets die der Weingärtner seyn.* Von den 800 Bürgern der Stadt seien 600 Weingärtner, aber nur 100 von ihnen lebten in guten und mittleren Vermögens-Umständen. Auch im Gewerbe herrsche kein Wohlstand. Zwar gehe es den Fabrikanten und Spediteuren gut, aber sie trügen keinen Wohlstand in die Stadt, sondern *verschaffen vielmehr nur einer nicht unbedeutenden Anzahl von der ärmeren Claße der Bürger die Gelegenheit, sich und ihre Familie zu erhalten. Die Fabrikarbeiter bleiben darum immer nur Taglöhner, und werden es nie höher treiben.*

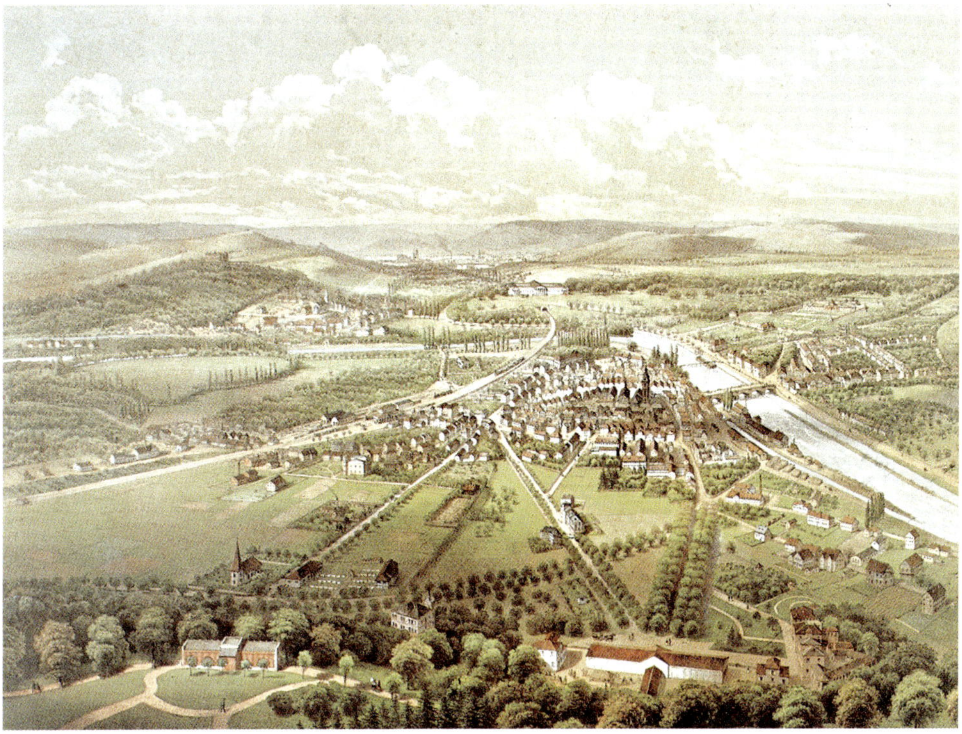

Als Wilhelm von Breitschwerdt um 1866 diese Ansicht zeichnete, hatte Cannstatt etwa 10 000 Einwohner. Die Bebauung griff bereits weit über den Mauerring hinaus, insbesondere am Fuß des Seelbergs. Bei der Uffkirche stehen die 1825 und 1844 errichteten Keltern. Weiter vorne erkennt man die 1861 von König Wilhelm erbaute Wandelhalle und den Kursaal, bei dem viele Gäste promenieren. Es haben sich bereits etliche Industriebetriebe angesiedelt. (Kolorierte Lithografie)

Im eigentlichen Wohlstand befinden sich nur die Fabrikinhaber selbst.

Diejenigen Gewerbe, deren Einzugsgebiet das Umland sei, wie Gerber, Tuchmacher und Weber, fehlten weitgehend. Mehrere Handwerker, wie Flaschner, Gürtler, Kübler und Seiler, könnten nur durch die Arbeit für die Fabriken bestehen. Auch hätten viele ein Fortkommen nur dadurch, dass sie zugleich auch Feldbau betrieben. Zwei Gründe seien für die schlechte wirtschaftliche Lage verantwortlich:

1. Cannstatt liegt im Oberamt randlich. Die Bewohner der Oberamtsorte gehen in die günstiger gelegenen Städte, so von Rommelshausen, Stetten und Fellbach nach Waiblingen, von Uhlbach, Obertürkheim und Schanbach nach Esslingen, von Sillenbuch, Rohracker und den Orten im Neckartal nach Stuttgart, von Zazen- und Mühlhausen nach Ludwigsburg. Für Cannstatt bleibe als Einzugsbereich nur Münster übrig.

2. Wer auf die Märkte in Stuttgart gehe, nutze das zugleich für Einkäufe aus. Sogar Einwohner von Cannstatt verhielten sich so. Deshalb seien von den 17 Schneidern die meisten unbeschäftigt und müssten zum Teil auf öffentliche Kosten erhalten werden, *weil alle Honoratioren* [aus Cannstatt] *und selbst viele Bürger ihre*

Handwerker in Cannstatt 1830

Bäcker	20	Maurer, Steinhauer	12
Bortenmacher	1	Messerschmiede	2
Buchbinder	2	Metzger	14
Drechsler	3	Nagelschmiede	3
Färber	3	Rotgerber	4
Flaschner	1	Säckler	7
Gipser, Tüncher	2	Sattler	4
Glaser	3	Schmiede	6
Goldarbeiter und Schlosser	1	Schneider	17
Gürtler	2	Schreiner	11
Hafner	2	Schuster	24
Hutmacher	2	Seifensieder	3
Kammmacher	1	Seiler	4
Knopfmacher	2	Strumpfweber	8
Kübler	4	Tuchmacher	1
Küfer	9	Wagner	4
Kupferschmiede	2	Wendenmacher	9
Leineweber	9	Zimmerleute	10

Quelle: StAL E 166 Bü 1437

Kleider in Stuttgart machen laßen. Von einem wohltätigen Einfluss der nahen Residenz könne keine Rede sein.

Den Einnahmen der Stadt von 18 000 Gulden standen Ausgaben von 21 000 Gulden gegenüber, die Schulden betrugen 70 952 Gulden, das Defizit für 1828/29 62 272 Gulden. Und das angesichts bevorstehender wichtiger Investitionen für ein Schulhaus für 600 Kinder, ein Hospital, eine zweite Kelter, die Kirchturm-Reparatur und anderes mehr. Zudem musste Cannstatt das Minus des Oberamts auszugleichen helfen.

Was Cannstatt als wohlhabend erscheinen lasse, die Badeanstalten, öffentlichen Gärten und Fabriken, so hieß es weiter, sei alles mit fremdem Geld geschaffen worden. Dagegen zögen die vielen neu eröffneten Wirtschaften in Stuttgart, vor allem die Gartenwirtschaften, die Gäste aus Cannstatt ab. In den Badewirtschaften in Cannstatt sei im Winter nicht viel los, weshalb Badwirt Frösner seinen Betrieb schon öfter geschlossen habe. *So wirkt alles zusammen, den Wohlstand der Kannstadter Einwohner niederzuhalten, den sie sonst wohl nach der Lage der Stadt erreichen könnten.* Sicherlich trugen auch lokalpatriotische Schriften zu dem Urteil bei wie J. F. Cast, der 1836 begeistert bemerkte, die Gewerbe in Cannstatt blühten, teils »durch das Herbeiströmen von Lust und Vergnügen suchenden, verschwenderischen Fremden und Kurgästen«, teils durch »ansehnlichen Handel«,

Noch im Jahr 1926 schien die Zeit in der Marktstraße stehen geblieben zu sein. Ab hier, vom alten Erbsenbrunnen beim Gasthaus zur Rose, fuhr die Straßenbahn zweigleisig bis zum Rathaus.

der nach dem in Heilbronn und Ulm der bedeutendste in Württemberg sei. Von der Belastung der städtischen Finanzen sprach Cast allerdings nicht.

Cannstatter im Krieg

Welche Belastungen die Napoleonische Zeit brachte, wurde bereits geschildert. Darüber hinaus mussten die Württemberger und mit ihnen zweifellos auch Söhne aus Cannstatt 1813 mit den Franzosen nach Russland marschieren, wo viele den Tod fanden; sicherlich waren Cannstatter auch 1815 in der Völkerschlacht bei Leipzig dabei.

Um die Jahrhundertmitte wurde die Stadt mehrfach durch österreichische Truppen stark belastet, auch wenn sie nicht als Feinde kamen. Damals waren nämlich in der Bundesfestung Mainz 7000 Österreicher und 200 Pferde stationiert, die von Zeit zu Zeit abgelöst wurden und auf dem Hin- oder Rückweg über Cannstatt marschierten. So wurde die Stadt 1859 zweimal durch Einquartierung geplagt, ja im Juli beherbergte sie acht Tage lang das österreichische Hauptquartier mit 370 Offizieren, 83 Unteroffizieren, 291 Mann und 220 Pferden. 1863 bis 1865 verging kein Jahr ohne die Österreicher. Der Gemeinderat beschwerte sich deshalb 1865 bei der Regierung, dass Cannstatt häufiger als andere Städte damit belastet wurde, zuletzt in drei Jahren sieben Mal.

Das Problem erledigte sich mit dem Krieg 1866, als die Cannstatter mit gegen die Preußen kämpfen mussten. Auch in diesem Jahr bildete sich »aus dem Kern der bessern Bürgerschaft« eine Schutzwache, die Störungen der öffentlichen Ordnung unterbinden sollte. Den Anlass hierfür bot ein Vorfall am 3. Juli, als einige einberufene Landwehrpflichtige sich »durch unanständiges und rohes Benehmen strafbar gemacht hatten«, festgenommen wurden und eine Menschenmenge mit Tumult ihre Freilassung erzwingen wollte.

Als 1870/71 gegen Frankreich 141 Cannstatter ins Feld zogen, war Oberleutnant Wilhelm Neuffer der Erste, der fiel (bei Wörth). Außer ihm fanden fünf weitere Söhne der Stadt den Tod, und jeder war einer zu viel. Schon damals sandten die Bürger Liebesgaben an ihre Soldaten ins Feld. An den Krieg von 1870 erinnerte übrigens eine Zeit lang der (nicht mehr erhaltene) Name Lazarettstraße, die zwischen dem Veielbrunnenweg und der Bahn lag. Sie führte zu dem damals in der Nähe des Krankenhauses eingerichteten Lazarett, in dem 25 Verwundete betreut werden konnten, eine Aufgabe, die der eigens hierzu gegründete Sanitätsverein wahrnahm. Außerdem wurden im Sanatorium von Dr. Ebner über 100 Verwundete versorgt. Der bei Sedan gefangen genommene französische General von Wimpffen und sein Adjutant erhielten ihr Quartier im Karl-Olga-Bad. Wenn während dieses Krieges ab und zu deutsche durchziehende Truppen ins Quartier kamen, sahen die Cannstatter das mit anderen Augen als zuvor bei den Österreichern.

Bis 1868 in Cannstatt gebaute Dampfmaschinen

In Berg:	
G. Kuhn	211 Dampfmaschinen 40 Lokomobile
A. Hildt	24 Dampfmaschinen + 1 Lokomobil
In Cannstatt:	
J. F. Stoll	27 Dampfmaschinen + 4 Lokomobile
Decker & Co Chr. Klein	4 Dampfmaschinen 1 Dampfmaschine

Als die Kohle kam

Die technische Entwicklung, insbesondere die Erfindung der Dampfmaschine, ermöglichte es, sich von der Wasserkraft zu lösen. Man benötigte allerdings zum Betreiben der Gasanstalten, der Dampfmaschinen und der Lokomotiven Steinkohle, die es in Württemberg aber nicht gab. Hier half die Bahn, die selbst Kohle zum Antrieb brauchte und andererseits die Produktion von Schienen und Fahrzeugen erforderte. Im Württemberg wurde sie 1845 eröffnet. Es währte aber bis 1854, als der erste Betrieb in Cannstatt eine Dampfmaschine installierte. Das war die Knochenmühle von Gottlieb Waldmann, und es geschah sieben Jahre nachdem die erste Maschine im Stuttgarter Raum aufgestellt worden war. Außer etlichen Fabriken rüsteten sich auch das Badhotel Hermann & Formis, die Badeanstalt von Dr. Ebner und das Institut von Dr. Tritschler mit Dampfkesseln aus. Schon gut ein Jahrzehnt später arbeiteten im Oberamt Cannstatt 20 Dampfmaschinen und fünf Dampfkessel. Bis 1878 hatten hier immerhin 32 Firmen (einschließlich der Eisenbahnwerkstatt) Dampfmaschinen aufgestellt, die Gebrüder Decker sogar mehrere. Ja es wurden jetzt Dampfmaschinen in Cannstatt auch gebaut.[41]

Die Cannstatter Firma Stoll stand damit in ganz Württemberg an zweiter Stelle, vor der Heilbronner Maschinenbaugesellschaft (25 Dampfmaschinen, drei Lokomobile). 1855 beteiligte sich Stoll sogar mit einer fest stehenden Dampfmaschine auf der Weltausstellung in Paris. Die Gießerei, die der zuvor bei Kuhn in Berg tätig gewesene Formermeister Michael Streicher 1871 gründete und für die er 1881 an der Lindenstraße (Krefelder Straße) eine Fabrik baute, erweiterte er 1901 durch eine Dampfkesselfabrik, die ebenfalls große Bedeutung erlangte. Um die Wende zum 20. Jahrhundert waren in der Firma bereits etwa 240 Mitarbeiter tätig. Auch die 1872 gegründete Firma Aßmann & Ketterer baute Dampfmaschinen und Lokomobile.

Die Aufstellung von Dampfkesseln bedurfte damals einer besonderen Genehmigung. Zunächst mussten das Vorhaben bekannt gemacht und die Nachbarn informiert werden. Erhob jemand Einspruch, so war darüber zu verhandeln, ehe das Ministerium des Innern die Genehmigung erteilte. Diese Vorsicht war nicht unbegründet, denn es gab durchaus gelegentlich eine Panne. So auch am 14. Januar 1878 nachts um 23.30 Uhr in der Cannstatter Brauerei. Das Ablaufrohr des Dampfkessels war schadhaft geworden, und das Wasser lief aus. Als dann Wasser aus dem Reservoir in den inzwischen glühenden Kessel nachlief, kam es zur Explosion. Man diskutierte danach über Vorsichtsmaßnahmen, aber dabei blieb es. Dass die Verwendung der Koh-

Die erste Eisenbahnbrücke war, wie es diese Tuschzeichnung von C. Finckh vom September 1846 zeigt, zweistöckig angelegt: Unter der Bahn lag ein Steg für Fußgänger, der 1857 entfiel.

Die Zufuhr von Steinkohlen nach Cannstatt über den Neckar

Jahr	*Zentner*	*Jahr*	*Zentner*
1823	–	1834	4500
1824	560	1835	4700
1825	1280	1836	13 533
1826	2067	1837	21 923
1827	2580	1838	48 366
1828	2970	1839	33 264
1829	3200	1840	40 952
1830	3000	1841	66 061
1831	3300	1842	39 968
1832	3703	1843	62 710
1833	4600	1862	10 750

Quelle: HStAS E 221 Bü 4255. 1862 nach Beck 1900.

le zu einer starken Belastung der Umwelt führte, steht auf einem anderen Blatt.

Die steigende Nachfrage nach Kohle belebte die Neckarschifffahrt neu, denn man schaffte den Brennstoff zunächst auf dem Wasserweg von Mannheim bis nach Cannstatt heran. Freilich gab es dabei durchaus Schwankungen, sei es wegen der wechselnden Wasserführung des Flusses, sei es wegen der Marktlage. Mit der Eröffnung der Bahn und der Entwicklung der Industrie stieg der Transport sicherlich weiter stark an, doch vermag der Verfasser hierfür keine Zahlen anzugeben. Als dann die württembergische Bahn 1853 mit der Linie nach Bruchsal an das übrige deutsche Eisenbahnnetz angeschlossen war, konnte die Bahn die Kohle günstiger heranbringen, das Ende des Neckar-Verkehrs zeichnete sich ab. Weil der Fluss nicht entsprechend ausgebaut war, waren die Schiffe zu klein, um konkurrieren zu können. Sie mussten flussaufwärts noch von Pferden gezogen werden, die auf dem Leinpfad liefen. Auch die ersten sechs Lokomotiven der württembergischen Eisenbahn kamen per Schiff nach Cannstatt, »gewissermaßen Vorboten des Niedergangs der Neckarschifffahrt«[42].

Bemerkenswert ist, dass 1884 beim Neubau der Stadtmühle erwogen wurde, den erwarteten Überschuss von 80 PS für eine elektrische Beleuchtung zu nutzen. Ab Juni 1888 lieferte denn auch ein unterschlächtiges Wasserrad zwölf Kilowatt, womit Cannstatt die zweite Wasserkraft-Elektrizitäts-Zentrale in Deutschland besaß. 200 Glühlampen (bezogen auf Lampen von je 50 Watt) und 18 Bogenlampen (bezogen auf Lampen von je zehn Ampere) ließen mit diesem Strom ihr Licht leuchten. Um 1900 wurden von hier aus der Kursaal und der Sulzerrain beleuchtet. Doch schon früher, nämlich 1879, hatte die Decker'sche Fabrik als erste im Land die elektrische Beleuchtung eingeführt. Die Elektrifizierung der Eisenbahn erfolgte ab 1926 mit der Eröffnung der Strecke Bad Cannstatt – Münster.

Vom Bau der Eisen- und der Straßenbahn

Für Cannstatt begann mit der Bahn eine neue Phase der Entwicklung[43]. Zum einen bildete die Bahnlinie eine neue Grenze zwischen bisher zusammengehörenden Gebieten, die sich nun verschieden entwickelten. Zum andern wählte so manche Fabrik die Stadt wegen des Bahn-Anschlusses als Standort. Man denke auch an die Gründung der Eisenbahner-Baugenossenschaft und an den Bau des Eisenbahndörfles.

Der Bahnbetrieb entwickelte sich rasch. Um 1883 wurden gut 1,1 Millionen Fahrgäste und etwa 84 000 Tonnen Güter registriert, um 1894 dagegen bereits über 2,7 Millionen Personen und über 128 000 Tonnen Frachtgut. Folglich reichte der Bahnhof schon bald nicht mehr aus, die Anlage musste 1862 bis 1864 und abermals 1877 vergrößert sowie 1887 bis 1890 noch einmal ausgebaut werden. In seiner Nähe siedelten sich ab 1860 mehrere Hotels für Kurgäste an wie 1864 das Hotel Bellevue.

Die Bedeutung der Bahn für Cannstatt wuchs weiter, als 1867 beschlossen wurde, einem bereits 1858 gemachten Vorschlag zu folgen und die Reparaturwerkstätte von Heilbronn nach dem zentraler gelegenen Cannstatt zu verlegen. Die Stadt steuerte hierzu 5500 Gulden bei. Etwa 400 Wagen sollten hier gleichzeitig ausgebessert werden können, 100 in Hallen und 300 im Freien. Immerhin brachte das etwa 400 Arbeitsplätze. Zum Schutz gegen Hochwasser füllte man das Areal bis zu mehr als zwei Meter auf. 1870 war die Anlage fertig gestellt, musste aber schon 1880 und 1890 sowie erneut 1904 erweitert werden. Im August 1989 ging die 15 Hektar große Werksanlage an den Automobilkonzern Daimler-Benz über, der dort ein Motorenwerk errichtete.

Nachdem der Bahnverkehr sehr stark angewachsen war und es sich als hinderlich erwies, durchgehende Güterzüge durch den Stuttgarter Kopfbahnhof zu leiten, wurde in den 1880er-Jahren die Umgehungsbahn gebaut. Mit einer großen eisernen Brücke, dem König-Wilhelm-Viadukt, das zu einem Wahrzeichen der Stadt wurde, überquerte die Linie den Neckar, und in einem 272 Meter langen Tunnel unterfuhr sie die Cannstatter Heide. 1896 war sie fertig.

Im Zuge der Neuordnung, die mit dem Bau des neuen Stuttgarter Hauptbahnhofs erfolgte, wurde in Cannstatt der Güterbahnhof angelegt. Außerdem musste der Bahnhof Cannstatt erweitert werden. Der Neubau wurde am 15. November 1915 eingeweiht, das Bahnhofsgebäude 1925, nach dem Ausbau der Anlagen zum viergleisigen Vorortverkehr.

Weil in Stuttgart nicht genug Platz für einen Ausbau der Bahnanlagen verfügbar war, richtete die Bahn ein Betriebswerk mit großem Lokschuppen beim (Güter-) Bahnhof Prag ein, der 1895 in Betrieb genommen wurde. Der Personenbahnhof (heute Nordbahnhof) wurde im Herbst 1896 eröffnet.

Selbstverständlich wollten die Cannstatter auch eine Straßenbahn haben. Als am 21. Juli 1869 die Pferdebahn von Berg zur Neckar-Vorstadt dem Betrieb übergeben wurde, versäumte man nicht, dies gebührend zu feiern. Seit 1897 verkehrte die Bahn elektrisch bis zur Karlsbrücke, jedoch ohne nach Cannstatt weiterzufahren. Man konnte sie nämlich nicht verlängern, weil es zwei Probleme gab. Das erste lag darin, dass der Durchlass unter der Eisenbahnlinie in der König-(Karl-) Straße in Cannstatt um 40 Zentimeter zu niedrig war. Das hätte man lösen können. Als schwieriger dagegen erwies sich die Bürokratie. Das zuständige Ministerium verwies auf das Eisenbahngesetz von 1843 und argumentierte, dass es sich um »eine Bahnverbindung für den öffentlichen Verkehr zwischen zwei Orten« handele und diese deshalb nur als »Zweig-Eisenbahn« betrieben werden dürfe, wofür eine Konzession nötig sei. Die Bürokraten hatten den Zug der Zeit offensichtlich nicht erkannt und hinkten ihm mit einem durch die Technik längst überholten Gesetz hinterher.

Die Straßenbahndirektion und der Cannstatter Oberbürgermeister verhandelten aber weiter. Um das Eisenbahn-

Weil Stuttgart einen Kopfbahnhof hatte, wurde für den Durchgangs-Verkehr eine Umgehungsbahn erbaut, deren auffallendstes Bauwerk der König-Wilhelm-Viadukt war. (Alte Postkarte)

gesetz zu umgehen, wollten sie zwei eigenständige Gesellschaften bilden und deren Netze ohne direkte Verbindung betreiben. Die Gleise beider Unternehmen sollten so nebeneinander gelegt werden, dass die Fahrgäste problemlos umsteigen konnten. So dachte man schon 1892 daran, die Stuttgarter Bahn vom Schlossplatz aus, an Berg und der Wilhelma vorbei, bis zur Neckarbrücke und die Cannstatter Bahn von der Brückenstraße über Wilhelmsplatz und Bahnhof zur König-Karls-Brücke fahren zu lassen. Dazu kam es allerdings nicht. Am 22. Februar 1898 erhielt nämlich die Stuttgarter Gesellschaft die Erlaubnis, eine Endhaltestelle auf der rechten Seite des Neckars einzurichten. Nun konnte die Endhaltestelle von der König-Karls-Brücke in die Wernerstraße (Mercedesstraße) verlegt werden.

Ein halbes Jahr später, am 3. August 1898, wurde, wie es Bürgermeister Nast vorgeschlagen hatte, die Cannstatter Straßenbahnen GmbH gegründet. Deren erste Linie, die von der Wernerstraße zum Kursaal beziehungsweise zur Waiblinger Straße führte, wurde am 22. Juli 1899 eröffnet, nachdem die Cannstatter Gleise an die der Brücke angeschlossen worden waren. Die Querlinie vom Bahnhof zur Neckar-Vorstadt folgte am 20. Juli 1900. Nach der Vereinigung Cannstatts mit Stuttgart war die Auflösung der Cannstatter Straßenbahnen GmbH nur eine Frage der Zeit. Sie erfolgte zum 1. Januar 1919. Das neuere Straßenbahn-Depot an der Mercedesstraße entstand 1929.

Erste Industriegebiete entstanden

In der zweiten Hälfte des 19. Jahrhunderts beschleunigte sich die industrielle Entwicklung mehr und mehr, Cannstatt wurde eine Industriestadt[44]. Dabei spielte die staatliche Wirtschaftspolitik durchaus eine Rolle, zum Beispiel durch die Organisation der Gewerbeausstellungen im Kursaal 1856 und 1858. Andererseits bedingte der Wechsel von Wachstumsphasen und Flauten immer wieder Schübe und strukturelle Veränderungen; mussten einige Firmen in Krisenzeiten liquidieren wie 1881 Decker & Co, so stießen andere auf der Suche nach neuen Chancen mit bemerkenswerten Innovationen auf den Markt. Ein Beispiel für solche Neuerungen bietet die Firma Hesser. Sie betrieb zunächst den Bau von Falzmaschinen zur Herstellung von Briefumschlägen. In der Flaute 1885 begann sie mit der Herstellung automatischer Paketiermaschinen für Verpackungen aller Art und entwickelte sich auf diesem Gebiet zu einem führenden Unternehmen. Ähnlich Andreas Stihl, dessen erst 1926 gegründeter Betrieb in der 1929 einsetzenden Krise die erste motorgetriebene »Baumfäll- und Ablängkettensäge« produzierte, die bereits 1930 in die USA exportiert wurde. Und es war in der Zeit der Weltwirtschaftskrise, als Albert Hirth und die Gebrüder Mahle in Cannstatt einen Leichtmetall-Kolben entwickelten, den Hirth in einen Flugmotor einsetzen konnte, der dann 1931 innerhalb eines Jahres zu dem am meisten gebrauchten Motor für Sportflugzeuge wurde.

Für die Ansiedlung der neuen Betriebe, mochten sie nun hier gegründet worden oder von auswärts zugewandert sein,

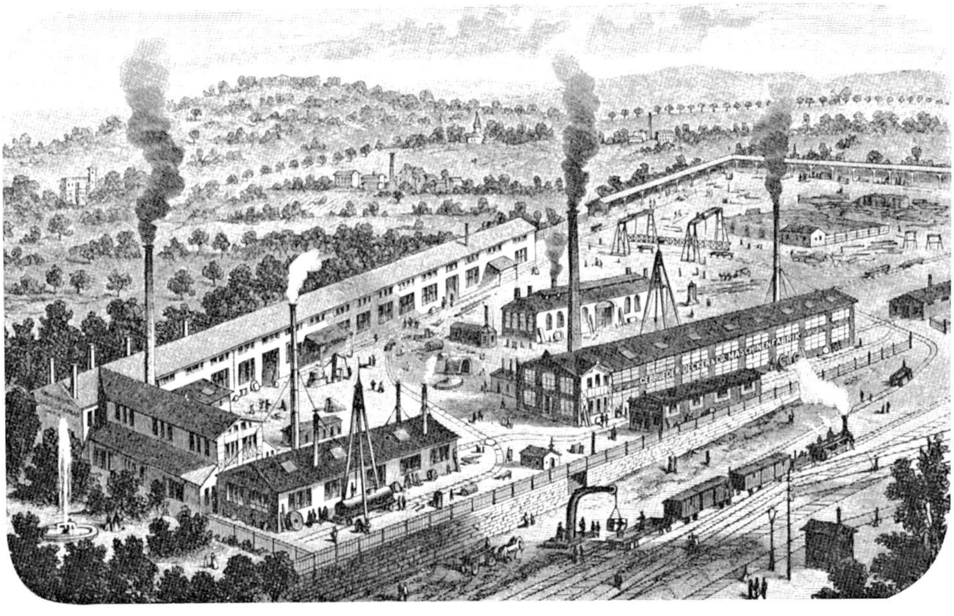

Für die Maschinenfabrik Gebrüder Decker war der Bahnanschluss wichtig. Das Anschlussgleis in den Fabrikhof führte direkt zu einer Verladeanlage für Brückenteile. Man zeichnete damals die Schornsteine gerne mit viel Rauch. (1868)

war entscheidend, wo sie hinreichend große Grundstücke und möglichst auch eine gute Verkehrsanbindung fanden. Das Neckartal fiel wegen der Hochwassergefahr für die Bebauung aus, und anscheinend fehlte auch in der Stadtplanung eine klare, in die Zukunft weisende Konzeption. Zunächst ließen die Fabriken sich am Stadtrand nieder wie die Tabakfabrik in der Wilhelmstraße. Andere konzentrierten sich am Mühlkanal, sei es wegen der Nutzung der Wasserkraft oder der Verkehrsanbindung. Ein Beispiel ist die Baumwollweberei, die auf dem Mühlgrün (zwischen Neckar und Mühlkanal) stand und etwa 200 Personen beschäftigte. Ihre 325 mechanischen Webstühle wurden durch Wasserkraft und bei zu geringem Wasserstand durch Dampfkraft angetrieben.

Für einige Betriebe war die Nähe zur Bahn wichtig. Das wird am Beispiel der 1864 gegründeten Maschinenfabrik Gebrüder Decker deutlich, die über einen eigenen Bahnanschluss verfügte und schon bald mehr als 200 Mitarbeiter beschäftigte, 1882 allerdings an die Maschinenfabrik Esslingen und 1929 an die AEG (Transformatoren-Union) überging.

Etliche Firmen bauten ihre Betriebe am Seelberg auf. Zu ihnen gehörte die 1861 gegründete Firma Geiger & Hesser (später Hesser), die sich 1868 an der Nauheimer Straße niederließ. Die Fabrik für Rundstrickmaschinen von C. Terrot siedelte 1882 von Stuttgart hierher über, die bereits 1862 gegründete Maschinenfabrik Seeger folgte 1875. 1912 gründete Alfred Ritter in der inneren Moltkestraße (heute Dürrheimer Straße) seine Schokoladenfabrik.

Ein anderes Industriegebiet entwickelte sich seit etwa 1880 an der Pragstraße. Hier waren 1912 ansässig: Die Bäckerei-

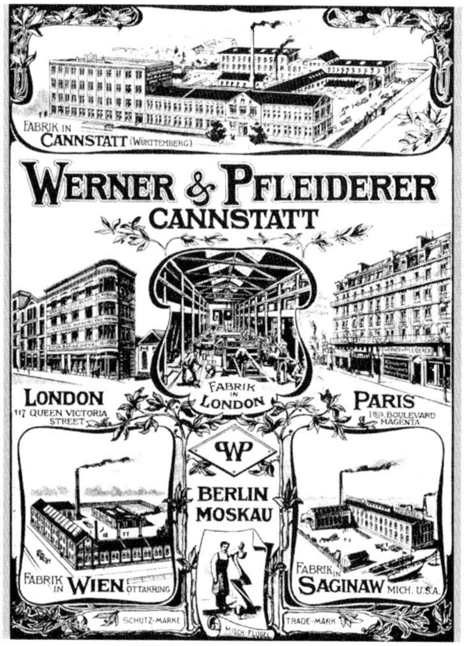

Diese alte Anzeige der Firma Werner & Pfleiderer zeigt die weltweiten Verbindungen des Unternehmens an.

maschinenfabrik Werner & Pfleiderer, ein führendes Werk in der Herstellung von Backöfen, die Spezialfabrik für Präzisionskugellager Norma, die erste süddeutsche Manometerfabrik J. C. Eckardt, das Werk der Schwedischen Kugellagerfabriken, die Firma Mahle, die zur größten Kolben-Spezialfabrik Europas aufstieg und in der Verarbeitung von Leichtmetall eine Spitzenposition eroberte, sowie die Fortuna-Werke, deren Präzisions-Schleifmaschinen, Schleifspindeln und Messgeräte Weltruf erlangten.

Das sich später bildende Gewerbegebiet nordöstlich der Krefelder Straße lag verkehrsmäßig weniger günstig. Konnte die Zuckerfabrik noch durch eine Stichbahn vom Bahnhof Münster her angeschlossen werden, so war für das Gebiet unterhalb der Halde eine besondere Bahn nötig. Sie wurde – ähnlich wie schon ab 1903 in Feuerbach die Industriebahn – 1923/24 von der Stadt gebaut und am 19. Februar 1926 als erste elektrische Güterbahn in Württemberg eröffnet. Die Strecke zweigt nordwestlich von Münster von der Umgehungsbahn ab und führt mit starkem Gefälle hinunter bis zu einer Spitzkehre an der Ecke Altenburger-/Haldenstraße, von wo ein Gleis zum Elektrizitätswerk (Kraftwerk Münster) verläuft. Diese Bahn wurde lange Zeit mit eigener Lok von der Stadt Stuttgart, aber zum Schluss in deren Auftrag von der Bundesbahn betrieben. Heute lohnt sich dieser Verkehr nicht mehr, weil die Kohle per Schiff herangebracht werden kann. Im Mai 2000 traf der letzte Güterwagen im Kraftwerk ein. Die Gleise liegen aber noch für den Fall, dass Schwertransporte nötig werden.

Nach dem Zweiten Weltkrieg setzte sich die Bildung neuer Gewerbegebiete fort wie zum Beispiel an der Mercedes-Straße.

Infolge ihres Wachstums, aber fehlenden Baugrunds mussten manche Firmen ihren Betrieb verlagern oder Filialen gründen. Dabei ging man gerne dorthin, wo Baugrund und Löhne billiger waren. Als Beispiele seien die Dampfziegelei Ernst Rapp (Fellbach, 1871) und die Baumwollweberei Elsas & Cie (Murrhardt, 1891) genannt. Krauss & Reichert verlagerten ihren Betrieb wegen unzureichenden Geländes nach Fellbach. Früher konnte man die Veränderungen am Kohlenumschlag des Cannstatter Bahnhofs ablesen: Bis 1907 wuchs die Zahl der dort entladenen Kohlenzüge stark an, ging dann aber infolge Betriebsverlagerungen rasch zurück, während Untertürkheim seinen Umschlag an Kohle erheblich vermehren konnte.

Cannstatts Vorteil: Vielseitigkeit und Spezialisierung

Die Cannstatter trugen selbst erheblich zu der wirtschaftlichen Entwicklung ihrer Stadt bei[45]. Sie gründeten am 6. April 1861 den Gewerbe- und Handelsverein, der schon im Jahr darauf eine Feierabend-Gewerbeschule ins Leben rief, um den Lehrlingen abends und an Sonntagen eine Möglichkeit zur Fortbildung zu geben. Im August 1862 gründete er eine Handwerker-Bank, und er veranstaltete Ausstellungen, um neue technische Erzeugnisse vorzustellen. Die Gründung eines Arbeiter-Bildungsvereins und der Baugenossenschaft 1870 geht auf seine Anregungen zurück. Im Dritten Reich verboten, entstand der Verein 1953 wieder neu. Es liegt auf der Hand, dass die wirtschaftliche Entwicklung auch stark durch die Einführung der Gewerbefreiheit im Jahr 1862 gefördert wurde.

Den Stand der Entwicklung am Ende des Jahrhunderts zeigt die Übersicht auf Seite 86.

Die größten Betriebe waren zu dieser Zeit nach der Eisenbahnwerkstatt die Filiale der Esslinger Maschinenfabrik mit 213, die Ziegelei auf der Steig mit 198, zwei Eisengießereien mit 174 und 143, Daimler mit 147, die Fabrik für Rundwirkmaschinen mit 142 und eine Weberei mit 117 Beschäftigten. Als größte Branche erwiese sich also der Maschinen- und Apparatebau, gefolgt vom Bekleidungsgewerbe, der Textilindustrie und der Metallverarbeitung. Der hohe Anteil des Bekleidungsgewerbes ist auf die vielen »Allein-Betriebe« zurückzuführen. Zum Sektor Nahrungs- und Genussmittel gehörte auch die Tabakfabrik, die 1868 acht Personen in der Firmenleitung sowie 30 männliche und 30 weibliche Mitarbeiter in der Produktion beschäftigte.

Silb. Medaille Stuttgart 1881

Cannstatt, den 30. Dezember 1899

Wilhelm Schönhuth
Aelteste deutsche Präcisionszieherei
Schrauben & Mutternfabrik
Gegründet: 1870.

Telegram Adresse: Schönhuth Cannstatt.

Fernsprech Anschluss: 21

Herr Carl Heuß aus Friedrichshafen am Bodensee war vom 1. Januar 1896 bis zum heutigen Tage bei mir als Buchhalter tätig & ist seinen Obliegenheiten stets mit Fleiß & Pünktlichkeit nachgekommen, was ich demselben bei seinem freiwilligen Abgange mit den besten Wünschen für sein ferneres Wohlergehen gerne bescheinige.

W. Schönhuth

Gr. & Pf. 1500. 7. 99.

Zum Ende des 19. Jahrhunderts zeigten die Firmen auf ihren Briefköpfen mit Stolz den Firmenkomplex, hier ein Briefkopf der 1870 gegründeten Schraubenfabrik Wilhelm Schönhuth in der Brückenstraße von 1899. In der Ferne das Schloss Rosenstein und die Eisenbahnbrücke.

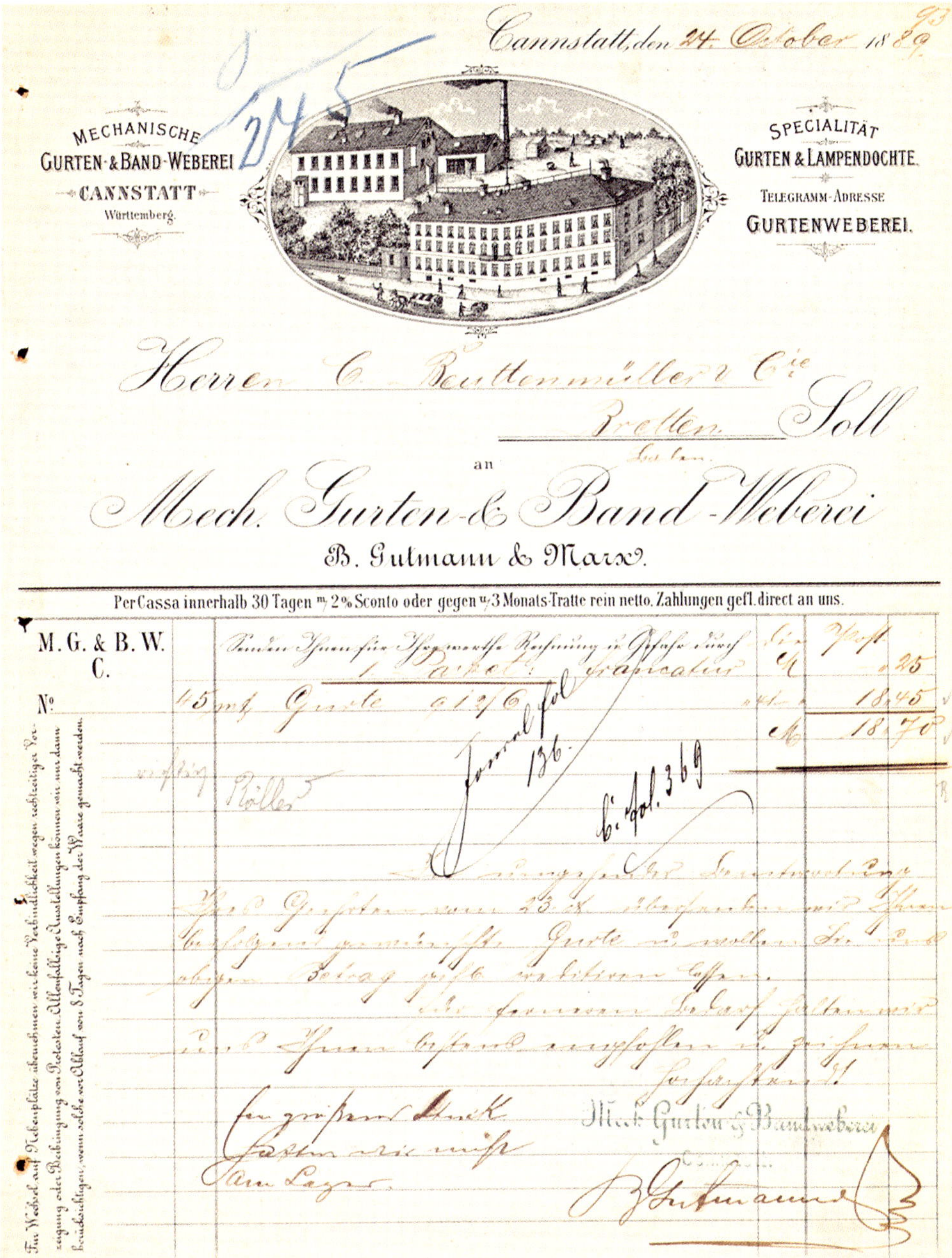

Cannstatt, den 24. October 1893

MECHANISCHE
GURTEN- & BAND-WEBEREI
CANNSTATT
Württemberg.

SPECIALITÄT
GURTEN & LAMPENDOCHTE.
TELEGRAMM-ADRESSE
GURTENWEBEREI.

Herren C. Beuttenmüller & Cie
Bretten Soll

an

Mech. Gurten- & Band-Weberei
B. Gutmann & Marx.

Per Cassa innerhalb 30 Tagen m/ 2% Sconto oder gegen ⁿ/3 Monats-Tratte rein netto. Zahlungen gefl. direct an uns.

M. G. & B. W.
C.

No

Für Wechsel auf Nebenplätze übernehmen wir keine Verbindlichkeit wegen rechtzeitiger Vorzeigung oder Bedingung von Protesten. Allenfallsige Ausstellungen können wir nur dann berücksichtigen, wenn solche vor Ablauf von 8 Tagen nach Empfang der Waare gemacht werden.

	1 Paket: Francatur		25
45			18.45
		M	18.70

Mech. Gurten- & Bandweberei
B. Gutmann

Ein Rechnungsformular der Gurten- und Bandweberei Gutmann & Marx aus dem Jahr 1893 mit der Darstellung der Fabrikanlage. Das Hauptgebäude im Vordergrund beherbergte vorher die orthopädische Heilanstalt von Dr. Ebner.

Anzahl und Beschäftigte der wichtigsten Gewerbebetriebe in Cannstatt am 1. April 1894

Gewerbegruppe	Steuerkapital < 1000 Mark		Steuerkapital 1000 bis 6000 Mark		Steuerkapital > 6000 Mark	
	Anzahl	Beschäftigte*	Anzahl	Beschäftigte*	Anzahl	Beschäftigte*
Metallverarbeitung	49	75	11	116	5	279
Maschinenbau**	32	35	7	68	10	1167
Chemische Industrie	3	4	4	26	2	7
Textilindustrie	22	8	2	46	6	426
Bekleidung, Reinigung	274	66	6	35	5	515
Nahrungs-/Genussmittel	65	62	39	103	4	110
Bau	56	86	13	163	–	–
Holzbearbeitung	70	47	2	4	–	–
Handel	349	35	64	66	9	55
Gastronomie	71	35	41	73	2	28

* *Ohne Betriebsinhaber*
** *Einschließlich Instrumente- und Apparatebau*
Quelle: Beschreibung des Oberamts Cannstatt, 1895, S. 302ff.

Im Gegensatz zu Feuerbach, wo der Schwerpunkt anfangs bei der Chemischen Industrie lag, entwickelte sich Cannstatt also zu einem Zentrum des Maschinen- und Apparate-Baus, doch auch die Textil-Industrie war hier bedeutsam. Die Zusammenfassung in der Tabelle verschleiert die große Vielfalt und die starke Spezialisierung. Die Herstellung chirurgischer Instrumente – die Fabrik für gummi-elastische Instrumente für Chirurgie von A. Rüsch war 1895 die einzige ihrer Art in Deutschland – stellte im Maschinen- und Apparatebau ebenso eine Spezialität dar wie der Bau von Schnellpressen (Mailänder-Druckmaschinen), Mälzerei-Maschinen, Manometern und Rundwirkmaschinen. In der Textil-Branche wurde die Korsett-Herstellung in mehreren Firmen betrieben, ja hier wurde von S. Lindauer der Büstenhalter »erfunden«, der, aus dem Korsett entwickelt, 1914 aufkam. Mehrere Betriebe der Bettfedern-Industrie, von denen L. H. Lorch eine ständige Niederlassung im Hauptlieferland China unterhielt, brachten Cannstatt zum Ende des 19. Jahrhunderts in diesem Sektor an die Spitze in ganz Deutschland. Leder wurde unter anderem von der Schuhfabrik Haueisen & Co verarbeitet, deren Schuhe unter dem Namen »Mercedes« bekannt waren.

Aus der Nahrungsmittel-Branche seien die 1867 eröffnete Brauerei Schwarz und die 1867 gegründete Firma Rilling mit ihrer Sekt-Herstellung erwähnt, beide in der Neckar-Vorstadt gelegen. Die Brauerei ging noch 1867 an den Brauer Zöppritz über. Weil die Brauereien für die Kühlung des Bieres damals Eisblöcke benutzten, legte Brauereibesitzer Munz 1870 mit Genehmigung der Stadt Cannstatt im hinteren Wartberg einen »Eissee« an, in dem man im Winter Eis »ernten« konnte, um es in Kellern zu lagern. Da die Munz'sche Brauerei etwa 1873 von der Württembergisch-Hohenzollerischen Brauerei-Gesellschaft übernommen wurde, war es dann diese, welche die Fläche auf drei Seen erweiterte. Im Winter 1883/84 konnten daraus 90 Tonnen Eis gewonnen werden. Als aber in den 1890er-Jahren in der Umgebung Brunnen für die Gärten angelegt wurden, erhielten die Teiche nicht mehr genug Wasser. Die Lücke in der Eisversorgung schloss 1891 W. Bachner (Stuttgart) mit der in der Neckarstraße 65 gegründeten Eisfabrik Cannstatt, die täglich 240 Zentner künstliches Eis lieferte. Sie wurde um 1899 von Karl Neeff (Stuttgart) übernommen und arbeitete bis 1911.

»Zugereiste« gaben starke Impulse

Nicht jeder Fortschritt wurde von einem Cannstatter bewirkt, denn vielfach waren es »Zug'reiste«, die Technik und Aufschwung vorantrieben[46]. Das begann schon 1812, als Johann Anderwerth aus der Schweiz durch König Friedrich das Untertanenrecht von Württemberg und die Erlaubnis erhielt, eine Tabakfabrik zu errichten, die er dann in Cannstatt erbaute. Ein anderer ist Hermann Werner, der von der Schwäbischen Alb stammte und 1880 zusammen mit Paul Pfleiderer an der bislang kaum bebauten Pragstraße eine Fabrik für Knet- und Mischmaschinen errichtete. Unter dem Namen Werner & Pfleiderer erwarb die Firma bald weltweit einen guten Ruf und musste ihre Anlage ständig erweitern und sogar nach Feuerbach ausweichen. Aus Meimsheim stammte Albert Hirth, der 1903 gemeinsam mit Emil Lilienfein die 1892 gegründeten Fortuna-Werke übernahm, die 1910 bereits rund 260 Mitarbeiter beschäftigten. 1904 gründete Hirth au-

Durch den Einbau seines Motors in Fahrzeuge »erfanden« Gottlieb Daimler und Wilhelm Maybach das Auto (oben), die Mini-Straßenbahn, die normale motorbetriebene Straßenbahn (unten) und das Motorrad.

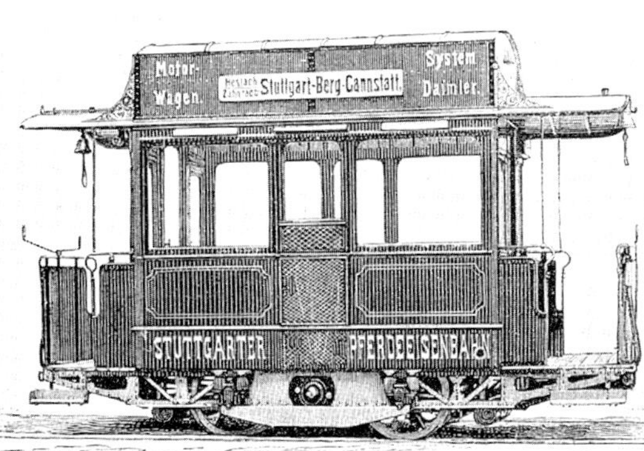

ßerdem gemeinsam mit E. G. Hoffmann die Norma Compagnie, die zunächst nur die konstruktive Entwicklung von Kugellagern betrieb, aber schon 1911 auch die Produktion aufnahm. Sie wurde unter ihrem seit 1926 geführten Namen SKF-Norma weithin bekannt.

Zwei andere berühmt gewordene Auswärtige sind Gottlieb Daimler aus Schorndorf und Wilhelm Maybach aus Heilbronn. Maybach war der Konstrukteur, Daimler brachte die Produkte auf den Markt. 1872 erwarb Gottlieb Daimler die Villa Schickhardt in der Taubenheimstraße und machte dort in einem Anbau des Gewächshauses (heute Gedenkstätte) zusammen mit Maybach die ersten Versuche. Die Heimlichkeit, mit der die beiden Ingenieure arbeiteten, erweckte Misstrauen, so dass der Gärtner die Polizei informierte, die aber nicht, wie vermutet, eine Falschmünzerei vorfand. Gebaut wurden die ersten Versuchsmotoren ab 1883 von Karl Wilhelm Kurtz (der Pumpen und Feuerwehrspritzen herstellte) in der Stuttgarter Heusteigstraße. Als der erste Motor lief, telegrafierte Kurtz an Daimler, der sich gerade auf einer Ausstellung in Nizza aufhielt: »Das Glöcklein läutet.« So hatte man es verabredet, damit niemand Verdacht schöpfen konnte. 1887 erwarb Daimler für die Produktion das Fabrikgebäude der Vernickelungsanstalt Zeitler & Missel an der Kreuznacher Straße. Vor allem die Bootsmotoren erfreuten sich großer Nachfrage. Als 1890 die Daimler-Motoren-Gesellschaft gegründet wurde, begann für Daimler und Maybach ein weniger erfreuliches Kapitel, so dass Maybach 1891 aus dem Unternehmen

Eine Wohnstraße aus der Zeit der industriellen Entwicklung um die Wende vom 19. zum 20. Jahrhundert: die frühere Fabrikstraße, der heutige Veielbrunnenweg. Zu dieser Zeit wurden die Häuser noch mit dem vorgeschriebenen Abstand erstellt. (Aufgenommen im August 1988)

Die Duisburger Straße zeigt ein für die Zeit der Industrialisierung typisches Bild: Getrennt stehende Wohnhäuser mit zwei bis drei Hauptgeschossen und Fabrikgebäude in Backsteinbauweise. (Aufgenommen im Frühjahr 2002)

ausschied und 1892 in den von Daimler angemieteten Tanzsaal des leeren Hotels Hermann zog, um unabhängig arbeiten zu können.

Maybach war es, der 1885 das Motorrad erfand, um es als Versuchsträger für einen neuen Motor zu benutzen. Wenn auch das Rad zunächst kein Verkaufsschlager wurde, markiert sein Bau wegen der technischen Neuerungen beim Motor doch einen großen Entwicklungssprung. Weil die Versuchsfahrten mit dem Rad und dem 1886 entwickelten Motorwagen auf den Straßen zu viel Unruhe stifteten, benutzte man im selben Jahr als neuen Motorträger ein Boot: Das Motorboot war erfunden. 1887 konstruierte Maybach die Miniatur-Straßenbahn, die zum Volksfest zwischen Wasen und Kursaal pendelte, und ab 1888 waren auch bei Bahn und Straßenbahn motorgetriebene Wagen im Einsatz. Viele Details der Motoren stammten von Maybachs Reißbrett, wie das Viergang-Getriebe (1889). In dem erwähnten Tanzsaal entwarf er den Spritzdüsen-Vergaser und den Röhrchen-Kühler. Zusammen mit dem Spritzenbauer Kurtz in Stuttgart entwickelten die beiden Techniker 1892 außerdem eine Motorpumpe für die Feuerwehr, die großes Aufsehen erregte.

Dem aus dem Automobilbau entstandenen Auftrieb verdankt die ganze Region wegen der vielfältigen Verflechtungen zu einem wesentlichen Teil ihren Wohlstand. Vieles begann in Cannstatt: Hier entstand die erste Tankstelle, hier wurde der weltweit erste Führerschein aus- und der erste Chauffeur eingestellt, 1897 fuhr hier das erste Motor-Taxi, und ein Jahr später entstand die Cannstatter Motor-Droschken-Gesellschaft.

Ein anderes Beispiel bietet die Maschinenfabrik C. Seeger, die 1862 in Urach gegründet wurde und 1872 nach Cannstatt übersiedelte. Auch die 1882 erfolgte Verlegung der Fabrik von Charles Terrot, der Rundwirk- und später auch Rundstrickmaschinen produzierte, von Stuttgart nach Cannstatt ist hier zu nennen. Terrot, der 1851 aus Troyes nach Württemberg gekommen war und zunächst als Werkmeister bei Fouquet arbeitete, machte sich 1862 selbständig.

Schließlich sei auf L. H. Lorch verwiesen, der mit seiner 1877 gegründeten Fabrik für Reinigungs-, Sortier-, Wasch-, Trocken- und Desinfektionsanlagen für Bettfedern von Ulm nach Cannstatt übersiedelte.

Einflüsse von Kriegen, Wirtschaftsentwicklung und -krisen, Zoll-Veränderungen, Finanzierungsproblemen und technischem Fortschritt bewirkten ständig Änderungen in der Produktion und Struktur der Betriebe. Nachdem mit der Einführung der Gewerbeordnung am 1. Mai 1862 die Gewerbefreiheit galt – außer für Apotheken, Schifferei, Buchdruckereien und Buchhandlungen –, wurden so viele neue Betriebe des Kleingewerbes ins Leben gerufen, dass schon 1864 ihrer zu viele waren und manche Konkurse befürchtet wurden.

Wie sich die soziale Situation der Fabrikarbeiter darstellte, beschrieb der Verfasser in seinem Buch über Feuerbach. Die darin gebrachten allgemeinen Angaben lassen sich auf Cannstatt übertragen und werden deshalb hier ausgespart[47]. Die Ladenschluss-Zeiten waren übrigens schon damals geregelt: Laut Adress- und Geschäfts-Handbuch Cannstatt 1904 lag der Feierabend am Montag bis Freitag bei 20 Uhr und am Samstag bei 21 Uhr, ausgenommen die Bäcker und Metzger.

Mit der Industrie wuchsen die Umweltprobleme

Es besteht kein Zweifel: Umweltprobleme gibt es, seit der Mensch begann, den Naturhaushalt zu verändern. In Cannstatt mochten sie viele Jahrhunderte hindurch kaum eine Rolle gespielt haben, doch als die Bevölkerung stark zunahm und als die Industrialisierung einsetzte, wuchsen auch die Umweltprobleme. In den Cannstatt betreffenden Archivalien wird das in der zweiten Hälfte des 19. Jahrhunderts fassbar[48].

Erstmals aktenkundig wurde das Problem 1869/70. Fabrikant Scharrer aus Nürnberg, der in der Badstraße ein Anwesen erworben hatte, wollte dort eine *Hopfenschwefelungsanstalt* einrichten. Dagegen protestierten zehn Nachbarn, der Gemeinderat und Oberamtsarzt von Veiel. Sie fürchteten, die Anlage könnte zu viel Schweflige Säure ausstoßen und die Interessen des Badeorts gefährden. Doch Scharrer konnte aus mehreren Städten günstige Zeugnisse vorlegen; zum Beispiel wurden in Stuttgart, Calw und Esslingen Anlagen zur Entschwefelung von Stroh und Wolle mitten in Wohngebieten betrieben, ohne dass Beschwerden vorlagen. Folglich erteilte die Regierung des Neckarkreises die Genehmigung, wenn auch mit einigen Auflagen: Die Anlage durfte nur vom 1. Mai bis 1. Oktober betrieben werden, sie musste am straßenfernen Ende des Hintergebäudes stehen, und die Abzugsschächte sollten mindestens 60 Fuß (17,20 Meter) hoch sein. Scharrer bot an, die Anlage im Herbst 1869 versuchsweise drei Monate lang zu betreiben. Dabei wurden täglich zweimal elf Zentner Hopfen eingefüllt und fünf Pfund Schwefel verbrannt. Das Ergebnis: Mehrere Nachbarn und der Gemeinderat zogen ihre Beschwerden zurück, weil die eingesetzte Kommission die Befürchtungen für grundlos hielt. Rechtsanwalt Kielmeyer legte jedoch »Recurs« ein, weshalb nun ein Gutachten des königlichen Medizinal-Kollegiums eingeholt wurde.

Dieses Kollegium stellte – mit Beispielen aus anderen Städten – fest, dass von solchen Anlagen Belästigungen nur unter besonderen Bedingungen ausgehen. Scharrers Anlage liege günstig, und vom Betriebsablauf her erfolge keine nennenswerte Beeinträchtigung der Nachbarschaft. Bei der Verbrennung von Steinkohle im Kessel des Hotels Hermann (dessen Besitzer ebenfalls protestiert hatte) werde eben so viel Schweflige Säure freigesetzt wie von Scharrers Anlage, ohne dass eine Belästigung beklagt werde. Da auch die Mediziner vor Ort bei laufendem Betrieb nichts zu beanstanden hatten, meinten sie, die Gäste könnten *die Winterfrische Cannstadts so unbehelligt genießen.* Sie empfahlen, die Beschwerde abzuweisen. Das galt entsprechend für eine Beschwerde gegen die 1883 von Gebrüder Mayer beantragte Genehmigung einer gleichen Anlage in der König-Karl-Straße.

Klagen über *äußerst belästigenden Gestank* und Staub erhoben 1882 und erneut 1884 mehrere Anwohner gegen das Hadern-(Lumpen-)Geschäft Stern & Söhne. Obwohl der Oberamtsarzt und das Medizinalkollegium eine Schädigung der Gesundheit verneinten, sondern nur eine Belästigung sahen, legte das Stadtschultheißenamt Auflagen fest. 1884 ging es deshalb um die Frage, ob diese Auflagen rechtlich wirksam seien. Als sich 1887 erneut Nachbarn über den Geruch, den Staub und den *ekelerregenden Anblick* der im Hof gelagerten Lumpen beklagten, stritt man nur noch um die Frage, ob der Betrieb zu den »lästigen Anlagen« zu rechnen sei, wie sie zu dieser Zeit bereits durch die Gewerbeordnung definiert waren.

Ebenfalls um den Gestank – diesmal von den Kloaken und Dunglegen – ging es 1872. Der Magistrat forderte nämlich am 20. September, eine Woche vor dem Volksfest, »sämtliche Häuser-Besitzer und Landwirtschaft treibende Einwohner« dringend auf, »Kloaken, Mistjauchen und Winkel unfehlbar im Laufe der nächsten Tage und vor Beginn des Volksfestes zu leeren und zu reinigen«, wenn sie nicht »mißliebige Maßregeln« erwarten wollten. Schließlich wollte man dem Ruf der Stadt bei so großem Besuch nicht schaden.

Einer Belästigung durch Lärm galt es 1917 vorzubeugen, als die Maschinenfabrik Esslingen einen Lufthammer einsetzen wollte. Weil sich der Leiter eines etwa 160 Meter entfernten Erholungsheims an der Olga- (Nauheimer) Straße vorsorglich beschwerte, sollte die Genehmigung nur mit Vorbehalt erteilt werden, damit das Unternehmen verpflichtet werden könnte, den Betrieb einzustellen, wenn nicht die nachweisbaren, ein erträgliches Maß übersteigenden Nachteile abgestellt werden könnten.

Die Stadt dehnte sich immer schneller und weiter aus

Die Industrialisierung ließ die Bevölkerung des Stuttgarter Raumes in einem nicht geahnten Ausmaß wachsen[49]. So erhöhte sich die Einwohnerzahl von Cannstatt im 19. Jahrhundert zunehmend rascher und erreichte eine Verzehnfachung in 100 Jahren. Allein in der Zeit von 1840 bis 1880 nahm die Bevölkerung

Die Einwohnerzahlen im 19. Jahrhundert

1801	2753	1871	11 804
1821	3403	1880	16 205
1840	5451	1890	20 265
1861	7414	1900	26 497

in Cannstatt um 197,3 Prozent zu. Das war zwar weniger als in Heslach, Berg und Gaisburg, aber mehr als in Alt-Stuttgart und allen anderen heutigen Stadtteilen der Landeshauptstadt. Die zuwandernde Bevölkerung unterzubringen war nur möglich, indem man nicht nur einzelne neue Wohngebäude erstellte, sondern ganze Straßenkomplexe plante, und für diese gab es Platz nur am Rand der Stadt, die sich deshalb immer weiter ausdehnte. Allein im Jahr 1869 entstanden nach Beck 47 Haupt- und 49 Nebengebäude.

Die schönste Straße dieser Zeit ist die König-Karl-Straße mit dem Daimler-Platz. Mit einigen erhalten gebliebenen spätklassizistischen Palais mit Natursteinfassaden (Haus-Nr. 10, 14 und 27) und Jugendstil-Häusern vermittelt sie einen Eindruck von der Stadtgestaltung in der zweiten Hälfte des 19. Jahrhunderts. Der Wilhelmsplatz zeigt allerdings nichts mehr davon, hier war Modernität bei fehlendem Gesamtkonzept gefragt.

Unter den Zuzüglern ist eine Gruppe besonders interessant: Die »Rentiers«, die von den Einkünften aus ihren Immobilien lebten, und die Pensionäre. Der Ruf Cannstatts zog sie in der zweiten Hälfte des 19. Jahrhunderts und bis zum Ersten Weltkrieg sehr stark an, die Kurstadt wurde zu einer »Pensionopolis«. Beck schätzte um 1900, dass hier damals etwa 500 Pensionäre lebten. An Pfarrern

Das Eisenbahndörfle im Jahr 1983, von der Nordbahnhofstraße gesehen. Das ab 1894 bebaute Gebiet lag teilweise auf Stuttgarter, teilweise auf Cannstatter Markung.

Die 1905/06 entstandene Siedlung »Vatikan« zeichnet sich durch reiche Gliederung der dem Hof zugewandten Seiten aus. (Aufgenommen im Frühjahr 2002)

und Pfarrerswitwen ermittelte er rund 60, an Apothekern, Forstleuten, Offizieren und Witwen von solchen ebenfalls etwa 60. Die Nähe und leichte Erreichbarkeit der Residenz, in der die Bodenpreise und Mieten natürlich höher waren, mochte bei dieser Bevorzugung eine wichtige Rolle spielen.

In die neueren Straßen zogen – je nach deren Lage, Bodenpreisen und Gebäudezuschnitt – Personen unterschiedlicher Berufsgruppen ein. So entwickelte sich, dem Adressbuch von 1904 zufolge, die Fabrikstraße (Veielbrunnenweg) zu einem Wohngebiet der (Fabrik-) Handwerker und Arbeiter, der dem Kursaal nahe Teil der König-(Karl-)Straße dagegen zu einem »gehobenen« Wohngebiet. Auch die lange Karlstraße (Daimlerstraße) zeigt in ihren Teilen (Haus-Nr. 10 bis 18 nahe dem Kursaal, Haus-Nr. 57 bis 63 nahe dem Industriegebiet) unterschiedliche Entwicklung. Ein Blick auf nur jeweils wenige Häuser mag dies belegen (siehe die Aufstellung auf Seite 94).

Der private Wohnungsbau konnte das sich ergebende Wohnungsproblem nicht lösen, insbesondere nicht für die Arbeiter. Man musste niedrigere Mieten anstreben. Drei Wege boten sich an: Wohnungsbau durch eine Aktiengesellschaft, genossenschaftlich errichtete Komplexe und Werksiedlungen. So entstanden Wohngebiete, die nicht allmählich von vielen einzelnen privaten Bauherren und nach jeweils einzelnen Plänen erstellt wurden, sondern die nach einer einheitlichen Konzeption von einem oder nur wenigen Bauträgern in relativ kurzer Zeit in einheitlicher Architektur als geschlossene Siedlungs-Einheiten errichtet wurden. Man kann von Groß-Wohnsiedlungen sprechen.

Louis Elsas war es, der erstmals 1875 im Gewerbeverein das Gespräch auf preisgünstige Arbeiterwohnungen brachte. Es dauerte aber noch bis 1884, ehe der Gemeinderat über die Anregung verhandelte, es möge sich aus ihm heraus ein Komitee bilden, das sich befasst mit *der Frage der Erstellung von Wohnungen für bessere fleißige Arbeiter, die solche nach und nach selbst käuflich an sich bringen könnten.* Die Entscheidung lautete allerdings, das sei Sache der Arbeitgeber. Gleichwohl ist 1885 von den in diesem Jahr gebauten Arbeiterwohnungen des Wohnungsvereins (wohl ein Verein auf Aktien) die Rede. Im März 1886 wandte sich Oberbürgermeister Nast in einem Werbebrief wegen der Wohnungsnot an die Bürger. In einer

Berufsgruppen ausgewählter Straßenabschnitte 1904

Fabrikstraße 76, 78, 80, 82	
Ankuppler	1
Bahnhofsarbeiter	1
Heizer	1
Anstreicher	1
Fabrikarbeiter	1
Handlungsdiener	1
Lackierer	1
Maurer	1
Schmied	1
Schreiner	2
Schreinerswitwe	1
Taglöhner	4
Taglöhnerswitwe	1
Vorarbeiterswitwe	1
Zimmermann	1

Königstraße 10, 12, 14, 16	
Ärzte	1
Prälat	1
Privatiers	3
Privatierswitwe	1
Fabrikantenwitwe	1
Landgerichtsratswitwe	1
Werkmeisterswitwe	1
Kameralverwalterswitwe	1
Forstmeisterswitwe	1
Zivilingenieur	1
Reisender	1
Schleiferwitwe	1
Kanzleigehilfe	1
Schreiner (Hinterhaus)	1
Fuhrmannswitwe (Hinterhaus)	1

Karlstraße 10, 12, 14, 16	
Ärzte	2
Chemiker	1
Privatiers	3
Fabrikdirektorswitwe	1
Oberingenieur	1
Ingenieurswitwe	1
Lehrerin	1
Kaufleute	2
Kaufmannswitwen	2
Postdirektor	1
Korsettzuschneider	1
Schlosser	1
Mechaniker	1
Telegrafenmechaniker	1

Karlstraße 57, 59, 61, 63	
Bäckermeister	1
Stadtpfarrer a. D.	1
Handels- und Kaufleute	6
Kaufmannswitwe	1
Schweinehändler, -witwe	2
Reallehrer	1
Korrespondentin	1
Schneidermeister	1
Wagner	1
Werkführer	1
Postsekretär	1
Bahnhofsarbeiterswitwe	1
Witwe	1
Schutzmann	1

Quelle: Adressbuch Cannstatt 1904

kleinen Versammlung wurde beschlossen, Arbeiterwohnungen zu errichten, und man gründete eine Aktiengesellschaft, wofür bereits 30 000 Mark gezeichnet waren. Leider schließt hier die Akte.

Eine zweite Initiative ging von den Arbeitern der Eisenbahnwerkstatt aus. Sie wählten im April 1886 ein Komitee, das sich über die Möglichkeiten des Wohnungsbaus informieren sollte. Als dann 1889 ein Reichsgesetz die Errichtung genossenschaftlicher Siedlungen ermöglichte, bildeten sich an vielen Orten Bau- und Spar-Vereine, in Cannstatt der »Bau- und Sparverein des Verbands der Württembergischen Eisenbahn- und Dampfschiffahrtsbeamten« (später Baugenossenschaft Bad Cannstatt). 1893 entstand, aus den Gewerkevereinen und dem evangelischen Arbeiterverein heraus gegründet, auch die »Bau-, Spar- und Bedarfs-Genossenschaft« (heute ebenfalls Baugenossenschaft Bad Cannstatt), die noch im selben Jahr begann, an der Wilhelmshöhe (Waiblinger Straße/Prießnitzweg) zunächst 40 und später weitere Häuser zu erstellen, insgesamt 150 Wohnungen. Die Gebäude zeigen jedoch wegen der langen Bauzeit kein einheitliches Bild. An der Kienbachstraße errichteten die Eisenbahner 1905 bis 1906 weit außerhalb der dichten Bebauung den Komplex »Vatikan« (Kienbach-/Winterhalden-/Ihmling-/Beuthener Straße) mit 170 Wohneinheiten, zu denen später 30 weitere hinzukamen. Zum ersten Mal wurde hierbei in Stuttgart die Einzelbauweise aufgegeben, man verzichtete aus wirtschaftlichen Gründen auf die Hausabstände, womit sich eine geschlossene Block-Bebauung ergab. Für die Versorgung der rund 500 Einwohner mit Gütern des täglichen Bedarfs wurden entsprechende Einrichtungen mit eingeplant. Interessant ist in dieser Siedlung die reiche Gliederung der dem Hof zugewandten Seiten. Ihren volkstümlichen Namen erhielt sie, weil dort anfangs vorwiegend katholische Einwohner lebten.

Ein Beispiel für eine werkseigene Siedlung liefert die Eisengießerei Streicher: Sie erstellte zwölf Wohnungen zu je drei Zimmern, deren Miete um etwa 20 Prozent niedriger lag als bei ähnlichen Wohnungen. Die Ziegelei Höfer baute für fremde Arbeiter immerhin Barackenwohnungen, und auch die obere Ziegelei stellte kleine Häuser bereit.

Großartiger ist das Beispiel Eisenbahndörfle an der Nordbahnhofstraße. Gesucht wurde 1891 ein Gebiet nahe der Bahn, damit die Bediensteten von Post und Bahn bei frühem Dienstbeginn oder spätem Dienstschluss nicht so weit laufen mussten. So wurden also nahe dem Nordbahnhof und der Lokomotiven-Remise 948 Ar gekauft, teils auf Cannstatter, teils auf Stuttgarter Gemarkung gelegen. 1894 begann der in vier Etappen (zuletzt 1928–1938) durchgezogene Bau von größeren Baublöcken, nämlich von 112 drei- und viergeschossigen Häusern mit über 890 Zwei- und Dreizimmer-Wohnungen. Diese bestanden aus zwei bis drei Zimmern, Küche, Veranda, Toilette, Kellerplatz, Holzlege sowie ein bis zwei Dachkammern. Jeweils sechs bis acht Wohnungen erhielten eine gemeinsame Waschküche und jeder Block einen begrünten Innenhof. Zu der »Kolonie«, wie man das Gebiet damals nannte, gehörten auch eine Badeanstalt und eine Kleinkinderpflege. In den mit Türmchen betonten Eckgebäuden fanden Bäcker, Metzger und andere Geschäfte ihre Läden. Die Mieten lagen um etwa ein Drittel niedriger als in anderen Stadtteilen Stuttgarts.

Gesteuert wurde die Bebauung durch das Ortsbaustatut und den Stadtbauplan. Im Jahr 1872 hatte die Regierung eine neue Landesbauordnung erlassen, die einen Rahmen zog, den nun die Gemeinden auszufüllen hatten. Sie taten dies durch ihre Ortsbaustatute. In Cannstatt wurde ein neues solches Statut 1875 beschlossen, aber schon 1888 neu formuliert. Dass diese Bestimmungen das Stadtbild zu einem wesentlichen Teil mit prägen, wird oft nicht mehr wahrgenommen, man ist es längst gewohnt. So galten für die namentlich genannten »Hauptstraßen« andere Mindestmaße als für die Nebenstraßen. Auch wurden die Abstände der Vordergebäude 1888 auf drei Meter festgesetzt, wovon 2,30 Meter auf der zum Stadtzentrum gewandten und 70 Zentimeter auf der anderen Seite liegen sollten, so dass jeder Eigentümer ein Gerüst aufstellen konnte, ohne den Nachbarn fragen zu müssen. In der Karl-(Daimler-), Seelberg- und niedrigen Teilen der Theater-(Bahnhof-)Straße sollten wegen der Überschwemmungen 5,15 Meter Abstand eingehalten werden, für »Landhäuser« im Bereich Martin-Luther-/Waiblinger-/Taubenheimstraße 8,6 Meter. An der Straße sollten die Häuser mindestens zwei, an bestimmten Straßen drei Stockwerke hoch sein.

Da in der Gewerbeordnung des Deutschen Reiches auch bereits »lästige Anlagen« definiert worden waren, sah das Statut von 1888 vor, solche südlich der Umgehungsbahn, zwischen Niedernauer, Flur- und Hofener Straße sowie nordöstlich der Rosenaustraße (in der Vorstadt) zu errichten. Geregelt wurden auch die Ableitung von Abwasser, die Beschaffenheit des Trottoirs (Gehsteigs), die Stellung von Nebengebäuden, die Anlage von Düngerstätten (Dunggruben) und anderes mehr.

Probleme der Versorgung

Mit dem Wachstum der Bevölkerung und der bebauten Fläche nahmen auch die Probleme der Versorgung zu[50]. Man schuf zwar nach langen Beratungen die jeweils erforderlichen Einrichtungen, aber sie reichten schon bald nicht mehr aus. Genannt seien nur: das Waschhaus am Neckar (1836), das Schlachthaus (an der Straße nach Hofen 1846, Neubau 1879), die Obstdörre mit Backhaus (1847), der Turnplatz (1864) und die neue Turnhalle (bei der Stadtmühle 1877). Auch ein Untersuchungsamt für Nahrungs- und Genussmittel (1887) und ein Arbeitsvermittlungsamt (1895) wurden eingerichtet.

Bezüglich der Keltern mag die durch König Friedrich aus Sicherheitsgründen in Stuttgart veranlasste Verlegung vor die Tore der Stadt dazu angeregt haben, auch in Cannstatt keine Kelter mehr innerhalb der Altstadt bestehen zu lassen. Folglich wurde die Kelter in der Spreuergasse abgebrochen und 1825 bei der Uffkirche eine neue aus Stein erbaut, die zunächst mit vier großen und zwei kleinen Bäumen ausgestattet und 1828 erweitert wurde. Für die Leibhansen-Kelter im Hagelschieß entstand 1844 ebenfalls bei der Uffkirche ein Neubau; das alte Gebäude wusste man anderweitig zu nutzen.

Bei derart starkem Bevölkerungswachstum gilt es, insbesondere die Trinkwasserversorgung sicherzustellen. Deshalb wurden ab 1821 wiederholt neue Brunnen gegraben – manchmal auch vergeblich – und deren Wasser in die Stadt geleitet. Insbesondere ist die 1863 angelegte Wasserleitung in die Neckar-Vorstadt zu erwähnen.

An die Planung der Wasserversorgung ging die Stadt 1871 heran. Man nahm etliche Untersuchungen von Wasser vor und beauftragte 1873 Baurat Ehmann, ein Projekt zu entwerfen. Am 1. April 1874 entschied der Gemeinderat sodann, die Zuleitung des Idler'schen Brunnenwassers vom Ebitz gutzuheißen, aber erst im September 1876 beschloss er, den Stadtbaumeister ein Projekt für Dolenleitungen ausarbeiten zu lassen, allerdings zunächst nur für den genehmigten Teil des Stadterweiterungsplanes über den Seelberg. Es ging also nur langsam voran, ehe 1882 ein neues Wasserwerk bei der Stadtmühle den Betrieb aufnehmen konnte. Auch wurden nach dem Vorschlag des berühmten Wasserbautechnikers von Ehmann die Böschquellen am rechten Neckarufer oberhalb der Stadt neu gefasst und in einer zwei Kilometer langen Leitung in die Pumpstation geführt, die unterhalb der Wilhelmsbrücke lag. 1893 gab es bereits 20 100 Meter Hauptleitungen und 1220 Anschlüsse. Heute erhält der Stadtbezirk das Trinkwasser durch die Landes-Wasserversorgung, die im Jahr 1912 begründet wurde und ihr Wasser seit 1917 aus dem Donautal bei Langenau bezieht.

Genauso wichtig war die Entsorgung. Doch mit dem Bau der Kanalisation wurde erst 1897, mit der pneumatischen Abortleerung gar erst 1900 begonnen, erheblich später als in Stuttgart.

Im Gesundheitswesen war es eine Cholera-Epidemie in Norddeutschland, die zum Handeln anregte. Auf dem Seelberg wurde jetzt ein städtisches Krankenhaus erbaut. Nachdem es 1832 eröffnet war, konnte man das Alte Spital in der Brunnenstraße in eine Sozialstation umwandeln. Ein Krankenhaus für Dienstboten folgte 1835 (ab 1881 Bürgerhospital, 1910 aufgehoben). Für dieses mussten alle Handwerksgesellen und Dienstboten vierteljährlich einen Zwangsbeitrag entrichten. 1881 erbaute das Oberamt das Bezirkskrankenhaus, das spätere Städtische Krankenhaus, auf das später noch eingegangen wird.

Wie in Stuttgart, so wurde auch das Gaswerk in Cannstatt anfangs von einem privaten Unternehmer betrieben: Architekt Gräser gründete es 1852 an der Waiblinger Straße (jetzt Lutherkirche). Zunächst erzeugte es Leuchtgas, mit dem man die zum Kursaal führende Allee erhellen konnte. Das Werk wechselte mehrfach den Besitzer und wurde 1871 an die Stuttgarter Gasbeleuchtungs-Gesellschaft verkauft, die 1872 am Veielbrunnenweg ein neues Werk eröffnete. Städtisch wurde das Gaswerk erst 1887. Nach der Vereinigung mit Stuttgart wurde es allerdings nicht mehr gebraucht.

Neue Gotteshäuser entstanden

Die Entwicklung der Industrie hatte ein Wachstum der Bevölkerung zur Folge, das deren Zusammensetzung allmählich, aber stetig veränderte[51]. So gab es 1795 erst acht Katholiken in der Stadt, 1822 bereits 17, die katholischen Badegäste nicht gerechnet, 1858 dagegen 87, 1867 immerhin 1432 und 1890 schon 2240. Das führte dazu, dass am 20. Juli 1851 in der Sakristei der Stadtkirche der erste katholische Gottesdienst abgehalten wurde. Wiederum unterstützte König Wilhelm die Cannstatter, indem er die ehemalige Martinskirche in der Neckar-Vorstadt, die seit der Reformation als Kornhaus, Weinkeller und herrschaftliche Küferei gedient hatte, dem Staat für 5000 Gulden abkaufte und sie der Stadt schenkte. Mit Unterstützung von verschiedenen Seiten wurde das Gebäude 1857/58 durch Baumeister Egle im spätgotischen Stil erneuert und am 8. Juni 1858 als Kirche eingeweiht. Im

Blick über den jüdischen Friedhof auf der Steig. (Aufgenommen Anfang 2002)

Bombenkrieg 1944 zerstört, konnte sie 1950 wieder aufgebaut werden.

Angesichts des Bevölkerungswachstums erwies sich irgendwann auch die Stadtkirche als zu klein. Die ersten Überlegungen, hier abzuhelfen, kamen 1893 auf. Als dann im Jahr 1900 die von den Architekten Böklen und Feil im neugotischen Stil erbaute Lutherkirche eingeweiht wurde, war auch das Königspaar anwesend. Sie diente wegen ihrer Nähe zur Taubenheim-Kaserne zugleich als Garnisonkirche. Schon wenige Jahre später (1907) entstand die zweite katholische Kirche in Cannstatt, die von Joseph Cades im neuromanischen Stil in enger Anlehnung an mittelalterliche Grundrisstypen entworfene Liebfrauenkirche. Die katholische Gemeinde hatte sich nämlich bis 1900 auf 5000 Mitglieder vergrößert. Diese Kirche wurde 1909, ebenfalls in Gegenwart des Königspaares, eingeweiht. In den 1870er-Jahren machte John C. Barratt, der Leiter der methodistischen Kirche in Württemberg, Cannstatt zu einem Zentrum seiner Freikirche, ließ hier 1873 die Christuskirche (Daimlerstraße) errichten und wenig später das Haus Karlstraße 15 als Wohnung des Superintendenten und als Prediger-Seminar ausbauen. Außerdem verlegte er das wenige Jahre zuvor in Winnenden eingerichtete Missionshaus nach Cannstatt. Beim Zusammenschluss mit den amerikanischen Methodisten wurden Seminar und Missionshaus aufgelöst. Beck erwähnt darüber hinaus auch eine Kirche der evangelischen Gemeinschaft (Albrechtsbrüder) in der Paulinenstraße.

Die Zahl der in Cannstatt lebenden Juden war früher nicht sehr groß. Der erste ist für 1471 bezeugt, als Graf Ulrich V. dem Juden Bonin erlaubte, sich mit Familie und Gesinde gegen ein Schutzgeld von 20 Gulden im Jahr in Cannstatt niederzulassen. Er durfte wöchentlich für jeden ausgeliehenen Gulden einen Zins von einem Pfennig nehmen. Seit 1482, als der judenfeindliche Graf Eberhard im Bart den Stuttgarter Landesteil übernahm, dürfte aber keine neue Ansiedlung mehr erfolgt sein, jedenfalls werden für lange Zeit keine Juden namentlich genannt. 1831 lebten in Cannstatt wieder 13 Juden, und etwa ab 1860 stieg ihre Zahl rasch an bis auf 484 im Jahr 1900. Zunächst waren sie der Stuttgarter Gemeinde zugewiesen, bis sie 1871 mit 256 Mitgliedern in Cannstatt eine eigene Gemeinde bildeten. Im Haus des Gemeindegründers, des Fabrikanten Otto Pappenheimer in der Hofener Straße 5, richteten sie einen Betsaal ein, und 1872 legten sie auf der Steig einen eigenen Friedhof an. Der Bau der von Christian Weißert entworfenen Synagoge folgte 1876 im Zwickel zwischen Waiblinger und König-Karl-Straße am Wilhelmsplatz.

Zu den in Cannstatt ansässigen Juden gehörten viele wohlhabende Bürger, darunter der Früchtehändler und Hoflieferant Julius Koch, dessen Tochter Pauline die Mutter Albert Einsteins wurde, der Arzt Arnold Kahn sowie der Geheime Hofrat Ernst Ezechiel Pfeiffer, der 1879 wegen seiner gemeinnützigen Stiftungen zum Ehrenbürger ernannt wurde, und der Jurist und Kommunalpolitiker Fritz Elsas. Viele jüdische Industrielle haben wesentlich zur Entwicklung Cannstatts beigetragen. Genannt seien die mechanische Weberei Elsas, die Korsettfabrik Gutmann, die Bettfedernfabrik Straus (die sogar mehrere Filialen im Ausland hatte) und die Bettfedernfabrik Rothschild & Hanauer. Heute erinnern an die Familie Einstein das Einstein-Haus Brückenstraße 44 und an die Verfolgung ein Denkmal auf dem Platz der Synagoge. Vor dem Haus Waiblinger Straße 12, in dem der Dichter und Fabrikant Leopold Marx geboren wurde, errichtete der Verein Pro Alt-Cannstatt einen von Jürgen Elser geschaffenen Gedenkstein.

Vom Alltag in der Stadt

Alltag: Das ist das tägliche Einerlei, und dazu gehört auch die Arbeit in den Betrieben, bei der Frauen um 1890 einen großen Anteil stellten. Gut 38 Prozent von ihnen waren verheiratet, fast 62 Prozent ledig. Für viele hieß das auch: Zur Arbeit und wieder nach Hause zu fahren oder zu gehen. Immerhin benutzten die Bahn 1890/91 nach Cannstatt hinein 360 Pendler und hinaus 239. Alltag: das sind auch wiederkehrende Ereignisse, wie wir sie teilweise bereits beschrieben haben[52].

Eine Sorge des Alltags sei noch besonders erwähnt: Feuer in der Stadt. So brannten am 6. Juli 1858 zwölf Häuser, weshalb Hilfe aus Stuttgart, Berg und dem Oberamt gerufen werden musste. Beim Löschen, so berichtet Daiber, »thaten sich viele Frauenzimmer höchst rühmlich durch ihr unermüdliches Zutragen von Wasser hervor«. Noch deutlicher urteilte er in seinem Bericht über den Brand vom 3./4. Oktober 1863: Es sei zu loben, »daß das weibliche Geschlecht sich sehr thätig zeigte in Herbeischaffung des zur Speisung der Spritzen nöthigen Wassers, während mancher junge starke Mann sich weigerte, die ermüdeten Arbeiter an den Spritzen und dem Hydrophor abzulösen und den Bemühungen der Schutzmannschaft, Ruhe und Ordnung zu erhalten, nur hemmend in den Weg trat.« Auch früher störten schon Gaffer die Arbeit!

In der Nacht vom 28. Oktober 1868 zerstörte ein großer Brand in Cannstatt mehrere Gebäude. Rechts die Wilhelma, im Hintergrund Schloss Rosenstein, in der Ferne der Turm auf der Uhlandshöhe. Holzschnitt nach einer Zeichnung von Wilhelm von Breitschwert.

In den Jahren 1868 und 1869 häuften sich die Brände. In der Nacht vom 27. auf den 28. Oktober 1868 brach im eng bebauten Teil zwischen Marktplatz und Spreuergasse ein Feuer aus, das mehrere Wohnhäuser und Scheunen in Asche legte. Mit Hilfe der Feuerwehren auch von Esslingen, Fellbach, Berg und Stuttgart gelang es der Cannstatter Wehr, den Brand einzudämmen. Am 4. November gab es Alarm in der Nähe des Spitals. Nur mit Mühe konnten die Familien der benachbarten Häuser ihr nacktes Leben retten. Auch am 11. Januar 1869 kamen Spritzen aus den Nachbarorten zu Hilfe, als ein Feuer hinter der Stadtmühle vier Scheunen zerstörte. Am 1./2. August, als eine Scheune beim Gasthaus zur Krone niederbrannte, konnte ein benachbartes Wohnhaus nur zum Teil gerettet werden. 1871 verursachte ein großer Brand in der Erbsenbrunnengasse und im Hagelschieß schwere Verluste; ein Dienstmädchen erstickte und verbrannte. Bei dem Brand in der Bettfedern-Fabrik Straus am 4. Mai 1892 mussten mehrere Arbeiterinnen aus den Fenstern springen, zwei wurden mit Mühe vor dem Ersticken gerettet, zwei verletzt. Es gab noch weitere Brände, von denen der am 10. Juni 1903 bei Daimler für Cannstatt insofern bedeutsam war, als er die Verlegung des Betriebes nach Untertürkheim beschleunigte. Der große Theater-Brand in Karlsruhe von 1847 war es, der auch in Cannstatt zur Gründung der Feuerwehr führte, die um 1890 zwischen 700 und 800 Mann zählte, denen sechs fahrbare Motorspritzen zur Verfügung standen.

Zu den Sorgen des Alltags gehörten schließlich die Krankheiten: 1837 eine in ganz Württemberg verbreitete, anfangs nicht bösartige Grippe, die später aber Opfer unter den älteren Personen forderte, 1854 die von Bayern eingeschleppte Cholera, an der 19 Personen erkrankten und elf starben, ferner die Pocken 1874. 1889 gab es eine Influenza und 1918 die weltweit verbreitete gefährliche Grippe. Das sind nur einige Beispiele.

Den vielleicht ersten Streik in Cannstatt lösten die Schuhmachergesellen im Juni 1872 aus. Soweit sie im Wochenlohn arbeiteten, verlangten sie eine Lohn-Erhöhung von 60 Prozent, für Stücklohn 20 Prozent. Ihre Arbeitgeber waren aber nicht bereit, das zu bezahlen. Einige Meister sollen damals verreist sein, um Gesellen von anderen Orten zu holen und mit diesen ihren Betrieb fortführen zu können.

Selbstverständlich hielt der Fortschritt auch in Cannstatt Einzug, auch wenn dies gegenüber Stuttgart teilweise verzögert geschah. So wurde 1851 die Telegrafen-Anstalt eröffnet, 1855 die Oberamts-Sparkasse und 1864 die Spar- und Vorschuss-Bank eingerichtet, 1884 wurde Cannstatt in das Netz der Stuttgarter Telefonanstalt einbezogen und 1885 die erste öffentliche Telefonstelle eröffnet. 1884 verfügten bereits mehr als 100 Kunden, meist Industriebetriebe, über einen Telefon-Anschluss. Eine erste Zeitung gab es ab 1805, die heutige Cannstatter Zeitung erscheint seit 1824, der Neckarbote kam 1844 hinzu.

Dass schon früher nicht alle Bürger Musterknaben waren, kann man bei Beck herausfinden. Dort stößt man nämlich immer wieder auf den Kaufmann Paul Krauß. Dieser übernahm – wie ein Hans-Dampf-in-allen-Gassen – nach und nach die folgenden Posten: 1861 Vorstand im Gewerbeverein, 1862 Leitung der Feierabend-Gewerbeschule, 1863 Leitung der Jugendwehr und von Übungen mit Gewehren, 1864 Vorstand der Spar- und Vorschussbank, 1867 Vorstand der neu gegründeten Deutschen Partei, 1868 Obmann des Bürgerausschusses, 1872 Leitung des neu gegründeten Victoria-Theaters (Konkurs 1875).

Als Vorstand des Gewerbevereins organisierte Krauß 1864 eine Gewerbe-Ausstellung. In Anerkennung seiner Bemühungen um die Gewerbeförderung und die gewerbliche Bildung erhielt er die »große Medaille für allgemeine Verdienste um Gewerbe und Handel« und den Titel Kommerzienrat. In den Konkurs des Victoria-Theaters wurde auch die Bank hineingezogen. 1877 hieß es dann, Krauß, der Vorstand der Spar- und Vorschussbank, sei verreist, um nicht wiederzukehren. Die Bank hatte durch Fälschungen einen Verlust von 200 000 Mark erlitten und musste liquidiert werden. Krauß' Vermögen reichte nicht, die Schulden zu tilgen. Im folgenden Jahr wurde Krauß in Oporto (Portugal), wo er unter falschem Namen lebte, nach einem Herzschlag tot auf der Straße aufgefunden.

In den zehn Jahren von 1884 bis 1893 wurden in Cannstatt 886 Gesetzesübertretungen wegen Landstreicherei und Bettelei angezeigt. Das war erheblich mehr als im Durchschnitt der Oberamtsbezirke. Die Nähe zur Hauptstadt, das Volksfest und die Lage Cannstatts an einem Straßenknoten mögen die Gründe gewesen sein. Aber auch die Arbeitslosigkeit unter den Übersiedlern vom Land konnte eine mögliche Ursache dafür sein.

Vereine, Vereine, Vereine

Im 19. Jahrhundert schossen Vereine verschiedener Art wie Pilze aus dem Boden[53]. Zum einen war eine andere Zeit angebrochen, in der ein politisch ausgerichteter Verein nicht gleich als staatsfeindlich galt, zum anderen erschien es oft zweckmäßig, bestimmte Vorhaben gemeinsam anzugehen. So entstanden zum einen beruflich orientierte Vereine wie der Gewerbeverein oder religiös-kirchlich bestimmte wie die Kirchenbauvereine, zum anderen gemeinnützige wie der Arbeiter-Bildungsverein und solche für den Sport. Wieder andere wollten die Geselligkeit pflegen oder strebten wie die Spar- und die Konsumvereine auf ein bestimmtes Ziel hin. So gab es im Jahr 1883 in Cannstatt nach einer Zählung von Beck 83 gemeinnützige und gesellige Vereine, darunter zehn Gesangvereine, acht wohltätige Vereine, sieben Turn- und Sportvereine, drei »Privatleichenvereine« (zur finanziellen Absicherung von Beerdigungen) sowie zwei Tanz- und Vergnügungsclubs. Auch Bürgervereine traten ab 1888 in Erscheinung.

Dem 1866 gegründeten Arbeiterbildungsverein folgte Ende 1869 der sozialdemokratische Arbeiterverein, der sich 1870 der im August 1869 von August Bebel und Wilhelm Liebknecht gebildeten Sozialdemokratischen Arbeiterpartei anschloss. Dies betrachtet die SPD in Bad Cannstatt als ihr Gründungsdatum. Das 1878 erlassene »Gesetz gegen die gemeingefährlichen Bestrebungen der Sozialdemokratie« unterband bis 1890 die weitere Partei-Arbeit, wenngleich heimlich weitergemacht wurde.

Eine besondere Stellung nahm die 1855 von Professor Reyscher und Hofrat Veiel gegründete »Mittwochsgesellschaft« ein, die sich ab 1861 »Apostelkranz« nannte. Die Herren trafen sich während des Winters jeden Mittwoch, und jedes Mal wurde von einem Mitglied ein Vortrag zu einem wissenschaftlichen oder technischen Thema oder eine Lesung gehalten. Die Mitgliederzahl war begrenzt, und man fand nur mit einer Empfehlung Aufnahme.

In der patriotisch gesinnten Zeit (»mit König, Volk und Vaterland«) war es für einen Verein sehr wichtig, seine eigene Fahne zu haben. So berichten denn die Chronisten wiederholt von einer Fahnenweihe, die jedes Mal festlich begangen wurde, ob es nun 1860 der Gesangverein »Concordia« oder 1864 der »Frohsinn« waren oder 1873 der Kriegerverein, 1887 die »Aurora«, ja 1896 auch der Athletenklub.

Der Grenzstein Nummer 27 mit dem Cannstatter Wappenzeichen, der in der Nähe des Fernmeldeturms steht, zeigt noch heute an, dass Cannstatt einst am Frauenkopf größeren Waldbesitz hatte. (Aufgenommen 2002)

Aufstieg zu einer Stadt in der Großstadt

Die Vereinigung von Cannstatt mit Stuttgart

Niemand sage: Cannstatt wurde nach Stuttgart eingemeindet! Denn sicherlich hätte eine Eingemeindung den Stolz der Cannstatter verletzt. Nein, beide Städte verhandelten über ihre »Vereinigung«!

Für die Aufnahme der Gespräche gab es mehrere Gründe[54]. Vor allem war in Stuttgart die Reserve an ebenem Bauland erschöpft, und insbesondere für gewerbliche Betriebe war kein Gelände mehr verfügbar, weshalb viele Unternehmen nach Feuerbach, Cannstatt und ins Neckartal abwanderten. Ein besonderes Problem ergab sich 1895, als der auf Cannstatter Markung gelegene Nordbahnhof eröffnet wurde, denn aus Platzgründen wurde jetzt der Stuttgarter Obstmarkt, der bedeutendste Markt der Stadt Stuttgart, dorthin verlegt. Nun mussten die Händler nicht nur in Stuttgart die Gewerbesteuer, sondern zudem in Cannstatt die Wanderlagersteuer entrichten. Das erhöhte natürlich die Preise.

Gravierend war auch, dass das Eisenbahndörfle teils auf Stuttgarter, teils auf Cannstatter Markung stand und wegen seiner Entfernung von den beiden Zentren und wegen seiner »Grenzlage« an unzureichender Infrastruktur litt. Unruhe unter den Bewohnern blieb deshalb nicht aus. Die Regierung wollte die Markungsgrenze verlegen, um das Problem zu lösen, aber die Cannstatter wollten das nicht. Auch beim Pragsattel war ein Wohnquartier entstanden, das funktional mehr zu Stuttgart, rechtlich aber zu Cannstatt gehörte. Auch dort war die Versorgung unzureichend.

Hinzu kam, dass man weitere Probleme nur in Zusammenarbeit der beiden Städte lösen konnte. Dazu gehörten für Stuttgart der Bau eines neuen Schlachthofs, eines Bahnhofs in Gaisburg (der nicht ausgeführt wurde), die Verkehrsanbindung sowie die Beseitigung des Abwassers. Für Cannstatt waren die Ableitung des ungereinigten Schmutzwassers, die Abfuhr und Verwertung des Kehrichts, die Planung von Schulen, Elektrizitätswerk, Schlachthaus, Markthalle und besserer Schutz vor Hochwasser sowie der Bau von Straßen und Straßenbahn wichtige Anliegen. Außerdem lag die Steuerlast in Cannstatt erheblich höher als in Stuttgart.

Oberbürgermeister von Nast erkannte diese Probleme, doch zu Gebietsabtretungen waren die Cannstatter nicht bereit. Sie hätten die Stadt der besten Baugebiete beraubt und die Schwierigkeiten nicht behoben. Mehrere Jahre lang verhandelten deshalb Vertreter beider Städte, ehe der Gemeinderat von Stuttgart 1899 grundsätzlich zustimmte.

Ende 1904 kam der Vertrag, den die beiden Oberbürgermeister Heinrich von Gauss und Oskar von Nast ausgehandelt hatten, unter Dach und Fach. Am 13. Oktober genehmigten die Gremien von Cannstatt und am 20. und 27. Oktober die von Stuttgart die Vereinbarung über die »Vereinigung der beiden Städ-

Der letzte Gemeinderat von Cannstatt im Jahr 1905

te«. Im Januar 1905 stimmte der Landtag zu, und im Februar unterschrieb König Wilhelm II. das Gesetz, das die Ausgliederung Cannstatts, Untertürkheims und Wangens aus dem Oberamt Cannstatt und ihre Vereinigung mit Stuttgart zum 1. April 1905 regelte. Die Einwohnerzahl der so vergrößerten Stadt Stuttgart stieg sprunghaft auf rund 250 000 an.

Man feierte das Ereignis in Stuttgart zusammen mit der Einweihung des neuen Rathauses, in dem sich gleich am 1. April Gemeinderat und Bürgerausschuss in ihrer neuen Zusammensetzung – mit den Vertretern Cannstatts – zu einer gemeinsamen Festsitzung zusammenfanden.

Die so vergrößerte Stadt Stuttgart musste aufgrund der Vereinigung nicht nur die erhebliche Schuldenlast Cannstatts, sondern auch die Ablösung von Besitzanteilen des restlichen Oberamts am dortigen Krankenhaus begleichen. Außerdem versprach die große Schwester, die örtliche Verwaltung in Cannstatt zu belassen, die Sanierung der Altstadt fortzusetzen, Schulen und den Kleinen Kursaal zu erstellen, die Kelter zu verlegen, einen neuen Friedhof (auf dem Steinhaldenfeld) anzulegen und die Infrastruktur auszubauen. Zu den vielen Zusagen gehörte auch, den Brunnenverein »nach den bisherigen Grundsätzen«

zu unterstützen und ihm die Mittel für die Vergrößerung der Kuranlagen zu gewähren, um den Kurbetrieb wieder zu beleben. Die versprochene Markthalle blieb allerdings aus.

»Cannstatt kann ohne Stuttgart, aber Stuttgart nicht ohne Cannstatt leben«, sagten und sagen die Lokalpatrioten in der Badestadt. Kein Wunder also, dass viele Alt-Cannstatter ihrem Oberbürgermeister »Verrat« vorwarfen, verlor Cannstatt jetzt doch seine Eigenständigkeit. Dennoch ernannten die städtischen Gremien Oskar von Nast am 4. November 1904 wegen seiner umsichtigen Verhandlungsführung zum letzten Ehrenbürger der Stadt am Neckar.

Weiteres Wachstum im 20. Jahrhundert

Das Wachstum der Stadt beziehungsweise des Stadtbezirks setzte sich im 20. Jahrhundert fort[55]. Dem entspricht auch das bauliche Wachstum: Die Erweiterung erfolgte nicht nur in der Fläche, sondern ging, vor allem in der zweiten Hälfte des Jahrhunderts, nun auch in die Höhe.

Weil im Ersten Weltkrieg der Wohnungsbau eingestellt worden war, kam es schon damals zu einer Wohnungsnot. Die Stadtverwaltung versuchte, ihr durch verstärkte Bautätigkeit zu begegnen. So entstanden 1919 in Cannstatt an der Quellenstraße 55 städtische Wohnungen in Fachwerkbauweise sowie im Bereich Prag-/Duisburger Straße 18 Wohnungen im Massivbau. 1922 folgten 37 Wohnungen am Nastplatz, 1925 die Siedlung Hallschlag, 1929 deren Erweiterung, und in den 1930er-Jahren wurde das Gebiet »Im Geiger« überbaut.

1932 begann mit dem Bau der vorstädtischen Kleinsiedlungen eine neue Phase. Ab 1932 entstanden in Stuttgart mehrere derartige Siedlungen, darunter auf der Cannstatter Gemarkung Steinhaldenfeld. Diese Siedlungen sind nicht, wie man manchmal hören kann, eine Erfindung der Nazi-Zeit, vielmehr entstanden die Pläne für die Einzel- und Doppelhaussiedlungen dieser Art bereits während der Weltwirtschaftskrise 1931/32, in der 29 Prozent aller Arbeitnehmer ohne Arbeit waren. Angesichts der politischen Unruhen und der Wohnungsnot wollte die Reichsregierung eine Entlastung anstreben und erließ, an einschlägige Gesetze seit 1915 anknüpfend, am 6. Oktober 1931 eine Verordnung, die den Bau von »landwirtschaftlichen Siedlungen« und »vorstädtischen Kleinsiedlungen« sowie die »Bereitstellung von Kleingärten für Erwerbslose« vorsah. Im Volksmund sprach man von »Blumentopfsiedlungen«. Die aus einer großen Zahl von Bewerbern ausgewählten Siedler mussten »persönlich geeignet« sein und beim Bau auf den von der Stadt zur Verfügung gestellten Flächen mithelfen – man sprach von der »Muskelhypothek«, die übrigens ein ausgeprägtes Gemeinschaftsgefühl innerhalb der Siedlungen bewirkte. Auch die etwas abseitige Lage und das rege

Einwohnerzahlen Bad Cannstatts im 20. Jahrhundert

1900	26 497 Einwohner
1957	75 245 Einwohner
1970	65 054 Einwohner
1980	64 409 Einwohner
1990	62 284 Einwohner
2000	64 398 Wohnberechtigte

Quelle: Statistisches Amt der Stadt Stuttgart

Ab 1932 entstand als »vorstädtische Kleinsiedlung« die Siedlung Steinhaldenfeld. Während der Bauzeit nutzten viele die Gelegenheit, sie zu besichtigen.

Interesse an Gartenbau und Kleintierzucht führten die Bewohner enger zusammen als in anderen Straßen. Die Ausführung des Projekts nahmen der Caritasverband der katholischen Kirche (Kolpingstraße), der Bau- und Heimstättenverein und die Baugenossenschaft des (evangelischen) Christlichen Notbundes in die Hand.

Bei den Grabarbeiten in Steinhaldenfeld stießen die Siedler 1932 auf einen steinzeitlichen Wohnplatz mit Abfallgruben und mehreren Gräbern sowie auf bronzezeitliche Fundstücke. 1934 und 1937 kamen die Gräber zweier Keltenfürsten zu Tage. Die geborgenen Stücke werden heute im Württembergischen Landesmuseum im Stuttgarter Alten Schloss verwahrt. Der Platz hat also eine lange Geschichte.

In Steinhaldenfeld – im Volksmund damals »uff em Stoiknittel« genannt – waren die Flächen der in Erbpacht zu vergebenden Grundstücke zunächst auf 800 Quadratmeter festgesetzt, doch mussten die Siedler später für weitere Häuser 200 Quadratmeter abtreten. Diese Größe sollte es den Siedlern ermöglichen, Gemüse für sich und für den Markt anzubauen, um auf diese Weise einen zusätzlichen Verdienst zu haben. Weil bei dem günstig finanzierten Bau möglichst viel gespart werden sollte, gab es nur Schotterstraßen ohne Gehsteige, keine Zäune, in den Häusern keine Badezimmer, keine Waschküchen – Duschen und Waschen konnte man an bestimmten Stellen – und Trockenklosetts (die Dünger liefern sollten). Garagen brauchte man ohnehin nicht. Die Siedler wussten lange

Zeit nicht, welches Haus sie bekommen würden, denn erst kurz vor der Fertigstellung wurden die Stellen verlost. Die ersten Häuser konnten schon 1932 bezogen werden. Sie enthielten zwei Zimmer und die Küche, dazu einen Anbau. Für Kinder konnte das Dachgeschoss ausgebaut werden. In der Siedlung gab es eine Metzgerei, die Poststelle, den Dorfkrug, eine Schule und ein Waschhaus.

Als Adolf Hitler die Macht übernahm, führte die Regierung das Programm zunächst weiter und fügte den ersten 186 Stellen in Steinhaldenfeld einen zweiten Bauabschnitt mit 225 weiteren hinzu (ohne die angrenzende private Siedlung mit 68 Stellen). Dann änderte sie jedoch die Bedingungen, und weil die Zahl der Arbeitslosen zurückging und ein Nebenerwerb nicht mehr nötig war, wurden die Grundstücke kleiner bemessen. Andererseits erstellte die Regierung wegen der Wohnungsnot in Bad Cannstatt und Zuffenhausen so genannte Volkswohnungen für sozial schwache Mieter.

Steinhaldenfeld wurde nach dem Krieg durch große Mehrfamilienhäuser erweitert. Zunächst plante das Land 1951 für heimatlose Ausländer 870, baute aber in der Zuckerbergstraße mit vierstöckigen Wohnblöcken nur 300 Wohnungen. Sie waren 1952 fertig. 1955 bis 1960 folgte »Neu-Steinhaldenfeld«, 1954 bis 1961 die Siedlung der TWS (Technische Werke

Das hart an der Grenze gegen Münster erbaute Elektrizitätswerk wurde wiederholt erweitert und durch neue Anlagen, insbesondere zur Dampferzeugung und Müllverbrennung, ergänzt. Es beherrscht nun mit seiner Silhouette das Bild am Viadukt.

Stuttgart) an der Schmollerstraße, 1960/61 das erste Hochhaus. Zudem bauten viele Hausbesitzer der vorstädtischen Kleinsiedlungen die Gebäude aus, fügten Garagen an, gaben die Kleintierhaltung auf, gestalteten die Gärten um, so dass die Siedlung heute ein anderes Bild zeigt als 1935. 1969 bis 1979 rangen die Siedler mit der Stadtverwaltung um den Fortbestand ihrer Siedlung. Inzwischen haben viele Besitzer das Angebot der Stadt angenommen, ihr Grundstück als Eigentum zu erwerben oder das Erbbaurecht unter veränderten Bedingungen zu verlängern. Einige junge Bewohner sind allerdings auch weggezogen, weil sie die für Stuttgart niedrige Kaufsumme von 200 Mark pro Quadratmeter nicht aufzubringen vermochten.

Anders lief es im Sommerrain: Diese Siedlung wurde durch die Schwäbische Siedlungsgesellschaft gegründet. Zwölf Handwerksmeister hatten sich mit dem notwendigen Eigenkapital zu einer Aktiengesellschaft zusammengeschlossen, deren Geschäftsführer Eugen Reuter war. Sie bauten Eigenheime, die für 8500 bis 11 200 Reichsmark zu kaufen waren. 1937 gründete die Firma Mahle, die über 1000 Beschäftigte zählte, eine Siedlungsgesellschaft, die im Sommerrain 63 Häuser mit 80 Wohnungen errichtete. Der Bau von Werkswohnungen spielte ansonsten keine Rolle mehr. Zudem mussten 1940 wegen des Krieges alle zivilen Bauvorhaben eingestellt werden. Auch die Sommerrain-Siedlung wurde später erweitert.

Als bezeichnend für die Zeit der wirtschaftlichen Not um 1932 seien zwei Meldungen anderer Art angeführt. Zum einen wurde Anfang 1933 die Mühlhäuser Straße fertig gestellt, die in »werteschaffender Notstandsarbeit« von 60 Mann ohne Maschinen innerhalb von etwas mehr als sechs Monaten ausgebaut worden war. Zum anderen wurden 1933 bei einer Razzia in Bad Cannstatt 267 Schwarzarbeiter festgenommen, vor allem im Bereich des Baugewerbes.

Das Wachstum schreitet fort

Als zum Beginn des Zweiten Weltkriegs der Wohnungsbau eingestellt wurde, folgte bald eine Wohnungsnot, denn Stuttgart wuchs ja ständig weiter. Die Stadt versuchte, das Problem mit einem »Kriegswohnungsbauprogramm« zu lösen, dessen erster Abschnitt 1941 im Hallschlag mit 500 Wohnungen fertig gestellt wurde[56]. Die Drei- und Vier-Zimmer-Wohnungen mit Bad und Gartenanteil kosteten monatlich zwischen 38 und 47 Reichsmark Miete. Noch 1941 wurde ein zweiter Bauabschnitt mit abermals 500 Wohnungen begonnen.

Nach dem Krieg ging der Wohnungsbau im Hallschlag weiter. Er begann 1948 mit fünf vierstöckigen Blöcken für 95 Wohnungen an der Dessauer Straße, jedes Haus probeweise in anderer Bauweise. Als sie 1949 bezogen werden konnten, kostete eine 43 Quadratmeter große Drei-Zimmer-Wohnung monatlich 41 Mark Miete. Die Ein-Zimmer-Wohnung mit 25 Quadratmeter war schon für 23 Mark zu haben. Ein neues Baugebiet war entstanden, denn in den folgenden Jahren wurden immer neue Blöcke hochgezogen, zentrale Waschküchen, eine Badeanlage, Läden und Kindergarten inbegriffen. 1952 galt der Hallschlag der Presse als »einer der schönsten Stuttgarter Stadtteile«. 1953 begann die Stadt, 36 im Krieg zerstörte stadteigene Wohnungen an der Dessauer Straße wieder aufzubauen, um sie an Umsiedler, Sachgeschädigte und Flüchtlinge zu vergeben. Darüber hinaus errichtete sie 213 Wohnungen im »Laubengangtyp«, in denen Flüchtlinge aus der sowjetisch besetzten Zone untergebracht werden sollten.

Der Bau von Billig-Wohnungen für vermögensschwache Einwohner brachte freilich auch einigen Schatten. So waren im Jahr 1999 rund 40 Prozent der etwa 6000 Hallschlag-Bewohner Sozialhilfe-Empfänger, und im Volksmund war der Hallschlag wegen der hohen Rate der Kriminalität, der Aggressivität und des Missbrauchs von Drogen und Alkohol als »Krawallschlag« bekannt. In einer als »SOKO« bekannt gewordenen »Mobilen Jugendarbeit« mit Heroin-Abhängigen, einer in Württemberg einmaligen sozialpädagogischen Initiative, konnte die Steiggemeinde ab 1989 unter Mitwirkung der Universität Tübingen die Situation im Hallschlag jedoch entspannen.

Als weitere große Wohnsiedlungen sind zu nennen die Siedlungen am Sparrhärmlingweg (ab 1925, 1957), Im Geiger (1930er- und 1950er-Jahre), an der Kaisersbacher Straße (1950er-Jahre) sowie Muckensturm (1969 bis 1971). Für das Gelände Auf der Gans bildeten im Jahr 1970 110 Grundstückseigner freiwillig eine Gemeinschaft, um das zwölf Hektar große Gelände zu erschließen, für das im Jahr 1973 500 Wohnungen geplant wurden. In dem Programm für kinderreiche Familien und Alleinerziehende sah die Stadt 1989 30 begünstigte Eigentumswohnungen an der Schmidener und der Waiblinger Straße vor.

Auch in dieser Phase musste dem Bevölkerungszuwachs durch den Bau neuer Schulen und Kirchen Rechnung getragen werden. Fünf evangelische, vier katholische Kirchen und ein islamisches Gebetszentrum wurden neu erbaut oder eingerichtet, neben denen heute vier neuapostolische Kirchen bestehen. Ebenso war die Erweiterung anderer Versorgungs-Einrichtungen nötig. So wurde die Elektrizitäts-Zentrale (Kraftwerk Münster) mehrmals erweitert. Schon 1928/29 war sie mit einer Kapazität von 124 Millionen Kilowatt das wirtschaftlichste Dampfkraftwerk in Süddeutschland.

Von den 67 378 Einwohnern des Stadtbezirks waren nach den Angaben des Statistischen Amts der Stadt Stuttgart am 31. Dezember 2000 19 252 Personen evangelisch, 19 060 katholisch und 29 066 anderer Konfession (vorwiegend Moslems) oder ohne Glaubensbekenntnis.

Ein großes Problem ergibt sich daraus, dass viele Bürger nicht dort arbeiten, wo sie wohnen. Schon 1897/98 wurden von und nach Cannstatt 51 378 Arbeiter-Wochenkarten verkauft, womit die Stadt in Württemberg hinter Stuttgart, Pforzheim und Esslingen an vierter Stelle stand. Zu den danach etwa 1000 Berufspendlern kamen jene hinzu, die mit der Straßenbahn, per Fahrrad oder zu Fuß zu ihren Arbeitsstellen strebten. Eine erste Statistik der Pendler liegt für das Jahr 1900 vor. Danach kamen 1975 männliche und 362 weibliche, zusammen 2338 Personen, zur Arbeit in die Stadt, davon 352 (einschließlich 77 Frauen) aus Stuttgart; und 949 pendelten aus Cannstatt hinaus, davon 830 (einschließlich 124 Frauen) in die Hauptstadt.

Viele Berufstätige, die in Bad Cannstatt arbeiten, haben sich in anderen Stadtbezirken oder außerhalb Stuttgarts angesiedelt. Der Wunsch nach einem eigenen Heim bei günstigeren Bodenpreisen und der Wunsch, nicht so verdichtet und möglichst im Grünen zu wohnen, mögen dafür die Hauptgründe sein. Dann aber ist es für sie notwendig, täglich an ihren Arbeitsplatz zu pendeln. Das bedeutet eine starke Belastung aller Verkehrswege mit allen ihren Nachteilen wie Lärm, Luftverschmutzung und Unfallgefahr.

Bei der Volkszählung am 25. Mai 1987 wurden auch die Zahlen der Berufs- und Ausbildungs-Pendler ermittelt. Es pendelten damals, den Angaben des Statistischen Amts der Stadt Stuttgart zufolge, aus anderen Stadtteilen Stuttgarts 13 370 und aus anderen Gemeinden 15 928 Personen nach Bad Cannstatt (einschließlich Sommerrain und Steinhaldenfeld) ein, aus dem Stadtbezirk hinaus in andere Stadtteile Stuttgarts 20 239, in andere Gemeinden 3693 und innerhalb von Bad Cannstatt 10 061 Personen. Nicht erfasst sind diejenigen Pendler, die durch diesen Stadtbezirk nur hindurch fahren und ihn damit ebenfalls belasten.

Stuttgart erhält einen neuen Friedhof

Mit dem Wachstum der Stadt erwiesen sich auch die Friedhofsflächen als unzureichend[57]. Deshalb wurden der Steigfriedhof bereits zwischen 1878 und 1902 fünfmal und der israelitische Friedhof in den Jahren 1915 und 1929 vergrößert.

Stuttgart hatte das gleiche Problem. Deshalb sprach man ja schon bei den Vereinigungs-Gesprächen über das Steinhaldenfeld.

Konkret begann man 1911, neue Begräbnisplätze zu planen, und zwar zum einen den Waldfriedhof (nahe Degerloch), zum anderen auf dem noch unbebauten Steinhaldenfeld. Bei dem Anfang 1913 für den Zentralfriedhof Steinhaldenfeld ausgeschriebenen Wettbewerb gingen

Im Jahr 1913 war der neu angelegte Zentralfriedhof Steinhaldenfeld fertig gestellt. Dieses Bild stammt aus dem Jahr 2002.

Die Dragoner ziehen in ihre Kaserne ein. (Ansichtskarte von 1915)

57 Entwürfe ein. Den ersten Preis erhielt der Entwurf der Architekten L. Eisenlohr, O. Pfennig und A. Abel zusammen mit Gartenarchitekt C. Luz. Als dessen Vorzüge hob die Jury die klare übersichtliche und großzügige Aufteilung des Geländes und die geschickte Ausnutzung der Talmulde sowie die vielen wertvollen Anregungen hervor. Im Jahr 1917 konnte die Nutzung beginnen.

Für die Bombenopfer des Zweiten Weltkrieges wurde 1958 auf diesem Friedhof von Käte Haag ein Ehrenfeld gestaltet. Den Opfern der Euthanasie – 271 Urnen, die in die Obhut der Stadt gegeben worden waren – sowie den KZ-Häftlingen widmete die Stadt 1962 eine besondere Anlage.

Seit 1940 werden auf dem Steinhaldenfeld auch jüdische Bürger beigesetzt. Dies ist heute der einzige offiziell für Beisetzungen geöffnete jüdische Friedhof in ganz Württemberg. Der israelitische Friedhof an der Steig wurde geschlossen. Leider blieb er nicht von mehrfachen Schändungen verschont. Zudem bedingte die Luftverschmutzung weitere Schäden an Denkmalen aus empfindlichen Sandstein.

Cannstatt als Garnison

Zum Ende des 19. Jahrhunderts wurde Cannstatt in seiner Struktur um ein neues Element erweitert: Die Stadt wurde Garnison[58]. Die erste Kaserne auf Cannstatter Gebiet war die 1896 bezogene Artillerie-Kaserne, nach ihrer Lage auch Taubenheimkaserne genannt. Angeführt von General von Lindequist zog am 1. Oktober das Feldartillerie-Regiment König Karl Nr. 13 von Ludwigsburg in die Neubauten ein. Die Gebäude gruppierten sich um den viereckigen Exerzierplatz, und hinter ihnen standen

Wohnhäuser für verheiratete Soldaten. Nach dem Ersten Weltkrieg war hier eine Kompanie der Kraftfahr-Abteilung der Reichswehr stationiert. Im Zweiten Weltkrieg wurde diese Kaserne zerstört, später gewerblich genutzt, dann abgerissen. Inzwischen entstanden dort neue staatliche Gebäude: 1967 die Münze – sie produziert jährlich rund 700 Millionen Münzen für viele Länder der Erde – und 1978 das Landeskriminalamt.

Im Jahr 1910 kam militärische Verstärkung: Das Dragoner-Regiment König Nr. 26 bezog am 1. Oktober die neue Kaserne an der Stelle des einstigen römischen Kastells. Die Einheit kam aus Stuttgart, wo sie die berühmte Reiter-Kaserne für die Erweiterung des Bahnhofs räumen musste. Mönch nennt den von Militärbauinspektor Lang entworfenen, über neun Hektar großen Komplex, der Platz für 800 bis 1200 Mann bot, einen der architektonisch gelungensten seiner Zeit. Auf der dem Abhang zugekehrten Seite begrenzten das etwa 190 Meter lange Mannschaftsgebäude für die fünf Eskadronen und einige Nebengebäude den nahezu dreieckigen Fuß-Exerzierplatz. Dahinter säumten die viereckig angeordneten Stallgebäude auf 400 mal 120 Meter mehrere Reitplätze. Am Hang stand das repräsentativ gestaltete Offizierskasino und im Nordosten befanden sich Gebäude mit 20 Wohnungen für Familien. Im Ersten Weltkrieg wurden hier französische Kriegsgefangene einquartiert. Nach diesem Krieg lag in der Kaserne das Reiter-Regiment 18 der Reichswehr. Trotz der Beschädigungen durch die Bombenangriffe übernahmen 1945 die US-Amerikaner die Anlage und nannten sie Wallace Barracks. Sie diente vor allem der Versorgung der amerikanischen Einheiten in Stuttgart.

1914 folgte jenseits der Straße Am Römerkastell die »Kleine Reiter-Kaserne«, die gar nicht Reitern, sondern einer Maschinengewehr-Kompanie des Infanterie-Regiments 125 als Quartier diente. Etwa 300 Mann konnten dort untergebracht werden. Ab 1945 von den Amerikanern für Verwaltungszwecke genutzt, hieß sie jetzt McGee Barracks.

Die Amerikaner gaben 1992/93 beide Anlagen frei. Nun konnten deutsche Stellen und Bürger über die »Konversion« diskutieren. In der Kleinen Reiter-Kaserne wurden eine Begegnungsstätte für Sozialarbeiter, ein Kindergarten und Wohnungen für Sozialarbeiter untergebracht, in Teile der großen Reiter-Kaserne zog bald das Technische Hilfswerk ein. Der abwegige Gedanke, im Innenhof Reihenhäuser zu bauen, wurde wieder aufgegeben. Auch der erste Plan für ein Medienzentrum scheiterte, bis Ende 2001 ein Investor wagte, etwa drei Viertel des Areals (ohne den THW-Bereich) zu erwerben und die unter Denkmalschutz stehenden Gebäude baulich neu zu ordnen. Es sollen Büroräume, ein Film- und Medienzentrum, Handwerksräume und Wohnungen entstehen, auch Parkpflanzungen, Baumpflanzungen und Grünbereiche. Die im Boden verborgenen Reste des Römerkastells stehen jetzt unter Denkmalschutz. Das ehemalige Offizierkasino an der Rommelstraße wird weiterhin von der Bundeswehr genutzt.

Ein dritter, 1913 weit außerhalb der Stadt an der Straße nach Fellbach begonnener Kasernenbereich war die Artillerie-Kaserne II, die 1917 von der II. Ersatz-Abteilung des Feldartillerie-Regiments 13 bezogen wurde. Die Gebäude, die Platz für etwa 800 Mann boten, umrahmen zwei Innenhöfe, die als Exerzierplätze dienten. Als nach dem Ersten Weltkrieg

Nachrichtentruppen der Reichswehr einzogen, sprach man von der Funker-Kaserne. Nach dem Zweiten Weltkrieg diente die beschädigte, aber wieder hergestellte Anlage Flüchtlingen und zwangsverpflichteten Personen (»Displaced Persons«) als Unterkunft, von 1956 bis 1994 erneut dem Militär, nämlich dem Wehrbereichskommando V, das allerdings 1994 aufgelöst wurde. Im Jahr 2001 waren jedoch noch militärische Einrichtungen in der Theodor-Heuss-Kaserne, wie sie seit 1973 hieß, untergebracht.

Der Burgholzhof, bevor die Kaserne erbaut wurde.

Man ist leicht geneigt, die Bedeutung des Militärs für eine Stadt zu unterschätzen. Nicht umsonst kämpften zahlreiche Bürgermeister um die Erhaltung der Garnison, als in den 1990er-Jahren die Verkleinerung der Bundeswehr geplant wurde. Man denke nicht nur an die zivilen Angestellten, sondern auch an den großen Bedarf an Nahrungsmitteln und handwerklichen Leistungen wie auch an die Ausgaben der Soldaten, beispielsweise im Kraftfahrzeugsektor.

Der Burgholzhof – eine wechselvolle Geschichte

Das Gebiet, auf dem 1935 die Flandernkaserne bezogen wurde und später die Amerikaner eine große Wohnsiedlung errichteten, kurz: der Burgholzhof, verdient eine besondere Darstellung; denn hier wird deutlich, wie erheblich die Nutzung einer Fläche und damit die Struktur eines Gebiets sich im Lauf der Zeit verändern können[59]. Der Name weist darauf hin, dass hier früher ein Gehölz stand, das 1574 namentlich erwähnt wurde. Die Übernutzung dürfte teilweise zur Verheidung geführt haben, hieß das Gebiet doch die Wolfersberger Heide. Im Jahr 1830 umfasste das Burgholz noch 111 6/8 Morgen (35,3 Hektar), wovon der Hofkammer 80, Zuffenhausen 3 1/8, Privatleuten 21 und dem früheren Cannstatter Ochsenwirt Linckh 7 5/8 Morgen gehörten. Es war jedoch schlechter Eichenbuschwald, *fast ohne Oberholz und durch Exzesse ganz ruinirt;* denn die Einwohner von Zuffenhausen, Zazenhausen, Münster und Cannstatt kamen täglich, um unerlaubt Holz zu entnehmen.

Ende des 18. Jahrhunderts veranlasste der Amtmann von Cannstatt, Johann Friedrich Seyffer, die dortige Heide für den Kartoffelanbau zu nutzen. 1829 erwarb der ehemalige Ochsenwirt Christian Adam Linckh insgesamt rund 110 Morgen (34,7 Hektar) einschließlich Teilen der Krailenshalde und der Zuffenhauser Markung. Er rodete das von der Stadt Cannstatt erworbene Burgholz und erbaute dort 1832 Scheuer und Stall sowie 1833 ein Wohnhaus. Auch die Gemeinden Zuffenhausen und Münster durften um 1830 ihren dortigen Wald ausstocken. Als 1835 Johann Friedrich Zeltmann das Linckh'sche Anwesen übernahm, nannte er es »Burgholzhof«. 1852 ging das Gut in den Besitz der königlichen Hofdomänenkammer über, die es an die Familie Aldinger verpachtete. Diese richtete hier 1868 ein gern besuchtes Ausflugslokal ein. Der größte Teil des Anwesens wurde in den 1920er-Jahren von der Stadt Stuttgart erworben, weil auf dem Gelände – als Ersatz für den wegen der Kanalisierung des Neckars aufzugebenden Exerzierplatz auf dem Wasen – ein neuer Truppen-Übungsplatz eingerichtet werden sollte.

In den 1930er-Jahren ließ das Militär die Flandern-Kaserne erbauen, deren über 1000 Mann fassende Mannschaftsgebäude in der typischen viereckigen Anordnung um den Exerzierplatz erstellt wurden. 1935 bezog das Infanterie-Regiment 119 den Komplex. Bei Kriegsende rückte eine französische Einheit in die wenig beschädigten Gebäude ein, doch ab Ende 1945 wurden »Displaced Persons« untergebracht, bis 1948 amerikanische Truppen einzogen und den Komplex in Robinson Barracks umbenannten. Für deren Angehörige ließ die Bundesrepublik 1950 bis 1957 nahe bei der Kaserne eine Wohnsiedlung errichten, zum einen dreigeschossige Mehrfamilienhäuser, zum anderen – in einem abgetrennten Bereich – villenartige Offizierswohnungen. Das von dem Stuttgarter Architekten Hans Paul Schmohl errichtete Einkaufszentrum, das als frühes Beispiel eines in Deutschland auf der grünen Wiese errichteten Zentrums galt, sowie die in der ehemaligen SA-Kaserne untergebrachte Schule und eine eigene Energie-Zentrale machten das ganze »Little America« weitgehend unabhängig. Aus dem Obergeschoss der Schule strahlte ab Mitte der 1950er-Jahre der Sender AFN (American Forces Network) seine Radio- und Fernseh-Programme aus.

Im Zuge der Abrüstung zogen die amerikanischen Truppen 1992 ab, das Kasernen-Gelände wurde verkauft, und 1996 wurden die Gebäude ebenso wie das Einkaufszentrum abgerissen. An deren Stelle trat eine völlig neue Wohnsiedlung, die, im Dezember 1996 begonnen, 1600 Wohnungen für etwa 5000 Einwohner umfassen soll. Ein Planungs-Wettbewerb erbrachte 61 Entwürfe. 1998 konnten die ersten Woh-

Nach dem Abriss der Flandernkaserne wurde der Burgholzhof neu bebaut. Das Foto vom Januar 2002 gibt einen Eindruck von der modernen Architektur.

Der Wohnbereich der amerikanischen Streitkräfte auf dem Burgholzhof im Mai 2002.

nungen bezogen werden. Der ehemalige Gutshof wurde zu einem ökumenischen Zentrum umgestaltet. Die für die Amerikaner erstellte Wohnsiedlung wird jedoch weiterhin von etwa 2000 Personen genutzt. Weil man Attentate befürchtet, lässt die Kommandantur das Gelände mit einem zwei Meter hohen Zaun umgeben. Mit der nun größeren Einwohnerzahl rückte der Burgholzhof zu einem eigenen Cannstatter Stadtteil auf.

Die Geschichte des Cannstatter Krankenhauses

Ähnliches gilt für das Gelände des 1879 begonnenen Krankenhauses, das nahe der Bahnlinie erstellt wurde, um im Kriegsfall Lazarettzüge abfertigen zu können[60]. Als es 1881 mit zunächst 80 Betten eröffnet wurde, übernahm Dr. Theodor Veiel die Leitung. Später mehrfach vergrößert, ging das Haus 1905 bei der Vereinigung der beiden Städte an die Stadt Stuttgart über. Nach und nach weiter ausgebaut, verfügte es zu Beginn des Ersten Weltkrieges über 237 Betten, und ab 1916 gehörten auch ein Gutshof und eine große Gärtnerei dazu. Ab 1937 konnte der Neubau der Chirurgischen Klinik, ab 1938 derjenige der neuen Hautklinik genutzt werden; der Aufbau der Internistischen Klinik begann 1937. Als im Zweiten Weltkrieg die Wehrmacht die Räume der Chirurgischen Klinik beanspruchte, musste diese Abteilung ins Friedrich-List-Heim ausweichen. 1945 übernahmen für kurze Zeit – von Ende Juni bis Anfang August – die Franzosen das Hospital, danach die US-Amerikaner, und die zivilen Abteilungen mussten in anderen Krankenhäusern Stuttgarts neue Bleiben suchen, eine Zeit der Provisori-

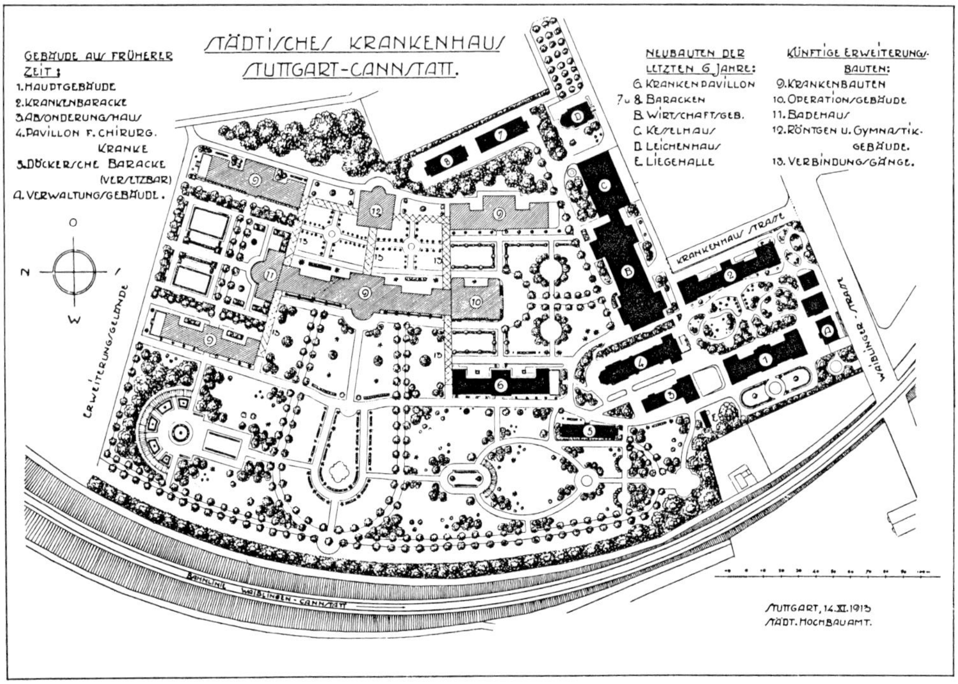

Der 1913 vom städtischen Hochbauamt entworfene Plan des Städtischen Krankenhauses.

en mit mancherlei Verlegungen begann. 1960 konnte die Stadt mit der Sanierung der Hautklinik beginnen, die 1965 wieder benutzbar war; der Gutshof war inzwischen verkauft worden. Die finanziellen Probleme des gesamten Krankenhauswesens – man denke an das Krankenhausfinanzierungsgesetz von 1972 – bestimmten die weitere Entwicklung. Der Abzug der Amerikaner 1992 ermöglichte endlich eine neue Planung: Die medizinische Klinik wurde renoviert, die Hautklinik erhielt 1998 ein neues Gebäude, die alte Hautklinik wurde 1999 abgerissen und an ihrer Stelle die Chirurgische Klinik erbaut, die nun zu den modernsten in der Region gehört. Das weitere Gelände wurde 1994 verkauft, die von den Amerikanern errichteten Wohngebäude wurden abgerissen, und ab 1996 sind etwa 550 Wohnungen neu entstanden.

Übergriffe des NS-Regimes

Leider blieben auch die Einwohner von Bad Cannstatt nicht von den Willkür-Akten des Nazi-Regimes verschont[61]. Wenn wir von einer Rauferei zwischen Nationalsozialisten und Kommunisten im Februar 1933 absehen, begann dies am 1. April 1933 mit dem Boykott jüdischer Geschäfte, wobei in Bad Cannstatt einige Beherzte trotz der SA-Posten noch in den Läden einkauften, obwohl sie dabei gefilmt wurden. Der 1901 in Cannstatt geborene Kaufmann und Sportler Fritz Rosenfelder beging wenig später Selbstmord, zur Beerdigung warf sein nichtjüdischer Freund, der Flieger Ernst Udet, über dem Friedhof einen Kranz ab. Den Ärzten wurde die Berufsausübung untersagt. Viele Juden wanderten wegen der Bedrohung aus oder zogen fort, so dass die israelitische Gemeinde in Bad Cannstatt stark schrumpfte. Das hatte zur Folge, dass sie am 1. Januar 1936 mit der Stuttgarter Gemeinde zusammengeschlossen wurde und 1942 laut Adressbuch nur noch 14 »selbständige Juden« in Cannstatt lebten. Andere kleinere Glaubensgemeinschaften wurden verboten.

Ein besonders herausragendes Ereignis war die Zerstörung der Synagogen in der damals so genannten »Reichskristallnacht« vom 9. auf den 10. November 1938. Auch Bad Cannstatt war davon betroffen. Der Stuttgarter Branddirektor gab der Feuerwache III telefonisch den Befehl, das Gotteshaus anzuzünden. Deshalb rückte die Cannstatter Wehr schon vor dem Brand in der Nachbarschaft an. Zuvor durchsuchten Angehörige der Gestapo (Geheime Staatspolizei) oder des SD (Sicherheitsdienst) das Gebäude nach Schriftgut und zerstörten zudem viele Kultgegenstände. Dann zündeten die Nazis das Gebäude mit Hilfe von Benzin an, und rasch verwandelte das Feuer es in eine Ruine. In den folgenden Tagen wurden die meisten noch in Cannstatt lebenden jüdischen Männer verhaftet, in Konzentrationslager (Dachau, Welzheim) verschleppt und lange Zeit dort festgehalten.

Auch auf andere Weise setzten die Nationalsozialisten den Juden zu. So wurde 1936 ein 32-jähriger Jude zu sechs Monaten Gefängnis verurteilt, nur weil er mit einer »arischen« Frau aus Fellbach befreundet war. Ihren Grundbesitz mussten die Juden verkaufen. Dabei erwarb die Stadt Stuttgart 1939 das Grundstück der Gurt- und Bandweberei Gutmann & Marx am Wilhelmsplatz (heute steht dort das Wilhelms-Center). Außerdem verweigerten »arische« Ärzte die Hilfe,

Obwohl das Deutsche Turnfest 1933 bereits vor der so genannten »Machtgreifung« der Nationalsozialisten geplant war, nutzten die Nazis es zu einer Demonstration ihrer Macht. Das Bild zeigt die aufmarschierten Einheiten der SA und der Hitlerjugend bei der Eröffnung in der »Adolf-Hitler-Kampfbahn« (Gottlieb-Daimler-Stadion).

selbst dann wenn nicht offensichtlich ein jüdischer Arzt zur Verfügung stand. Als am 11. November 1938 (zwei Tage nach dem Brand der Synagoge) ein alter Mann einen Herzkollaps erlitt, antwortete der angerufene Stuttgarter Herzspezialist, solange ein jüdischer Arzt noch in Freiheit sei, könne er nicht kommen. Dabei waren alle jüdischen Ärzte in Stuttgart bis auf einen 65-jährigen Kinderarzt arrestiert. Ab September 1941 musste jeder Jude an seiner Kleidung den gelben »Judenstern« tragen und war damit wie ein Aussätziger gezeichnet.

Die Nationalsozialisten machten aber auch nicht vor anderen Deutschen Halt. Die Gegner des Regimes wurden schon im März 1933 »kalt gestellt«; so legte der Oberbürgermeister Strölin den SPD-Stadträten nahe, das Stuttgarter Rathaus nicht mehr zu betreten. Wenig später wurden sie bis zu zehn Monate in das »Schutzhaftlager« Heuberg eingesperrt. Aus Cannstatt waren darunter die beiden Gemeinderäte Franz Engelhardt und Richard Öchsle, außerdem Karl Ruggaber. Den Cannstatter Gewerbe- und Handelsverein lösten die Nazis 1933 auf.

Zwei Programme der NS-Partei müssen besonders genannt werden. Das sind zum einen die Euthanasie-Morde. Ab 1941 wurden hierzu Cannstatter Juden in verschiedene Anstalten und Konzentrationslager gebracht und dort ermordet. Als dem katholisch getauften Hermann Krieger und seiner Familie im März 1943 die Deportation drohte, begingen sie Selbstmord. Infolge der NS-Aktionen lebte also 1945 in Bad Cannstatt kein Jude mehr. Die zweite Maßnahme war die »Verhinderung erbkranken Nachwuchses« durch Sterilisation. Hierzu schalteten die Nazis das Städtische Krankenhaus Bad Cannstatt ein, an dem seit 1937 auch NSV-Krankenschwestern (»Braune Schwestern«) tätig waren.

Man muss aber zugleich die andere Seite sehen, die beherzten Bürger, die sich verfolgter Juden annahmen. So fand das jüdische Ehepaar Krakauer aus Berlin nacheinander in vielen Orten in Deutschland Versteck und Verpflegung, dabei vom 11. Oktober bis 11. November 1943 in Bad Cannstatt bei Pfarrer Alfred Dilger und Unterstützung durch Pfarrer Dieter Lang. Auch waren die Arbeiter-Wohngebiete in Bad Cannstatt ein günstiges Feld für Anti-NS-Propaganda, die besonders von kommunistischen Gruppen betrieben wurde. Schon 1933 wurden fünf Kommunisten in Cannstatt wegen der Verteilung von Flugblättern bestraft.

Bemerkenswert ist ein »innerer Widerstand« der Jugend in anderer Art: Im März 1943 entdeckten die Sicherheitsbehörden in Bad Cannstatt einen Swing-Club. 17 Jungen und drei Mädchen mit auffallender Frisur und Kleidung huldigten in ihm ihrer Vorliebe für Jazz. Es konnte ihnen allerdings lediglich eine Übertretung von Polizei-Verordnungen nachgewiesen werden, so dass die Bestrafung gering ausfiel.

Bad Cannstatt im Zweiten Weltkrieg

Schon ehe der Krieg begann, bereitete man sich durch Übungen darauf vor. So fand in Bad Cannstatt erstmals 1936 eine Verdunkelungs-Übung statt, 1937 sogar eine mehrtägige Luftschutz-Übung. Dass es zum Krieg kommen würde, war spätestens klar, als am 27. August 1939 Lebensmittelmarken eingeführt und am 28. August Reservisten von fünf Jahrgängen einberufen wurden.

Bei insgesamt 20 Bombenangriffen, die im Zweiten Weltkrieg Bad Cannstatt galten, wurden nicht nur Kasernen, Bahnanlagen und Fabriken, sondern auch große Wohnbereiche und historisch bedeutsame Bauten zerstört. Das Bild zeigt Ruinen an der Teinacher Straße.

Und als der Krieg dann am 1. September 1939 begann, ahnte wohl niemand, was er bringen würde[62]. Worauf die Regierung zusteuerte, war klar, als 1939/40 die beiden Hochbunker in der Kolping- und der Zuckerbergstraße gebaut wurden, ein weiterer ist noch an der Brücke beim Wilhelma-Theater und einer, der »Bosch-Turm«, auf dem Pragsattel erhalten. Ab 1940 erhielt Stuttgart außerdem mehrere unterirdische Bunker, darunter in Bad Cannstatt einen am Wilhelmsplatz (an der Stelle der früheren Synagoge) und einen am Mühlgrün. Im größten der Cannstatter Bunker konnten 3000 Personen Platz finden. Außerdem gruben die Bürger Stollen in die standfesten Hänge. Wenn dann Bomben fielen, waren viele Einwohner dankbar, diese Schutzräume benutzen zu können.

Heinz Bardua hat den Luftkrieg in Stuttgart ausführlich beschrieben. Seiner Darstellung können wir entnehmen, dass Bad Cannstatt zwanzigmal das Ziel von Angriffen war, zum einen durch seine Funktion als Eisenbahn-Knotenpunkt, zum anderen wegen seiner kriegswichtigen Industrie. So wurden am 15. April 1943 und auch später erneut das Reparaturwerk der Bahn beschädigt, aber auch 86 Familien in Steinhaldenfeld obdachlos gemacht. Im Februar 1944 sanken Industrie- und Wohngebäude zwischen Bad Cannstatt und Feuerbach in Trümmer, und am 2. März 1944 wurde das Eisenbahn-Viadukt beschädigt, im Oktober die Rosensteinbrücke zerstört; am 9. Dezember 1944 fiel die Wasserversorgung aus. Immer wieder wurden dabei auch Wohngebiete getroffen. Die Liste der schwer oder teilweise beschädigten Gebäude enthält unter anderem das Schloss Rosenstein, das Maurische Schloss in der Wilhelma, Kursaal, Stadt-, Uff-, Luther-, Steig-, Liebfrauen- und Martinskirche. Die Eisenbahn-Werkstatt war zu 90 Prozent zerstört. Hatte man Schäden notdürftig behoben, so wurden die Häuser, wie in Steinhaldenfeld, und die Anlagen (der Bahn) häufig erneut getroffen.

Weil die meisten Männer an der Front standen, mussten nicht nur die Frauen im Kriegshilfsdienst in die Fabriken gehen, sondern die Regierung setzte auch Kriegsgefangene ein sowie »Fremdarbeiter« aus besetzten Gebieten, Arbeitsverpflichtete (Zwangsarbeiter), die nach dem Krieg als »Displaced Persons« bezeichnet wurden. Auch von ihnen kamen so manche bei den Bomben-Angriffen ums Leben. In Bad Cannstatt bestand für sie ein Lager bei der Höfer'schen Ziegelei.

Zur Abwehr der Flieger waren rund um Stuttgart zahlreiche 8,8-cm-Flakge-

Bombenangriffe auf Bad Cannstatt im Zweiten Weltkrieg

5. Mai 1942	Gebiet links des Neckars
15. April 1943	Angriff von 400 Bombern. Bundesbahnausbesserungswerk beschädigt, in Steinhaldenfeld 86 Familien obdachlos
25. Juli 1943	Isralitischer Friedhof an der Steig zerstört
26. November 1943	Hauptziel Daimler-Benz
21. Februar 1944	2000 Tonnen Bomben auf Stuttgarter Innenstadt, Bad Cannstatt und Feuerbach. Industriegebiet zwischen Bad Cannstatt und Feuerbach stark beschädigt
25. Februar 1944	Desgleichen. Kugellagerfabrik an der Pragstraße zerstört
2. März 1944	Eisenbahn-Viadukt schwer beschädigt
28. April 1944	Schäden mäßig
16. Juli 1944	Bahnanlagen und Winterhalde betroffen
28. Juli 1944	Gebiet um den Nordbahnhof betroffen
19./20. Oktober 1944	Doppelangriff: Über 500 Flugzeuge werfen über 2400 Tonnen Bomben ab, in ganz Stuttgart werden über 30 000 Personen obdachlos. In Bad Cannstatt Bahnanlagen und Rosensteinbrücke zerstört
5. November 1944	Doppelangriff. Hauptschadensgebiet in Bad Cannstatt
26. November 1944	Bahnanlagen schwer beschädigt
9. Dezember 1944	Bahnanlagen beschädigt. Brunnenanlage getroffen. Wasserversorgung in Bad Cannstatt ausgefallen
20. Januar 1945	Bahngelände und Wohnhäuser an der Deckerstraße getroffen
1. Februar 1945	Einzelnes Flugzeug, kein Bombenwurf
12. Februar 1945	Brückenstraße getroffen
4. März 1945	Verkehrsanlagen beschädigt
9. März 1945	Bahnanlagen beschädigt
19. April 1945	Die letzte Bombe auf Stuttgart, Ziel: Pragstraße

Quelle: Bardua 1967

schütze aufgestellt worden, die ab Februar 1943 vielfach von jugendlichen Flak-Helfern bedient wurden. Spuren dieser Stellungen sind heute nicht mehr erkennbar. Außerdem versuchte man, die Stadt durch Vernebelung zu schützen.

Man bemühte sich, die Verluste in der Bevölkerung möglichst gering zu halten, und schickte deshalb viele Kinder aufs Land. Später brachte man auch Erwachsene durch Evakuierungen aus der Gefahr.

Der Metall-Verbrauch des Militärs war enorm, es musste zu einer Verknappung kommen. Folglich wurde alles »Altmetall« gesammelt, und oft zogen deshalb Jungen der Hitler-Jugend mit Handwagen durch die Straßen. Die Regierung beschlagnahmte aber sogar Kirchenglocken, Denkmäler, ja, auch metallene Grabplaketten, um sie zu Waffen zu verarbeiten. Viele Kunstschätze gingen dadurch unwiederbringlich verloren.

Der Krieg war praktisch schon verloren, als 1944 alle Männer in der Heimat, die noch Waffen tragen konnten, zum »Volkssturm« aufgeboten wurden. Es half nichts mehr. Im April 1945 vollendete sich das Schicksal Stuttgarts: Am 21. dieses Monats sprengten deutsche Soldaten alle noch intakten Brücken mit Ausnahme der Berger Steges, und noch an diesem und am folgenden Tag besetzten französische Einheiten das gesamte Stadtgebiet links des Neckars. Sie wollten Bad Cannstatt rechts des Flusses mit Artillerie beschießen, doch konnte das erfreulicherweise durch den Architekten Eugen Mertz verhindert werden. Am 22. April 1945 marschierte die 100. amerikanische Division, von Fellbach kommend, in die rechts des Neckars gelegenen Teile Bad Cannstatts ein. Zuvor hatte es hier allerdings Plünderungen durch Einheimische und Fremdarbeiter gegeben, die Lebensmittel- und Textilgeschäfte stürmten. Am 4. Mai lösten die Franzosen die Amerikaner auch rechts des Neckars ab, doch schon am 8. Juli 1945 wurde ganz Stuttgart von den Amerikanern übernommen.

Wie viele Cannstatter der Gewaltherrschaft zum Opfer fielen, als Soldaten fielen und bei Bombenangriffen ums Leben kamen und wie viele Ausländer (Arbeitsverpflichtete, Zwangsarbeiter, Kriegsgefangene) hier ihr Leben verloren, ließ sich leider nicht ermitteln.

Nachkriegsnot und Wiederaufbau

Mit dem Ende des Krieges waren die Zerstörungen noch nicht beendet, denn die Sieger begannen mit der Demontage einiger Fabriken. Sie halfen damit den Deutschen indirekt, ihre Betriebe nach modernsten Gesichtspunkten wieder aufzubauen. Aus Bad Cannstatt standen die Firmen Elektron GmbH (Magnesium-Gussstücke) und M. Streicher (Gießerei) auf der Demontage-Liste. Der Abbau erfolgte aber nur teilweise[63].

Die Franzosen senkten trotz der Beendigung des Krieges die Lebensmittelrationen zunächst auf 1046, dann auf 970 Kalorien pro Tag, so viel, wie die französische Bevölkerung unter der deutschen Besatzung bekommen hatte. Am 22. Juni 1945 verlangten sie außerdem von jeder deutschen Familie einen Herrenanzug, ein Hemd mit Kragen, Krawatte, eine Unterhose, zwei Taschentücher, ein Paar Socken und ein Paar Schuhe, obwohl viele durch den Bombenkrieg ihre Habe verloren hatten. Dagegen stellten die Amerikaner im Herbst 1945 aus eigenen Beständen Lebensmittel zur Verfügung, um die

Die Marktstraße bietet mit ihrer alten, großenteils gut renovierten Bausubstanz ein anheimelndes Bild (aufgenommen im August 1980).

größte Not zu lindern. Im Dezember 1945 hörte zudem die Einflussnahme der Amerikaner auf die Verwaltung auf.

Nach dem Einmarsch der Franzosen bildeten sich, vor allem in den Außenbezirken, »antifaschistische Kampfkomitees« – in Bad Cannstatt unter dem ehemaligen SPD-Stadtrat Oskar Glaser und dem Gewerkschaftsfunktionär Ernst Buckel –, die eine politische Neuordnung anstrebten. Vor allem kümmerten sie sich um die Ausschaltung aktiver Nationalsozialisten. Am 9. Mai untersagte die französische Militärregierung ihnen die Tätigkeit, doch bildete die Stadtverwaltung sie zu Arbeitsausschüssen um, die sich in kollektiver Selbsthilfe um Aufräumarbeiten, Wiederaufbau und Versorgung kümmerten und große Anerkennung fanden.

Parteien und Vereine wurde bei Kriegsende ausnahmslos verboten, doch schon ab August 1945 konnten die ersten ihre Tätigkeiten wieder aufnehmen. KPD und SPD entstanden wieder neu, dazu die Deutsche Volkspartei (aufgegangen in der FDP) und die Christlich-soziale Volkspartei (heute CDU). Auch die Gewerkschaften bildeten sich wieder. 1949 wurde der Kübelesmarkt von neuem aktiv und stürmte 1950 erstmals das Rathaus.

Die Normalisierung des Alltags ließ allerdings noch lange auf sich warten. Der Schwarzmarkt blühte, bis ihm die Währungsreform am 20. Juni 1948 ein Ende bereitete. Zwar trat jetzt an die Stelle der Herrschaft der Lebensmittelkarte die Herrschaft der Deutschen Mark, die Preisbindung war aufgehoben, und die Preise stiegen, aber die Rationierung blieb bestehen. Das Dampfkraftwerk ging im Dezember 1945 wieder in Betrieb.

Allmählich zeichnete sich jedoch eine Verbesserung der wirtschaftlichen Lage ab. So wurde die Bewirtschaftung von Schuhen und Textilien im Mai 1949 aufgehoben. Vollmilch, Butter und Fett waren ab 1. Januar 1950 frei käuflich, Zucker ab 1. April 1950. Damit gab es keine Lebensmittelkarten mehr. Die 1946 aufgenommene Schulspeisung und amerikanische Lebensmittelspenden endeten am 10. Juli 1950.

Die Reihenuntersuchungen zur Bekämpfung der Tuberkulose, die Impfungen gegen Kinderlähmung und die Bekämpfung der Geschlechtskrankheiten dauerten aber noch einige Zeit an. Die Wohnraum-Bewirtschaftung fand erst ein Ende, als mit dem Bau-Boom genügend Wohnungen entstanden waren.

Was sich damals abspielte, beschrieben die Menschen so: Zuerst frönten wir der »Fress-Welle« (sich wieder satt essen), dann der »Möbel-Welle« (sich wieder einrichten) und dann der »Reise-Welle«.

Bad Cannstatts Mitte – ein bedeutendes Geschäftszentrum

Nach dem Zweiten Weltkrieg spielte in der Landesplanung der 1933 von Walter Christaller geprägte Begriff der »zentralen Orte« eine große Rolle. Gemeint sind damit jene Zentren, die der Versorgung der Bevölkerung eines umliegenden Gebiets dienen. Heute spricht man von »Versorgungsorten« beziehungsweise – in den größeren Städten – von innerstädtischen Geschäftszentren. Untersucht man für sie die Zahl der Geschäfte und anderen Versorgungseinrichtungen, deren Größe, das Angebot an Waren und Diensten, den Grad der Spezialisierung und die Fußgängerdichte, so lassen sich Zentren verschiedenen Ranges ausweisen.[64]

Nach der Innenstadt von Stuttgart, die als City einzustufen ist, besitzt Bad

Der Wilhelmsplatz wird völlig neu gestaltet. (Aufgenommen am 26. Mai 2002)

Innerstädtische Geschäftszentren in Bad Cannstatt (ohne Ladengruppen) nach Christoph Borcherdt

Nachbarschafts-zentrum	Steinhaldenfeld
Viertelszentrum	Schmidener/Gnesener Straße, Ebitzweg/ Beuthener Straße, Neckar-Vorstadt
Großes Viertelszentrum	Taubenheimstraße
Stadtteilzentrum	–
Großes Stadtteilzentrum	–
Subcity	Stadkern Cannstatt
City	–

Cannstatt mit der einzigen Subcity – in der Stuttgarter Stadtplanung spricht man von einem B-Zentrum – innerhalb des Stadtgebiets von Stuttgart das zweitgrößte innerstädtische Geschäftszentrum, immerhin mit einem Kaufhaus und weit über 200 verschiedenen Versorgungseinrichtungen (um 1980) einschließlich Bank-Filialen, Arztpraxen, Kanzleien, Agenturen und so fort. Dass sich dieses Zentrum so entwickeln konnte, ergibt sich nicht nur aus der Einwohnerzahl von Bad Cannstatt – viele Cannstatter kaufen nämlich in der Stuttgarter City ein –, sondern lässt sich wenigstens teilweise auch damit erklären, dass viele Bewohner vor allem aus dem Remstal für ihren Einkauf in der großen Stadt den Weg in die Stuttgarter City scheuen.

Eine 2001 von »Agenda« durchgeführte Passanten-Befragung, die allerdings auf die Marktstraße begrenzt war und lediglich 383 Personen erfasste, ergab, dass das Haupt-Geschäftszentrum, das sich von der Marktstraße über den Wilhelmsplatz zur Bahnhofstraße hinzieht, in jüngster Zeit einen Bedeutungsverlust erfahren hat. Der überörtliche Einzugsbereich hat anscheinend an Einfluss verloren, obwohl Bad Cannstatt als heiter und gemütlich empfunden wird. Die Entstehung günstig erreichbarer Einkaufszentren und die inzwischen bessere Erreichbarkeit der Stuttgarter City mögen dabei eine Rolle spielen. Als ein Nachteil in Bad Cannstatt wird die Zerschneidung durch stark frequentierte Straßen im Bereich des Wilhelmsplatzes empfunden. Hier und am Marktplatz erscheint eine Aufwertung geboten; für den Wilhelmsplatz ist die Umgestaltung bereits im Gange.

Dienstleistungen lösen die Industrie als größten Wirtschaftssektor ab

Schon im 19. Jahrhundert wuchsen die Großen auf Kosten der Kleinen. So gab es 1830 in Cannstatt 47 Schreinermeister mit 29 Gesellen, dagegen im Jahr 1900 nur 28 Meister. Diese aber beschäftigten in ihren großen Betrieben weitaus mehr Schreiner, als es 1830 in der Stadt insgesamt gab. Allein die acht Firmen Bossert, Ehrenbauer & Hirner, Frey, Gerne, Kauderer, Klühe, Schallenmüller und Schefbuch hatten zusammen mehr als hundert Gesellen. Diese Tendenz hält bis heute an[65].

Ebenso wichtig sind strukturelle Veränderungen. Vor allem nahm im 20. Jahrhundert und insbesondere in dessen zweiter Hälfte die Bedeutung des Dienstleistungssektors immer stärker zu. Man spricht heute geradezu von der »Dienstleistungsgesellschaft«. Dagegen ging die Bedeutung sowohl der Landwirtschaft als auch des produzierenden Sektors ständig zurück. In der Industrie spielte dabei zunächst die Automatisierung eine zwar wichtige, aber doch nicht die alleinige Rolle. Für manche Betriebe eigneten sich die alten Gebäude nicht mehr, und man siedelte an andere Standorte um oder verlegte zumindest die Produktion. Später wurden auch Folgen der Globalisierung (billigere Produktion in anderen Ländern) und der elektronisch gesteuerten Fertigung spürbar. Allein an der Pragstraße fielen bis zum Jahr 2000 rund 8000 industrielle Arbeitsplätze weg. Viele ehemalige Fabriken sind längst verschwunden, an der Pragstraße beispielsweise die Maschinenfabrik Fortuna. Die Gießerei und Dampfkesselfabrik Streicher ging in den 1980er-Jahren in Konkurs, und der bekannte Strickmaschinen-Hersteller Terrot musste die Produktion in Bad Cannstatt 2001 einstellen – sie wird in dem 1993 erworbenen Werk in Chemnitz weiter betrieben – und den Maschinenpark verkaufen; Konstruktion, Verwaltung und Vertrieb sollen aber in Bad Cannstatt bleiben. Das Bundesbahn-Ausbesserungswerk schloss 1987 im Zuge einer Konzentration der Bahn seine Tore; die Anlage wurde am 28. Juli 1989 an Daimler-Benz übergeben.

Die Gebäude der aufgegebenen Industriebetriebe wurden häufig abgerissen und durch Bürobauten ersetzt oder nach einem Umbau von Dienstleistungsbetrieben genutzt. Dieser Vorgang wird als »Tertiärisierung« bezeichnet (Ablösung des sekundären (produzierenden) durch den tertiären (Dienstleistungen) Sektor.

Als ein Beispiel, das allgemein für den Wandel von der anfangs agrarisch, dann industriell und jetzt durch Dienstleistungen genutzten Fläche stehen kann, sei das Gebiet zwischen Bahn und Wildunger Straße, Kreuznacher und Martin-Luther-Straße angeführt. Im Jahr 1848 wurde es noch, klein parzelliert, ausschließlich landwirtschaftlich genutzt. 1868 erstellte dann dort – damals Ludwigstraße 61 – der Maschinenbauer Friedrich Hesser seine Fabrik (siehe das vorhergehende Kapitel). Daneben stand die Vernickelungsanstalt Zeitler & Missel, deren Halle 1887 Daimler für die Montage von Benzinmotoren übernahm. Nach Daimlers Umzug in das neue Werk bei Untertürkheim übernahm Hesser die Halle. Die Umstellung auf elektronisch gesteuerte Produktion brachte 1969 den Übergang (durch Mehrheitsbeteiligung) an die Firma Robert Bosch GmbH. Die Gebäude entsprachen allerdings nicht den Anforderungen für die moderne Herstellung großer Maschinen, weshalb die Produktion 1982 nach Waiblingen verlegt wurde. Im Juli 1980 erwarb die Deutsche Bundespost, die schon seit zehn Jahren geeignetes Gelände für ein Fernmeldeamt gesucht hatte, das 2,5 Hektar große Gelände für 20 Millionen Mark und ließ die Gebäude bis 1983 abtragen. Hier schaltete sich der Aktionskreis »Wohnen am Seelberg« ein; er plädierte für eine wenigstens teilweise Wohnbebauung und löste damit eine rege Diskussion aus.

Die Bauarbeiten der Post begannen im August 1984, zwei Jahre später konnte das Richtfest gefeiert werden, und ab dem Herbst 1987 erfolgte der Einzug. Fast 151,5 Millionen Mark kostete die moderne Bürostadt, in der zwei Fernmeldeämter, das Rechenzentrum sowie weitere Dienststellen der Deutschen Post, die vorher über Stuttgart verstreut waren, zusammengefasst wurden. Der Baukörper ist in seiner Struktur der Wohnbebauung angepasst und durch Straßen geöffnet, die sich in einem zentralen Platz kreuzen. Auch die Kunst kam hier zu ihrem Recht, besonders deutlich in der Skulpturen-Allee von Waldemar Otto und in den von

Die Maschinenfabrik Hesser entwickelte sich zu einer hochspezialisierten Produktionsstätte. Hier wurden Verpackungsmaschinen hergestellt. Das Reklamebild aus der Zeit um 1930 deutet die Vielseitigkeit der Firma an. Inzwischen hat sie Bad Cannstatt verlassen.

Jürgen Goertz geschaffenen Brunnenfiguren »Tele«, »Ante« und »Phone«.

Das angrenzende Gelände der früheren Firma Gebrüder Decker, später Trafo-Union, das seit 1986 ungenutzt liegt, war für einen Neubau der Oberpostdirektion vorgesehen, doch will jetzt ein niederländischer Großinvestor auf dem 22 600 Quadratmeter großen Gelände für etwa 80 Millionen Euro ein Einkaufs-, Freizeit- und Bürozentrum errichten, für das der Name »Carré« vorgesehen ist.

Auch früher schon sind durchaus bekannte Firmen abgewandert wie die Maschinenfabrik Seeger nach Fellbach, der Hersteller der »Schönenberger Pflanzensäfte« nach Magstadt und die Trikotwarenfabrik Carl Bitzer nach Waiblingen (1937). Die durch ihre Marke »Ritter Sport« bekannte Schokolade-Fabrik Ritter begann ihren Betrieb 1912 in der Sodener Straße 12 und hatte ihren Firmensitz dann von 1920 bis 1930 in der Wilhelmstraße 16, bis sie 1930 nach Waldenbuch übersiedelte.

Ein weiteres Beispiel für derartige Veränderungen, nämlich für Verlegung und Konzentration von Betrieben mit nachfolgend mehrmaliger Nutzungsänderung der Fläche bietet die Zuckerfabrik, die, 1852 im Gebiet des Stuttgarter Bahnhofs von W. H. Reihlen gegründet, 1904 auf die Gemarkungsgrenze gegen Münster verlegt wurde. Im Jahr 1907 erwarb das Unternehmen die in Konkurs gegangene Zuckerfabrik Böblingen, legte diese still und konzentrierte die Produktion im Cannstatter Werk. Um das Jahr 1910 verarbeitete sie hier an die 50 000 Ton-

Wo früher der Maschinenfabrik Hesser ihren Sitz hatte, ist ein großes Dienstleistungszentrum der Telekom entstanden. Im Vordergrund die Brunnenfiguren von Jürgen Goertz. (Aufgenommen im Mai 2002)

nen Rüben, 1967 sogar 250 000 Tonnen, aus denen 40 000 Tonnen Zucker gewonnen wurden. Je nach Saison verdienten hier 200 bis 400 Arbeiter ihr Brot. Am 1. Juli 1971 legte die Südzucker AG das Werk still und konzentrierte die Produktion in der hochmodernen Zuckerfabrik Offenau (bei Bad Wimpfen). In Bad Cannstatt bestanden nämlich Probleme bei der Abwicklung des Verkehrs und der Beseitigung von Abwasser und Schlammrückständen, und es mangelte an Platz für die Erweiterung des zu rationalisierenden Werks. Das damit frei gewordene Gelände ging 1972 in den Besitz der Stadt Stuttgart über. Zunächst wurden das Gelände und die Gebäude von Kleinunternehmern wie Autoverwertern und Schrotthändlern, aber auch von einem Tonstudio und der freien Kunstschule genutzt. 1988 entwickelte die Stadt dann ein Sanierungsprogramm, erschloss das Gelände neu und sah es für gewerbliche Nutzung vor, die 1993 begann. Die »Alte Villa« wurde 1998 für soziale Zwecke saniert.

Besonderes Aufsehen erregten die beiden Großbrände in der Zuckerfabrik am 15. August 1906 und am 27. September 1967. Zum letzten Brand eilten über 25 Löschfahrzeuge mit rund 100 Feuerwehrmännern herbei. Zwei Lagerhallen und ein Teil der Packerei brannten nieder, die Flammen schlugen 30 bis 40 Meter hoch, eine riesige Rauchwolke verdunkelte den Himmel, 30 000 Tonnen Zucker wurden vernichtet. Es war der größte Brand in Stuttgart seit Kriegsende.

Ein ähnliches Schicksal widerfuhr der Stadtmühle, die jahrelang ein Wahrzeichen der Stadt am Neckar war. 1950/51 war als Ersatz für das im Krieg beschädigte, aber wiederhergestellte alte Mühlengebäude die neue Stadtmühle errichtet worden. Ein sechsstelliger Verlust innerhalb von zwei Jahren führte angesichts teurer Auflagen der Behörden dazu, dass die Mühle, die 285 Bäckern und Konditoren – unter dem Namen »Bäko« – gehörte, am 26. März 1993 geschlossen wurde. Nicht nur aus ganz Süddeutschland, sogar aus Polen kamen Müller, um Maschinenteile zu übernehmen. Gebäude und Grundstück erwarb der Evangelische Verein, der dort, unmittelbar am Neckar, nach umfangreichen Um- und Ausbauarbeiten moderne Seniorenwohnungen einrichtete.

Die Wandlungs-Prozesse haben alle Zweige der Wirtschaft erfasst. Auch die Post blieb nicht verschont. Am 1. September 1832 hatte Cannstatt wieder eine eigene Brief- und Postwagen-Expedition erhalten, doch zog das Postamt verhältnismäßig oft um, bis es 1901 in die heutige Bahnhofstraße kam. Mit dem Wachstum der Stadt weitete sich der Postdienst mehr und mehr aus. Schon 1896 wurde im Haus Brückenstraße 1 eine Filiale eingerichtet. Gab es 1889 elf Briefkästen, so waren es 1904 bereits 18. Deren Leerung erfolgte 1889 viermal, 1904 dagegen siebenmal am Tag, nur am Sonntag einmal, später zweimal. Die Briefe wurden viermal am Tag ausgetragen, das erste Mal morgens um 6.30 Uhr, an Sonn- und Festtagen lediglich zu dieser frühen Zeit. Die Gegenwart ist durch die Privatisierung gekennzeichnet. Zum einen wurde der Telefondienst abgetrennt, zum anderen versucht die Post, ihre Kosten zu senken, indem sie viele Filialen aufhebt und in Läden mit anderem Warenangebot Agenturen einrichtet. Dabei wird das Netz der Agenturen zugleich ausgedünnt, viele Benutzer müssen längere Wege in Kauf nehmen. Die Briefzustellung erfolgt schon seit langem nur einmal am Tag, die Briefkastenleerung nur an wichtigeren Punkten mehr als einmal täglich.

Sogar bei der Bahn wirkt sich die Konzentration aus: Schon 1966 wurde die Bahnmeisterei in Cannstatt stillgelegt, und seit dem 1. August 1988 wird der Cannstatter Bahnhof vom Bahnhof Untertürkheim aus verwaltet, der für den Güterverkehr einer der wichtigsten im Gebiet am mittleren Neckar ist. Für das 22 Hektar große Gelände des Güterbahnhofs, auf dem knapp 30 Firmen arbeiteten, steht ein starker Nutzungswechsel bevor: Die Stadt kaufte es zum Jahresende 2001, um dort eventuell das Olympische Dorf für das Jahr 2012 zu errichten.

Umweltschutz und das Problem der Altlasten

»Profi- und Amateurschnüffler sind ratlos«, schrieb das Stuttgarter Amtsblatt am 4. Oktober 2001, »Bad Cannstatts eigenwillige Duftmarke ist noch nicht zuzuordnen.« Trotz eifriger Suche durch Befragung und durch Überprüfungen von Betrieben war die Quelle der Geruchsbelästigungen, über die Einwohner eines großen Bereichs seit 1999 klagen, bislang nicht auszumachen. Es riecht – meistens abends und morgens – nach verbrannten Kunststoffen, Gummi und Teer. 1987 war schon einmal über üblen Geruch geklagt worden[66].

Durch die Abgase ist die Vegetation stark betroffen. Schon 1984 ergaben Infrarot-Aufnahmen aus der Luft, dass im Bezirk Cannstatt nur 27 Prozent der Bäume gesund waren, ein Drittel leichte Schäden aufwiesen und 40 Prozent krank oder bereits abgestorben waren. Die Situation war hier schlechter als im Durchschnitt für ganz Stuttgart. Schon 1939 bezeichnete der Kurverein die Reinhaltung der Luft als eine wichtige Aufgabe.

Wo Betriebe verschwanden, in denen eine Verschmutzung des Bodens erfolgte, weil man früher nicht so sehr darauf achtete wie jetzt, müssen wir heute mit dem Problem der Altlasten ringen. Genannt seien als Beispiele lediglich Tankstellen und Farbenfabriken.

Eine besondere Gefahr geht von den chlorierten Kohlenwasserstoffen aus, die als »Altlast« (aus früherer Zeit stammend) gerade in Städten nicht selten sind. Sie bilden eine Gefahr für das Grundwasser. Man denke an das Mineralölwerk Epple in der Quellenstraße. Es begann noch vor 1900 mit der Herstellung von Schmierstoffen und Teer, produzierte später auch Motorenöle, Reinigungs- und Pflanzenschutzmittel und arbeitete ab 1958 Altöle auf. Zum einen sorgte man sich in früherer Zeit nicht so sehr darum, kein Öl in den Boden gelangen zu lassen, zum anderen versickerten nach einem Luftangriff im Zweiten Weltkrieg rund 300 000 Kilogramm flüssige Stoffe in den Untergrund. Weil das Werk 1986 in Konkurs ging, musste sich die Stadt Stuttgart um die Sanierung des 90 Ar großen Grundstücks kümmern, das einen besonders schwierigen Fall darstellte. Zweimal wurde das Gelände 1988 mit der Auflage zur Sanierung versteigert, doch erst im November 2000 konnte eine Spezialfirma tatsächlich mit den Maßnahmen beginnen. Nach den in der Presse darüber erschienenen Berichten wurden auf dem Gelände bereits 40 000 Liter Altöl aus dem Untergrund beseitigt und müssen jährlich 20 000 Kubikmeter Grundwasser von dem Gelände und weitere 20 000 Kubikmeter aus der abströmenden Grundwasser-Fahne abgepumpt und gereinigt werden. Nachdem mehr als 200 Erkundungsbohrungen niedergebracht worden sind, wurden rund 40 000 Tonnen des auch organische Lösungsmittel und Schwermetalle enthaltenden Erdreiches, das bis zu zehn Meter tief verunreinigt war, abgehoben und durch Öl fressende Bakterien und andere technische Verfahren gereinigt. Die Gesamtkosten werden auf fünf Millionen Euro geschätzt. Man hofft, noch im Jahr 2002 mit einer neuen Bebauung beginnen zu können.

Auch das Grundstück der Trafo-Union war stark verseucht. 32 000 Quadratmeter Erdreich mussten auf Sondermüll-Deponien gebracht werden. Dabei gab es etliche Schwierigkeiten.

Stein- und Lehmgruben wurden geschlossen

Ein früher bedeutender Wirtschaftszweig ist praktisch verschwunden: die Steinbrüche. Vor dem Zweiten Weltkrieg waren in Bad Cannstatt noch sechs, in Hofen zwei und in Münster zwei Brüche im Hauptmuschelkalk in Betrieb, um Schotter, Bausteine und Straßensteine zu liefern. Heute sind sie vielfach verfüllt, so am Cannstatter Zuckerberg, wo nur noch zwei Brüche offen sind, aber nicht mehr genutzt werden. 1939 beschäftigten in Bad Cannstatt, Münster und Untertürkheim noch vier Betriebe zusammen rund 600 Personen[67]. Heute wird nur noch für besondere Aufträge abgebaut. Im Ostteil der Cannstatter Gemarkung wird der Gipskeuper genutzt. Dort arbeitete zeitweise die Gipsfabrik von E. Schüle.

Wissenschaftlich sogar international bedeutungsvoll waren die Brüche im Travertin. An sie erinnern die 14 bombastischen Säulen vor dem ehemaligen Steinbruch Lauster, die Adolf Hitler 1939/40

Die Cannstatter Ziegeleien sind inzwischen alle verschwunden. Das Bild zeigt die bereits stillgelegte und inzwischen abgerissene Obere Ziegelei im August 1988.

für ein Bauwerk an der Kreuzung der geplanten West-Ost- mit der Nord-Süd-Achse in Berlin anfertigen, aber nie abholen ließ. Sie ziehen heute beim Kraftwerk Münster die Blicke auf sich. Jede der 15 Meter hohen Säulen besteht aus neun Trommeln mit einem Durchmesser von 1,75 Metern. Seit 1982 ist der Steinbruch als hochrangiges Naturdenkmal Grabungsschutzgebiet.

Bedeutung hatte auch der Lösslehm. Schon die Römer nutzten ihn in zahlreichen Ziegeleien zur Herstellung gebrannter Ziegel, sei es in Form von Backsteinen oder von Dachziegeln. Auch im Mittelalter war es gut, eine Ziegelei zu haben, besagten doch die Bauvorschriften, in den Städten die Dächer mit Ziegeln zu decken. Hier war Cannstatt mit dem Lösslehm der Umgebung sehr begünstigt, und so gab es hier denn auch mehrere Ziegeleien. Am rechten Neckarufer unterhalb der Stadt stand am Neckarknie einst die älteste Ziegelei, bekannt als Untere Ziegelei, und an der Straße nach Schmiden arbeitete die Herbst'sche Ziegelei. Niemand ahnt, wenn er den Aufschluss an der Heinrich-Ebner-Straße besucht, dass von der vier Meter mächtigen Löss-Schicht drei Meter für die Ziegelei abgetragen wurden. Links des Neckars arbeiteten die Ziegeleien Höfer (östliche Löwentorstraße), um 1890 die größte von Cannstatt, und Knapp (Bottroper Straße) im Flurteil auf der Steig. Am bekanntesten ist die jüngste, die Obere Ziegelei. Die Heidelberger Zement AG stellte die Produktion 1980 ein, weil die Anlage veraltet war. Die drei markanten Schornsteine fielen am 22. März 1993. Im Jahr 1996 wurde dort begonnen, 350 Wohnungen zu bauen. Der Name Obere Ziegelei blieb aber als Bezeichnung einer Straßenbahn-Haltestelle erhalten.

Die ausländischen Mitbürger in Bad Cannstatt

Schon in früheren Jahrzehnten lebten auch in Bad Cannstatt so manche Ausländer. Frühe Beispiele bieten die bereits erwähnten Flüchtlinge, die um 1700 hierher kamen, und die ausländischen Schüler in den Internaten. Im 19. Jahrhundert arbeiteten in den Cannstatter Tabakfabriken Polen, und ab 1936 wurden Italiener zur Arbeit in Deutschland angeworben. Während des Krieges kamen zahlreiche Menschen aus den besetzten Ländern im Osten auch nach Cannstatt – die zwangsweise zur Arbeit geholten »Fremdarbeiter«.

Nach dem Zweiten Weltkrieg verzeichnete Bad Cannstatt einen großen Zuzug von Ausländern, als ab 1954 zahlreiche Zivil-Angehörige der US-amerikanischen Soldaten in die neuen Wohnhäuser auf dem Burgholzhof einzogen. Sie bewohnten ihre eigene Siedlung und hatten ihre eigenständige Versorgung (siehe Seite 114). Im Jahr 2002 waren es noch etwa 2000. Neben ihnen war die Zahl ausländischer Studenten in Bad Cannstatt gering.

Ab 1955 begann sich die Situation mehr und mehr zu verändern[68]. Die arbeitsfähigen Jahrgänge der Deutschen waren durch die großen Verluste im Krieg ausgedünnt, andererseits band die Bundeswehr, die gerade aufgebaut wurde, junge arbeitsfähige Menschen. Schließlich verlängerten sich die Ausbildungszeiten, während die Arbeitszeit verkürzt wurde und aus der Landwirtschaft keine Arbeitskräfte mehr in andere Wirtschaftszweige nachrückten. Die Bundesrepublik Deutschland schloss deshalb mit mehreren südeuropäischen Ländern, in denen Unterbeschäftigung oder Arbeitslosigkeit verbreitet waren, Abkommen über die Anwerbung von »Gastarbeitern« ab, nämlich mit: Italien 1955, Griechenland 1960, Spanien 1960, Türkei 1961, Portugal 1964, Jugoslawien 1968.

Dementsprechend strömten ausländische Arbeitskräfte zunächst ohne, später mit ihren Familien auch in den Stuttgarter Raum, wobei sehr häufig Leute aus ein und demselben Herkunftsgebiet, ja, demselben Ort beim Wohnen wie beim Arbeiten möglichst beieinander blieben. Sie zogen hauptsächlich in ältere, schlechter ausgestattete und damit billigere Wohnungen ein. So konnten »Viertel« mit einem hohen Anteil von Einwohnern aus bestimmten Ländern entstehen. Die Altstadt und das Gebiet südlich der Bahn hatten deshalb einen relativ hohen Anteil, der ältere Teil von Steinhaldenfeld und Sommerrain mit ihren Einfamilien-Häusern dagegen nur einen geringen. Inzwischen sind ausländische Mitbürger im ganzen Stadtgebiet zu Hause.

Diese Ausländer waren und sind (in der ersten Generation) vor allem als Fach- oder Hilfsarbeiter im Bausektor, in der Metall verarbeitenden Industrie und in bestimmten Dienstleistungsbereichen wie in der Gastronomie tätig, weniger dagegen als Angestellte. In der zweiten Generation sieht das allerdings anders aus. Nach und nach machten sich etliche von ihnen selbständig und eröffneten Gastwirtschaften, Lebensmittel- und andere Geschäfte. Der Zuzug von Familienangehörigen ließ die Anteile wie auch das Problem der Integration weiter wachsen.

Anwerbestopp und Beschäftigungsrückgang bewirkten, dass die Zahl der ausländischen Familien seit 1974 nicht mehr wesentlich stieg, doch nahm der Anteil durch nachziehende Angehörige und hohe Geburtenraten weiterhin zu. Als dann in den 1980er-Jahren Bürgerkriegs-, Glaubens- und Wirtschaftsflüchtlinge in großer Zahl nach Deutschland drängten, musste 1986 auch in Bad Cannstatt eine Sammelunterkunft für Asylbewerber eingerichtet werden. Im Jahr 2000 verringerte sich die Zahl der Ausländer jedoch erheblich, weil viele »Options-Deutsche« die deutsche Staatsangehörigkeit erwarben.

Da Bad Cannstatt während der Anwerbezeit einen hohen Industriebesatz hatte, stieg hier der Ausländeranteil über den Durchschnitt des Landes Baden-Württemberg an. In etlichen Vereinen pflegen die zu uns gekommenen ausländischen Mitbürger ihre eigenständige Kultur. So gab es im Jahr 2000 in Bad Cannstatt mehrere islamische Vereinigungen, je einen kroatischen, portugiesischen, sardischen, griechischen und albanischen Verein sowie ein türkisches Blinden-Zentrum. Die islamische Vereinigung eröffnete 1981 in einer Fabrikhalle ein Gebetszentrum.

Zum Vergleich: Im Jahr 2000 waren in ganz Stuttgart rund 23 Prozent, in Baden-Württemberg zwölf Prozent der Wohnberechtigten (einschließlich Personen mit zweitem Wohnsitz) ausländischer Herkunft. An der Spitze standen in Bad Cannstatt die Türken mit 4468 Personen, gefolgt von den Griechen mit 3028, Italienern mit 2194, Jugoslawen (ohne Bosnier, Slowenen und Mazedonier, also ohne Kriegsflüchtlinge) mit 2091 und Kroaten mit 2062 Personen. Bemerkenswert ist, dass am 31. Dezember 2000 von den Ausländern 7065 bereits 15 Jahre und länger in Bad Cannstatt wohnten, 2671 immerhin zehn bis 15 Jahre und mehr als die Hälfte bereits mindestens acht Jahre. Nicht wenige gehen nach dem Ausscheiden aus dem Arbeitsleben zurück in ihr Heimatland.

Ausländeranteile im Stadtbezirk Bad Cannstatt

Jahr	*Einwohner gesamt*	*davon Ausländer*	*Anteil in Prozent*
1961	77 506	4191	5,4
1970	72 850	9611	13,2
1978	58 312	12 325	21,1
1982	63 100	14 294	22,7
2000	67 378	20 341	30,2

Quelle: Statistisches Amt der Stadt Stuttgart

Um die Möglichkeiten zur Begegnung deutscher und ausländischer Bürger zu schaffen, wurden in Bad Cannstatt acht Jahre lang bis 1990 die »Internationalen Tage« veranstaltet.

Kleingärten spenden Erholung

Das Wachstum der Städte und die Zunahme der Arbeiterschaft hieß für viele: Lösung vom Grundbesitz und von der Betätigung in der Natur. Hier wollte der Leipziger Arzt Dr. Daniel Schreber helfen und Spielplätze schaffen, auf denen die Jugend der Stadt sich körperlich stärken konnte. Der erste nach Schrebers Tod (1861) in Leipzig gegründete und nach ihm benannte Verein vollzog allerdings 1868/69 den Übergang zu einem Gartenverein, und diesem eiferte man bald an vielen Orten nach. In Stuttgart fasste die »Kleingartenbewegung« aber noch lange nicht Fuß, hatten doch hier viele Bürger ein »Gütle« ererbt, auf dem sie sich betätigen konnten. Die Obst- und Gartenbauvereine wurden denn auch durchweg als Weingärtner- und Güterbesitzer-Vereine gegründet, derjenige in Cannstatt 1871[69].

Gemäß seinen Statuten wollte dieser Verein durch Vorträge, Demonstrationen und Schulungen praktisches Wissen vermitteln. Er holte deshalb nicht nur namhafte Kenner des Wein- und Obstbaus wie auch der Viehzucht zu Vorträgen, sondern richtete in den 1880er-Jahren auch eine Winterabendschule für die männliche und 1920 eine Fortbildungsschule für die weibliche Jugend ein. 1969 kam sogar eine Damen-Gymnastik-Gruppe hinzu.

Die Einrichtung von Kleingärten begann in Stuttgart erst 1939/40 in Degerloch. Aus Bad Cannstatt ist die Anlage »Hungerbühl« zu nennen, die ab 1940 in einem Steinbruchgelände geschaffen wurde, indem man das Gelände mit Aushub von der Regulierung des Feuerbachs auffüllte. Erst 1942 konnten die 53 Kleingärten vergeben werden. Durch den Bau der Sommerrain-Schule fielen sie 1953 allerdings bis auf 18 weg, für die anderen musste Ersatz in Steinhaldenfeld geschaffen werden, denn eine weitere Kleingartenanlage gab es zu dieser Zeit in Bad Cannstatt noch nicht. Heute sind die Pächter in der Gemeinschaft der Gartenfreunde Bad Cannstatt e. V. zusammengeschlossen.

Während die Landwirtschaft heute keine Bedeutung mehr besitzt, ist der Weinbau weiterhin wichtig geblieben. Die Rebflur-Bereinigung, die 1966 im Gebiet Berg/Klinge begann und 1982 im Bereich Prag/Krailenshalde endete, erleichtert die maschinelle Bearbeitung. Mit rund 80 Hektar besitzt Bad Cannstatt heute das größte Weinbaugebiet in Stuttgart. Auf dem Muschelkalk rechts des Neckars gedeihen »Steinhalde« und »Zuckerle«, auf Keuperhängen am Burgholzhof der »Cannstatter Berg«. Das Keltern übernimmt für viele die Weingärtner-Genossenschaft, während etliche namhafte Weingärtner und das Weingut der Stadt Stuttgart selbst keltern und vermarkten.

Die Sanierung der Altstadt

Die Erneuerung der Stadt ist ein ständiger Prozess, denn immer wieder wurden und werden einzelne Gebäude durch neue ersetzt, werden auch bislang unbebaute Grundstücke überbaut. Es gibt aber Anlässe, die eine Erneuerung oder Sanierung in größerem Umfang bewirken, etwa ein Brand, aber auch ein politischer Beschluss. Im 20. Jahrhundert waren es Überlegungen, wie die Lebensqualität verbessert werden könnte, die zu Sanierungs-Maßnahmen führten. Die alte, mitunter seit einigen Jahrhunderten bestehende Bausubstanz entspricht nämlich heute oft nicht mehr den Wünschen der Bewohner: Die Wohnungen sind zu klein, die Zimmer zu niedrig (weil die Menschen größer sind), die Versorgung mit Wasser und Strom ist unbefriedigend, Belastungen aus der Umwelt sind mitunter zu groß. Deshalb leitete die Stadt Stuttgart 1969 in der Altstadt von Bad Cannstatt eine Sanierung ein[70]. Allerdings musste das Verfahren neu begonnen werden, als 1971 das Städtebauförderungsgesetz erlassen wurde und die rechtlichen Bedingungen neu festlegte.

Lange Zeit war es unklar, ob man eine Flächen- oder eine Objekt-Sanierung vornehmen sollte. Deshalb wurden wertsteigernde Maßnahmen nicht erlaubt, mit der Folge, dass in die Gebäude mehr und mehr Ausländer einzogen. Die lange Dauer des Verfahrens trug auch nicht gerade zur Planungssicherheit der Bürger bei.

Als erster Schritt war 1973/74 die »vorbereitende Untersuchung« durchzuführen, eine Bestandsaufnahme der einzelnen Häuserblöcke hinsichtlich der Besitzverhältnisse, des Zustands der Wohnungen und Gebäude, deren Nutzung, Struktur der Bevölkerung, Verkehrsbelastung so-

Historische Gebäude in der Brunnenstraße: Nr. 11 (rechts) war ab 1712 das Haus der Fischerzunft, Nr. 7 (links) ehemals ein Spital. (Aufgenommen Mai 2002)

Im Rahmen der Stadtsanierung wurden seit 1972 erhaltenswerte Gebäude der Altstadt erneuert wie das Stadthaus Sulzbachgasse 16.

Zu den interessantesten Gebäuden Bad Cannstatts gehört das Haus Felgergasse 4, das im Zuge der Altstadtsanierung renoviert wurde.

Anlässlich der Internationalen Gartenbauausstellung 1993 wurde auch der Nordbahnhof modernisiert und in seiner Nähe eine neues Wohngebiet erbaut. Links fährt eine Panorama-Bahn der IGA, unten sieht man einen ICE und einen Vorortzug (August 1993).

wie anderer Aspekte. Sie soll Auskunft darüber geben, wo Sanierungsmaßnahmen geboten erscheinen.

Im nächsten Schritt wurden Planungsvorschläge erarbeitet, mit den betroffenen Bewohnern diskutiert und daraus ein Rahmenplan entworfen, über den dann in den Gremien weiter zu beraten war. 1976 erklärte der Technische Ausschuss des Gemeinderats diesen Plan für maßgebend, die Sanierung der Altstadt konnte beginnen. Sie wurde 1977 auf die Neckar-Vorstadt ausgeweitet. Dabei wurde die Erschließung für den Verkehr neu geordnet, der Kernbereich zwischen Bahnhof und Neckarbrücke wurde zur Fußgängerzone umgestaltet, und Parkplatzflächen wurden angelegt. Die Bausubstanz wurde teilweise renoviert oder im alten Stil erneuert. Die Entkernung (Schaffung von Hofräumen) soll die Wohn- und Arbeitsverhältnisse verbessern. Eine neue Gestaltung des Uferbereichs erhöhte den Erlebniswert der »Stadt am Fluss«. 1999 war die Sanierung der Altstadt mit dem letzten Bereich an der Felgergasse beendet.

Um das malerische Bild der Altstadt, das insbesondere in der Marktstraße mit ihren reizvollen Windungen verschiedene Erlebnisräume bietet, zu erhalten, wurden diese Straße und einige Nebengassen 1979 unter Denkmalschutz gestellt. Die alten Giebelhäuser der Marktstraße stammen teilweise aus dem 16. Jahrhundert, doch auch einige Nachbarstraßen, die hier erfreulicherweise noch »Gassen« heißen, weisen interessante Bürger- und Weingärtnerhäuser auf. Das älteste Haus nach dem Klösterle steht in der Sulzbachgasse 16: Es stammt von 1512. Andere bemerkenswerte Häuser sind das Alte Spital (1545, Brunnenstraße 7) und das Alte Dekanat (1585, Marktplatz). Immerhin bietet Bad Cannstatt mit seiner Altstadt eines der schönsten Ortsbilder Stuttgarts, auch wenn die Erdgeschosszeilen durch material- und maßstabsfremde Einbauten gestört sind und das Kaufhaus beim Waiblinger Tor einen für das Stadtbild problematischen Sanierungskomplex der 1970er-Jahre darstellt. Trotzdem herrschen hier Ruhe und Beschaulichkeit – im Gegensatz zum Wilhelmsplatz. »Gäbe es kein autarkierbewusstes Alt-Cannstatter Bürgertum, würde dieses historische Stuttgarter Subzentrum wahrscheinlich schon der Vergangenheit angehören«, meinte Frank Werner.

Eine Besonderheit stellt das Stelzenhaus Felgergasse 4 dar. Sein Merkmal ist die Durchfahrt, die einst erforderlich war, um den Bewohnern der weiter hinten stehenden Häuser die Zufahrt zu ermöglichen, was sogar als Grunddienstbarkeit eingetragen war. Dem Eigentümer des Hauses Nummer 6 stand das Recht zu, dort unter dem Wohnstockwerk von Nummer 4 den Dung aus seinem Stall zu lagern. Torangeln aus Stein bezeugen, dass dieses Stück von Anfang an als Hofraum gedient hat. Interessant sind auch die übergreifenden Besitzverhältnisse im ersten Stock: Der Wohnteil von Nummer 4 reicht eine Zimmerbreite in Nummer 6 hinein. Bei der Sanierung zeigte sich, dass einige Holz-Bauteile eine Überblattung aufweisen, wie sie ab 1568 nicht mehr zugelassen war. Das Haus stammt demnach aus dem frühen 16. Jahrhundert. Nach seiner Erneuerung erhielt es 1999 den vom Schwäbischen Heimatbund und der Württembergischen Hypothekenbank gestifteten Denkmalschutzpreis (Peter-Haag-Preis). Der hinter dem Haus liegende Felgerhof wurde »totalsaniert«, doch wurde auf Fassaden Wert gelegt, die in das Bild der Altstadt passen.

Als gelungen kann auch der Platz Am Jakobsbrunnen gelten, der im Zuge der Sanierung durch den Abbruch mehrerer

Häuser geschaffen wurde. Den dortigen Brunnen ließ Pro Alt-Cannstatt erneuern. Das Haus Sulzbachgasse 16 im Renaissance-Stil zu restaurieren, kostete etwa zwei Millionen Mark.

Pro Alt-Cannstatt entstand 1975 als eine Bürgerinitiative im Schoß des Brauchtumsvereins Kübelesmarkt, um die Sanierung bürgernah zu fördern. Sie engagiert sich für die Erhaltung und Aufwertung des Altstadt-Bereichs und ist seit 1981 als eigenständiger Verein tätig. Viele Projekte wurden unterstützt oder gar angeregt, und dem Einsatz dieses Vereins ist es zu verdanken, dass das Klösterle nicht abgerissen wurde. Vieles wie die Sanierung von Brunnen, die Anbringung von Gedenktafeln und die Einrichtung eines »historischen Pfads« durch die Altstadt wurde mit Hilfe von Spenden in eigener Regie durchgeführt. Mit der Wiedereinführung von Niklasmarkt und Maimarkt wurde altes Brauchtum wieder belebt. Seit 1998 bemüht sich ein »Historischer Kreis« des Vereins darum, die Bürger mit der Geschichte Bad Cannstatts vertraut zu machen. Das führte dann auch zu diesem Buch.

Weitere Veränderungen ergaben sich durch die Internationale Gartenbau-Ausstellung 1993. Um nämlich das »Grüne U« für Stuttgart zu schaffen, wurden auch Teile der Cannstatter Gemarkung auf dem Wartberg und am Pragsattel in die Grüngestaltung einbezogen. Im Zwickel zwischen Heilbronner und Pragstraße erfolgte dabei eine Totalsanierung: die alten Wohngebäude wurden 1985/86 abgerissen und das Gelände in eine Grünfläche verwandelt.

In diese Zeit der Neugestaltung fallen auch einige bemerkenswerte Neubauten. Zu nennen ist einmal das neue Verwaltungsgebäude der Stadt, das »neue Rathaus«, das 1986 bis 1988 anstelle des Oberamtei-Gebäudes entstand und in seiner von Werner Luz gestalteten Bauweise die Anpassung an das alte Stadtbild versucht. Zum anderen denke man an das 1976 eröffnete Wilhelms-Zentrum und die 1988 fertig gestellte König-Karls-Passage, die in drei Etagen 22 Geschäfte mit 3500 Quadratmetern Fläche sowie 3000 Quadratmeter Büroräume aufweist. 1987 begann die Modernisierung im Bereich Bahnhof – Wilhelmsplatz.

Freilich lief das nicht immer reibungslos. Als 1971 zehn Einzelhandelsgeschäften wegen des geplanten Kaufhaus-Baues gekündigt wurde, gab es Unruhe in der Innenstadt, ja 1973 bildete sich eine Bürgerinitiative, die wegen der »bürgerfeindlichen Stadtplanung« (siebengeschossiges Kaufhaus am Wilhelmsplatz) unzufrieden war.

Stadtsanierung bedeutet aber nicht nur Erneuerung von Wohngebieten, sondern auch Ausbau oder Beruhigung von Straßen. Genannt sei der Ausbau der Waiblinger Straße 1966, dem die Kelter bei der Uffkirche weichen musste. Dagegen steht der Königsplatz vor dem Kursaal, der 1984/85 umgestaltet wurde, nachdem die Teinacher Straße dort schon 1979 gekappt und für Kraftfahrzeuge gesperrt worden war. Mit dem Bau der Straßenbahnlinie U 2 in den ersten Jahren des neuen Jahrhunderts wurde eine neue Umgestaltung des Wilhelmsplatzes notwendig. Dies ist die wohl stärkste Veränderung, die Bad Cannstatt nach dem Zweiten Weltkrieg im Verkehrssektor erfuhr.

Warum Erdfälle entstehen

Obwohl der Untergrund in Stuttgart als guter Baugrund bezeichnet werden kann, gibt es in ihm infolge von Lösungsvorgängen – der Geowissenschaftler spricht von Subrosion – im Muschelkalk

In der Nacht vom 12. auf den 13. Mai 2000 bildete sich beim Haus Ihmlingstraße 10 etappenweise ein tiefer Krater. Die Ursache war die Subrosion.

und im Gips zahlreiche Dolinen (»Erdfälle«) [71]. So entstand am 18. März 1957 in Bad Cannstatt zwischen der Kienbachstraße und der Bahnlinie nach Fellbach eine Doline von 26 Metern Tiefe und zehn Metern Durchmesser. 1983 öffnete sich an der Etzelstraße eine Doline mit einem Durchmesser von über fünf und einer Tiefe von 14,4 Metern. Durch Bohrungen weiß man von weiteren Hohlräumen; jene an der Bahn nach Fellbach und beim Gottlieb-Daimler-Gymnasium wurden mit Zement verfüllt. An der Tarnowitzer Straße dagegen wurden vorsorglich mehrere Häuser abgerissen.

Der jüngste Einbruch ereignete sich in der Nacht vom 12. auf den 13. Mai 2000 im Hof des Hauses Ihmlingstraße 10 in Bad Cannstatt. Etappenweise versank ein fünf Meter hoher Ahornbaum in einem Krater, die Spielwiese des dortigen Kindergartens wurde zu einem dunklen Loch. Wahrscheinlich hatten die starken Regenfälle der Nacht die Standfestigkeit des Bodens so sehr vermindert, dass der infolge der Lösung im Gipskeuper entstandene Hohlraum einstürzte. Die benachbarten Wohngebäude vorsorglich zu sichern, kostet viel Geld.

Vor 250 Jahren wusste man von der Subrosion noch nichts und deutete die Einbrüche anders. Als es nämlich am 9. November 1755 zwei Erdstöße gab, die Giebelseite des Rathauses und die anstoßende Ecke des benachbarten Schulhauses, die beide auf Pfahlrosten standen, unter furchtbarem Krachen etwa 2,5 Fuß tief einsanken und die Sulzquelle eine starke Trübung zeigte, hielt man das für eine Auswirkung des großen Erdbebens von Lissabon. So berichteten es Memminger 1812 und ihm folgend noch manche weiteren Autoren bis hin zu Daiber 1878, ja Hartmann hielt das Terrain von Cannstatt noch 1847 für ein Gebiet vulkanischer Natur. Es dürfte sich bei dem Einsturz aber um eine Folge der Subrosion gehandelt haben, denn das Beben in Lissabon ereignete sich bereits am 1. November 1755. Wahrscheinlich gilt das auch für den »Erdstoß« vom 21. September 1861, weil er keinem Erdbeben zugeordnet werden kann. Dagegen waren die in Stuttgart und Cannstatt am 9. Dezember 1755, am 1. November 1868, im Februar 1871 und am 21. Mai 1884 gespürten Erschütterungen Auswirkungen entfernterer Beben.

In Cannstatt weiß man die Feste zu feiern

Auch heute wissen die Cannstatter – wie einst ihre Vorfahren – die Feste zu feiern[72]. Geselligkeit wird groß geschrieben, wobei man auch neue Wege geht. 1970 veranstaltete die »Arbeitsge-

Die typischen Fasnachtsfiguren von Bad Cannstatt: der Geizig, der Felben, der Mond und der Brunnengeist.

Die italienischen Gastarbeiter führten in Bad Cannstatt die Karfreitags-Prozession ein. (2002)

Bei den Küblern herrscht frohe Stimmung.

meinschaft Marktstraße« erstmals das »Wein- und Brezelfest«, das 1988 fast 60 000 Besucher anlockte. Es ist gewissermaßen ein »überdimensionaler Stammtisch der Cannstatter und derer, die sich dafür halten«. Vierzig- bis fünzigtausend Freunde der Gemütlichkeit fanden sich hierzu an den Tischen zwischen Wilhelmsplatz und Wilhelmsbrücke ein. Inzwischen ist die Urmutter aller Straßenfeste den vielen Nachahmern zum Opfer gefallen. Aber das Sommernachtsfest der Vereinigung Cannstatter Vereine steht auf der Beliebtheitsskala ganz oben.

Die Teilnahme am Fasnachtstreiben ist gewissermaßen Ehrensache, und sei es nur als Zuschauer auf dem närrischen Wochenmarkt, beim Geizig-Rufen, wenn der »Geizig« für eine große Schar Kinder Süßigkeiten fordert, beim Festspiel zur Felben-Historie, beim Sturm auf das Rathaus am Fasnachts-Dienstag oder bei der »Fasnetsverbrennsäufung«, wenn die Fasnet verbrannt und anschließend im Fluss ersäuft wird. Wann in Cannstatt zum ersten Mal ein Fastnachtstreiben herrschte, lässt sich nicht belegen. Obwohl der Landesherr 1567 allen Mummenschanz »bey Straff des Thurns [Turms] oder Narrenhäußlins« verbot, dürfte man die Fasnet doch gefeiert haben. Belegt ist es für 1855, als Schüler der höheren Schulen eine »mascierte Schlittenfahrt« oganisierten, an der etwa 30 Schlitten teilnahmen. Als der Gesangverein Concordia 1865 ein Maskenfest veranstaltete, war dies der Anlass, den »Kübelesmarkt« ins Leben zu rufen. Dessen Vorstand, der Küblerrat, umfasste – wie es sich für Fasnachts-Vereine gehört – elf Mitglieder (heute 13). Das 1955 eingeführte »Kübelesrennen«, bei dem die Teilnehmer in einem Zuber (der ursprünglich für das Fischerstechen gebaut worden war), mit den Händen paddelnd, den Neckar überqueren mussten, konnte wegen der Verschmutzung des Flusses später nicht mehr stattfinden. Aber wenn nicht auf dem Neckar, so konnte man das Rennen doch – auf Rädern – in der Stadt durchführen, und so wurde Bad Cannstatt um eine Attraktion reicher, an der man sich alljährlich am »Schmotzigen Donnerstag« verlustieren kann.

Alle vier Jahre gibt es einen schwäbisch-alemannischen Narrensprung. Zum Treffen der Masken kommen dann etwa 30 Zünfte, auch solche aus der Schweiz und dem Elsass. 1975 trafen sich dabei über 3000 Maskenträger und 200 000 Zuschauer. Einen Höhepunkt bot das große Treffen der schwäbisch-alemannischen Narrenzünfte 1992, an dem sich 63 Zünfte mit rund 14 000 Masken beteiligten und etwa 250 000 Zuschauer anlockten. Die Cannstatter Tanzgruppen und der Spielmannszug des Kübelesmarkts sind heute weithin bekannt.

Das Fischerstechen reizte nach dem Zweiten Weltkrieg dazu, wieder aufgenommen zu werden. Die Kübler und der Schwimmverein Cannstatt führten es 1950 durch, doch wegen der Verschmutzung des Flusses wurde es bald darauf durch die Gesundheitspolizei unterbunden. Seit 1983 findet es aber wieder alle zwei Jahre statt.

Von den italienischen Mitbürgern initiiert ist die Karfreitagsprozession. In ihrer Art ist sie einzigartig im Stuttgarter Raum.

Freilich gibt es in Cannstatt Vereine nicht nur zur Geselligkeit, sondern auch für vielerlei andere Zwecke. Man bekäme eine lange Liste, wollte man sie alle einschließlich der Ortsgruppen überörtlicher Vereine aufzählen, denn es sind weit über hundert. Dem Gesang zum Beispiel widmeten sich im Jahr 2001 mindestens neun Vereine, dem Schießsport wenigstens fünf. Den größten Anteil stellen die Sportvereine, deren zwei größte jeweils über 2000 Mitglieder zählen. Auch speziell ausgerichtete Vereine wie Pro Alt-Cannstatt, der Bürgerverein oder der Fotoclub fehlen nicht. Die vielen Vereinsheime vor allem am Neckar oder in den Weinbergen künden von den regen Aktivitäten.

Neues Geld und neue Maßeinheiten

Ein für die Gegenwart wichtiges Ereignis war die Ablösung der Deutschen Mark (DM) durch den Euro (€) am 1. Januar 2002. In einer Übergangsfrist von zwei Monaten konnte man die neue Währung eintauschen, und das klappte überraschend schnell. Es war aber nicht der erste Geld-Umtausch, der den älteren Cannstattern bekannt ist. So wurde der alte württembergische Gulden (fl., von Florentiner Gulden) am 1. Juli 1875 abgelöst durch die Mark (M), wobei sieben fl. mit zwölf M angesetzt wurden. Die Inflation in den 1920er-Jahren führte 1923 zur Einführung der Rentenmark, deren Kurs gleichgesetzt wurde mit dem Wert von einer Goldmark (0,358423 Gramm Feingold) oder einer Billion Papiermark. 1924 folgte die Reichsmark (RM), die wiederum in einer Währungsreform am 20. Juni 1948 durch die Deutsche Mark (DM) abgelöst wurde. Hierbei wurden die Konten im Wert zehn RM zu einer DM umgestellt, und jeder Einwohner erhielt am 20. Juni zunächst nur 40 DM auf die Hand.

Zu nennen ist auch die Einführung neuer Gewichts-Einheiten. Am 1. Januar 1860 wurde bestimmt, 500 französische Gramm seien ein Pfund, 100 Pfund ein Zentner, ein Zentner 32 Lot zu vier Quent. Mit dem 1. Januar 1872 wurden dann die metrischen Maße und Gewichte (Meter und Gramm) in ganz Deutschland verbindlich.

Ein Geschenk der Natur: die Mineralquellen

Die frühe Entwicklung

Ein besonderes Geschenk der Natur sind die mineralhaltigen Quellen bei Bad Cannstatt und Berg[73]. Nach den jüngsten Untersuchungen liegen fünf Aufbrüche von Mineralwasser im Neckartal und zehn in quartärer Talfüllung, insgesamt 19 Quellen, die zusammen etwa 500 Liter pro Sekunde (l/s) ausschütten. Davon entfallen 165 l/s auf hoch konzentriertes, kohlensäurereiches Mineralwasser, dessen elf Austritte als Heilquellen anerkannt sind, und 65 l/s auf niedrig konzentriertes Wasser. Etwa

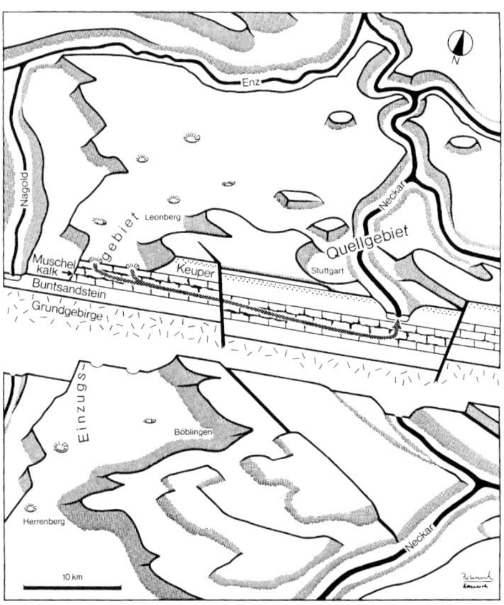

Das in Bad Cannstatt austretende Mineralwasser bildet sich im Gebiet westlich der Landstufe bei Böblingen–Leonberg und wandert im Untergrund, der Schichtenneigung folgend, bis es bei Bad Cannstatt an Störungslinien des Deckgebirges zu Tage tritt.

300 l/s treten verborgen in den Neckar oder in die Kiese des Neckartals aus. Es ist dies das zweitgrößte Vorkommen von Mineralwasser in Europa. Die meisten der hoch mineralisierten Quellen erreichen eine Temperatur von 20 Grad oder mehr und sind damit Thermen. Das Hauptbildungsgebiet liegt im Raum Gärtringen–Sindelfingen–Malmsheim. Von dort strömt das Wasser unter Stuttgart hindurch zum Cannstatter Becken. Der Mineralgehalt stammt überwiegend aus dem Mittleren Muschelkalk, das Kohlendioxid wird großenteils aus Kluftzonen zugeführt. Die Klüfte, die um Bad Cannstatt das Gestein durchziehen, lassen das Wasser dort artesisch aufsteigen.

Die Geschichte der Nutzung dieser Quellen ist wechselhaft. Die Funde im Travertin bezeugen, dass sie schon in vorgeschichtlicher Zeit besucht wurden, und auch die Römer wussten die in der Stadt austretenden Wässer für Heilzwecke zu nutzen. Den ersten schriftlichen Beleg aus dem Mittelalter lieferte Francesco Petrarca († 1374), der von dem Brunnen des »Ochsen« berichtet. 1377 wurde ein »Sulzbader« erwähnt, dessen Badestube bei den »Männlein« und »Weiblein« genannten Quellen stand. Das ist der erste Hinweis auf ein Bad. Der Name »Sulz« wird zwar schon 1299 erwähnt, doch ist damit nicht gesagt, dass sich dort auch ein Bad befand (wenngleich es wahrscheinlich ist). Zuvor in städtischem Besitz, wurde das Sulzbad – nach der Zerstörung im Dreißigjährigen Krieg – 1538 ein Stück entfernt mit nur wenigen Räumen neu erbaut. 1736 verfügte das Badhaus über acht Stuben zum Logieren, ein allgemeines Bad und sechs Kabinette für Personen, die allein baden wollten. Später – nach einem Brand um 1800 – wurde es durch Dr. Johann Ludwig Frösner gründlich erneuert und 1818 durch einen Neubau an der Badstraße ersetzt.

Eine weitere Quelle, »Sulz« genannt, lag beim Rathaus, eine andere, die »obere Sulz«, beim Wilhelmsplatz. Von der Rathaus-Sulz berichtete Jakob Frischlin um 1610, das Wasser gefriere nicht, sondern rieche und dampfe sehr. *Wenn man fisch oder frösch darin wirft, sterben sie von stundt an.* Gelegentlich holten die Frauen Wasser zum Baden, die Sulz diente aber mehr als Pferdeschwemme. Ihre Abflüsse sind im Stadtplan von 1655 als »Sulzbach« verzeichnet, von dem es 1787 hieß, ein durchlaufender Bach mache die Hauptstraße »immer kotig«. Dem 1991 neu aufgestellten Brunnen vor dem Bezirksrathaus wird man das hoffentlich nicht nachsagen müssen.

Angesichts der Salzarmut des Landes versuchte man wiederholt, hier Salz zu gewinnen. Walter Carlé hat 1961 ausführlich darüber berichtet. Erstmals bemühte sich 1597 Herzog Friedrich I., in Cannstatt eine Salzgewinnung aufzubauen, und Siedepfannen waren damals bereits fertiggestellt. Ein weiterer Versuch erfolgte unter Herzog Eberhard Ludwig 1709/10, wobei auch ein vermutlich primitives Gradierwerk erbaut wurde. 1733 bis 1739 versuchte der Mechanicus Gottfried Demmler aus Lauffen, unterstützt von der Regierung, Salz zu gewinnen. Alle Versuche scheiterten an dem zu geringen Salzgehalt der Cannstatter Sole.

Als dann J. F. Stahl in der Physikalisch-ökonomischen Wochenschrift 1765 berichtete, das Cannstatter Mineralwasser

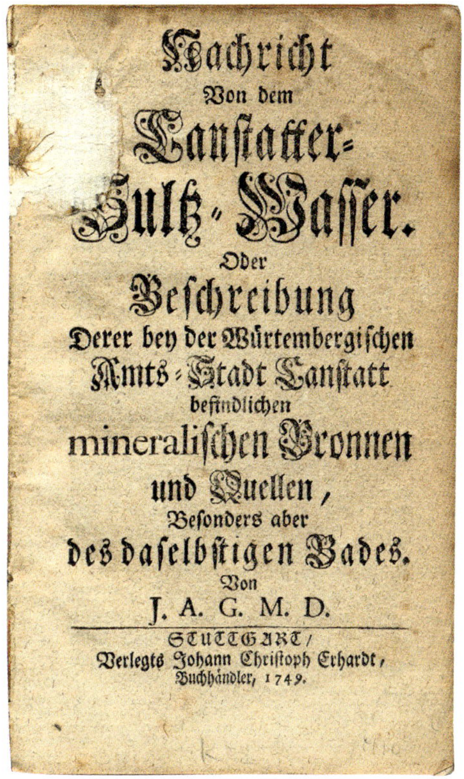

Nachricht
Von dem
Canstatter-
Sultz-Wasser.
Oder
Beschreibung
Derer bey der Würtembergischen
Amts-Stadt Canstatt
befindlichen
mineralischen Bronnen
und Quellen,
Besonders aber
des daselbstigen Bades.
Von
J. A. G. M. D.
STUTTGART /
Verlegts Johann Christoph Erhardt,
Buchhändler, 1749.

Das Titelblatt der 1749 von J. A. Gesner verfassten Beschreibung der Cannstatter Mineralwässer.

enthalte 7,1 Gramm Salz im Liter, horchten wirtschaftlich interessierte Männer auf. Denn Salz war im Herzogtum Württemberg Mangelware und musste folglich aus anderen Ländern eingeführt werden. Unternehmerische Herren gründeten deshalb 1770 die »Salzquellen-Ergrabungs- und Bohrversuchungs-Gesellschaft bei der Sulz am Rain« und begannen zwei Jahre später, weit entfernt vom damaligen bescheidenen Badebetrieb, zunächst einen 14,30 Meter tiefen Schacht zu graben. Von dessen Sohle aus brachten sie dann 1773 ein Bohrung nieder. Bei einer Teufe von 71,5 Meter stand sie im Oberen Muschelkalk, als man das

Bohren einstellte; das neun Meter mächtige Salzlager des Mittleren Muschelkalks erreichte sie nicht. Die Männer wussten nicht, dass Stahl den Salzgehalt dreimal zu hoch angegeben hatte.

Immerhin traf man 1773 in 30,40 Meter auf reichlich sprudelndes, an Kohlendioxid sehr reiches Wasser. Für eine Salzgewinnung eignete es sich nicht, doch fand man eine andere Möglichkeit, diesen ersten künstlichen artesischen Brunnen Deutschlands zu nutzen: Man baute 1786 eine Ölmühle, führte das Wasser in einem senkrecht stehenden Holzrohr zutage und leitete es auf das Rad dieser Mühle, die 1798 an Kaufmann Beuttenmüller überging. Diese Art der Nutzung erwies sich insofern als günstig, als das gut 18 Grad warme Wasser im Winter nicht gefror und somit einen ganzjährigen Betrieb der Mühle ermöglichte. Nebenbei nutzte man es aber auch für Trinkkuren, und es wird berichtet, es habe schon bald »ein fürchterliches Gedränge von Krüge füllenden Personen« gegeben. Damit leitete die Bohrung also eine neue Phase in der Entwicklung Cannstatts ein.

Als der Lauffener Oberamtmann Johann Friedrich Seyffer 1787 nach Cannstatt versetzt wurde, kümmerte er sich noch im selben Jahre um die Quellen am Sulzerrain. Er ließ sie für Trinkkuren herrichten, ließ Wege anlegen, Pappeln setzen und eine Bank aufstellen. So konnte der »Curgast ohne alle Mühe selber sein Glas füllen und auch mit Bequemlichkeit da aufhalten«. Die Ölmühle blieb weiterhin in Betrieb.

Später nutzte noch eine weitere Mühle das warme Wasser: Ende 1814 erhielten Christoph Grotz und Peter Geßwein die Erlaubnis, beim Schmidener Tor *in dem Stadtgraben unweit des Schießhauses an dem Sulzwasser eine Sägmühle zu erbau-*

Die Trinkhalle am Sulzerrain um die Jahrhundertwende

en, allerdings unter etlichen Bedingungen. Es war eine Mühle mit unterschlächtigem Wasserrad. Auf ihren Antrag hin durften die Müller ab 1817 außerdem das vom Sauerbrunnen in den Neckar abfließende Wasser durch einen (teilweise überdeckten) Kanal auf ihre Mühle leiten. Das sei im Winter günstig, meinten sie, wie es sich an der Stadtmühle zeige, wo das Salzwasser des Sulzbachs in der Räderstube eine Eisbildung verhindere. 1831 durfte Geßwein auch eine Ölmühle einrichten, den Wasserbau dabei allerdings nicht verändern.

Ausbau zum bedeutenden Kurort

Eine neue Phase setzte 1814 ein. Schon am 20. Juli 1813 meldete Oberamtmann Eccard, das Publikum wünsche, die Quelle am Sulzerrain zweckmäßiger zu fassen und die Umgebung zu verschönern. Er löste damit eine Diskussion aus, die zu Gutachten und zur Untersuchung von Quelle und Bad führte. Einer der Motivatoren war der Stuttgarter Hofrat Karl Friedrich Sick, der die Anlage am Sulzerrain 1814 aus Dank für seinen Kurerfolg verschönern ließ und im März 1818 vorschlug, eine schöne Promenade anzulegen. Aber auch König Friedrich wollte nun die Brunnen-Anlage *in zweckmäßigen Stand* setzen lassen und befahl dem Staats- und Finanzminister Graf von Mandelsloh, die Eigentumsrechte am Sauerbrunnen zu klären. Das Ergebnis: Der Grund und Boden gehörte der Stadt und Privatleuten, die Quelle an sich jedoch dem Staat, im Gegensatz zu anderen Quellen, die in Privatbesitz waren. Ob die Stadt Boden abtreten wolle, fragte König Friedrich, und sie tat es offenbar, denn als die Stadt später um die Rückgabe der Quelle bat, ließ König Wilhelm, der inzwischen die Regierung übernommen hatte, am 1. September 1817 den alten Zustand wieder herstellen, jedoch mit der Bedingung, *für die Bequemlichkeit der Brunnengäste und die Verschönerung der Umgebungen des Brunnens durch zweckmäsige Einrichtungen Sorge zu tragen.* Der alte Zustand – das hieß: Der Boden gehört der Stadt, die Quelle bleibt Eigentum des Staates.

Eine weitere Verbesserung erfolgte, als 1819 Oberwasserbaudirektor Duttenhofer Vorschläge für die Neufassung der Quellen machen sollte und Nikolaus von Thouret den Auftrag erhielt, über der nun Wilhelmsbrunnen genannten Quelle zum Schutz der Gäste vor unfreundlicher Witterung einen mit Stroh gedeckten Pavillon zu errichten. Hinzu kam das neue Badhotel, das Dr. Johann Ludwig Frösner 1818 an der Badstraße erbaute. (Als man dessen Baugrube aushob, stieß man übrigens auf Reste römischer Badeanlagen.) Auch Ochsenwirt Link verbesserte seine Einrichtung. Als er 1815 die Genehmigung dazu erbat, erhob Konkurrent Frösner Einspruch und meinte, das könne für die Badestadt nachteilig sein. Aber die Medizinal-Kommission hatte keinen Einwand, sofern Link angeben würde, dass die Zusammensetzung seines Wassers anders sei.

Duttenhofer schrieb im März 1820, er habe gehört, aus der Ölmühle solle eine Gipsmühle gemacht werden. *Alsdann hört kein Mensch mehr*, so schrieb er, *sein eigenes Wort an dem Brunnen. Der Gipsstaub verderbt alles.* Die Gipssteine würden die Umgebung verunstalten, die Wege würden zerfahren werden. *Zum Glück ist wegen des allzuschwachen Wassers kein Gedeihen eines solchen Werkes zu erwarten.*

Den entscheidenden Schritt zum weiteren Ausbau machten die Cannstatter

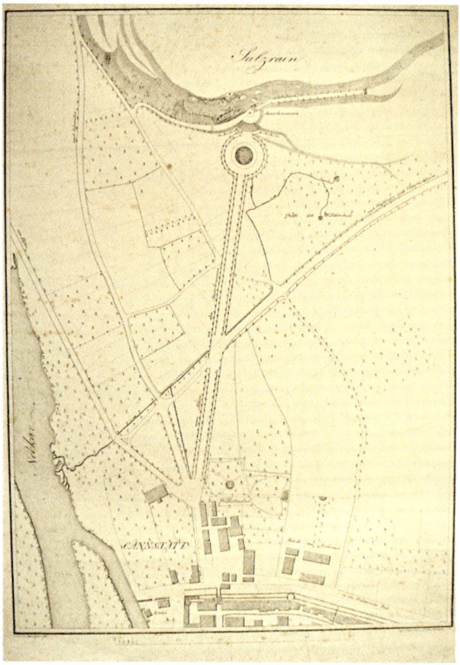

1821 rief der Brunnenverein zu Spenden für eine zum Sulzerrain führende vierreihige Allee auf und legte dem Aufruf diesen Entwurf von Nikolaus von Thouret bei.

selbst am 23. August 1821, als sie den »Verein zu Verbesserung der hiesigen Bad- und Kuranstalten« gründeten, den Brunnenverein. Er übernahm 1822 von der Stadt die Verwaltung und die Einkünfte der Brunnen in Cannstatt und Berg.

Durch König Wilhelm ermuntert, rief der Brunnenverein zu Spenden auf, um eine Allee zu pflanzen, den Platz bei der Quelle weiter zu verschönern und die dort stehende Ölmühle aufzukaufen und abzubrechen. Der König unterstützte das Vorhaben mit 4000 Gulden, der Staat gewährte dem Verein 10 000 Gulden Zuschuss, die Stadt gab 10 000 Gulden Darlehen und erwarb mehrere Grundstücke, 1352 Gulden kamen durch Spenden, und die Cannstatter Fuhrleute leisteten 400 Fuhren kostenlos. Noch einmal bewilligte der König 1825 dem Brunnenverein einen Vorschuss von 5000 Gulden und wandelte ihn, als der Verein das Geld nicht zurückzahlen konnte, 1835 in einen Zuschuss um. 1839 stiftete er aus dem Reservefonds 3000 Gulden.

Ein wichtiger Schritt gelang der Stadt 1822. Der steigende Besuch der Quelle in den Jahren 1814 und 1815 hatte sie veranlasst, die Umgebung zu verschönern, und als die Quelle 1819 zu versiegen drohte, ließ sie diese mit beträchtlichem Aufwand neu fassen, in dem irrigen Glauben, die Quelle gehöre der Stadt. Um die Kosten wieder zu erwirtschaften, beantragte die Stadt, für die abgegebenen Krüge eine Gebühr erheben zu dürfen, obwohl ihr die Quelle gar nicht gehörte. Im Finanzministerium sah man sehr wohl: Entweder muss der Staat die aufgewendeten Kosten ersetzen und riskieren, dass die Stadt weiterhin nichts mehr auf die Quelle verwenden werde, oder aber er muss die Quelle der Stadt überlassen, was finanziell als der günstigere Weg erschien. Daraufhin genehmigte der König am 22. März 1822, die Quelle an die Stadt abzutreten, weil sie dem gemeinen Nutzen diene, doch durften die Cannstatter die Quelle nicht der öffentlichen Nutzung entziehen.

Zu einem hochrangigen Bad gehören auch hübsche Grünanlagen. Deshalb begann Hofgärtner Bosch 1821, eine dreifache Allee zu setzen, die vom Schmidener Tor zur Quelle führte. Diese Anlage wurde ab 1824 mehrfach erweitert, und 1830 legte man den im englischen Stil gehaltenen Kurgarten an. 1848 wurden die Brunnen-Anlagen am Sulzerrain verschönt und erweitert, einige Gebäude wurden entfernt und die Alleen vermehrt. 1851 schenkte die Stadt dem Brunnenverein das Grundstück für ein Tannenwäldchen oberhalb des Sulzerreins[74], und 1858 wurde die Allee zwischen Kursaal und Wilhelmsbad gesetzt.

Cannstatt – das »Paradies des Neckars«

Über das Badeleben schrieb 1836 J. F. Cast: »Morgens, bevor noch der Strahl der Sonne die senkrechte Richtung seiner ermattenden Schwüle erreicht [...] begiebt man sich an des Sulzerrains Krankheiten besiegende Quelle«. Und der Badearzt Dr. Salomo Tritschler meinte 1823: »Am Brunnen reicht die Zahl der Curgäste an manchem Morgen an die tausend, und Cannstatt ist zugleich Unterhaltungsort geworden«[75].

Nach der Trinkkur begab man sich zum Frühstück, meistens ins nahe Wilhelmsbad, das manchmal über 500 Portionen Kaffee servieren musste. Es folgte ein Bad von einer Stunde, dann promenierte man in den Anlagen, betrieb Spiele oder pflegte Ruhe. Wer hier in Cannstatt war, so bemerkte Cast, kann sagen: »Auch ich war im Paradies des Neckars.« C. Th. Griesinger dagegen lästerte in seinen »Humoristischen Bildern«, in keinem Bad gehe es »langweiliger zu als in Cannstadt. Da kommen die Leute Morgens an den Sauerbrunnen, trinken ein paar Gläser Wasser, gehen dann nach Hause, baden, blasen Trübsal bis zum Mittagessen ...«.

Im Jahr 1825 entstand ein Haus zum Abfüllen des Wassers in Krüge, von denen täglich etwa 1000 gefüllt wurden. Nach Cast waren es 150 000 bis 200 000 Krüge im Jahr, von denen viele nach Stuttgart geliefert wurden. In den 1830er-Jahren errichtete Dr. Heine an der Oberen Sulz am

Der Kursaal wurde in den Jahren 1825 bis 1837 nach den Plänen von Nikolaus von Thouret erbaut. Das Denkmal des Königs Wilhelm wurde 1881 vom Wilhelmsplatz hierher umgesetzt.

Wilhelmsplatz ein Mineralschwimmbad, das bis 1927 bestand. Auf der 9600 Quadratfuß großen Wasserfläche schwammen sechs Badekabinen. 1844 folgte, erbaut von einer Aktiengesellschaft, bei der Sulzerrainquelle das Karl-Olga-Bad. Um dieselbe Zeit entstanden noch einige weitere Bäder, die jedoch inzwischen eingegangen sind wie das 1817 entstandene Wilhelmsbad, das Ebner'sche Bad und das Bad im Russischen Hof.

In den Jahren 1830 bis 1833 erbohrten einige Unternehmer mehrere Quellen, um das nicht gefrierende Wasser ganzjährig für den Antrieb von Maschinen zu nutzen. Hierzu gehörte auch die Spinnerei Bockshammer, aus der 1855/56 das Mineralbad Berg hervorging. Die Quelle der Klotz'schen Fabrik diente ab 1842 dem heute als Leuze bekannten Bad.

Als in den 1840er-Jahren das bauliche Wachstum in Richtung Sulzerrain einsetzte, griff der Cannstatter Magistrat regelnd ein und erließ ein Lokalstatut. Dadurch wurde nicht nur die Fläche der heutigen Kursaal-Anlagen gesichert, es durfte auch in keinem der dort entstehenden Gebäude ein »mit Lärm, Geräusch oder üblem Geruch verbundenes oder sonst die Nachbarschaft belästigendes Gewerbe betrieben werden«. Das Kurviertel sollte von Umweltbelästigungen verschont bleiben. Es könnte dies der erste Nachweis für Umweltschutz in Cannstatt sein.

Das Bad auf dem Höhepunkt

In den vier Jahrzehnten um 1850 erreichte Cannstatt den Höhepunkt seiner Entwicklung als Kur- und Badeort und wurde europaweit berühmt. Im Jahr 1855 verabreichten die beiden Hotels Hermann und Wilhelmsbad zusammen 10 000 Bäder[76]. Die Zahl der Kurgäste stieg ständig weiter an, obgleich sich Krisen wie die von 1847/48 deutlich bemerkbar machten.

Die Zahl der Kurgäste

1790	140 Badegäste
1821	633 Badegäste
1839	789 Kurgäste
1845	1684 Kurgäste
1847	1163 Kurgäste
1849	1179 Kurgäste
1850	1279 Kurgäste
1851	1456 Kurgäste
1852	1456 Kurgäste
1855	1295 Kurgäste und 2200 Passanten
1858	1823 Kurgäste und 1274 Passanten
1860	1394 Kurgäste und 1554 Passanten
1870er	2500 bis 3000 Kurgäste
1900	etwa 100 Kurgäste

Cannstatt war aber nicht nur ein Ziel vieler Fremder, sondern auch der Stuttgarter. Dazu meinte Carl Theodor Griesinger in seinen »humoristischen Bildern«, im Juli und August gehe man in Stuttgart gegen fünf bis sechs Uhr zum Platz der Fiaker, um nach Cannstatt zu fahren, aber viele gingen als sparsame Schwaben zu Fuß. »Ein Frack ist ein nothwendiges Übel; ohne einen Frack hat man in keiner modern gebildeten Gesellschaft Zutritt, und es ist Jammerschade, daß die Damen nicht auch Fracks tragen. Aber noch nothwendiger als ein Frack ist die Anwesenheit in Cannstatt an einem Sommer-Sonntagmorgen. Wer nicht dahin geht, hat weder Geschmack noch Bildung.« Denn Cannstatt sei »der Sammelplatz der schönen und vornehmen Welt«. Es könne niemand in Ehren bestehen, der nicht jedes Jahr ins Bad gehe: »Eine Badereise ist jetzt so nothwendig als ehemals eine Frau«, meinte der Lästerer, aber nicht jeder habe genug Geld zum Verreisen. »Was thut er nun, er geht am Sonntagmorgen nach Cannstatt«. Das Trinken am Brunnen mache ihn zum Kurgast. »Ich habe Leute gekannt, die es auf 20 Gläser gebracht haben, ohne krank gewesen zu sein. Ob sie es durch diese Wassermagenüberschwemmung nicht geworden sind, kann ich nicht sagen«. Nach Hause wolle dann allerdings jeder *fahren*.

Noch 1868 schrieb Heinrich Ebner, lokalpatriotisch gefärbt, die in Cannstatt gebotenen Vergnügungen zögen »nicht nur Einheimische, sondern auch und zwar noch viel mehr die Bewohner Stuttgarts an, denen Cannstatt der Vergnügungsort par excellence ist.« Der Stuttgarter kenne nichts Höheres »als Cannstatt, dorthin rettet er sich vor der afrikanischen Hitze, die sommers in seinem heimathlichen Thalkessel brodelt, dorthin entläuft er den Sorgen und Mühen des Geschäftslebens, dorthin wendet er sich, wenn er geistig und körperlich aufathmen und sich einmal gütlich thun will.« So konnte es schon passieren, was Otto Borst erzählt: Als ein Lehrer einmal den Kindern den Begriff der Kirche entwickeln wollte und fragte: »Wohin geht jeder Christ am Sonntag?«, hörte er als Antwort: »Nach Cannstatt!«

Im Jahr 1861 hieß es, die Zahl der Badegäste sei »so groß, wie sie kaum je gewesen ist«. Die Stadt plante gerade eine neue Straße mit Gehsteig und Kastanienallee vom Bahnhof zum Sauerbrunnen – die heutige König-Karl-Straße, die 1867 eröffnet wurde –, weil man nach der Eröffnung der Remstalbahn noch mehr

Als das bedeutendste Badehotel galt mehrere Jahrzehnte lang das Hotel Hermann. Das Bild zeigt dessen Garten, der ein beliebtes Ausflugsziel vor allem der Stuttgarter war.

Besucher erwartete. Am Bahnhof baute Brauereibesitzer Bardili ein neues Hotel namens Bellevue. König Wilhelm I. stiftete 1861 die Säulenhalle (Wandelhalle) im Kurpark, und 1874 legte die Stadt den Stadtgarten (bei der Kursaal-Allee) an.

Als wichtigste Quellen wurden um 1861 genannt: der Wilhelmsbrunnen am Sulzerrain, die Quellen des Hotels Hermann (heute Rote-Kreuz-Krankenhaus) einschließlich der 1833 erbohrten Schiffmann-Quelle, das Wilhelmsbad (Brunnenstraße 46, heute Realschule), das Bad des Gasthofs zum Ochsen (Brückenstraße 1), ferner aus Berg die Inselquelle (Leuze) sowie der Koch'sche Sprudel.

Als das bedeutendste Kurhaus am Platz galt das Badhotel von Carl Heinrich Hermann (bis 1844 Frösner'sches Bad), das um 1850 nicht nur über 147 Zimmer, einen Speisesaal für mehr als 300 Gäste und einen parkartigen Garten verfügte, in dem sich sonntags die Stuttgarter »Welt« traf, sondern auch über Ställe für 100 Pferde. In 33 Kabinetten standen 33 Wannen zum Baden bereit. Mit Konzert, Theater und Redouten war es ein Ort, »an welchem alle erlaubten Genüsse großer Städte gekostet werden können«. Die Gäste kamen nicht nur aus deutschen Ländern, sondern auch aus England, Russland, Frankreich, der Schweiz und Amerika. Unter den insgesamt 600 Kurgästen, die 1852 im Hotel Hermann Quartier bezogen, waren allein zwei Könige, zwei Königinnen, zwei Großfürsten, fünf Fürsten, vier Herzoginnen, zwei Prinzen, eine Prinzessin, ein Markgraf, ein Graf, fünf Marschälle und zwei Lords. Als im September 1861 in Stuttgart der Volkswirtschaftliche Kongress tagte, nahmen bei Hermann die berühmten Chemiker Liebig und Wöhler sowie mehrere Grafen ihr Quartier. Andere berühmte Gäste dieses Hauses waren Honoré de Balzac, der Erzähler Berthold Auerbach sowie Paul Heyse, der Literatur-Nobelpreisträger von 1910. Hochstehende Personen reisten selbstverständlich mit Dienern an. 1857 zum Beispiel weilte die Kaiserin von Russland in Stuttgart zu Besuch; ihre 70 bis 80 Personen umfassende Dienerschaft war im Hotel Hermann in Cannstatt untergebracht.

1871 verkaufte Hermann das Anwesen in andere Hände. Nach mehrmaligen Besitzer- und Nutzungswechsel wurde es nach dem Ersten Weltkrieg vom Roten Kreuz übernommen und 1924 zu einem kleinen und 1936 zu dem großen »Krankenhaus vom Roten Kreuz« umgestaltet.

Schon im Mittelalter bekannt war der Gasthof zum Ochsen (Brückenstraße 1). Ladislaus Suntheim berichtete um 1500 von ihm[77]: »das ist ein Wirtzhaus, da ist guete Zerung un hat ein prunn [Brunnen] in der Stuben hinterm Ofen, do hat er albeg [allezeit] wann man kumbt allerley gut Fisch in«. 1816 wurde das Haus zu einem Badhotel umgebaut, dem Ersten in Cannstatt, dessen 28 Wannen durch Leitungen mit Hähnen für warmes und kaltes Wasser gefüllt wurden.

Später spielte das 1817/18 von der Witwe Zoller erbaute Wilhelmsbad, das über 24 Zimmer und 33 Badekabinette verfügte, im Badeleben eine wichtige Rolle, vor allem unter seinem späteren Besitzer Major von Brandenstein. Nach 1868 übernahmen nacheinander Dr. Tritschler, Dr. Loh und Familie Fischer die Badeanlagen für ihre Sanatorien. 1889 erwarb die Stadt das Gebäude und richtete dort ein Gymnasium ein (heute Brunnen-Realschule).

Ein weiteres Mineralbad wurde 1844 beim Kursaal eingerichtet. Es erhielt 1864 nach einer Modernisierung den Namen »Karl-Olga-Bad«. 1892 erwarb die Stadt das Gebäude, richtete ein Logier-

Ein Blick in die Kuranlagen um 1914. (Ansichtskarte)

haus ein und baute ab 1898 nebenan das »Volksbad«. Das heutige »Mineral-Bad Cannstatt« ist ein Neubau aus dem Jahr 1994, für den Pro Alt-Cannstatt durch Spenden und Sponsoren eine künstlerische Ausgestaltung ermöglichte.

Es gab auch Probleme

Die bereits erwähnte Erbohrung neuer Brunnen wirkte sich auf die Schüttung der Quellen nachteilig aus. So hörte der Sulzerrain-Brunnen am 1. November 1849 ganz auf zu fließen, und da auch die anderen Quellen einen Teil ihres Wassers verloren, sahen der Brunnenverein und die Gastronomen ihre Existenz bedroht, Handel und Gewerbe mussten um Einnahmen fürchten. Immerhin brachten die Kurgäste in der Stadt jährlich 100 000 Gulden in Umlauf. Es gelang aber, die Sulzerrain-Quelle etwas tiefer neu zu fassen. Die Übernutzung wurde auch 1851 deutlich: Als der Geßwein'sche Brunnen geschlossen wurde, erhielt der Wilhelmsbrunnen seine alte Mächtigkeit wieder.

Im Jahr 1852 zeigte sich eine Abnahme der Mineralgehalts und der Schüttung. Man führte das auf starke Regenfälle zurück. Deshalb wollte der Brunnenverein 500 bis 1000 Fuß tiefer bohren und hoffte, wärmeres Wasser als in Wildbad, ja vielleicht auch Salz und Kohlen zu finden. 1855/56 trieb man die Bohrungen am Sulzerrain nieder, doch die erste Röhrentour blieb bei rund 52 Meter Tiefe stecken. Bei der zweiten wurde in knapp 64 Meter Tiefe das Gerät beschädigt, so dass man neu beginnen musste. Das Unternehmen scheiterte 1857, weil das Geld nicht reichte und der erhoffte Zuschuss des Staates ausblieb.

Mit dem Tod des Königs 1864 verlor die Stadt ihren bedeutenden Protektor. Außerdem beschleunigte sich die Industrialisierung stark, aber Industrialisierung und rasche Zunahme der Arbeiterschaft vertrugen sich mit dem bisherigen Charakter des gehobenen Badeortes nicht: Cannstatts Bedeutung als Kurort schwand. Im Jahr 1871 zählte man noch rund 3500 Kurgäste und etwa ebenso viele Durchreisende, um die Wende zum 20. Jahrhundert nur noch etwa 100 Kurgäste. Zudem änderten die Bismarck'schen Sozialgesetze und der Erste Weltkrieg die Bedingungen für Erholungskuren grundlegend. Die Vergrößerung des Kurparks 1880, der Besuch des Schahs von Persien 1889, der Bau des städtischen Mineralbads 1899/1900 und des Kleinen Kursaals 1908, die Erschließung der Gottlieb-Daimler-Quelle 1932 und die Verleihung des Titels »Bad«, die im Juli 1933 auf einen vor die »Machtergreifung« zurückreichenden Antrag der Stadt vom Innenministerium ausgesprochen wurde, wie auch die Gründung des Kurvereins 1936 konnten daran nichts mehr ändern. Der 1934 entworfene Plan, hier ein monumentales Kurzentrum zu schaffen und die Kuranlagen auszubauen, wofür schon 1937 zwei Grundstücke erworben wurden, fielen dem Krieg zum Opfer.

Erfolgreich bohrte man gegen Ende des 20. Jahrhunderts, um neue Quellen zu erschließen. 1974 stieß man an der Hofener Straße in 400 Meter Tiefe auf 24 Grad warmes Wasser, und 1982 wurde in 447 Meter Tiefe die Seyfferquelle erbohrt.

Die heute in Berg und Bad Cannstatt betriebenen Mineralbäder dienen überwiegend der Bevölkerung des Stuttgarter Raumes zur Behandlung von Herz- und Kreislauferkrankungen. In der mit Ärzteschaft und Krankenkassen abgesprochenen »Stuttgarter Kur« ist es ab 1973 möglich, eine ambulante Kur »zwischen Wohnung und Arbeitsplatz« durchzuführen. An 19 Brunnen zwischen dem Mineralbad Berg und der Reinhold-Maier-Brücke kann man sich kostenlos Mineralwasser holen.

Zentrum geselligen Lebens: der Kursaal

Es war im April 1825, als sich beim Brunnen am Sulzerrain eine illustre Gesellschaft einfand, um feierlich die Grundsteinlegung für den Kursaal zu begehen. Nikolaus von Thouret hatte den Plan für dieses Gebäude entworfen, in dem Kurgäste bei Regenwetter promenieren konnten. Der frühere Strohpavillon hatte ausgedient. Weil das Geld fehlte, ging der Bau aber nur langsam voran. Etliche Jahre lang stand der Mittelteil allein. Erst 1833 wurde der rechte, 1834 auch der linke Flügel fertig gestellt, und wahrscheinlich hätte man darauf noch länger warten müssen, hätte nicht König Wilhelm I. 40 000 Gulden beigesteuert, zwei Drittel der Baukosten. Am 27. Juni 1837 trafen sich 250 geladene Gäste, um die Einweihung zu feiern, aber erst 1842 war auch die Innenausstattung abgeschlossen. Cannstatt hatte ein Zentrum des geselligen Lebens erhalten[78].

Die Stadt hatte also allen Grund, dem König zu danken. Ihm zu Ehren stellte sie deshalb 1875 am Wilhelms-Platz das von Johannes Halbig geschaffene Reiterstandbild auf. 25 Kanonenschläge vom Sulzerrain begleiteten den Festakt. 1881 wurde das Denkmal vor den Kursaal umgesetzt, wo es dem König sicherlich auch besser gefallen hätte als an dem verkehrsumtosten Platz.

Es ergäbe eine lange Liste, wollte man alle wichtigen Veranstaltungen aufzählen, für die der Kursaal den Rahmen bot. Als ein herausragendes Ereignis muss aber die als »Fortschritts-Ausstellung« in Cannstatts Geschichte eingegangene Gewerbeausstellung von 1858 erwähnt werden. Der König erschien mit seinem gesamten Hofstaat – das war die beste Reklame. 25 000 Besucher strömten in den Saal. 1860 folgte eine Ausstellung neuer landwirtschaftlicher Geräte, 1864 abermals eine Gewerbeausstellung. 1903 gab es eine Ausstellung über landwirtschaftliches Bauwesen. In den Jahren 1914 bis 1918 diente der Kursaal als Lazarett. Die 1854 von 106 Cannstattern beantragte Einrichtung einer Spielbank lehnte das Ministerium des Innern allerdings mit deutlichem Ausdruck des Missfallens ab. Besonders bekannt geworden ist der Kursaal, als die Heimatvertriebenen 1950 hier ihre berühmt gewordene Charta verabschiedeten, die mit dem Satz beginnt: »Wir Heimatvertriebenen verzichten auf Rache und Vergeltung.«

Hier mag eingefügt werden, dass vor dem Ersten Weltkrieg zeitweise der berühmte Operetten-Komponist Robert Stolz (1880 bis 1975) das Kurorchester dirigierte[79]. Während der Sommer-Saison 1914 erlebten die Cannstatter im Wilhelma-Theater die Uraufführung seiner Operette »Das Lumperl«. Der Star des hier gastierenden Wiener Operetten-Theaters, Grete Holm, wurde Stolz' erste Frau. Der Komponist wohnte im Hause Marktstraße 40, fühlte sich hier sehr wohl, emigrierte aber 1935 nach Wien und 1938 von dort in die USA.

Bedeutende Heilanstalten stärkten Cannstatts Ruf

Der damals hervorragende Ruf Cannstatts wurde – vor allem im zweiten Drittel des 19. Jahrhunderts – durch meh-

Die erste Hautklinik Deutschlands stand in Cannstatt am Wilhelmsplatz. Dr. Albert Veiel hatte sie gegründet. Die Heilerfolge waren für die damalige Zeit ungewöhnlich groß.

rere medizinische Institute gestärkt, in denen Patienten aus vielen Ländern Heilung suchten. Bei allen spielten die Quellen, sei es wegen der Trinkkuren, sei es wegen der Bäder, eine Rolle[80].

Die Erste war die Orthopädische Heilanstalt von Dr. Jacob Heine (Badstraße 11-15), das erste Sanatorium seiner Art in Württemberg. Es bestand von 1829 bis 1864. Heine begründete seinen Antrag auf Genehmigung mit den Worten: »Vielleicht in ganz Deutschland ist kein Ort so sehr für die Errichtung eines orthopädischen Instituts geeignet als Cannstatt.« Die Mineralquellen seien für äußere und innere Anwendung bedeutsam. Und: »Das milde Klima in Cannstatt, die vielen Gartenanlagen zu freier und stärkender Bewegung, die Nähe der Residenz und die Leichtigkeit, zu allen Bedürfnissen für das Institut zu gelangen, alle diese günstigen Umstände kann man nur in diesem Mittelpunkt des Landes auffinden«. An das in der Badstraße gelegene Anwesen schloss sich ein großer Garten an, an dessen Ostseite das Sulzbad lag. Dessen eisenhaltiger Schlamm wurde durch Schaufelräder aufgewühlt, um seine Wirkung zu verstärken. Heine beschrieb übrigens als Erster die Spinale Kinderlähmung (Heine-Medinsche Krankheit). Als die Anstalt 1864 geschlossen wurde, füllte eine Aktiengesellschaft die Sulz auf und überbaute sie mit einem Badehaus.

Die zweite bedeutende Einrichtung war die 1836 von Dr. Albert Veiel an der Ecke Waiblinger-/Seelbergstraße gegründete Heilanstalt für Flechtenkranke, die erste auf diesem Gebiet in Deutschland. Von ihr sagte man später, in ihr würden Hautkranke geheilt, mit denen sogar bedeutende Kliniken nicht würden fertig werden.

Dr. Heinrich Ebner richtete in Cannstatt eine Orthopädische Anstalt ein, in der die Anwendung des Mineralwassers eine wichtige Rolle spielte. Das Bild zeigt den Bau am Wilhelmsplatz.

Der starke Zuspruch machte schon 1839 die Umsiedlung in ein größeres Gebäude am Wilhelmsplatz nötig. 1851 umfasste die Klinik 51 Zimmer und bot Bäder verschiedener Art. Von den bis 1875 behandelten 4550 Hautkranken stammten 3185 nicht aus Württemberg; sie reisten an aus der Schweiz, Belgien, Holland, Österreich, Frankreich und England, ja sogar aus Russland. Schon 1859 wurde berichtet, von den bis dahin behandelten mehr als 2000 Patienten seien rund 1500 als geheilt entlassen worden. Bis 1875 wurden lediglich 130 Patienten als nicht heilbar heimgeschickt. Viele Ehrungen wurden Albert Veiel für seine Erfolge zuteil, aus Ungarn, Bayern, Preußen, Baden und Russland; die Stadt ernannte ihn 1856 zum Ehrenbürger, und der König verlieh ihm das Ritterkreuz der Ordens der württembergischen Krone, mit dem der persönliche Adelstitel verbunden war.

Nach dem Tod des Begründers übernahmen die Söhne Ernst und Theodor die Leitung, nach Ernsts Tod dann Theodor alleine und nach ihm sein Sohn Fritz, bis die Klinik 1935 aus verkehrstechnischen Gründen geschlossen wurde. Theodor übernahm zudem 1874 – mit 26 Jahren – die Leitung des Cannstatter Krankenhauses und musste folglich dessen Neubau mit planen. Bekannt wurde er besonders durch die Behandlung des Lupus (»fressende Flechte«) und die nach ihm benannte Veiel'sche Teerlösung. Zu seinen Patienten gehörten Angehörige des württembergischen und des bayerischen Hofes, des deutschen Kaiserhauses und des Adels aus ganz Europa, auch namhafte Amerikaner. Sein Ansehen wird darin deutlich, dass er nicht nur zum Präsidenten der Deutschen Dermatologischen Gesellschaft gewählt und in den Reichsgesundheitsrat berufen, sondern auch zum Ehrenmitglied in- und ausländischer Gesellschaften sowie zum Geheimen Hofrat ernannt wurde. Nebenbei engagierte er sich außergewöhnlich stark für seine Heimatstadt. In Dankbarkeit benannte die Stadt die Theodor-Veiel-Straße nach ihm.

Die Nachfolge des Heine'schen Instituts trat Dr. Theodor Tritschler an, der 1864 gemeinsam mit Dr. Albert Roth (der jedoch bald ausschied) eine gymnastisch-orthopädische Anstalt gründete. Das Institut stand anfangs etwa dort, wo heute der Rosenstein-Bunker aufragt, siedelte aber 1868 ins Wilhelmsbad über. Tritschler verließ Cannstatt 1872.

Das vornehmste unter allen Instituten war die 1865 von Stuttgart hierher verlegte orthopädische Heilanstalt von Dr. Heinrich Ebner und Dr. Großmann. Zunächst in der Nähe des Kursaals betrieben, wurde sie 1867 in das Gebäude des Kleemann'schen Instituts am Wilhelmsplatz verlegt. Nach Ebners Tod – er starb im türkisch-russischen Krieg 1878 an Fleckfieber – ging das Anwesen an eine Gurt- und Bandweberei über.

Nur wenige Jahre bestand die 1856 von Stuttgart hierher in die Badstraße verlegte Galvanische Anstalt von Dr. Theodor Kerner. Sie zog nämlich schon 1864 nach Weinsberg um. Ebner nennt außerdem die 1847 gegründete Klinik von Dr. Rühle für Gemüts- und Nervenkranke mit zehn bis zwölf Patienten und Dr. Nädelins Heilanstalt für Frauenkrankheiten, und Beck erwähnt die 1868 gegründete Gebetsheilanstalt Villa Seckendorff auf dem Seelberg, die 1899 eine eigene Kapelle erhielt. Später folgten die Naturheilanstalt von Dr. Albert Loh (1876 Beginn in der Badstraße 137) und 1882 bis 1889 die Wasserheilanstalt von H. Fischer, beide im ehemaligen Wilhelmsbad.

Wichtiges Gebot: Reinhaltung der Quellen

Voraussetzung für die ungehinderte Nutzung des Mineralwassers sind freilich der Schutz und die Reinhaltung der Quellen[81]. Als die Schüttung bei den Bohrungen 1830 bis 1833 abnahm und sogar einige Quellen versiegten, erließen die Behörden auf Antrag des Cannstatter Brunnenvereins 1833 eine Verordnung, um das Bohren von artesischen Brunnen ohne Genehmigung in der Nähe von Cannstatt zu untersagen. Neue Gefahr drohte sowohl bei der Begradigung des Neckars in den 1920er-Jahren als auch beim Bau der Neckarstaustufe bei Bad Cannstatt in den Jahren 1955 bis 1957; eine Abdichtung und die Verlegung von Drainagerohren erwiesen sich deshalb als erforderlich.

Die ständig erweiterten Kenntnisse über Entstehung und Wege des Mineralwassers führten 1971 zu Überlegungen für eine Rechtsverordnung, die ein Heilquellen-Schutzgebiet sichern sollte. Erst im Juni 2002 wurde eine solche Verordnung rechtskräftig, wenngleich bei Baumaßnahmen schon vorher entsprechende Rücksicht genommen wurde. So wählte man beim Bau des Schwanenplatz-Tunnels (ab 1970) eine Trasse, auf der die oberflächennahen, Mineralwasser führenden Ablagerungen nicht angeschnitten wurden. Auf anderen Baustellen wandte man andere Methoden an.

Es genügt aber nicht nur der Schutz der näheren Umgebung der Quellen, um die Schüttung zu erhalten, vielmehr muss im gesamten Einzugsgebiet der Eintrag gefährlicher Stoffe verhindert werden. Damit sind auch Teile der angrenzenden Landkreise betroffen, insgesamt ein Gebiet, in dem 1,5 Millionen Menschen leben und rund 7000 Industrie- und Gewerbebetriebe angesiedelt sind, die teilweise auch mit wassergefährdenden Stoffen umgehen. Seit Beginn der Industrialisierung sind bereits große Mengen chlorierter Kohlenwasserstoffe (CKW) in das Erdreich gelangt, ja einige Quellen sind bereits verunreinigt. Da die Stoffe eine Gefahr darstellen, müssen sie mit großem Kostenaufwand beseitigt werden. So ließ die Bad Cannstatter Mineralbrunnen GmbH (die ab 1. Januar 1974 Pächter der Brunnen war) 1984 Filter mit Aktivkohle einbauen, um CKW auszufiltern, und stellte vom Kellerbrunnen auf die Wilhelmsquelle um. Trotzdem musste sie 1987 die Abfüllanlage schließen. Immerhin waren 1975 rund 14 Millionen Flaschen abgefüllt worden.

Die Cannstatter Verschönerungsvereine

Die Entwicklung Cannstatts zu einem berühmten Kurort bewirkte in der Stadt die Bildung mehrerer Vereine, denen sehr daran lag, den weiteren Aufstieg zu fördern. Es sind dies der bereits angesprochene Brunnenverein, der Verschönerungsverein von 1850 und der Verschönerungsverein von 1881.

Die in den Beständen des Stadtarchivs liegenden Akten über Verschönerungsvereine der Städte Stuttgart und Cannstatt wie auch diejenigen der staatlichen Archive berichten davon, dass der Stuttgarter Verein 1861 und der Cannstatter 1881 gegründet wurden. Ältere Belege enthalten diese Unterlagen nicht. Auch die Literatur macht keine anders lautenden Angaben. Was vor dieser Zeit an Aktivitäten herrschte, war folglich in Vergessenheit geraten.

Tatsächlich reicht das Bestreben nach »Landesverschönerung« bis an den Beginn des 19. Jahrhunderts zurück. Die Idee kam damals in Preußen auf und wurde dann vor allem in Bayern stark propagiert. Allerdings gebrauchte man den Begriff »Verschönerung« damals anders als heute: Man meinte damit den Bau guter, meist gerader Straßen und Wege, ein gutes Bauwesen und eine hohe Reinlichkeit der Orte. Auch die möglichst sinnvolle Anordnung der Güterstücke und deren zweckmäßige Kultivierung rechnete man darunter. Kurz gefasst, könnte man sagen, Verschönerung bedeutete damals Verbesserung von Ordnung und Reinlichkeit. Die ersten Vereine in Württemberg waren diejenigen von Drackenstein (1838), Tübingen (1842) und Heidenheim (1843). Bald danach wurden auch einige Cannstatter auf diesem Gebiet aktiv, obwohl schon der Brunnenverein seit 1821 »verschönernd« tätig war, als es noch gar keinen »Verschönerungs«-Verein gab.

Lassen wir die Zeitzeugen sprechen. Mit Datum vom 3. April 1850 meldete die Schwäbische Chronik aus der Badestadt: »Obgleich in den letzten 25 Jahren für die Verschönerung unserer Stadt sehr viel geschehen ist, so blieb doch noch manche Partie übrig, welche man schöner wünschte.« Deshalb habe der Bürgerverein, so heißt es weiter, eine Kommission von Privatleuten und Mitgliedern des Stadtrats und des Bürgerausschusses gebildet, die durch Baumpflanzungen den öffentlichen Plätzen ein besseres Aussehen geben, aber auch Störendes verdecken wolle. Schon in seinem ersten Jahr war dieser Verein sehr aktiv. Er wandte sich im März 1851 unter dem Namen »Verschönerungsverein« auch an König Wilhelm I. und übersandte ihm sein Flugblatt vom 15. Februar 1851. Anscheinend hoffte man auf königliche Unterstützung. Aber der Monarch ließ nur »besten Fortgang« der Arbeiten wünschen[82].

Aus dem genannten Flugblatt geht hervor, dass der Verein bis zum Februar 1851 bereits 56 Bäume gepflanzt hatte. Nun wollte er das Portal der Stadtkirche restaurieren, wozu bislang die Mittel gefehlt hatten, und bat mit dem Flugblatt hierfür um Unterstützung. Später wollte er sich den Kirchhöfen, der Erhaltung von Denkmälern, Ruheplätzen an Fußwegen und den Brunnen in der Stadt zuwenden.

Vorsitzender des Verschönerungsvereins war der Arzt Dr. Albert Veiel. Als Mitunterzeichner des Flugblatts erscheinen die Herren G. Hartenstein, de Pay, Jäger, Fackler, Heeß, A. Lendner, Wilhelm Krauß, Adolph Zais und Höschele. Damit gilt auch für Cannstatt, was sich allgemein für derartige Vereine nachweisen lässt: Die Honoratioren der Städte waren es, die sich führend in den Bürgerinitiativen zur Verschönerung ihrer Heimatorte hervortaten. Wie sich der Verein weiter entwickelte, bleibt noch zu klären; anscheinend stellte er seine Aktivitäten bald ein.

Im Jahr 1881 entstand in Cannstatt ein neuer Verschönerungsverein. Landgerichtsrat Römer führte ihn, und wie viele andere solche Vereine ließ auch der Cannstatter Schutzhütten aufstellen und – eine kleine Besonderheit – am Weg vom Römerkastell hinab zur Stadt einen Wasserfall anlegen, der damals oft gerühmt wurde. Sein Hauptwerk aber war zweifellos der Aussichtsturm auf dem Burgholzhof, den man am 19. September 1891 einweihen konnte. Mitglieder des Vereins, Gönner und Gäste, darunter auch Kronprinz Wilhelm, zogen um drei Uhr nachmittags mit der Kurkapel-

1891 erstellte der Verschönerungsverein – dem Zeitgeist entsprechend – den berühmten Aussichtsturm beim Burgholzhof.

le vom Burgholzhof zu dem mit Fahnen und Girlanden geschmückten Turm, um ihn offiziell in Besitz zu nehmen. König Karl hatte ein Stück Land der Domäne Burgholzhof unentgeltlich überlassen, die andere Fläche hatte der Verein privat erworben.

Der Entwurf für den Turm stammte von Oberamtsbaumeister Keppler, der auch die Bauleitung führte, als Bauunternehmer Rapp mit seinen Arbeitern den Bau errichtete. In Anlehnung an den Turm eines römischen Kastells wählte man Tuffstein für den Sockel und die Kanten sowie Backstein für die Seitenflächen des insgesamt 25 Meter hohen Bauwerks, das damals etwa 10 000 Mark kostete. »Lieblich und großartig ist der Blick über einen großen, reichgesegneten Teil unseres Heimatlandes, wenn man von dieser Höhe hinabschaut auf die herrlichen Gefilde, das erhebt Herz und Gemüt und stimmt zur Andacht«, meinte die Schwäbische Kronik 1891. Gottlieb Daimler sorgte dafür, dass unten im Turm eine Turmstube eingerichtet wurde.

Genannt sei auch der von Emil Kiemlen im Auftrag des Verschönerungsvereins erstellte Juno-Brunnen in den unteren Kursaal-Anlagen, dessen Einweihung am 17. Juli 1910 ebenfalls festlich begangen wurde. Dass sowohl der Verschönerungs- als auch der Brunnenverein protestierten, als 1895 die Taubenheimstraße umgestaltet und deswegen etliche Bäume gefällt werden sollten, verdient ebenso erwähnt zu werden wie die Unterstützung, die beide Vereine sowohl durch König Karl als auch durch König Wilhelm II. erfuhren.

Nach dem Zweiten Weltkrieg ließ die Instandhaltung des Turmes zu wünschen übrig – er wurde geschlossen. Es war die Bürgerinitiative Pro Alt-Cannstatt, die ihn 1985 aus dem Dornröschenschlaf erweckte. Die Stadtverwaltung übernahm die Renovierung, die 310 000 Mark verschlang. Mitglieder des Vereins Pro Alt-Cannstatt verkauften als Scherflein zur Finanzierung sogar Tauben-Mist, den sie auf dem Turm abgekratzt hatten, als Dünger. Am 21. August 1987 konnte der Turm wieder geöffnet werden.

Als die Führung des Dritten Reichs meinte, die von den Verschönerungsvereinen wahrgenommenen Aufgaben könnten von anderen Stellen übernommen werden, schloss sich der Cannstatter Verein 1937 dem Brunnenverein an. Sie arbeiteten ohnehin beide in gleicher Richtung. Der Brunnenverein blieb auch nach dem Zweiten Weltkrieg aktiv, erscheint aber seit 1977 nicht mehr in der Vereinsliste des Stuttgarter Adressbuches.

Schwimm- und Duschbäder standen im Neckar

Die älteste Akte über ein Neckarbad stammt vom 22. November 1792[83]. Damals wollte Dr. Johann Ludwig Frösner ein *öffentliches schwimmendes, mit aller Bequemlichkeit und Sicherheit für die badende versehenes Neckar-Bad* einrichten. Antragsgemäß erteilte Herzog Carl Eugen, weil die Baukosten sehr hoch waren und wieder erwirtschaftet werden sollten, das *Privilegium exclusivum* auf acht Jahre, das heißt, in dieser Zeit durfte kein anderer auf Cannstatter Markung ein solches Bad errichten, und Privatpersonen, die bereits Neckarbäder besaßen, durften sie nicht zum Zweck des Geldverdienens erweitern. Am 20. April 1802 übertrug Herzog Friedrich II. die Konzession, allerdings ohne das Privileg, auf Fröseners Bruder.

Ab 1822 finden sich dann immer wieder Anträge oder Schriftwechsel zu Bädern im Neckar. Viele lagen in dem damals zu Cannstatt gehörenden Teil von Berg, aber nicht immer ist die Lage eindeutig beschrieben. Für alle gilt, dass Männer und Frauen nicht gemeinsam, sondern in getrennten Bädern oder zumindest Abteilungen badeten. Man hielt viel auf die Sitte. Das bezeugt auch ein Schreiben des Oberinspektors des Waisenhauses in Stuttgart, Major Baer, von 1823 an das Oberamt, worin es hieß, das Oberamt habe alle Jahre während der Badezeit einen Landjäger bestellt, der sich in der Nähe des Badeplatzes an der Kiesbrücke aufhielt, *wo die Waisen-Mädchen badeten, und diejenigen Mannspersonen, welche die Unanständigkeit begingen, auch an diesem Plaze baden zu wollen,* abwiesen; das Oberamt möge, so bat er, das auch in diesem Jahr tun.

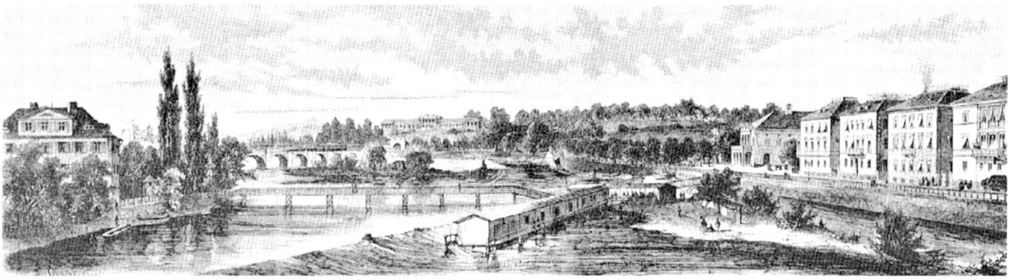

In der zweiten Hälfte des 19. Jahrhunderts benutzten Einheimische und Gäste gerne die »Neckarsturzbäder« beim Wehr im Neckar. Dazu leitete man das Wasser von oberhalb des Wehrs in Kabinen und nutzte den Höhenunterschied zum Duschen aus.

Eine Besonderheit waren die Strudel- und Sturzbäder, die 1839 von einer Gesellschaft auf Aktien errichtet wurden. Sie hatten jeweils acht Kabinen für Damen und für Herren. Die einzelnen Abteilungen waren so angeordnet, »daß sie, neben verschiedenen Graden der Tiefe, besonders auch sehr große Verschiedenheit in der Art und Stärke der Bewegung des Wassers gewähren, so daß je nach dem Wunsche und Bedürfnisse in ganz ruhigem oder aber in mehr oder weniger stark bewegtem, strömendem oder fallendem Wasser gebadet werden« konnte. Um »fallendes Wasser« zu haben, leitete man Wasser von oberhalb des Wehrs in einer Holzleitung in die Kabinen der unterhalb des Wehrs stehenden Anstalt, in denen das Wasser dann als kalte Dusche auf den Körper stürzen konnte. Nach dem Bad sollte ein Viertel Cannstatter Weines gut tun. Um 1850 bestand unterhalb der Wilhelmsbrücke eine weitere solche Anstalt. Beide waren nach Beck »sehr erfrischend und deshalb auch stets sehr stark besucht«, bestanden am Ende des 19. Jahrhunderts aber nicht mehr.

Im Januar 1848 beantragte Oberbaurat Karl Etzel die Genehmigung für eine Bade- und Schwimmanstalt am linken Neckarufer oberhalb der Brücke. Die Stadt habe viele Privatpersonen veranlasst, so schrieb er, dahin zu wirken, dass Cannstatt *nach und nach mit allen den auf Gesundheitspflege und Belustigung abzielenden Anstalten bereichert werde, welche ihn nicht allein zu einem wünschenswerthen Aufenthalte für Ausländer, sondern auch zu einem beliebten Ziel für die Sommerausflüge der Bewohner von Stuttgart machen.* Er meinte, es fehle aber eine gut ausgerüstete Schwimmschule, wie sie andere Städte bereits hätten. Zwischen der so genannten Mühlwaage, einem Platz oberhalb des Wehrs zwischen dem Tritschler'schen und dem Etzel'schen Haus, wollte Etzel also auf 180 Fuß Länge und 70 Fuß Breite Pfähle ins Flussbett rammen, außen mit Kabinen besetzen und in der Mitte ein 120 mal 40 Fuß (34,40 auf 11,50 Meter) großes Becken schaffen. Auch ein Sprungbrett hatte er bereits vorgesehen. Streifen von Tüchern sollten das Bad gegen Einblick schützen. Wegen der hohen Kosten bat er, die Konzession für 25 Jahre zu gewähren und Konkurrenz auszuschließen. Sie wurde allerdings nur auf 15 Jahre gewährt. Das Oberamt forderte zudem, die Anstalt vor dem Winter und bei Hochwasser rechtzeitig ans Land zu holen. Wegen der Unruhe von 1848/49 baute Etzel seine Anstalt jedoch nicht, und 1853 verzichtete er endgültig auf die Konzession, weil er sich zu häufig auswärts aufhielt. Die Angabe in der Literatur, sein Bad sei vom Hochwasser weggeschwemmt worden, belegen die Akten nicht.

Aus den Folgejahren liegen etliche Anträge vor, den Neubau, die Verlegung oder die Erweiterung einer Badeanstalt zu genehmigen. Neben Einzelpersonen wurden dabei auch Aktiengesellschaften aktiv wie 1869, als die Schwimmbad-AG gegründet wurde, deren Platz später die Werft Daimlers einnahm. Ab 1825 gab es oberhalb von Berg überdies eine Militär-Schwimmanstalt, und schon ab 1820 wurden *Effekten für die Rettungsanstalt* bereit gestellt. In der Tat ereigneten sich immer wieder Badeunfälle, durchweg außerhalb des abgegrenzten Badebereichs, und es konnte durchaus vorkommen, dass ein sommerliches Hochwasser eine Badeanstalt hinweg riss wie im Jahr 1882. Nach der Kanalisierung des Flusses gab es keine Fluss-Badeanstalten mehr, doch tummelte sich die Cannstatter Jugend unterhalb des Mühlstegs noch bis nach dem Zweiten Weltkrieg am Ufer.

Der Neckar – Segen und Fluch der Stadt am Fluss

Fischerei seit alter Zeit

Sicherlich gibt es Fischer in Cannstatt, solange die Stadt besteht, und was sie fingen, stellte eine wichtige Bereicherung des Speiseplans dar[84]. Wiederholt ist in den Akten von Cannstatter Fischern die Rede, nicht zuletzt auch von ihrem berühmten Fest, dem Fischerstechen. Herzog Eberhard Ludwig führte es 1719 mit der neuen Fischer- und Schifferordnung ein und bestimmte, es alle drei Jahre am Tag nach Peter und Paul (29. Juni) abzuhalten. An eines der alten Fischergeschlechter von Cannstatt erinnert der Name der Brählesgasse noch heute. Die Zahl der Fischer blieb allerdings gering und betrug um 1830 im ganzen Oberamt Cannstatt 15 Personen, davon fünf in Cannstatt. Die Neckarfischerei hatte für die Stadt bis ins 19. Jahrhundert eine größere Bedeutung als heute.

Den Fang betrieb man nicht nur vom Boot aus, sondern auch mit Hilfe des Fischerfaches, eines Weidengeflechtes, das in den Fluss gelegt wurde. Geregelt wurde die Tätigkeit durch die »Fischordnung«, die erstmals 1536 in der Landesordnung enthalten war, 1603 als eigenständige Ordnung erlassen und 1719 erneuert wurde. Die Ordnung von 1603 schrieb zum Beispiel vor, dass nur Tiere gefangen werden durften, die vom Kopf bis zum Schwanz ein vorgegebenes Maß (22 Zentimeter) hatten. Kleinere Fische sowie kleine Krebse sollten wieder ins Wasser geworfen werden, und niemand durfte bei Strafe solche Fische fangen, verschenken, verkaufen, kaufen oder annehmen. In Forellen- und Krebsbächen durften unterspülte Wurzelstöcke oder Böschungen nicht ausgehauen oder aufgefüllt werden, um den Tieren ihren Lebensraum zu erhalten. Während der Laichzeit war das Fischen verboten, und es mussten sogar Floßgassen geöffnet bleiben oder so geändert werden, dass die Fische wandern konnten. Der Ordnung von 1719 zufolge sollten die Netze hinsichtlich der Maschenweite überprüft werden. Gefangen wurden hauptsächlich Äschen, Forellen, Barben, Aale, Hechte, Karpfen, Nasen und Döbel.

Den Oberamtsbeschreibungen aus der Mitte des 19. Jahrhunderts zufolge konnte man damals im Neckar überall noch Fischotter antreffen. Im Bereich des Oberamts Cannstatt waren sie »hie und da« zu beobachten – das schrieb Daiber wörtlich noch 1878 –, im Oberamt Esslingen »selten«, aber im Oberamt Ludwigsburg wurden sie »häufig angetroffen«. Vom Oberamt Stuttgart hieß es 1851, »der Fischotter geht nicht selten an den in den Neckar einmündenden Bächen im Winter große Strecken seiner Nahrung wegen herauf«. In den 1890er-Jahren aber waren die Otter, den Oberamtsbeschreibungen zufolge, ebenso wie die früher zumindest zeitweise zahlreichen Reiher hier verschwunden. Vermutlich war dies die Folge der Jagd auf die Nahrungskonkurrenten, aber sicherlich spielten auch die Verschmutzung des Flusses und die wachsende Unruhe an seinen Ufern eine Rolle. Ebenfalls wegen der Verschmutzung fanden Forellen und Krebse nicht mehr die ihnen gemäßen Lebensbedingungen, und Hechte und Aale wurden nur selten gefangen.

Heute sind wieder etwas bessere Fänge möglich, nachdem die Verschmutzung des Flusses vermindert werden konnte. Gefangen werden Rotaugen, Barsche, Hechte, Zander und Schleie. Reiher und Kormorane, die lange als Konkurrenten der Fischer verschwunden waren, kann man jetzt wieder beobachten, nachdem sie unter Schutz gestellt worden sind.

Langholz-Flöße fuhren durch Cannstatt

Die Langholz-Flößerei wurde schon im Mittelalter betrieben[85]. Bereits 1458 sicherte ein Vertrag zwischen Württemberg, Österreich und Esslingen, der wiederholt erneuert wurde, die unbehinderte Durchfuhr der neckarabwärts aus dem Schwarzwald kommenden Flöße. Wenn auch etliche in Berg ausgezogen wurden, ein großer Teil fuhr an Cannstatt vorbei weiter. Später wurden auch in Cannstatt unterhalb des Kanals Flöße aus Eichenstämmen eingebunden. Aber während 1854 immerhin 362 Flöße hier zusammengestellt wurden, waren es 1872

Dieses Bild von Heinrich von Rustige aus der Zeit um 1850 gibt eine Vorstellung von der schweren Aufgabe der Flößer, ihre Flöße gut zu steuern.

nur 46 Flöße mit 10 225 Stämmen und 2500 Stück Schnittware, durchfahrende – 1875 insgesamt 170 – nicht gerechnet. Die letzten zwölf Flöße, die in Cannstatt auf den Weg gebracht wurden, fuhren 1877 ab, das letzte durchgehende Floss passierte den Mühlkanal im Jahr 1900.

In Cannstatt war die Situation derart, dass sich neben der Mühle eine Schiffs- und Floßschleuse befand, die von der Stadt unterhalten wurde. Öffnete man diese Schleuse, so floss das Wasser natürlich durch sie ab, die Mühle konnte nicht mehr arbeiten. Dafür betrug die *altherkömmliche Abgabe*, wie Oberwasserbaudirektor von Duttenhofer und Oberregierungsrat Wächter im Jahr 1831 berichteten, sechs Bretter *für die Unterhaltung der Stellfallen und der Floßgasse, auch wegen des Mühlstillstands.* Schon 1698 habe es geheißen, schrieben sie, die Cannstatter Müller nähmen *von jedem Floß 6 Bretter, welches wider die Ordnung und gar zu viel,* und 1740 hätten die Flößer auch darüber geklagt. Beide Male wurde jedoch nichts verfügt, und auch für die Zukunft, so schrieben die Gutachter weiter, werde sich daran nichts ändern lassen, aber sie meinten, weil die Mühle acht Gänge habe, sei der Bezug von fünf Quasi-Zustellbrettern neben dem gesetzlichen Durchlassbrett nicht als unverhältnismäßig anzusehen und das Recht der Stadt anzuerkennen.

In den Jahren 1829 bis 1832 weigerte sich der Stadtrat, die von Neckarrems kommenden Schiffe mit Brennholz durch den Kanal in Cannstatt fahren zu lassen, weil er meinte, nach der Aufhebung des Holzgartens in Berg seien alle damit zusammenhängenden Rechte erloschen. Das Problem bestand ja darin, dass die Mühle während der Durchfahrt nicht arbeiten konnte. Die Schiffe könnten in Cannstatt

Im Jahr 1598 kartierte Heinrich Schickhardt den Neckar von Cannstatt bis Heilbronn und stellte ihn in mehreren Plänen dar. Dieser Ausschnitt zeigt die Strecke ab Cannstatt (rechts unten) mit einigen Tiefenangaben. Eingezeichnet sind mehrere Inseln, und am rechten Ufer ist mehrmals »Berg« (Steilufer) eingetragen. Die Linie neben dem Fluss bezeichnet eine geplante Kanalstrecke, wahrscheinlich nach dem Vorschlag von Heinrich Wesel.

unterhalb des Krans entladen werden, meinte der Stadtrat, und er glaubte, nach einem alten Vertrag im Recht zu sein, doch konnte man das Papier nicht auffinden. Dem Argument der Finanzkammer, das Recht auf Benützung der Flüsse stehe dem Staate zu, konnte er sich jedoch nicht verschließen und gab 1832 nach.

Der erste Ausbau des Neckars für den Schiffsverkehr

Die Schifffahrt spielte im Stuttgarter Raum früher keine große Rolle; denn die Wasserführung des Neckars schwankte zu stark, und sich immer wieder mit dem Hochwasser verlagernde Kiesbänke blockierten zu oft den Weg. Wenn es in der Zeit um 1480 einen Schiffsverkehr zwischen Cannstatt und Heilbronn gab, so war er sicherlich nicht sehr rege[86].

Ernsthaft setzte sich Herzog Christoph in den 1550er-Jahren für den Ausbau des Neckars ein. Er ließ sich von Kaiser Karl V. 1553 das Privileg geben, den Neckar in seinem Herzogtum auszubauen und darauf Schifffahrt und Flößerei zu betreiben, verhandelte mit der Reichsstadt Heilbronn und ließ sogar Pläne entwerfen, wie man das dortige sperrende Wehr und Gefälle umfahren könnte. Der Aufwand erwies sich jedoch als zu hoch, Herzog Christoph konnte seine Idee nicht verwirklichen.

Um 1600 ging Herzog Friedrich I. erneut dem Gedanken nach und bestellte mehrere Gutachten. Weil einer der Gutachter einen Plan haben wollte, bereiste der Ingenieur und Baumeister Heinrich Schickhardt 1598 den Neckar, vermaß durchgehend seine Tiefe, zeichnete danach die erste Tiefenkarte des Flusses von Cannstatt bis Heilbronn und stellte dar, wo man nach den verschiedenen Vorschlägen auf dem Fluss fahren könnte und wo – mit großem Aufwand – ein Seitenkanal gebaut werden sollte. Auch diesmal fehlte das Geld, und die Pläne wanderten ins Archiv, doch aus ihnen wissen wir, dass der Neckar damals bei Cannstatt nur vier bis fünf Fuß (1,15 bis 1,43 Meter) tief war und dass die Fischer unterhalb der Stadt und auch unterhalb von Münster ein »Fach« hatten.

Der erste Landesherr, der die Idee in die Tat umsetzte, war Herzog Eberhard Ludwig. 1712 beauftragte er den Kammerpräsidenten Wilhelm Heinrich von Tessin, den Fluss zu untersuchen. Tessin fuhr daraufhin am 1. Oktober 1712 mit zwei Fischern, einem Sägemüller und zwei Tagelöhnern von Lauffen neckaraufwärts nach Cannstatt, wo er am 4. Oktober mittags eintraf. Sowohl er als auch Baumeister Johann Ulrich Heim beschrieben sodann, welche Arbeiten nötig waren, um den Fluss schiffbar zu machen. Doch das genügte dem Herzog noch nicht, Rentkammer-Expeditionsrat Wolfgang Dietz und Baumeister Heim sollten den Fluss zusammen mit dem Schiffer Peter Schreck noch einmal sondieren. Am 9. November wollte man außerdem eine Probefahrt bis nach Köngen machen, wofür der Vogt von Cannstatt 20 Mann stellen sollte, um das Schiff bis nach Untertürkheim zu schleppen, ab wo dann Leute aus dem Amt Stuttgart ziehen sollten.

Die Gutachten fielen positiv aus. Deshalb ließ der Herzog den Fluss ab 1713 durch den Bau von Stauschleusen, Schiffgassen und Leitwerken bis nach Cannstatt schiffbar machen, was für die Strecke bis Besigheim dem Cannstatter Zimmermeister David Grotz übertragen wurde. Abschließend nahmen Regierungsrat Knisel und Expeditionsrat Hopfenstock alles in Augenschein.

Die Belastung der »Untertanen« war beträchtlich. Bürgermeister und Gericht von Cannstatt beklagten sich Ende Oktober 1713 darüber und schrieben dem Herzog, die Stadt habe nicht nur das geforderte Holz geliefert, sondern auch *bey 2000 Handfröner angeschafft, die in bitterem Hunger mehisten theils schaffen und so gar im Herbst ihr Ahrmüthlein stehen lassen müssen.* (Das Armütlein ist das Wenige, was ein Armer noch hat.) Jetzt solle die Stadt mit täglich fünf Karren und 15 Handfrönern Holz und Kies fahren, der Herzog möge bitte Weingärtner und Bauern einsetzen. Doch der Herzog lehnte ab. Die Zahl von 2000 Frönern erscheint bei der damaligen Einwohnerzahl von etwas über 2000 allerdings fragwürdig; vermutlich sind Manntage (Männer mal Tage) gemeint.

Noch 1713 konnte der Verkehr »mit vielen Solennitäten« eröffnet werden. Es wurden ein »Faktor« (Leiter einer Handelsniederlassung) angestellt und in Cannstatt eine Schiffer-Innung gegründet. Ab 1714 verkehrten Schiffe zwischen Cannstatt und Neckarweihingen (Ludwigsburg) täglich, und nach Heilbronn legten zunächst eines und ab 1716 zwei Schiffe pro Woche in Cannstatt ab.

1719 erhielten die Schiffer eine neue Ordnung und wurden mit den Fischern in einer gemeinsamen Zunft zusammengefasst. Ihr Obermeister war der jeweilige Vogt von Cannstatt. Die Ordnung regelte neben anderem die Befreiung der Schiffer von anderen Diensten, die Instandhaltung der Fahrrinne, die Stellung einer Kaution, die Zollabfertigung und die Entschädigung der Müller beim Passieren der Wehre. Die Zunftlade der württembergischen Neckar-Schiffer und -Fischer befand sich in Cannstatt.

Der Ausbau hatte noch keine starken Eingriffe in den Naturhaushalt zur Folge. So brachte denn auch das Flussregime die Schifffahrt bald wieder zum Erliegen, denn schon Schickhardt hatte gesagt, der Neckar reiße vieles hinweg, was man in ihm baue, und wo man ihn tiefer grabe, fülle er es mit Sand und Kies wieder aus. Überdies mussten die Waren in Heilbronn umgeladen werden, weil dort eine Durchfahrt nicht möglich war. Das verteuerte den Verkehr unnötig. Zu Berg wurden die Schiffe von den »Schiffsreitern« mit ihren Pferden gezogen, die auf dem Leinpfad liefen, zu Tal fuhr man mit der Strömung.

Belebung des Verkehrs unter Herzog Carl Eugen

Im März 1743 schlug der Stuttgarter Handelsmann Johann Georg Hilch Herzog Carl Friedrich vor, zur schnelleren Abfertigung der Schiffe in Cannstatt einen Kran aufzustellen[87]. Er traue sich, so schrieb er, mehr Güter durch das Land zu bringen, die jetzt über den Main geführt würden. Daraufhin ließ die Regierung den Faktor Krimmel in Cannstatt fragen, *ob er nicht Lust habe, unter gewissen annehmlichen Conditionen [...] einen Crahnen zu Canstadt zu erbauen.* Die Verhandlungen gingen hin und her, mit Hilch, der die Waren nicht verzollen wollte, wenn er sie nur zwischenlagerte, und mit dem Stadtrat, dem es vor allem um die Gebühren ging. Nach dem Vorbild des Heilbronner Krans baute man ein Modell und übergab es dem Herzog. Schließlich kam man 1743 überein, dass die Stadt einen Kran aufstellen, das Krangeld einziehen und ein Lagerhaus bauen durfte, dafür aber die Fahrrinne *auf ewige Zeiten* instand halten musste. So wurde denn 1744 – bereits unter der Regierung des jungen Herzogs Carl Eugen – ein Kran errichtet, der demjenigen in Heilbronn nachgebildet war. Die Instandhaltung aller Einrichtungen verursachte allerdings mehr Kosten als Gewinn. 1788 verpachtete die Stadt die »Gefälle« (Gebühren) an ein hiesiges Speditions-Unternehmen.

Die Bedeutung Cannstatts stieg, als Württemberg 1782 mit Bayern einen Handelsvertrag abschloss, der den Durchgangsverkehr begünstigte. Bei der Ankunft eines Schiffes standen schon Fuhrwerke bereit, um die Waren zu übernehmen. Einmal pro Woche fuhr ein Marktschiff nach Heilbronn und zurück, und oft mussten ein oder zwei Beischiffe hinzu genommen werden. Schon damals war der Verkehr zu Berg größer als der zu Tal. Nach dem Ausbruch der Revolutionskriege fuhr fast täglich ein Schiff ab. Befördert wurden vor allem Landesprodukte wie Leinwand, Dörrobst, Filderkraut und Pottasche, aber auch durchgehende Waren aus Österreich und Italien, flussaufwärts kamen hauptsächlich Kolonialwaren. Aber auch jetzt war es so, einem Bericht des Marbacher Magisters Roeder von 1799 zufolge, dass die Schiffe oft stecken blieben, weil die Mühlkanäle zu viel Wasser abzweigten, und die Schiffe dann mit großem Vorspann freigeschleppt werden mussten. Der Weg von Heilbronn nach Cannstatt, für den man zu Land nicht einmal zehn Stunden brauchte, dauerte auf dem Neckar drei Tage.

Als der Krieg 1803 auch Württemberg erfasste, nahm der Verkehr ab, und schließlich blieben nur noch die Brennholztransporte von Neckarrems nach Berg übrig.

Im Zusammenhang mit der Planung der neuen Neckarbrücke schlug Carl Duttenhofer 1825 vor, am linken Ufer ein Hafenbecken anzulegen (dargestellt beim Wort »Vorstadt«). Die Zufahrt sollte durch eine im Plan oberhalb davon eingezeichnete Schleuse erfolgen. Vom Neckar her sollte das Wasser durch einen »Canal« zugeführt werden. Im Fluss waren »Spülschleusen« vorgesehen. Am rechten Ufer ist angedeutet, welche Häuser zur Verbesserung der Zu- und Abfahrt abgerissen werden sollten.

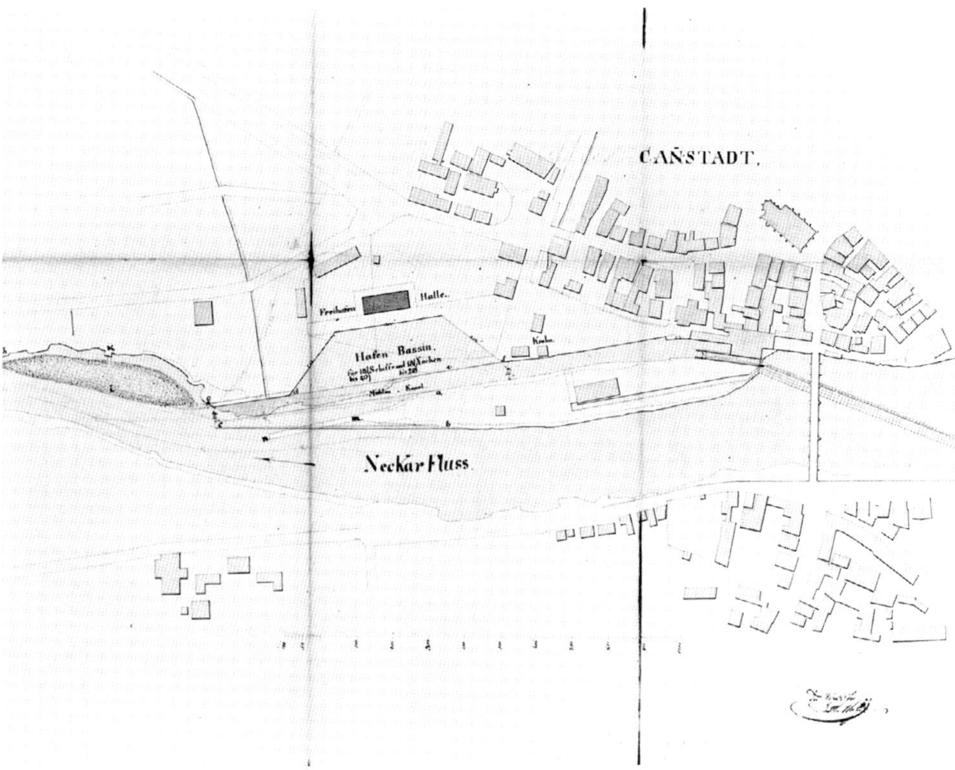

Im Jahr 1837 plante August Duttenhofer ein Hafenbecken am Mühlkanal, weil sich Schiffe und Flöße zu sehr behinderten. Auch dieser Plan wurde nicht verwirklicht.

Aufschwung im 19. Jahrhundert

Besser wurde die Situation erst, nachdem König Wilhelm I. 1819 bis 1821 bei Heilbronn nach den Plänen des Oberwasserbaudirektors K. A. F. v. Duttenhofer einen Kanal erbauen ließ, der das Gefälle mit Schleusen überwand und das Mühlwehr umging. Es fehlte nicht an Ideen, den Umschlag zu beleben[88]. Unter anderem diskutierte man 1822 auch darüber, ob nicht Berg, wohin ohnehin die Holzschiffe von Neckarrems fuhren, Endhafen der Neckarschifffahrt werden sollte. Allerdings hätten dort nicht nur die nötigen Hafenanlagen erbaut, sondern auch die Straßenverbindungen erheblich verbessert werden müssen.

Schon 1825 empfahl Karl Duttenhofer, der jüngere Sohn des Oberwasserbaudirektors, am linken Ufer nördlich der Straße nach Ludwigsburg ein abgeschlossenes Hafenbecken anzulegen, das durch eine Schleuse erreichbar war. Fünf Häuser und einen Gastwirtsgarten müsste man dafür kaufen. Der alte Umschlagplatz, so meinte er, liege zu ungünstig, die Fuhrwerke müssten mit dem Salz – und das war eines der wichtigsten Güter – von dort zum Hallgebäude zu oft hin und her fahren. Zudem befriedigte das vorhandene Lagerhaus nicht mehr, weshalb die Stadt bereits eine Scheune des Ochsenwirts hatte mieten müssen. Der junge Duttenhofer hatte *würklich einen Plan vorgelegt, der jede Forderung befriedigen würde.* Zur

Ausführung könnte man an eine AG denken, eventuell mit staatlicher Beteiligung. Aber daraus wurde nichts.

Der Zoll- und Handelsvertrag, den Württemberg 1828 mit Bayern abschloss, sollte den Verkehr über Cannstatt beleben. Das alte Lagerhaus musste deswegen durch ein neues Hallgebäude, das man in den Breywiesen (Pragstraße 18) erstellte, ersetzt werden. 1831 wurde Cannstatt zum Freihafen erklärt, so dass aus dem damaligen Ausland angekommene Waren gelagert und wieder ins Ausland verfrachtet werden konnten, ohne dass man sie verzollen musste.

Die Zunahme des Verkehrs führte allerdings zu einem Problem: Es gab kein Hafenbecken, sondern die Schiffe machten im Mühlkanal fest, den auch die Flöße passieren mussten. Gewöhnlich lagen im Sommer 16 bis 18 Schiffe gleichzeitig im Mühlkanal am Ausladeplatz, gelegentlich sogar 24 bis 30. Dadurch fühlten sich die Flößer behindert. So beklagte sich Holzhändler Bandtle aus Bessendorf 1834, drei Langholzflöße mit 18 Knechten hätten in Cannstatt zweieinhalb Tage auf die Durchfahrt warten müssen. Um die Schiffe, wenn sie im Mühlkanal oder wegen Raummangels im Neckar liegen, vor Flößen zu schützen, müsse ein Becken gebaut werden, weil die Flöße *mit großer Gewalt nach allen Seiten ausstoßen und im Zick Zack den Kanal durchlaufen*. Man hätte das Problem auch durch den Bau einer Floßgasse im Wehr lösen können, aber Duttenhofers Vater sah darin im Mai 1836 ein Problem, weil man wegen des großen Wasserbedarfs beim Durchlassen eines Floßes zu viel Wasser benötigen würde, zumal dann, wenn ein Floß festsäße. Auch der Cannstatter Stadtrat war dagegen, denn das würde die Mühle schädigen. Auf königliches Dekret entwarf deshalb Wasserbauinspektor August Duttenhofer, der ältere Sohn des Oberwasserbaudirektors, 1837 einen Plan, *zur Sicherstellung der Schiffe gegen Beschädigung durch die Flößerei* einen besonderen Hafen anzulegen. Nötig sei ein Becken für 18 bis 20 Schiffe und ebenso viele Nachen (die von den Schiffen im Schlepp mitgeführt wurden), mit Mauern an drei Seiten von 14 Fuß Höhe und einer Tiefe von drei Fuß.

An dem Hafenbecken könnten, so der Vorschlag, ein Freihafen-Lagerhaus und mehrere Kräne aufgestellt werden. Aus dem Plan wurde jedoch nichts, ebenso wenig wie aus dem 1837 vom König erneut geäußerten Gedanken, den Freihafen, den Kran und die Hall-Einrichtungen von Cannstatt auf das Gelände des ehemaligen Holzgartens in Berg zu verlegen und dort mit Stuttgarter Einrichtungen wie der (geplanten) Bahn zu verbinden. Die angeregte Verbesserung der stark gekrümmten Einfahrt in den Mühlkanal wurde jedoch noch 1837 ausgeführt, die am unteren Ende liegende Gesteins-Bank ausgebrochen.

Wenn das Becken auch nicht gebaut wurde und der Hafen nichts anderes blieb als ein Schiffskanal mit Kaimauern und Kran, so entstanden am Freihafen doch 1838 ein Warenmagazin mit Kran, 1846 Kohlenmagazine und 1849 neue Kaimauern. 1835 konnte durch einen Vertrag mit Baden die freie Durchfahrt durch dieses Land vereinbart werden, und 1853 kamen Verträge über den Verkehr zwischen Köln und Cannstatt sowie zwischen Cannstatt und Mannheim zustande. Auf der Strecke Köln–Cannstatt sollten die Schiffe vom 1. April bis 1. Oktober zu Berg 18 und zu Tal 16 Tage, sonst 20 Tage fahren, zwischen Mannheim und Cannstatt entsprechend zu Berg sieben bis acht und im

Der Schiffsverkehr in Cannstatt

Jahr	*Ankommend*		*Abgehend*		*Quellen*
	Schiffe	*Zentner*	*Schiffe*	*Zentner*	
1821	23	13 100			Heimann, HStAS E 221 B 4255
1824		24 179			dito
1830	119	45 207			dito
1835	272	127 532		*80 500	dito
1838	312	185 325		196 243	dito
1841	842	222 050	680	225 653	dito
1847	1866	561 001	864	319 779	W. Jb. 1854
1850	568	260 416	442	213 521	W. Jb. 1854
1854	356	150 549	402	212 680	W. Jb. 1854
1858	81	72 205	90	128 862	Beck
1862		**10 750			Beck
1866				28 700	Beck
1876	18	–	18		W. Jb. 1878
1877	12	–	°12		W. Jb. 1878, 1892
1878	2	–	°°2		W. Jb. 1880, 1892

* *Nach Daiber abgehend 217 Schiffe mit 96 524 Zentnern.*
** *Nur Kohle*
– *Unbeladen*
° *Mit Brückenteilen nach Heidelberg*
°° *Mit Maschinenteilen nach Gemmrigheim*
Anmerkung: Die Zahlenangaben in den Quellen stimmen nicht immer überein. Schiffszahlen für 1821–1841 nach Heimann (einschließlich mitgeführter Nachen), Ladungsmenge nach HStAS.

Winter zehn Tage, ab Cannstatt sechs Tage. Als ein besonderer Transport sei die Beförderung von Hofers Rossebändigern per Schiff ab Amsterdam 1847 erwähnt. Den Transport der Waren besorgten vorwiegend auswärtige Schiffer, denn 1836 gab es in Cannstatt nur einen namens Höllriegel.

Von den 1850 bis 1854 eingetroffenen 178 bis 296 Schiffen kamen zehn bis 16 von den Salinen, elf bis 23 aus Heilbronn und Orten oberhalb Heilbronns sowie 140 bis 261 direkt von weiter her. Ein wichtiges Frachtgut zu Berg war zu dieser Zeit Salz von der Saline Clemenshall, daneben Baumwolle, Metalle, Farbhölzer und Tabak. Ab 1824 hatte auch Steinkohle Bedeutung. Kolonial- und Farbwaren wurden teilweise mit der Bahn nach Bayern und der Schweiz weiterbefördert. Zu Tal waren Kaufmannsgüter, zeitweise auch Mühl- und Bausteine wichtig, vor allem aber Bretter, die 50 bis 73 Prozent des Frachtguts stellten. So wurden 1835 315 000 Stück Sägewaren befördert, 1838 578 639 und 1843 sogar 741 859 Stück.

Die Schiffe, die oberhalb Heilbronn verkehrten, waren der Literatur zufolge 30,08 Meter, den Akten zufolge 39,54 Meter lang, 4,30 Meter breit und tauchten maximal (beladen) einen Meter tief ein; sie konnten 1500 Zentner (75 Tonnen) laden und zusammen mit zwei Anhänge-Nachen 2300 Zentner (115 Tonnen) befördern.

Partie am Neckar um 1910. Rechts das Stellwehr für den Mühlkanal (Schiffe verkehrten um diese Zeit nicht mehr) und im Hintergrund das Mühlengebäude (mit dem Treppengiebel). Links der Mitte ein weiteres Stellwehr für einen Überlaufkanal, ganz links das Wehr.

Es liegt auf der Hand, dass eine Bahnlinie der Schifffahrt erheblichen Schaden zufügen musste. Das war den Cannstattern offenbar durchaus klar, denn schon am 27. März 1845, noch vor der Eröffnung der ersten Bahnlinie, erhielten sie auf ihre Bitte hin eine Audienz beim König, in der sie ihn um die weitere Instandhaltung der Wasserstraße baten.

Den Anfang vom Ende der Neckarschifffahrt bildete der Transport der ersten sechs Lokomotiven für die württembergische Bahn. Sie kamen aus Philadelphia. Nach dem Anschluss der Bahn an die großen Hauptlinien 1853 ging der Schiffsverkehr rasch zurück. So schrieb Daiber 1863, Salz und Kohle würden jetzt hauptsächlich mit der Bahn gebracht, und 1865 bemerkte er, es werde nur noch Salz befördert. Mit dem Jahr 1879 hörte der Umschlag auf. Die noch kleinen Schiffe waren gegenüber dem neuen, schnelleren Verkehrsmittel nicht konkurrenzfähig. Die bürgerlichen Kollegien beschlossen deshalb schon 1877, das Freihafen-Magazin am Mühlkanal zu einer Turnhalle umzubauen; sie wurde am 19. August mit einem Schauturnen eröffnet.

Mehr eine Episode war der Betrieb einer Werft[89]. Gottlieb Daimler und Wilhelm Maybach hatten, wie erwähnt, 1886 das Motorboot mit Schraubenantrieb erfunden. Es erhielt den Namen »Marie« und kann heute im Daimler-Benz-Museum besichtigt werden. Im Jahr 1889 stellte Daimler zwei solche Boote auf der Weltausstellung in Paris aus, wozu auf dem Ausstellungsgelände eigens ein kleiner See hatte angelegt werden müssen. Um die Boote bauen zu können, erstellte die Daimler-Motorengesellschaft am rechten Ufer des Neckars gegenüber dem Wilhelma-Theater, also oberhalb der Wilhelmsbrücke und des Cannstatter Mühlkanals, eine kleine Werft. Das erste Motorboot für den Personenverkehr, die »Libelle«, lieferte die Firma 1892 nach Düsseldorf. Im Jahr 1900 entstand das damals größte Passagier-

Auf dieser Werft, die oberhalb des Wehrs am rechten Neckarufer stand, baute Gottlieb Daimler seine Motorboote – die ersten benzingetriebenen der Welt.

Die erste Motorbootfahrt 1886 auf dem Neckar. Dritte Person von links ist Wilhelm Maybach. Am Steuer Werkmeister Wilhelm Bauer. Im Hintergrund die 1842 begonnenen und auf Wunsch des Königs gleichartig gestalteten Häuser am Neckarufer mit dem oben flachen »Stuttgarter Dach«, wie es damals üblich war.

Der Neckar als Erholungsgebiet um 1905. Am rechten Ufer vor der König-Karls-Brücke steht eine Schwimmanstalt.

Motorboot in Deutschland, die »Neckar«, mit Platz für 50 Passagiere, das dann fahrplanmäßig zwischen Heilbronn und Heidelberg eingesetzt wurde. Als wenige Jahre später noch größere Motorschiffe – für 180 Personen – gebaut wurden, ließ die Gesellschaft die Rümpfe in Neckarsulm anfertigen. Offenbar erlaubte die kleine Schleuse in Cannstatt die Durchfahrt nicht.

Vergnügen auf dem Fluss

Damit sich die Gäste Cannstatts auch auf dem Wasser vergnügen konnten, hielten die großen Hotels zur Blütezeit des Bades auf dem Neckar Boote für sie bereit. Seit 1881 gab es auch den Ruderclub »Neckar«, und die Oberamtsbeschreibung konnte 1895 berichten, es herrsche bei Cannstatt »an Sonn- und Feiertagen das fröhliche Treiben harmloser Gondelfahrer und ernsthafter Ruderklubisten«. Als der Club 1899 aufgelöst wurde, bildeten sich die Stuttgarter Rudergesellschaft und bald darauf zwei weitere Rudervereine. Der Stuttgart-Cannstatter Ruderklub entstand 1910.

Erwähnenswert ist auch, dass Daimler schon 1893 einen fahrplanmäßigen Motorbootverkehr zwischen Cannstatt und Berg plante, der sich dann jedoch nicht realisieren ließ. Ein kleines Dampfboot für Spazierfahrten hatte der Cannstatter Mechaniker Bausch schon 1879 gebaut und mit ihm auch eine Probefahrt gemacht. 1,75 PS leistete die Maschine, und 14 Personen konnten befördert werden. Ebenso wollte Hutmacher Erhard Strohm aus Cannstatt ein Dampfboot mit Radantrieb mit etwa 15 Personen auf dem Neckar spazieren fahren lassen. Natürlich gab es juristische Fragen zu klären und bestimmte Auflagen zu erteilen. Immerhin ließ Strohm im September Personen zwischen Wehr und Schiller'scher Badeanstalt befördern. Allerdings durfte das Boot nur bis unterhalb der Badeanstalten verkehren, weil es *unzulässig wäre, mit Personen beiderlei Geschlechts durch die Schwimmbäder für Männer zu fahren*[90].

Neue Pläne für den Ausbau des Neckars

Der Gedanke, den Fluss auszubauen, wurde seit 1879, als das »Komitee für die Hebung der Neckarschiffahrt« gegründet wurde, immer wieder stark propagiert. Vor allem von der Wirtschaft wurde der Ausbau des Neckars gefordert. Man dachte seit der Jahrhundertwende sogar an eine durchgehende Wasserstraße vom Rhein zur Donau. Die Arbeiten für den Ausbau des Flusses begannen allerdings erst 1918, zugleich mit dem Ziel, den Hochwasserschutz zu verbessern und vor allem der großen Arbeitslosigkeit zu begegnen. Dazu musste das Wasengelände erworben werden, und das bedeutete, dass der dort gelegene Exerzierplatz 1929/31 zum Burgholzhof verlegt wurde. 1927 vereinbarten alle betroffenen Partner den Ausbau des Flusses zwischen Untertürkheim und Münster mit dem Bau der Staustufe bei Bad Cannstatt. 1929 wurden die Brücken, 1932 Wehr und Kraftwerk fertig gestellt, 1955 bis 1957 die Doppelschleuse erbaut. Das war nicht einfach, denn es musste jede Beeinträchtigung der Mineralquellen vermieden werden. Dem Ausbau »mußte manch reizvolles und vertrautes Heimatbild, wie die Wilhelmsbrücke in Cannstatt mit dem Wehr, [...] zum Opfer gebracht werden«, schrieb Kohlhaas in der Stuttgarter Chronik 1964. Große Flächen wurden durch die Bau-

Die Doppelschleuse Cannstatt während des Baues, aufgenommen Mitte Februar 1957.

Die Staustufe Cannstatt, wie sie sich im Mai 1979 präsentierte.

Am Voltasteg begann die Renaturierung des Neckarufers. An dieser Stelle wurde noch nach dem Zweiten Weltkrieg gebadet.

maßnahmen vor Überschwemmung geschützt, und es gab hier seither kein Hochwasser mehr. Es gingen aber sämtliche Bade- und Sportplätze auf dem Wasen verloren, doch nutzte die Jugend den Badeplatz beim Viadukt noch lange.

Die Planung des Stuttgarter Hafens begann 1928. Es dauerte aber bis Ende 1956, ehe die Schiffe durch die Schleuse bei Hofen das Stadtgebiet erreichen und Kohle zum Kraftwerk bringen konnten. Jetzt konnte auch bei der Wilhelma eine Anlegestelle für Personenschiffe geschaffen werden. Am 31. März 1958 wurde mit der Öffnung der Schleuse Untertürkheim zugleich der oberhalb von Bad Cannstatt gelegene Hafen in Betrieb genommen, und am 12. Juli 1968 war der Fluss bis Plochingen befahrbar.

Dieses Mal war der Eingriff in den Naturhaushalt groß[91]: Die mit jeweils zwei Schleusen-Kammern und einem Kraftwerk kombinierten Wehre stauen das

Am Haus Spreuergasse 10 sind Hochwasserstände aus dem 16. und 17. Jahrhundert markiert.

So sah ein Zeichner die große Überschwemmung vom 27./28. Mai 1817. Links vorne das königliche Landhaus Bellevue. (Kolorierte Radierung, erschienen bei G. Ebner)

Wasser zum Teil stark auf, der Abfluss wird reguliert. Der Neckar hat damit den Charakter eines Fließgewässers verloren und besitzt nun eine geringere Selbstreinigungskraft. Die Ufer wurden befestigt, Überflutungszonen gibt es praktisch nicht mehr, der Fluss gilt als »naturfern«.

Hinzu kommt die Verschmutzung des Flusses, die bereits zum Ende des 19. Jahrhunderts einsetzte. Der Eintrag chemischer Substanzen (aus den Waschmitteln und von Chemikalien aus Landwirtschafts-Flächen) sowie die zeitweise aufgetretene Verarmung an Sauerstoff vertrieben viele Tier- und Pflanzenarten. Seit 170 Jahren starben 70 Prozent der Wasserpflanzen-Arten aus oder wurden so selten, dass ihr Verschwinden droht. 1991 wurde am Voltasteg begonnen, die Betonufer aufzubrechen und zu renaturieren, die Böschungen abzuflachen und Flach-, Stillwasser- und Überflutungs-Bereiche zu schaffen. Dadurch konnten hier und am Mühlgrün mit Unterstützung einer Stiftung der Allianz zugleich Erholungsräume geschaffen werden, konnten sich verdrängte Tier- und Pflanzen-Arten wieder ansiedeln. Andererseits nutzt die Staustufe bei Bad Cannstatt umweltschonend die Energie des fließenden Wassers.

Große Schäden durch Hochwasser und Eis

Hochwässer sind beim Neckar eine völlig normale Erscheinung. Sie kommen vor allem aus seinem Einzugsgebiet vom Schwarzwald und der regenreichen Schwäbischen Alb. Starke Regenfälle im Stuttgarter Raum wirkten jedoch mitunter durchaus verstärkend. Es kann aber auch Eisstau zu Hochwasser führen. Sitzen nämlich die Eisschollen fest, so be-

Ein besonderes Ereignis für die Cannstatter war das Eisfest auf dem Neckar 1880. Lithographie von Th. Volz.

hindern sie den Abfluss, das Wasser steigt und führt bei ungünstigen Bedingungen zu Schäden in den Ufergemeinden[92]. Zudem verursachten die Eisschollen oft genug Schäden an der Neckarbrücke.

Die meisten Hochwässer des Neckars hielten sich in einem Rahmen, mit dem die Anwohner zu leben wussten. Doch oft genug lief der Neckar so hoch auf, dass es zu schweren Schäden an Leib und Gut kam. Der Abschnitt von Plochingen bis Münster ist dabei besonders gefährdet, denn das Neckartal verbreitert sich ab Esslingen auf einen bis 1,5 Kilometer, verengt sich aber zwischen Münster und Mühlhausen auf etwa 200 Meter. Dadurch wird das Hochwasser am raschen Abfluss gehindert, Cannstatt gerät unter Wasser.

Der älteste Bericht über ein Hochwasser des Neckars bei Stuttgart stammt aus dem Jahr 1524. Viele Bürger flohen aus Cannstatt, in Stuttgart wurden Bittgottesdienste abgehalten und Tanzveranstaltungen für 14 Tage verboten. Schon wenige Jahre später, nämlich 1529, regnete es im Juni mehrere Tage lang. In Cannstatt wurden nicht nur die Brücke und (an zwei Stellen) die Stadtmauer, sondern auch viele Gebäude zerstört; im Neckartal verdarb das Heu, mehrere Menschen ertranken. Es war ohnehin eine Zeit, in der sich solche Ereignisse häuften: 1552, 1558, 1560, 1565, 1569, dann erst wieder 1651 und 1684. Im Jahr 1797 wurde Cannstatt gleich dreimal überschwemmt.

Besonders hoch lief der Neckar nach 36-stündigem Regen am 27. Mai 1817 auf. Von der normal 5,73 Meter über dem Fluss liegenden Brücke war nur noch das Geländer sichtbar. Drei Personen und einige Pferde ertranken, schwere Flurschäden brachten große Ernte-Verluste, viele Einwohner der Neckarvorstadt mussten ihre Häuser verlassen.

Noch schlimmer war das Hochwasser vom 29./30. Oktober 1824, das ganz Cannstatt unter Wasser setzte. Etwa zwei Millionen Liter strömten pro Sekunde ab gegenüber einem Durchschnitt von 38 000 Litern. Die meisten Erdgeschoss-Wohnungen mussten verlassen werden.

Im Jahr 1851 suchten Hochwässer das Neckartal gleich dreimal heim. Beim ersten Mal, Anfang August, war die Bahn nach Ulm an zwei Stellen unterbrochen, und die Passagiere mussten die Stellen zu Fuß passieren. Am 25./26. September riss das Wasser die Volksfest-Tribünen hinweg, und Pioniere aus Ludwigsburg wurden aufgeboten, mit Nachen herumzufahren und zu sichern, was zu schützen ging. Die Wirte blieben auf den eingekauften Vorräten sitzen, denn das Fest fiel aus. Am 1. Oktober schließlich strömte das Wasser auch über den Schutzdamm vor dem Seelberg hinweg.

Stieg das Hochwasser und damit das Grundwasser stark an, so konnten auch die Keller von Häusern, die nicht am Fluss standen, unter Wasser geraten, nämlich allein dadurch, dass das Wasser von unten hineingedrückt wurde. So geschah es 1834 in der Hallstraße, weil das Grundwasser in den Breywiesen nach drei Monate anhaltendem Regen stieg. Auch Thaddäus Troll erinnerte sich, dass der Neckar in der Marktstraße »nicht oben zur Tür herein, sondern unten aus dem Keller herauskam«. Dann schwammen die Fässer im Keller herum.

Von den strengen Wintern sei besonders der Februar 1880 erwähnt. Ein Zimmermann baute in Cannstatt auf dem Eis ein einstöckiges Fachwerkhaus, ein Schmied beschlug auf dem Eis Pferde und ein Gastwirt schenkte Getränke aus. Auch Schlittschuhläufer tummelten sich auf dem zugefrorenen Neckar; sonst konnten sie auf einem städtischen Schlittschuh-See laufen. Im Februar/März 1929 türmten sich die Eisschollen hoch auf. Die nächsten strengen Winter folgten 1941 und 1956. In den Wintern von 1813 und 1830 mussten oberhalb von Berg Soldaten die Eismassen sprengen, und im Januar 1861 ließ der Stau durch das Eis den Neckar zum Hochwasser ansteigen.

Der letzte große Eisgang stellte sich Ende Januar 1963 ein. Die Neckarschifffahrt musste eingestellt werden, und die Zufuhr von Kohle zu den Kraftwerken erfolgte per Bahn und Lastwagen, weshalb für die Lkw sogar das Sonntagsfahrverbot aufgehoben wurde. Die gegen Eis sehr empfindlichen Flamingos in der Wilhelma hatten Glück: Ihrem Teich floss ständig Wasser aus einer warmen Quelle zu.

Hochwasserschutz – erst groß, dann klein geschrieben

Die Beseitigung der Schäden kostete die Stadt Cannstatt viel Geld. Daher rührten zum einen die häufigen Klagen über die schlechte Finanzlage, und deshalb versuchten die Ratsherren immer wieder, die Ausgaben abzuwälzen. Als zum Beispiel in den 1820/30er-Jahren der Neckar oberhalb der Stadt begradigt wurde und die in Gaisburg aufgetretene Malaria bekämpft werden musste, wollten die Cannstatter ihren Kosten-Anteil für die Auffüllung der Altlachen nicht übernehmen. Diese, so argumentierten sie, seien durch die vom Staat veranlasste Korrektion entstanden. Oft genug schafften sie es auch, einen Zuschuss herauszuschlagen wie 1840 400 Gulden für den Uferbau am Hofener Weg[93].

Beim Bau der Eisenbahn (1843 bis 1845) nahmen die Planer bewusst Rücksicht auf die Hochwassergefahr und sahen im Bahndamm am Seelberg einen Durchlass vor, damit das Hochwasser dort ab- und um die Stadt herum fließen könnte. Später wurde auf der anderen Seite des Bahnhofs ein zweiter Durchlass geschaffen (König-Karl-Straße). Ein im Stadtarchiv verwahrter Plan, der wahrscheinlich aus dem Jahr 1850 stammt, zeigt, welche Gebiete der Stadt 1845 und 1850 überflutet wurden. Darin wird die Bedeutung des Bahndammes und des Seelberg-Durchlasses deutlich. Auch im Ortsbaustatut von 1875 sind Bestimmungen über »das nicht zum Überbauen geeignete Überschwemmungsgebiet« enthalten. Der dazu gehörende Plan zeigt, dass die östliche Umfließung inzwischen offenbar aufgegeben war. Nach der Umwandlung des Flusses in eine Kette von Stauseen spricht heute in Bad Cannstatt niemand mehr von der Hochwasser-Gefahr.

Der Gedanke, dem Hochwasser einen Abfluss um die Stadt zu lassen, wurde aber schon bald verwässert. So wünschte die Stadt 1846, den Seelberg-Durchlass durch einen Damm zu verbauen, denn dann würden die Flächen dahinter hochwasserfrei werden und wären als Bauplätze geeignet, *woran es hier sehr mangelt.* Profit vor Sicherheit also. Selbstverständlich kritisierten die Techniker das Projekt mit dem Argument, dann würde sich ein Wasserstau ergeben, der die Mühlen in Berg und die Wilhelmsbrücke, aber auch die Neckar-Vorstadt stärker gefährde. Wegen Berg widersprach zudem die Stadt Stuttgart. Folglich lehnte die Kreisregierung den Plan ab. Doch einige Bürger und die Stadt erhoben Einspruch. Hatten die Stadträte noch zuvor beim Bau der Bahnbrücke über den Neckar einen Anstieg des Hochwassers befürchtet, so wollten sie jetzt eine Maßnahme durchführen, die das Hochwasser garantiert erhöhen musste, und sie sahen dabei nicht, dass das Wasser dann »von hinten« (von unterhalb der Stadt) vordringen würde (die Fachleute sprachen vom *Hinterwasser*). Wiederum wurden die Einsprachen abgewiesen. Man einigte sich darauf, einen niedrigeren Damm zu bauen, der 1851 auch fertig gestellt, aber schon im selben Jahr vom Hochwasser überflutet wurde. Übrigens fand man, als man nahe der Fundstelle von 1816 das Material für den Damm abgrub, erneut Reste von Mammut-Stoßzähnen, Rückenwirbel und eine Rippe. Als die Stadt den Damm nun um zwei Fuß (gut einen halben Meter) erhöhen wollte, meinte Oberbaurat Böheim, diese Forderung *überschreitet alles Maß*. Es blieb bei einer für ungefährlich erachteten Aufhöhung um sechs Zoll (17 Zentimeter).

Wenige Jahre später (1862) wollte die Bahn einige Bögen im Seelberg-Durchlass schließen, und erneut gab es Auseinandersetzungen um das Ausmaß. Die Bahn hatte ihre Anlage ohnehin bereits vergrößert und damit den Überflutungsbereich verringert. Jetzt kam auch die von einigen Bürgern gewünschte Bebauung an der Seelbergstraße zur Sprache, wobei Wasserbau-Inspektor Martens vom Oberamt Cannstatt dem Gemeinderat bescheinigte, er beharre *auf den Ansichten, die sich in dieser Sache bei ihm festgesetzt haben und von welchen er durch keine Erörterungen der Techniker abzubringen ist,* eine Starrköpfigkeit also, wie sie auch aus anderen Akten abzulesen ist.

Inzwischen hatte man längst stillschweigend mit einer Geländeaufhöhung begonnen, hatte Häuser gebaut und die Bahnanlagen erweitert, das Überflutungsgebiet also weiter reduziert. 1871 begann überdies die Stuttgarter Gaswerkgesellschaft an der Seelbergstraße mit dem Bau der neuen Gasanstalt. Mensch und Natur – fürwahr eine schwierige Beziehung!

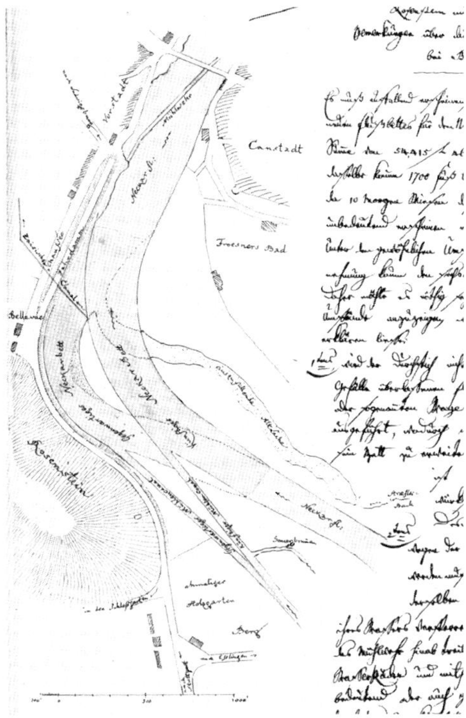

Um Platz für eine breitere Straße und einen Uferdamm zu bekommen, wurde 1829 das Neckarknie unterhalb vom Rosenstein weg auf den Bettelwasen verlegt, wo der Sträßlesbach und eine Altlache abgeleitet beziehungsweise aufgefüllt werden mussten. In dieser Briefskizze des Oberwasserbaudirektors K. A. F. Duttenhofer sind das »gegenwärtige« und das »künftige Neckarbett« dargestellt.

Von Uferbau und Flussverlegung

Weil der zeitweise ungestüme Neckar immer wieder Schäden an den Ufern anrichtete und auch seinen Lauf verlegte, war ein großer Aufwand zur Instandhaltung des Ufers nötig[94]. Zudem sollte durch solche Arbeiten auch der

Zufluss zu den der Landesherrschaft gehörenden Mühlen in Berg gesichert werden. Deshalb wollten die Cannstatter die Kosten nicht alleine tragen. Nach längerem Streit, langen Verhandlungen und Ortsbesichtigungen vereinbarten Herzog Eberhard III. und die Stadt Cannstatt am 25. August 1669, dass für die Bauarbeiten zwischen der Gemarkungsgrenze gegen Untertürkheim und Berg von je 100 Gulden 45 vom Herzog übernommen, die *ybrige 55 Gulden aber uff seiten gemeiner Statt Cantstatt vollends beygetragen* werden sollten. Auf diesen Vertrag berief sich die Stadt, als 1824 die Begradigung des Flusses bevorstand und sie bezahlen sollte.

Wie wichtig der Uferschutz war, zeigte sich bei dem großen Hochwasser von 1824. Nach der Meinung des Oberwasserbaudirektors Duttenhofer hatte Cannstatt unterhalb des Zuckerbergs auf etwa 2000 Fuß (573 Meter) *theils durch ein unrichtiges, theils auch vernachlässigtes Uferbauwesen eine Verwilderung des Neckarbettes herbei geführt,* weshalb der Fluss bei dem Hochwasser seitlich ausbrach und das Hauptbett durch eine Kiesbank zuschüttete, auf der Flöße und Schiffe liegen blieben. Zwar sicherte Cannstatt das Ufer, um den Fahrweg zu schützen, aber dem Neckarbett half das gar nicht. Ein von Duttenhofer veranlasster, etwa 476 Meter langer Durchstich durch die Kiesbank erwies sich nicht als dauerhaft. Als Cannstatt dann ein Uferbauwerk errichtete, war der Leinpfad abgeschnitten. Cannstatt sollte nun nachbessern, hatte aber kein Geld. 2000 Gulden Zuschuss von der Regierung halfen.

Wer heute die Bundesstraße 10/27 zwischen Berg und der Wilhelma befährt, ahnt nicht, dass der Neckar hier einst nahe an den Hang unterhalb des Kahlensteins (Rosenstein) herantrat. Eben hinter dem Flussknie hatte König Wilhelm sein Landhaus Bellevue. Er wünschte deshalb 1826, den Lauf des Flusses nach dem Vorschlag von Carl Duttenhofer vom Hang weg zu verlegen. Dann könnte die dort verlaufende Hauptstraße neben dem Fluss breiter und hochwasserfrei angelegt und die Zufahrt nach Bellevue abgetrennt werden, so dass das Landhaus weniger unter Staub und Lärm zu leiden hätte. Nun mussten nicht nur Oberwasserbaudirektor Duttenhofer und Oberbaurat Etzel Gutachten und Kostenvoranschläge erstellen, sondern es musste zudem Innenminister Schmidlen mit dem Cannstatter Stadtrat und Bürgerausschuss verhandeln, denn die Stadt sollte das benötigte Gelände möglichst kostenlos überlassen und einen Zuschuss oder Arbeitsleistungen erbringen. Die Stadt trat 1827 sieben Morgen (2,2 Hektar) vom Wasen unter der Bedingung ab, dass die Brücke am alten Standort neu erbaut werde. Sie wollte aber bestimmte Kosten nicht übernehmen. Man bedachte nicht, dass eine so wichtige Straße wohl kaum wieder aufgehoben werden würde.

Die Berechnungen und Überlegungen zogen sich hin. Dann wurde auf der Mitte des Bettelwasens ein neues Bett gegraben und mit dem Aushub ein Altarm aufgefüllt, der in ihn mündende Sträßlesbach wurde abgeleitet. Den alten Lauf am Prallhang schüttete man mit dem Aushub vom alten Arm und vom Schlossbau auf dem Rosenstein zu. Auch die Mündung des von Berg kommenden Mühlkanals wurde entsprechend verlegt, doch durften bei allen diesen Arbeiten die Mühlen in Berg und Cannstatt in ihrer Arbeit nicht behindert werden. Sollte die Cannstatter Mühle wegen Verkiesung des Laufs stillstehen, müsste der Staat Schadensersatz leisten. Anschließend konnte man beginnen, die Fahrstraße neu zu bauen. 1829 war das Projekt ausgeführt. Den Abtrag am Rosenstein und die Auffüllung des alten Flussbetts mussten Sträflinge besorgen. Dass die Straße dann neue Probleme aufwarf, steht auf einem anderen Blatt. So bekamen die Bürger in Cannstatt 1828 Angst, das Hochwasser würde nun, weil der Damm so hoch geworden sei, höher steigen, doch Gartenbaudirektor Seyffer beruhigte sie, der Damm würde sich noch setzen. Überdies forderten die Fischer Schadensersatz, weil ihnen mit der Altlache ein gutes Fischwasser verloren ging.

Schwierigkeiten ergaben sich im Cannstatter Mühlkanal. Die Einfahrt wurde 1837 nach dem Vorschlag Carl Duttenhofers begradigt, um den Schiffen das Ein- und Ausfahren zu erleichtern. Hochwasser schüttete jedoch immer wieder Kies in die Mündung hinein, was den Schiffen die Einfahrt erschwerte, so dass der Kanal alle paar Jahre geräumt werden musste. Gewerbetreibende der Stadt und der Stadtrat baten deshalb 1851, die Mündung erneut zu verlegen. Sie und die Schiffer, so schrieben sie, hätten schon vor 15 Jahren Bedenken geäußert, es werde nichts verbessert, und nun habe der Staat die Kosten. Auch Wasserbauinspektor Kalbfell sprach sich für eine Korrektion aus, fragte aber, ob die Kosten gerechtfertigt seien, weil man nicht wisse, ob die Schifffahrt noch konkurrieren könne, wenn die Bahn an das badische Netz (und damit an andere Teile Deutschlands) angeschlossen sei. Das Ministerium des Innern sah deshalb von dem Vorhaben ab, zumal auch keine Mittel verfügbar waren. Am 19. November 1855 genehmigte der König jedoch die Verlegung der Mündung und auch den Plan der Stadt, unterhalb davon auf 800 Fuß Länge eine Einbindestelle für Eichenstämme (zum Flößen) einzurichten.

Eine »schmutzige und übel riechende Flüssigkeit«

Jahrhunderte lang mochte die Qualität des Neckarwassers akzeptabel sein, auch wenn es – vor allem nach stärkerem Regen – oftmals bräunlich aussah. Zu einem Problem wurde die Verschmutzung spätestens im 19. Jahrhundert aus zwei Gründen: Zum einen kamen verschmutzte Abwässer aus den neu entstandenen Fabriken, zum anderen stiegen mit der Bevölkerungszahl selbstverständlich auch die Abwasser-Mengen aus den Haushalten, die letztendlich alle in den Neckar gelangten.

1875 begann die Stadt Stuttgart, die Mündung des Nesenbach-Kanals, der das Abwasser zum Neckar führte, zu verlegen. Die Cannstatter sahen zu dieser Zeit nur die Gefahr, dass Uferschäden auftreten könnten[95]. Im November 1883 äußerten sie erstmals, es könnte auch das Schmutzwasser nachteilig sein, unternahmen aber noch nichts. Das änderte sich, als im Juli 1884 in Frankreich die Cholera ausbrach. Nun bekam man es mit der Angst. Das Stadtschultheißenamt ließ vorsorglich Winkel und Abtritte leeren und desinfizieren, aber das war nicht genug. Der Neckar stank nämlich derart, dass niemand in seiner Nähe die Fenster zu öffnen wagte. Schuld daran war vor allem der Nesenbach, über den Oberamtsarzt Dr. Julius Blezinger schrieb: *Was man hier zu sehen bekommt, spottet aller Beschreibung!* Ein Versuch, den Nesenbach mit einem Nachen zu *befahren*, musste aufgegeben werden wegen des Gestanks. *Eine chocolade braune abscheulich riechende be-*

trächtliche Wassermenge mischt sich hier dem schönen Neckarwasser bei, schrieb er im Juli 1884. Der Neckar erhielt dadurch eine fettig glänzende Oberfläche und führte auf ihr Treibgut aller Art mit sich; am Boden setzte sich schwarzer Schlamm ab. So wurde der Neckar eine *in Zersetzung begriffene schmutzige und übel riechende Flüssigkeit. Wer kann sich darüber wundern? Zu verwundern wäre es, wenn es nicht so wäre.* Und in diesem Wasser badeten zur warmen Jahreszeit Hunderte, die den Geruch an Haut und Haaren lange nicht los wurden. Der durch Hochwasser bei Cannstatt abgelagerte Nesenbachschlamm werde, so meinte Blezinger weiter, zu einer Brutstätte der Mücken, und das erkläre das häufige Vorkommen von Malaria in der Stadt. Das Neckarbad habe seinen guten Namen eingebüßt, und er wolle die Verantwortung nicht mehr tragen. Man solle die Mündung des Nesenbachs bis unterhalb des Cannstatter Wehrs verlegen, wo Strömung und Selbstreinigungskraft größer seien.

Lange wurde über dieses Thema hin und her geschrieben, denn Stuttgart plante 1884, die Mündung des Hauptsammelkanals etwas weiter flussabwärts zu verlegen und damit zwar noch auf Stuttgarter Gebiet, aber näher an Cannstatt münden zu lassen. *Darüber wird jeder, der auch nur das ABC der öffentlichen Gesundheitspflege kennt, höchlichst erstaunt sein,* schrieb Blezinger. Mediziner kamen zu Wort, der Chemiker der Stadt Stuttgart, für die Cannstatter auch ein Rechtsanwalt. Der Chemiker bestritt aufgrund von Wasser-Untersuchungen die Schädlichkeit der Verschmutzung und wurde denn auch anschließend wegen unzureichender Sorgfalt von der Gegenseite »zerpflückt«. *Ich glaube,* schrieb der Oberamtsarzt Blezinger, *der Mann müßte erst gefunden werden, der so kek wäre, das Wasser des Neckarkanals* [in den der Nesenbach mündete], *auch filtriert, zum Trinkwasser zu empfehlen.* Der Abwasserkanal müsse unterhalb von Cannstatt münden, damit die Stadt nicht bei Hochwasser Gefahr laufe, *mit allerlei Infektionsstoffen durchtränkt zu werden.*

Schließlich trafen sich der Cannstatter und der Stuttgarter Oberbürgermeister, um das Thema zu besprechen, aber den Durchbruch brachte das nicht. Bei 36 Städten von Danzig bis Zürich holten die Cannstatter 1890 Informationen darüber ein, wie Schmutzwasser verdünnt werden könne.

Das Medizinal-Kollegium der Regierung verlangte schließlich 1902, Cannstatt solle eine Kläranlage bauen. Wieder war der Streit entflammt, wurde doch der viel größeren Stadt Stuttgart Zeit gegeben, vor dem Bau einer Kläranlage erst Erfahrungen zu sammeln, wozu sie auf der Prag, an der Grenze zu Cannstatt, 1901 eine Versuchsanlage baute. Man möge doch, so argumentierten die Cannstatter mit Recht, erst diese Erfahrungen abwarten, ehe man die Kanalmündung verlege, denn man müsse ohnehin über kurz oder lang mit der Reinigung der Abwässer beginnen. Die Beschwerde der Stadt am Neckar wurde aber im November 1902 *als unbegründet* abgewiesen, wenngleich der Stadt Stuttgart etliche Auflagen erteilt wurden.

Das Cannstatter Nadelöhr: die Neckarbrücke

Eine Brückenverbindung seit alter Zeit

Die Cannstatter Gemarkung ist in ganz Stuttgart diejenige, welche die meisten Brücken aufweist. Bis auf die Wilhelmsbrücke und deren Vorgänger sind sie alle erst ab dem 19. Jahrhundert entstanden. Die alte Verbindung, über die man durch das Brückentor in die Stadt gelangte, ist deswegen besonders interessant, weil sie ein wechselvolles Schicksal erfuhr.

Die älteste Brücke bei Bad Cannstatt, von der wir wissen, war eine hölzerne der Römer. Reste davon wurden im Juni 1893 bei sehr niedrigem Wasserstand etwa 130 Meter unterhalb des Stegs nach Münster entdeckt. Beim Nachgraben konnten zehn Eichenpfähle gefunden werden. Außerdem stieß man beim Kiesbaggern beim Mühlsteg auf eine zweite Brücke. Allerdings ließ sich nicht klären, ob beide gleichzeitig oder nacheinander bestanden[96]. Wahrscheinlich sind sie schon bald nach dem Abzug der Römer durch Hochwasser oder Eis zerstört worden.

Wann erstmals nach den Römern ein fester Übergang erbaut worden ist, wird wohl nicht mehr zu ermitteln sein. Immerhin ist der Cannstatter Brückenzoll in einer noch erhaltenen Urkunde vom 10. Juli 1484 erwähnt. Weil dieser Zoll bereits seit *lennger dann menschen gedechtniß* kassiert wurde, muss die Brücke damals schon seit mehreren Generationen bestanden haben.

In seiner Geschichte des Herzogtums Württemberg veröffentlichte Sattler die Abschrift einer Urkunde vom Mittwoch nach Sankt Gilgen (1. September) 1465. Darin bestätigte Kaiser Friedrich dem Grafen Ulrich, dass dieser an der Mühle von Cannstatt an der freien Reichsstraße eine Zollstätte einrichten und von allen Wagen, die Zentnergut befördern, pro Ross einen rheinischen Gulden und einen *alten thurneß* und bei anderem Gut sechs Pfennig je Ross nehmen durfte[97]. Hier ist von Brückengeld zwar nicht die Rede, doch dürfte mit dem erwähnten Zoll, da er bei der Brücke (in der Mühle) kassiert wurde, ein Brückenzoll inbegriffen gewesen sein, denn die Straße führte ja über diese Brücke. Allerdings sollten allen Wagen, die in der Cannstatter Mühle bezahlten, der normale Zoll und das Geleitgeld erlassen werden, das in Cannstatt, Feuerbach, Zuffenhausen und Wangen kassiert wurde. Auch alle Fürsten sowie Geistliche und Grafen sollten den Zoll entrichten.

Außer um seine eigene Brücke hatte sich Cannstatt auch um die ebenfalls hölzerne von Untertürkheim zu kümmern. Bereits 1491 genehmigte der Landesherr den beiden Gemeinden, die dortige Brücke zu bauen und instand zu halten. Später, im 16. Jahrhundert, heißt es, Cannstatt habe ebenso wie Untertürkheim ein Viertel der Kosten zu tragen, die Landesherrschaft müsse die andere Hälfte aufwenden. Das kam später immer wieder neu zur Sprache.

Streit um den Brückenzoll

Die seit dem 16. Jahrhundert vorliegenden ausführlichen Nachrichten kreisen im Wesentlichen um zwei Themen: Um den schlechten Zustand der Brücke und um die Erhöhung des Brückenzolls wegen der hohen Kosten für die Instandhaltung[98]. Nachdem 1529 *große Ungestime des Wassers* die Brücke hinweggerissen hatten, erschien die Erhöhung angebracht. Als Kaiser Karl V. 1532 auf dem Weg nach Regensburg *zu Canntstatt für* [vor] *unnd über die Pruckh in der Sänfftin gezogen, haben die von Canntstatt Ihrer Kays. May. uff Ihres damals geweßenen Vogts Hanns Rosenzweig / der bey Ihrer May. in Sonndern gnaden unnd Ansehen geweßen / guet bedeuthen unnd gehaiß, durch Ihn allhier uff der Bruckhen ain underthänigste Supplication dißen unnd solchen weegzoll zuebestättigen übergeben.* Auf dem Reichstag genehmigte der Kaiser der Stadt am 24. Juli 1532 Zoll und Weggeld auf vier und zwei Pfennig zu verdoppeln. Kaiser Rudolf bestätigte am 20. November 1593 in Prag dieses Privileg und genehmigte darüber hinaus, jetzt pro Wagen acht und pro Karren vier Pfennig zu verlangen, weil Cannstatt so sehr in Schulden geraten und die Brücke so oft schadhaft war und weil sich die württembergischen Landesherren bei ihm für diese Erhöhung eingesetzt hatten.

Im Jahr 1484 ging es darum, dass die Cannstatter für einen Wagen zwei und für einen Karren einen Pfennig Zoll kassierten und diesen auch von Wagen der Geistlichkeit verlangten. Doch als das Kloster Bebenhausen und das Stift Stuttgart sich weigerten, den Zoll zu bezahlen, erhob Cannstatt Klage. Die Württemberger bestätigten aber den Geistlichen mit einer Urkunde die freie Fahrt, nachdem Fahrzeuge der Geistlichkeit früher nie bezahlt hatten. Das war ein klarer Verstoß gegen die Urkunde von 1465.

Die alte Neckarbrücke, unmittelbar vor dem Abriss aufgenommen im November 1834

Die Cannstatter verlangten später den Zoll auch von Wagen, die Naturalien für den Hofstaat beförderten. Als es 1713 deswegen Ärger gab, berief sich die Stadt auf die kaiserlichen Privilegien von 1532 und 1593, in denen Ausnahmen nicht erwähnt waren. Es kam zu einem Gerichtsprozess, weil der Vogt von Marbach den bezahlten Zoll zurückforderte. Dass Herzog Eberhard Ludwig verlangte, solche Fahrzeuge zollfrei passieren zu lassen, liegt auf der Hand. Allerdings sollten die Kutscher nach dem Willen der Cannstatter einen entsprechenden Fuhrzettel vorweisen.

Im Jahr 1697 bat die Reichsstadt Ulm den Herzog, die Proviant-Wagen für das Magazin des Schwäbischen Kreises in Cannstatt vom Zoll zu befreien. Die Cannstatter konterten: Bisher hätten alle Reichsstände anstandslos gezahlt. Zudem benutzten die Ulmer Wagen mit 40 bis 50 Zentnern starken Zügen (Gespannen). Sie sollten sich *im wenigsten* beschweren, weil der Zoll im Verhältnis zum Preis der Waren sehr gering sei. Cannstatt sei verarmt, man möge die Ulmer deshalb abweisen.

Einen anderen Streit gab es ab 1652. Die Bürgermeister von Cannstatt hatten vergessen – das Lagerbuch wurde nämlich nicht von ihnen, sondern beim Amt verwahrt –, dass nach dem Lagerbuch von 1574 Stadt und Amt gemeinsam für die Erhaltung von Zwinger, Mauern und Gräben wie auch der Brücke aufzukommen hatten, und so hatte die Stadt lange Zeit hindurch alles alleine bezahlt. Die Amtsverwaltung berief sich auf die bisherige Handhabung, doch die Stadt klagte. Sie unterlag und wandte sich deshalb an das Appellationsgericht in Tübingen. Es dauerte bis zum 3. Mai 1665, bis Herzog Eberhard III. verkündete: Das Urteil von 1661 wird revidiert, die Klage abgewiesen, die Kosten werden gegeneinander aufgerechnet. Allerdings zog sich die Abrechnung bis 1668 hin.

Die ab 1570 folgenden Schriftstücke kreisen im Wesentlichen um die Erhöhung des Zolls wegen der hohen Kosten für die Brücke. So wandten sich Vogt, Bürgermeister, Gericht und Räte der Stadt am 6. Dezember 1570 an den Herzog und baten, den Zoll auf acht und vier Pfennig verdoppeln zu dürfen. Man habe, so schrieben sie, seit die Brücke 1529 durch Hochwasser zerstört worden sei, viel Geld für die Instandhaltung ausgeben müssen. Allein die Beschüttung mit *täglichem Kiß* koste bis zu 2000 Pfund Heller jährlich, aber man nehme nur 150 bis 200 Pfund Heller ein. Außerdem seien Türen, Tore, Pflaster und Torwart sowie der Anteil für die Untertürkheimer Brücke zu bezahlen. Fuhrleute aus Holland und *vihlen fremden ohrten*, die früher diesen Weg nicht benutzten, so hieß es 1576, führen jetzt mit schweren Lasten und *weit gelaißten wägen* (mit großen Gleis, das heißt mit großem Radabstand) und zerrissen die Straße ebenso, wie es die früher nicht benutzten großen Weinfuhren von sieben bis acht Eimern Wein taten (ein Eimer entspricht 293,93 Liter). Erst vor 13 Jahren (also 1557) sei die Brücke neu erbaut worden, musste jedoch schon 1569 abermals neu errichtet werden. Nun hätten am vergangenen Adventssonntag (1570) *Grosse Güß* (Güsse) die Brücke hinweggerissen, denn es habe sich (Treib-) Holz an ihr gestaut. Sonst hätte sie noch einige Zeit gehalten. Die Stadt habe kein Holz für den Wiederaufbau, und es zu kaufen sei teuer. Außerdem müsse man Schäden an Ufer und Straße nach Untertürkheim ausbessern, man habe Jahre mit Misswuchs, Teuerung und *grossen hochbeschwerlichen Hagell* erlebt, die Stadt habe infolge aller dieser Ereignisse große Schulden und könne nicht ohne Hilfe auskommen.

Schon im Januar 1571 wiederholten die Cannstatter ihre Bitte und baten zugleich, 5200 Gulden an Schulden aufnehmen zu dürfen, von denen allein etwa 1200 für den Wiederaufbau der Brücke verwendet werden sollten. Auch andere Gebühren wollten sie erhöhen.

Für die Cannstatter ergab sich ein Problem dadurch, dass die Stuttgarter das für sie den Neckar herab gekommene Bauholz in Berg lange im Wasser liegen ließen, ehe sie es ausschleiften. Ein Hochwasser konnte es dann wegschwemmen, so dass es sich – wie 1570 – an der Cannstatter

Brücke staute und diese beschädigte. Die Cannstatter könnten, so schrieben sie dem Herzog, von den Stuttgartern Ersatz verlangen, wollten es aber nicht wegen der Erhaltung der guten Nachbarschaft, doch sie baten den Landesherrn, den Stuttgartern zu befehlen, das Holz sogleich aus dem Wasser zu ziehen.

Am 14. Januar 1573 schrieben die Cannstatter, man habe die Brücke in den letzten fünf Jahren dreimal erneuern müssen. Gemeint waren die Hochwässer von 1569, 1570 und 1572. Etwas später, wahrscheinlich 1576, wollten die Bürger sich sogar an den Kaiser wenden. Sie verfassten ein entsprechendes Schreiben und baten den Herzog, es auf dem Reichstag zu Regensburg zu übergeben und sich dabei für die Stadt einzusetzen. Der Herzog von Württemberg genehmigte dann im Juli 1577, drei Jahre lang zehn beziehungsweise für Karren fünf Heller zu erheben.

Anfangs wurde der Zoll, der Urkunde von 1465 zufolge, bei der Mühle kassiert, doch 1479 verlegte man die Einnahmestelle in die Stadt[99]. Die Fuhrleute sollten das Geld jeweils in eine Büchse stecken. Als Kassierer war ein in der Nähe wohnender Bürger eingeteilt, der die Einnahmen alle acht bis 14 Tage beim Bürgermeister abliefern musste. Weil er aber die Büchse nicht öffnen durfte, konnte er kein Wechselgeld herausgeben, weshalb – so schrieben die Cannstatter am 15. Juli 1577 – *die Fuerleutth, so mehrertheils unträglich unnd häderisch, um ein heller oder ein pfennig ain balg anfanngen unnd hieraußen vihl fluechen unnd schwehrens* [Schwören] */: wie gemeinglich ihr gebrauch :/ volgen möchte.* Der Stadt wurde deshalb genehmigt, anstelle von fünf Pfennig (10 Heller oder 1,79 Kreuzer) einen halben Batzen (2 Kreuzer) und für fünf Heller (0,90 Kreuzer) einen Kreuzer anzunehmen.

Im Januar 1589 war die Straße bei der Brücke wieder einmal stark beschädigt. Sie ist *zuvor ein ganntz moß* [Moor] *unnd sumpfig ding gewesen*, weshalb man sie mit Kies, Stein und Holz belegt habe. Fährt ein Wagen aus dem Gleis, so hieß es, dann muss man wieder ausbessern. In diesem Jahr mussten zwei Joche der Brücke abgehoben und erneuert werden.

Als die Stadt im Juli 1642 den Antrag stellte, an Wegzoll für die Brücke mehr als die bisher drei Kreuzer pro Wagen und zwei pro Karren nehmen zu dürfen, begründete sie dies damit, dass nicht nur die Brücke baufällig geworden war und nicht mehr ohne Gefahr benutzt werden konnte, sondern jetzt auch größere Lasten als früher befördert wurden. Hatten die Wagen früher ein bis zwei Rösser vorgespannt, so waren es jetzt sechs, sieben, ja sogar acht und vor den Karren drei bis vier. Der Antrag, auch für Rosse, Ochsen und andere Tiere Zoll nehmen zu dürfen (November 1642), war da nur eine logische Konsequenz. Große Schäden waren zudem durch das Militär mit seinen Kanonen, schweren Wagen und Munitionsfahrzeugen verursacht worden. Der Herzog reagierte aber nicht auf den Antrag. Die Cannstatter mussten ihre Bitte mehrmals wiederholen, denn es war ihre *Cassa gänntzlich erschöpft, Casten und Keller geleert, unnd nicht wohl der Statt diener mehr besoldet.* Die Genehmigung wurde allerdings nur vorübergehend erteilt und musste mehrmals verlängert werden.

Im Februar 1650 wurden die Cannstatter gar dreist und schrieben dem Herzog, wenn er ihrem Antrag von 1644 nicht zustimmen wolle, möge er bitte erlauben, dass sich Cannstatt über den Reichshofrat Lindenspür an den Kaiser wende.

In Cannstatt erhobener Brückenzoll

	1727–1798 und 1802–1809	*1810–1821*
1 Wagen	4 Kreuzer	4 Kreuzer
1 Karren	2 Kreuzer	2 Kreuzer
Ross	1 Kreuzer	2 Kreuzer
Ochs, Kuh, Esel	1 Kreuzer	1,5 Kreuzer
1 Kalb	3 Heller	0,5 Kreuzer
1 Schwein	–	0,5 Kreuzer
100 Schweine	40 Kreuzer	–
100 Schafe	24 Kreuzer	30 Kreuzer

Quellen: StAS Cannstatt 2448/9 – StAL E 166 Bü 1472, 1473

Immer wieder schwere Schäden

Außer durch Hochwasser und Eis konnte die Brücke auch durch kriegerische Ereignisse beschädigt werden. So hatten französische Truppen 1689 ein großes Stück der Brücke *biß an die Trag Bömb* (bis an die Tragbalken) und das Geländer zerstört. Durch An- und Abfuhr von *proviant deß alhisigen Magazins* mit schweren Wagen wurde sie nun noch mehr ruiniert. Zudem war ein schadhaftes Joch vom Eis *mit großer gewalt zerstoßen.*

Früher bestand die Brücke aus einer Holzkonstruktion. Das ist gut auf den alten Abbildungen zu erkennen. Hochwasser und Eis hatten da ein leichtes Spiel. So auch 1784, als zwischen dem 24. und 26. Februar Eis und Schnee zu einem Hochwasser führten, das die Stadt überschwemmte und alle Keller überflutete. Die Brücke und die unter ihr verlegte *Bronnenteuchellage* (Brunnen-Wasserleitung) wurden dabei großenteils weggerissen, man musste sie gänzlich neu erbauen. Der Durchgangsverkehr wurde inzwischen über die Brücke bei Untertürkheim umgeleitet. Weil das für die Einwohner aber ein zu großer Umweg war, richtete man für sie für etwa sieben Wochen am Tuchwasen eine Schiffbrücke ein (mit mehreren im Fluss verankerten Schiffen), wofür die Boote von den Schiffern Schweikert, Treiber und Höllriegel gemietet wurden. Allerdings war der Fluss in dieser Zeit für die Brennholzschiffe von Neckarrems und für die flussabwärts fahrenden Langholzflöße nicht passierbar.

Man nutzte den Wiederaufbau dazu, die Pfeiler gemäß dem Vorschlag des Werkmeisters Etzel etwas zu erhöhen, um die Gefahr neuen Eis- und Treibholzstaus zu verringern. Im Mai 1814 wurde die Brücke erneut für einige Tage gesperrt, die Umleitung erfolgte über die Brücken von Untertürkheim und Neckarrems; für leichte Fahrzeuge setzte man beim Landhaus Bellevue vorübergehend die Hofener Wagenfähre ein. Im Mai 1817 konnte die Brücke nur noch von leichten Wagen passiert werden, schwere Wagen konnten aber auch die Untertürkheimer Brücke nicht befahren. Die Passagiere des Postwagens Nürnberg–Stuttgart mussten aussteigen und die Cannstatter Brücke zu Fuß überqueren, die Ladung wurde gesondert hinübergebracht und dann wieder aufgeladen. Im September 1822 musste die Brücke abermals wegen einer Reparatur gesperrt werden; Nachen setzten Fußgänger über, die leichten Fuhrwerke konnten über die Kiesbrücke bei Berg, schwere über Untertürkheim ausweichen[100].

Um allen Missständen zu begegnen, legte Oberwasserbaudirektor Duttenhofer 1821 einen Kostenvoranschlag sowie einen Plan für eine neue Brücke und für einen Damm vom Kahlenstein entlang dem linken Ufer vor. Außerdem erhielt der damalige Ministerialreferent für Straßen- und Brückenbau, Eberhard Etzel, den Auftrag, die Brücke, die sich *in einem wahrhaft gefährlichen Zustande* befand, zu besichtigen. Er stellte fest, dass die Gründung des vierten Pfeilers (vom linken Ufer gezählt) derart freigespült war, dass sie nur noch durch die Verspannung des Zimmerwerks gehalten wurde. Deshalb sei bei Hochwasser oder Eisgang ein Einsturz möglich. Etzel schlug vor, die Brücke nicht zu reparieren, sondern durch einen Neubau zu ersetzen. Man dachte jetzt zunächst daran, eine Interims-Brücke zu erstellen, dann eine neue, solide Brücke zu bauen und bequeme Zufahrten zu schaffen. Eine steinerne Brücke war zwar teurer, aber vorteilhafter.

So wünschte es denn auch König Wilhelm I. und ordnete Anfang November 1821 an, ihm entsprechende Entwürfe vorzulegen. Außerdem sollte vor Bellevue auf Kosten des Königs ein Damm für Fußgänger aufgeschüttet werden. Auch wenn die Kosten der Brücke hoch sein würden, so müssten doch, schrieb König Wilhelm Anfang November 1821, *bei einem Baue dieser Art für eine weite Zukunft und an einem der wichtigsten und bedeutendsten Communications-Punkte des Königreichs die Zweckmäßigkeit, Dauer und Solidität derselben die normirenden Rücksichten für die desfälligen Vorschläge abgeben.*

Die alte Brücke war gut 107 Meter lang. Sie bestand aus zwei Holz- und sieben Steinpfeilern und hatte eine hölzerne Fahrbahn. Baurat Mährlen bestätigte am 29. März 1822 nach einer gründlichen Untersuchung Etzels Befund und schrieb, der vierte und der fünfte Pfeiler der Brücke seien bereits aus dem Lot gewichen. Auch die anderen Pfeiler mussten ausgebessert werden. Außerdem erwiesen sich die Fahrbahn in den Hängewerken und den Balkenlagen als sehr schadhaft. Folglich durften schon ab Dezember 1821 nicht zwei Wagen gleichzeitig die Brücke befahren, und sie sollte bei Eis und Hochwasser gesperrt werden. Die zuständigen Beamten sollten regelmäßig einen Augenschein einnehmen. Vorsorglich setzte man vor den vierten Pfeiler einen Eisbrecher, rammte Pfähle ein, vertiefte die Grundschwellen, verlegte rohe Steine und sicherte die Brückenöffnungen mit Kreuzspangen. Diese Maßnahmen konnten aber nicht auf Dauer helfen, und eine Reparatur nur der defekten Teile musste unzureichend bleiben.

Als die Cannstatter im Sommer 1822 einige Gebäude planten, die der ins Auge gefassten neuen Brücke (im Zuge der heutigen Rosensteinbrücke) *hinderlich* sein könnten, befahl der König, ihm in Zukunft auch sämtliche Baugesuche aus Cannstatt vorzulegen (wie dies für Stuttgart schon längst galt). Sollte in Cannstatt bereits ein Bau innerhalb des für die Brücke vorgesehenen Bereichs genehmigt sein, so müsse er umgehend *sistiert* werden.

Eine neue Brücke war vonnöten

Nun begann eine gründliche Diskussion gleich über mehrere Fragen[101]: Soll die Brücke an derselben oder an einer anderen Stelle neu erbaut werden? Wie kann man die Zufahrten am besten gestalten? Soll man die Brücke höher bauen? Wie kann man den Bau finanzieren? Vielleicht durch Ausgabe von Aktien gegen Überlassung des Brückengeldes? Die Stadt Cannstatt müsste für eine hölzerne Brücke aufkommen, aber die Kosten für eine Steinbrücke mochte man ihr nicht übertragen. Andererseits wollte die Stadt ihre Verpflichtung zur Instandhaltung loswerden. Vorsorglich wurden die Finanzen der Stadt 1821/22 gründlich durchleuchtet.

Der König wünschte, wie bei anderen großen Bauwerken mehrere Entwürfe zu sehen. So fertigten nach Duttenhofer (1821) nun auch Hofbaumeister Giovanni Salucci (1823), der (Bau-)Referent Eberhard Etzel, Maschinenbaumeister Grundler und Generalmajor von Seeger jeweils einen oder gar mehrere Pläne an. Der Landesherr legte dabei großen Wert auf Zweckmäßigkeit, Dauerhaftigkeit und Solidität des Bauwerks. Auch sollte der Zugang weniger gefährlich als bei der bestehenden Brücke sein.

Die Herren Seeger, Duttenhofer und Etzel waren 1823 übereinstimmend der Meinung, wegen der Enge der Zu- und Abfahrten sei es *rein unmöglich,* an der Stelle der gegenwärtigen Brücke eine massiv-steinerne zu bauen. Gut eigne sich dagegen der Bereich bei Frösners Bad (das heißt im Zuge der späteren Rosensteinbrücke). Man solle – wegen der Kostenberechnung – das Flussbett dort untersuchen, meinte das Ministerium des Innern. Weiter schrieb der Innenminister, Cannstatt könne die Kosten kaum bezahlen, und weil in den Etats kein Spielraum bestehe, sei eine Zustimmung der Landstände nötig. Damit war weitere, lange Diskussion vorgegeben.

Zur Vorbereitung des geplanten Brückenbaus befahl König Wilhelm I. 1823, das Neckarbett zwischen der auf dem linken Ufer gelegenen Färberei und dem rechtsseitig gelegenen Frösner'schen Bad zu untersuchen. Am 22. September begann man, mit Bohrungen, mit dem Einrammen von Pfählen und stellenweise mit Grabungen die Beschaffenheit des Flussbettes zu erkunden. Als der König am 13. September 1823 den neuen Stadtbauplan für Cannstatt genehmigte, ordnete er zugleich an, den Platz links am so genannten Badgraben für die Zu- und Abfahrt der geplanten Brücke unbebaut zu lassen und das dort stehende ältere Frösner'sche Badhaus (vor der heutigen Brählesgasse) später abzureißen. Er nahm den Ort im November 1823 sogar persönlich in Augenschein.

Wie die Akten bezeugen, wurden dem König sogar mehrere Modelle vorgestellt. Eberhard Etzel, der ein Relief (mit Darstellung der Umgebung) anfertigte, baute (anscheinend 1824) ein Modell einer Kettenbrücke (Hängebrücke), und Carl Duttenhofer, der jüngere Sohn des Oberwasserbaudirektors, stellte nicht nur 1827 ein Modell einer steinernen Brücke sowie – wohl zum Vergleich – Modelle einer französischen »Eisendrahtbrücke« über die Rhone bei Lyon und einer französischen Holzbrücke her, sondern lieferte auch Zeichnungen französischer Brücken. Maschinenbaumeister Grundler verfertigte ein Modell einer Hängebrücke bei Hammersmith in England und auch einer gusseisernen Brücke (die er bauen würde). Damit kam 1824 eine eiserne Brücke ins Gespräch. Leider ist über den Verbleib aller dieser Modelle nichts zu ermitteln; anscheinend ließ der König sie an die Baumeister zurückgeben. Die zahlreichen Pläne sind jedoch im Staatsarchiv Ludwigsburg noch erhalten, allerdings nur zum Teil ihren Autoren zuzuordnen. Insgesamt wurden im Lauf der Zeit zehn Entwürfe vorgelegt.

Der König schwankte oftmals in seinen Entscheidungen. Im Februar 1826 wollte er keine gusseiserne Brücke, weil sie einen größeren Aufwand erfordern würde, aber am 18. April 1826 entschied er sich doch für eine solche mit drei auf Steinpfeilern ruhenden Bögen an der alten Stelle und für den Bau einer Interims-Brücke. Die Herstellung in den staatlichen Hüttenwerken in Wasseralfingen würde die Kosten verbilligen und die dortigen Erfahrungen bereichern. Die Werke hatten aber für 1830 so viel zu tun, dass sie den Auftrag gar nicht ausführen konnten. Ende 1829 sprachen sich dann die Fachleute von Seeger, Duttenhofer und Etzel gegen eine eiserne Brücke aus, weil sie konstruktionsbedingt steilere Anfahrten erforderte, auf denen die Fuhrleute bei der Abfahrt den Hemmschuh (Bremsschuh) anlegen müssten (was die Straße schädigt), ferner weil sie weniger Durchflusshöhe hätte, auch gegen Hochwasser weniger stabil und zudem teurer wäre. Als Oberbaurat Etzel in einem Vortrag die verschiedenen Entwürfe diskutierte und einer steinernen Brücke gegenüber einer gusseisernen deutlich den Vorzug gab, befahl der König es im Dezember 1829 wieder anders: Er wollte eine neue Brücke an der bisherigen Stelle haben, und zwar aus Stein und – entsprechend dem Entwurf von Etzel – mit fünf Bögen, 360 Fuß (103 Meter) lang, 39 Fuß breit (Fahrbahn 24 Fuß, zwölf Fuß für zwei etwas erhöhte Gehwege und drei Fuß für die Brüstungen). Die Kosten sollte ganz der Staat übernehmen. Außerdem sollte die Ludwigsburger Straße (Pragstraße) verbessert werden. Aber das Thema war damit durchaus nicht vom Tisch und wurde 1829/30 vom Ministerium des Innern erneut andiskutiert, aber es blieb bei der Entscheidung.

Bei der Bewertung waren das Durchflussprofil (wegen der Hochwässer) und die bessere Haltbarkeit einer steinernen Brücke die wichtigsten Kriterien. Wichtig war aber auch, wie man die Zufahrten gestalten konnte, denn für eine höhere Brücke brauchte man längere Rampen, die nicht zu steil sein durften, doch da standen einige Häuser im Weg, die nötigenfalls aufgekauft werden mussten. Auch für die Aufhöhung und Verbreiterung der Straße bei Bellevue durch einen Damm müssten einzelne Häuser erworben und abgetragen werden. Etzel meinte übrigens, dass das Hochwasser von 1824 *als ein außerordentliches Ereignis betrachtet werden müsse, das vielleicht in einem halben Jahrtausend sich nicht wiederholt und daher in dem vorliegenden Fall wie überhaupt nicht als leitende Normale betrachtet werden darf.* Er versuchte also bereits eine Risiko-Abschätzung und meinte, die Hochwässer von 1778 und 1817 würden als Maßstab genügen, zumal ein höherer Wasserstand *ohne Nachtheil für die wesentlichen Bestandtheile der Brücke vorübergehen könnte.*

Eine lange Diskussion

Im Jahr 1830 begann die entscheidende Phase. Abermals musste Etzel ein Modell anfertigen, und Hauptmann August Duttenhofer entwarf nicht nur eine Zeichnung für eine Kettenbrücke, für die er die Brücken von Bamberg und Saaz/Eger als Vorbild nahm, sondern ließ zudem Schreiner-Obermeister Weil davon ein Modell bauen, das er auf dem Volksfest ausstellte und das reges Interesse fand. Obwohl er das Modell der Kettenbrücke für sehr wichtig hielt, wollte es die Stadt nicht kaufen. Da sparte Duttenhofer denn in einer Randbemerkung nicht mit Vorwürfen und verkaufte es Ende 1830 für 250 Gulden an den Staat, der nun die Kunstschule beauftragte, danach ein etwa acht Meter großes Modell zu bauen.

Im Mai 1832 wurde durch Anzeigen im Schwäbischen Merkur für die besten Entwürfe einer Brücke 50 bis 100 Louisdor ausgesetzt. Den Preis erhielt im Juni 1833 Etzels Assistent, der Architekt Böheim. Er bekam 50 Louisdor, denn weitere Entwürfe waren nicht eingegangen. Sein Entwurf konnte aber nicht verwendet werden, weil er den Standort der Interimsbrücke gewählt hatte.

Jetzt, als es 1830 bis 1833 ernst wurde, ging es auch um die Frage: Wer soll die neue Brücke bezahlen? Die alte Brücke hatte Cannstatt unterhalten müssen, doch das war eine hölzerne, und jetzt sollte es eine steinerne sein, die zudem nicht nur dem lokalen, sondern dem für das ganze Land wichtigen Fern-Verkehr diente. Die Finanzkammer legte also die Kosten einer neuen Holzbrücke und ihrer Unterhaltung zu Grunde und setzte für die Stadt eine Beteiligung von 53 000 Gulden an, bei Wegfall des Brückengeldes. Das Ministerium des Innern hielt das für zu hoch und reduzierte den Betrag auf 40 000 Gulden, aber mit Übernahme des Betrages, der beim Ankauf der benötigten Häuser den Voranschlag übersteigen würde. Würde Cannstatt den Betrag nicht bezahlen, könnte die neue Brücke von der Ludwigsburger zur Badstraße gebaut werden (obwohl das Land dafür erheblich mehr bezahlen müsste). So sah es denn auch die Kammer der Abgeordneten.

Die Stadträte der Brückenstadt wären aber keine Cannstatter gewesen, hätten sie diese Entscheidung hingenommen. Sie erkannten die Beitragspflicht zwar an und meinten, der Ansatz sei gerecht, aber sowohl das eine wie das andere wäre für Cannstatt *ein Unglück, das keine Zeit mehr auszugleichen vermöchte.* Die Übernahme der 40 000 Gulden würde die Stadt für lange Zeit ruinieren, der Bau an anderer Stelle wäre für Handel und Gewerbe schädlich. Immerhin sei die Stadt 1823 bereit gewesen, einen schadhaften Pfeiler für 8000 Gulden zu reparieren, aber die Regierung habe die Arbeit im Hinblick auf den geplanten Neubau aufgeschoben, und seither sei der Schaden viel größer geworden. Das wollten die Ratsherren nicht der Stadt angelastet wissen. Eine hölzerne Brücke *nach dem örtlichen Bedürfniße* wäre mit 25 000 Gulden anzusetzen, bei Fortbestand des Brückengelds, wie es Kaiser Karl V. und Kaiser Rudolph II. zugestanden hatten. Unter Berücksichtigung noch weiterer Aspekte bliebe für die Stadt tatsächlich nur ein Betrag von wenigen tausend Gulden. Man wolle aber, so schrieben die Ratsherren, *auch ein großes Opfer nicht scheuen,* wolle auf das Brückengeld verzichten, aber höchstens 25 000 Gulden beisteuern. Ihr Argument war: Cannstatt werde fälschlich als wohlhabender angesehen als es sei. Mit anderen Worten: Die Stadt mit nur 800 Bürgern, von denen ein sehr großer Teil *in sehr dürftigen Umständen* lebt, kann die geforderte Beteiligung nicht erbringen, zumal sie auch 45 000 Gulden für den Ankauf der abzureißenden Gebäude übernehmen sollte. Wieder wurde über die Kosten und die Konstruktion diskutiert, denn auch beim Staat war die Kasse leer.

Es ist interessant zu sehen, wie die Stadtoberen vorgingen. Schon am 1. Januar 1833 wandten sich einige Bürger an die Ständeversammlung und protestierten gegen die Höhe des 1830 festgesetzten Betrages. Die Oberen taten aber noch mehr: Sie ließen eine Schrift »Ehrerbietige Vorstellung des Stadtraths und des Bürgerausschusses an die Hohe Ständeversammlung in Betreff des Baues der Neckarbrücke« drucken, der eine Darstellung über »Cannstatt und die Erbauung der neuen Brücke« angefügt war. Darin wurde die Situation ausführlich – wie geschildert – dargestellt. Die Druckschrift ließ die Stadt in 200 Exemplaren verteilen.

Inzwischen war die Brücke derart schadhaft, dass sie 1832 höchstens dreispännige Wagen passieren durften. Das führte dazu, dass die Fuhrleute die weiteren Pferde vorher ausspannten und ihre Wagen von nur drei Tieren ziehen ließen, was die Belastung natürlich keineswegs verminderte.

Während des Abbruchs und des Wiederaufbaus musste die Stadt selbstverständlich zugänglich bleiben. Deshalb erstellte man an der Stelle des ursprünglich geplanten neuen Übergangs die erwähnte Behelfsbrücke, nachdem 1831 die dafür benötigten Grundstücke erworben worden waren. Am 28. September 1831 konnte dieses Bauwerk für Fußgänger und am 30. August 1832 für den Fahrverkehr freigegeben werden. Errichtet hatte es Zimmermeister Geßwein aus Cannstatt. 1832 mussten nachträglich zum Schutz der Stützen Eisabweiser gesetzt werden[102]. Die Cannstatter wollten die Kosten für diese Brücke nicht übernehmen, aber das Brückengeld kassieren, weil die Brücke (die nicht in die Stadt hinein führte) ihrem Gewerbe abträglich sei. Ihrer Meinung nach sollte die Brücke am alten Platz bleiben, damit der Verkehr weiterhin durch die Stadt fahre. Wenn für die Verlegung der Brücke das Argument genannt werde, die Straßen Cannstatts seien zu eng, so gelte das auch für Tübingen, Heilbronn, Lauffen, Ulm und andere Städte.

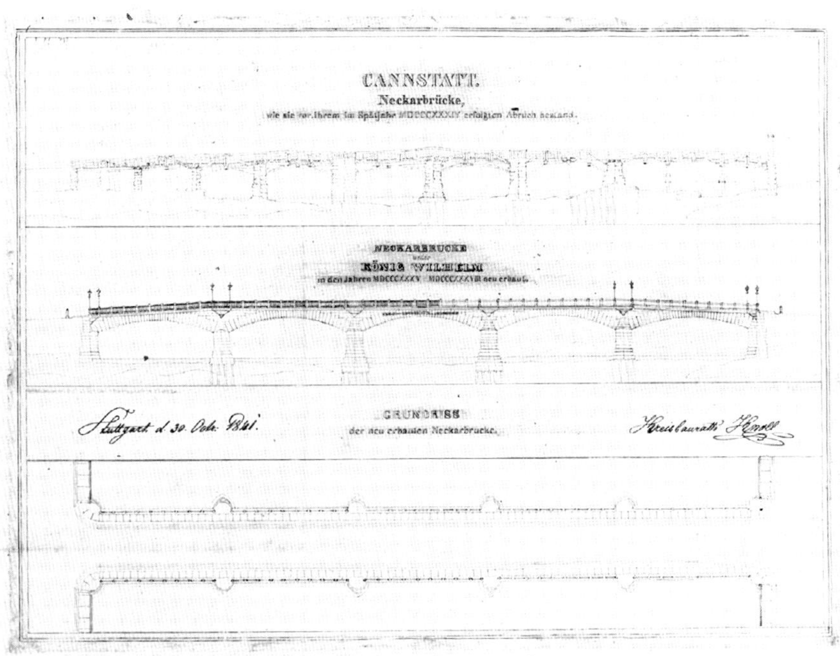

Kreisbaurat Knoll zeichnete 1841 die alte Neckarbrücke (oben) und die neu erbaute Wilhelmsbrücke in der Seitenansicht und im Grundriss (unten).

Die Wilhelmsbrücke mit einem Wagen der Straßenbahn (Ansichtskarte von 1911)

Mitte Dezember 1833 schließlich wurde per Gesetz bestimmt, dass die Baulast vom Land übernommen werde – wie es der König schon am 30. Januar 1823 angeregt hatte – und die Stadt zum Ausgleich dem Land das Baumaterial überlasse und 25 000 Gulden als Entschädigung für die Neugestaltung der Zufahrten bezahle. Das Brückengeld sollte wegfallen. Die Wasserleitung an der Brücke solle wieder vorgesehen, aber von der Stadt angelegt und unterhalten werden.

Die neue Brücke entsteht

Mit dem Abbruch der alten Brücke begann man im November 1834, mit dem Bau der neuen im Frühjahr 1835. Dreieinhalb Jahre benötigten die Werkmeister Weiß sen., Weiß jun. und Held, um den Neubau ganz in Stuttgarter Werkstein (Schilfsandstein) vom Sonnenberg aufzuführen[103]. Die Eröffnung der neuen Brücke nahm der König an seinem Geburtstag, dem 27. September 1838, persönlich vor. Er hatte schon 1835 bestimmt, keine Grundsteinlegung zu feiern, sondern an der Brücke eine Tafel anzubringen, und nun entschied er, dass er dem Bauwerk *den Namen »Wilhelms-Brücke« verliehen haben will* und wo die Namenstafel angebracht werden sollte. Außerdem befahl er, *daß besondere Feierlichkeiten hiebei nicht stattzufinden haben*, und der Stadtschultheiß solle sich in der *an Seine Majestät zu richtenden Anrede möglich kurz fassen.*

Viele hochrangige Personen, die Bürgergarde und zahllose Bürger empfingen, so berichtet Rektor Daiber, den Monarchen, als er bald nach zwölf Uhr erschien, »mit unbegrenztem Jubel [...] unter Geschützsalven und dem Geläute aller Glo-

Am 12. Oktober 1929 um 10.15 Uhr wurde die Wilhelmsbrücke im Zuge der Kanalisierung des Neckars mit 200 Schüssen gesprengt.

cken«. »Eine Reihe wohlgekleideter Mädchen bestreute den Weg mit Blumen, und beim Eintritt in die Stadt, deren Straßen gleichfalls sinnig dekorirt waren, empfingen die Bürger ihren geliebten König unter tausendfachem Lebehoch.« Ein von 14 Pferden gezogener, hübsch verzierter Frachtwagen passierte als erstes Fahrzeug die neue Brücke in der Gegenwart des Königs.

Um die Zufahrt zu verbessern, erwarb der Staat 1835 auf der Stadtseite das alte Wacht- und Waschhaus zum Abriss und ließ durch die Stadt etwas weiter stromaufwärts ein neues Waschhaus bauen. Auf der anderen Seite musste das Haus des Rotgerbers Vetter weichen. Die Aufhöhung der Zufahrten machte in der Stadt auch eine Anschüttung gegen die brückennahen Gebäude notwendig. Das wiederum führte zu Entschädigungsansprüchen, über die lange gestritten wurde, und dazu, dass Regenwasser in den Keller des Gasthofs zum Ochsen lief. Für die Herstellung der besseren Zufahrt gab übrigens der König 15 000 Gulden.

Die Interimsbrücke wurde am 8. Mai 1835 vom Ministerium des Innern an Friedrich Breitmayer aus Stuttgart für 3500 Gulden zum Abbruch verkauft.

Als im Jahr 1929 der Neckar kanalisiert wurde, erwies sich die Wilhelmsbrücke als zu niedrig. Sie wurde deshalb am 12. Oktober gesprengt und in einer neuen Konstruktion wieder erstellt. Heute fällt es schwer, sich vorzustellen, dass diese Brücke einst als die Einzige den gesamten Verkehr aufnehmen musste, da doch heute – allerdings mit weit größerem Verkehrsvolumen – die König-Karls-Brücke die wichtigere ist.

»Die schönste Brücke des Landes«

»Wer in nicht zu ferner Zeit an dieser Stätte steht, der hört unter dem Zeichen des Verkehrs den Herzschlag des Landes!«, prophezeite der Staatsminister des Innern Karl von Schmid in seiner Ansprache zur Eröffnung der König-

Karls-Brücke am 27. September 1893. Die Presse lobte die »hervorragende Schönheit des Entwurfs« und nannte die Brücke einen »Bau, der in seiner Art einzig in der Geschichte Württembergs dasteht«. Tausende von Menschen nahmen die Brücke noch am selben Tage in Besitz, als sie zum Volksfest strömten. Beck nennt sie »die schönste und größte Brücke des Landes«[104].

Die Notwendigkeit einer weiteren Verbindung über den Neckar war nicht mehr zu übersehen. Schon 1886, als über die Erweiterung des Cannstatter Bahnhofs gesprochen wurde, beantragte Oberbürgermeister Nast, in Verlängerung der König-Karl-Straße eine Brücke bauen, 30 Jahre lang den Brückenzoll kassieren und die Brücke sodann dem Staat übergeben zu dürfen. Die Regierung plante jedoch, die Brückenzölle generell abzuschaffen, lehnte den Antrag ab und begann selbst mit der Planung. Nachdem dann 1891 die Städte Cannstatt und Stuttgart, das Oberamt Cannstatt und die württembergische Eisenbahn eine finanzielle Beteiligung zugesagt hatten, liefen die Bauarbeiten im September 1891 an.

Bei der Gründung der vier Mittelpfeiler – aus 1300 Tonnen Portland-Zement hergestellte Betonklötze von 24 bis 27 Meter Länge, sechs bis sieben Meter Breite und acht bis zehn Meter Höhe, die etwa zwölf Meter tief ins Erdreich auf festere Gesteinsschichten aufgesetzt werden mussten – wandte man ein damals neuartiges Luftdruckverfahren an. Das erforderte, die dem Druck ausgesetzten Bauarbeiter ständig ärztlich zu überwachen. Tag und Nacht arbeiteten sie an den Pfeilern, und zeitweise waren 400 Mann auf der Arbeitsstelle tätig. Das Baumaterial wur-

Die König-Karls-Brücke nach ihrer Fertigstellung 1893. Holzschnitt nach Th. Volz.

Die König-Karls-Brücke im Jahr 1907

de mit Fuhrwerken angefahren und dann in insgesamt 800 Waggons über eine mit zwei Gleisen belegte Transportbrücke an die Baustelle gebracht. Zur Verkleidung der Pfeiler holte man Buntsandstein- und Granitblöcke aus dem Schwarzwald. Den Oberbau bildete eine Stahlkonstruktion.

Von den fünf Öffnungen mit jeweils 50 Meter Weite überspannten zwei in zehn Meter Höhe den Fluss, die anderen drei dienten als Hochwasser-Durchlässe. Von Pylon zu Pylon – dies waren 17 Meter hohe Säulen an den Brückenenden – maß das Bauwerk 300 Meter. An zwei Pfeilern, die wie ein Schiffsbug gestaltet und mit Figuren verziert waren, konnte man hinunter zum Fluss gelangen. An die elf Meter breite, mit Holzsteinen gepflasterte Fahrbahn schlossen sich zwei Gehsteige von jeweils 3,50 Meter an. Mit dem Ausbau der Anschluss-Straßen ließen sich beide Städte allerdings viel Zeit.

Die Einweihung war ein großes Ereignis. Eine »unzählige Menschenmasse«, so die Presse, strömte zu dem auf der Stuttgarter Seite hergerichteten Festplatz mit dem Königszelt. Angehörige des Königshauses, Minister, Generäle, der Geheime Rat, Abgeordnete und was sonst Rang und Namen hatte, erschienen in festlicher Kleidung. Große Ehrenpforten standen an beiden Enden der Brücke, 40 Fahnenmasten säumten die Seiten, Flaggengirlanden, Stadtwappen und Büsten des Königspaares dienten als Schmuck. Auf der Brücke war das Trompeterkorps des Feldartillerie-Regiments 29 postiert, und während König Wilhelm II. und die zahlreichen Gäste über die Brücke schritten, donnerten bei der Berger Kirche die Böller. Als »Sehenswürdigkeit ersten Ranges« pries Gustav Ströhmfeld das Bauwerk, das einen »steten Anziehungspunkt für Techniker und Laien« bilde.

Die Eröffnung der Brücke bot Anlass für viele Ehrungen. Unter anderem wurden der Stuttgarter Stadtschultheiß Emil Rümelin zum Oberbürgermeister ernannt und der Cannstatter Oberbürgermeister Oskar Nast mit dem Ritterkreuz des Ordens der württembergischen Krone dekoriert, womit er sich »von Nast« nennen durfte. Die Stadt ernannte Innenminister Karl von Schmid, den Architekten Karl von Leibbrand und den Geheimen Hofrat Rudolf von Vellnagel zu Ehrenbürgern.

Der Architekt war weitsichtig genug gewesen, die Brücke so zu planen, dass sie auch Platz für die Straßenbahn bot.

Beim Bau wurden gleich zwei Gleise bis ans Ende auf der Cannstatter Seite mit verlegt. Wie die Entwicklung der Straßenbahn-Verbindung weiterging, wurde bereits geschildert.

Am 21. April 1945 jagten deutsche Soldaten die Brücke in die Luft. Der Plochinger Brücke im Zuge der Bundesstraße 10 widerfuhr das gleiche Schicksal. Deren Wiederaufbau gelang trotz der damals herrschenden Materialknappheit deshalb schon bald, weil man zwei intakte Bögen der König-Karls-Brücke zu je fünfzig Meter dorthin versetzte. Sie überspannen noch heute den Fluss.

Die König-Karls-Brücke stand seit 1948 wieder für den Verkehr zur Verfügung. Dieser wuchs dann aber derart an, dass sie 1962 verbreitert und 1977 umgestaltet werden musste.

Die anderen Brücken von Bad Cannstatt

Die heutige Rosensteinbrücke entstand 1929 im Zuge des Neckarausbaus, und zwar auf der Linie der Interimsbrücke von 1831[105]. Im Zweiten Weltkrieg wurde sie durch Bomben zerstört, aber erst in Jahr 1953 wieder neu erbaut.

Etliche frühere Brücken sind längst abgetragen, manche in der beigefügten Übersicht wegen derzeit noch fehlender Daten vielleicht nicht genannt. Zur Zeit Ebners waren auch die Sturz- oder Strudelbäder im Neckar durch Stege mit beiden Ufern verbunden. Der Gittersteg unterhalb der König-Karls-Brücke ist mit deren Fertigstellung verschwunden, der 1886 vom Verschönerungsverein

Die Eisenbahnbrücke nach dem Umbau von 1857. Links die Kirche von Berg.

Die Cannstatter Brücken

Bezeichnung	*Lage*	*Fertigstellung*	*Länge*	*urspr. Zweck*
Wilhelmsbrücke	Brückenstraße Marktstraße	Mittelalter Neubau 1838 Neubau 1929 Neubau 1949	107 m 133 m 71 m	Straße
Kiesbrücke	Berg–Kies-Insel	1779	1790 abgegangen	Kiesabfuhr
Neue Kiesbrücke	Berg–Kies-Insel	1805	? abgegangen	Kiesabfuhr
Interimsbrücke	Badstraße	1831	1838 abgetragen	Straße
»Kreuzerbrückle«* (Fußgängersteg)	Cannstatt-Berg und Mühlkanal Berg	1839	etwa 1893 aufgehoben	Fußweg
1. Bahnbrücke	Rosenstein–Cannstatt	1846 Umbau 1856	etwa 1914 abgetragen	Eisenbahn Fußweg
Gittersteg	Berg–Cannstatt (unterhalb König-Karls-Brücke)	1857 1893 abgetragen	64 m	Fußweg
Münsterer Steg	nach Münster	1858 Umbau und Erweiterung 1931, 1956	81 m	Fußweg
Gittersteg/ Mühlsteg	Bei der ehem. Krahnenstraße (Jahn-Realschule)	1883 Neubau 1946 Neubau 1966	103,50 m	Fußweg Wasserleitung
Karl-Olga-Steg	Wilhelma–Berger Insel	1886	1929? abgetragen	Fußweg
König-Karls-Brücke	Berg–Cannstatt	1893 Neubau 1948 Verbreiterung 1962 Umbau 1977	189 m	Straße, Straßenbahn
König-Wilhelm-Viadukt	Cannstatt–Münster	1896 Neubau 1954 Neubau 1990	675 m 711 m	Güterbahn
2. Bahnbrücke	Rosenstein–Cannstatt	1913 Neubau 1949	?	Bahn
Berger Steg	Berg–Cannstatt (oberhalb König-Karls-Brücke)	1930 Neubau 1958	82 m	Fußweg, Gas, Wasser
Rosensteinbrücke	Beim Wilhelma-Theater	1929 Neubau 1953	76 m	Straße, Straßenbahn
Voltasteg	Beim Elektrizitätswerk	1925 Neubau 1958	? 96 m	Fußweg
Wilhelmasteg	Wilhelma–Bad Cannstatt	1977	75 m	Fußweg
Reinhold-Maier-Brücke	Gnesener Straße	1972	108 m	Straße
Gaisburger Brücke	Cannstatter Wasen	1929, 1953	20,40 m	Straße
Neue Brücke (ohne Namen)	westlich des Daimler-Chrysler Werks	1994	stadteinwärts 233 m stadtauswärts 250 m	Bundesstraße 14

Cannstatt von der Spitze der Berger Insel zur Stuttgarter Straße (Neckartalstraße) bei der Wilhelma erbaute Karl-Olga-Steg mit der Fluss-Kanalisierung. Bemerkenswert ist, dass die 1846 eröffnete erste Eisenbahnbrücke unter den Gleisen einen Fußsteg besaß, ursprünglich aus Holz erbaut war und erst 1857 Bögen aus Eisen erhielt, wobei der Fußweg durch einen Gittersteg nach Berg ersetzt wurde. Dieser Steg trug eine Wasserleitung zur Versorgung der Neckar-Vorstadt, der Steg nach Berg Leitungen für Gas und Wasser.

Im Zweiten Weltkrieg fielen fast alle Brücken entweder den Bomben oder während der letzten Kriegstage der sinnlosen Zerstörung durch eigene Truppen zum Opfer. Lediglich der Berger Steg konnte durch die Besonnenheit des Oberbürgermeisters Strölin, des Sprengkommandanten Major Diethelm Lütze und des Leutnants Graf Adelmann, der am Steg das Kommando führte, erhalten werden[106]. Auch der Voltasteg blieb stehen. Erst nach und nach konnte man die zerstörten Brücken wieder aufbauen. So setzten die Amerikaner für ihren Nachschub den Viadukt schon im Mai 1945 provisorisch wieder instand. Anstelle der Wilhelmsbrücke wurde ebenfalls schon 1945 eine Behelfsbrücke gebaut, die allerdings nicht für Kraftfahrzeuge geeignet war, weshalb diese über die von amerikanischen Pionieren erstellte Rosenstein-Behelfsbrücke fahren mussten. Der durch den Rosensteintunnel führende Eisenbahnverkehr konnte ab 1946 über eine Behelfsbrücke fahren, bis am 1. Juni 1946 der Wiederaufbau begann, der 1949 abgeschlossen werden konnte.

Zur Tabelle auf der linken Seite:
** So benannt, weil jeder Passant außer den Cannstattern beim Passieren einen Kreuzer bezahlen musste.*
Quellen: Landeshauptstadt Stuttgart, Tiefbauamt. – Deutsche Bahn, Regionalbüro Kommunikation Stuttgart. – HStAS A 247 Bü 558: Kiesbrücke. – Adressbuch 2001. – Beck 1900, S. 26, 29, 158, 165, 299. – Daiber 1878, S. 106. – Kohlhaas 1967 – OA Cannstatt 1895, S. 487. – Poker 1990. – Stroheker & Willmann 1978, S. 91f.

Vom Schlagloch-Weg zum bedeutendsten Verkehrsknotenpunkt von Stuttgart

Die Fernstraße über die Prag – eine der wichtigsten des Landes

Als Herzog Eberhard Ludwig im Jahr 1728 ein gedrucktes Dekret erließ, dass alle Ämter des Herzogtums zum Bau der Straße über die Prag heranzuziehen seien, meinte er, diese sei »eine der stärcksten Reichs-Post-Strassen«, die alle Fürsten, Kaiser und Könige passieren müssten. In der Tat: Auf dieser Straße, die Heilbronn, Frankfurt und die Niederlande sowie Speyer und Straßburg über Esslingen mit Ulm und Venedig verband sowie mit Abzweigungen nach Nürnberg und über Herrenberg in die Schweiz führte, sind einst römische Truppen marschiert, sind deutsche Kaiser gereist, hier ist Napoleon gefahren, diese Straße wählte Goethe auf seinen Reisen über Stuttgart. Und hierher ritt Herzog Ulrich am 2. März 1511 mit großem Gefolge seiner Braut Sabina, der Tochter des Herzogs Albrecht IV. von Bayern, entgegen, um sie mit Musik und Ritterspielen in die Stadt Stuttgart zu führen und dort mehrere Tage lang eine prunkvolle Hochzeit zu feiern. 1875 galt die Straße vom Königstor zum Pragwirtshaus mit 2538 Zugtieren im durchgehenden Verkehr (ohne lokalen und landwirtschaftlichen Verkehr) als die verkehrsreichste des Landes[107].

Die Bedeutung dieser Strecke ist eine Folge der Geländeverhältnisse. In den Höhen, die den Neckar auf seiner linken Seite begleiten, befindet sich hier ein Sattel im mathematischen Sinne, so geformt wie ein Reiter-Sattel, nämlich ansteigend an zwei Seiten (zum Wartberg und zum Kalten Berg) und abfallend an den beiden anderen (in Richtung Bad Cannstatt und Zuffenhausen). Die Straße über die Prag ist also eine Pass-Straße.

Diese Reichsstraße führte zu einem großen Teil über Cannstatter Gebiet. Freilich sah sie früher nicht so aus wie die Bundesstraßen heute, und sie verlief, wie alte Landkarten und Stadtpläne bezeugen, auch etwas anders. Von Cannstatt zog sie – zumindest im unteren Teil weniger geradlinig als heute – zum Pragsattel hinauf, und beim heutigen Löwentor vereinigte sie sich mit der von Stuttgart kommenden Straße, der früheren Ludwigsburger und späteren Nordbahnhofstraße. Die Heilbronner Straße gab es noch nicht. Vom (späteren) Löwentor aus hatte die Pragstraße jedoch den heutigen Verlauf.

Die beiden Städte hatten diejenigen Abschnitte instand zu halten, die auf ihrer Gemarkung lagen, für die Straße ab der Prag war die Landesherrschaft zuständig. Die benachbarten Städte und Ämter mussten, wie ein Bericht von 1699 und ein Schreiben vom August 1701 zeigen, dabei helfen.

Früher wurde der Name des Sattels »Brag« geschrieben, auch »Bragh« oder »Brackh«. Was er bedeutet, ist bis heute nicht geklärt. Die Schreibweise mit »p« kam erst im 16. Jahrhundert auf und wurde dann im 18. Jahrhundert vorherrschend. Der Name kommt zwischen Stuttgart und dem Pragsattel mehrfach vor; auf Cannstatter Markung liegt nur der Weinberg Prag am Kalten Berg, und nach ihm hat der Sattel seinen Namen.

Den Fuhrleuten drohte große Gefahr

Es war im Herbst 1702, als Expeditionsrat und Kriegsrat Johann Conrad Hölder, der Stuttgarter Bürgermeister Christian Rheinwald und (Regierungs-) Baumeister Matthias Weiß die Straße von Stuttgart bis nach Möglingen abritten, um deren Zustand zu begutachten. Eine Reparatur sei *hochnötig,* stellten sie fest. 5610 Kasten Vollsteine werde man für die Instandsetzung brauchen. Schon im 15. Jahrhundert hieß es, die Straße sei »bös und unwandelbar«, und 1699 wurde berichtet, der Krieg und der im Vorjahr anhaltende Regen hätten die Straße bis Tamm und Asperg derart ruiniert, dass sie bei einem neuen Regen *weder mit Reiten noch Fahren ohne große Gefahr und doppelten Vorspahn* zu benutzen sei. Aus einem Schreiben von 1711 geht hervor, dass für die 1702 dann ausgeführte Reparatur 4500 Karrenfuhren nötig waren[108].

Gut ein Jahrzehnt später wiederholte sich das Geschehen. Rentkammer-Expeditionsrat Johann Wolfgang Dietz, Baudirektor Johann Philipp Jenisch, Baumeister Heim und Bürgermeister Rheinwald beritten die Straße erneut, zunächst im April 1711 und dann noch einmal im Oktober 1711 zusammen mit dem Vogt von Cannstatt, Expeditionsrat Samuel Friedrich Ramßler und dem Cannstatter Bürgermeister David Schnurrer. Die Straße sei *durch allzu strengen Gebrauch* und vor allem *diesen leydigen Krieg über* – gemeint war der Spanische Erbfolgekrieg (1701–1714), als Cannstatt viele Durchzüge und Einquartierungen ertragen musste – durch Truppen *in solchen Ruin und unbrauchbaren Zustand versetzt* worden, dass man sie nicht mehr passieren könne, schrieb Dietz in seinem Bericht. Die Schlaglöcher seien so tief und mit Wasser erfüllt, *daß ohne guten Zug und Vorspahn darinnen nicht wohl mehr fortzukommen* sei. Auch sei die Straße zu breit – kein Wunder, wenn viele Fuhrleute wegen des schlechten Zustandes nicht auf, sondern neben ihr fuhren –, und Holz und Steine, woraus man den Unterbau machte, waren im aufgeweichten Boden versunken.

Derartige Urteile wiederholten sich oft, auch für andere wichtige Straßen. Ähnliches ist beispielsweise auch von der Straße zwischen Hedelfingen und Weil bekannt, auf der Pferde mitunter bis zum Bauch durch wassergefüllte Schlaglöcher tappen mussten. Aber die Pragstraße galt im August 1701 als die am allerübelsten ruinierte, weil sie vor allem vom Durchgangsverkehr befahren wurde.

Über die Prag-Straße wie auch über die (Alte) Weinsteige hieß es in einem Dekret des Herzogs vom 22. Februar 1712, sie seien *so übel beschaffen, daß mann die meiste Zeit des Jahres nicht darauf fortkommen kann.* Die Pragstraße werde rasch, vor allem nach anhaltendem Regenwetter durch viele hundert *Last- und andere Güether Wägen* ruiniert, meldete der Cannstatter Vogt Ramßler 1715. Alle Versuche, die Löcher aufzufüllen, seien bei dem weichen Lehmboden vergebens. Die Fuhrleute beklagten sich darüber, ja ein Wagen aus Lindau habe *auf der Prag in obbemelten Löchern umbgeworfen*, und der Fuhrmann habe 200 Gulden Schaden erlitten, schrieb der Schultheiß von Zuffenhausen 1723. Die Straße wurde *von Tag zu Tag unbrauchbarer.* Alle Maßnamen blieben ohne dauerhaften Erfolg.

Fröner mussten die Straße instand setzen

Wie groß die Belastung zur Instandhaltung der Strecke über die Prag sein konnte, zeigt eine Aufstellung vom 13. Oktober 1745[109]. Der Kaiser hatte angekündigt, über diese Straße reisen zu wollen, und nun sollte sie schnellstens repariert werden.

Schon einen Tag später hieß es, die Zahlen seien zu gering, es sollten am 15. und 16. Oktober täglich 150 Karren- und 500 Handfröner gestellt werden, davon allein von der Stadt Cannstatt 40 und 135. Die Abrechnung zeigt aber, dass allein aus Cannstatt vom 14. bis 16. Oktober insgesamt lediglich 25 Karren- und 44 Handfröner für jeweils einen Tag antraten.

Es liegt auf der Hand, dass die starke Heranziehung so vieler Gemeinden zur Bereitstellung von Arbeitern und von finanziellen Beiträgen starken Unmut erzeugte. Dicke Sitzungs-Protokolle von 1768/69 bezeugen, dass von den Vertretern der einzelnen Städte und Ämter heftig um eine möglichst geringe Beteiligung gerungen wurde. Amt und Stadt Leonberg zum Beispiel beklagten sich darüber, dass sie insgesamt herangezogen werden sollten, obwohl nur Ditzingen und Weilimdorf, aber nie das ganze Amt fronpflichtig gewesen seien, und Stammheim verlangte, Cannstatt solle bitte bezahlen, denn die Stadt sei für die Straße zuständig. Weil die rechtliche Klärung des Streits länger dauern werde, sollten die Gemeinden, so entschied die Regierung, zunächst drei Jahre lang nach der zuletzt angewandten Regelung verfahren.

Bis ins späte Mittelalter hinein waren Saumtiere das wichtigste Transportmittel. Nach und nach setzte sich dann der zweirädrige Karren mit mannshohen Rädern durch, auf dem man 30 bis 40 Zentner befördern konnte. Zwei oder mehr Pferde wurden in der Mitte hintereinander in und vor die Gabel gespannt. Die Folge war, dass in der Wegmitte eine tief ausgetretene Spur entstand, in der sich das Wasser sammelte. Die württembergische Regierung strebte deshalb den Gebrauch des Deichselfuhrwerks an, bei dem jeweils zwei Zugtiere nebeneinander liefen, legte die Spurweite fest und begrenzte das Ladegewicht.

Im Kapitel über die Brücken war bereits davon die Rede, dass die Güterwagen immer größere Bespannung erhielten, weil sie nämlich immer größer wurden. Das tat den Straßen nicht gut. Deshalb ordnete Herzog Eberhard III. 1653 an, Weinwagen mit nicht mehr als einem Fuder, höchstens 6,5 Eimern (gut 19 Hektoliter) zu beladen, andernfalls waren zehn Reichstaler Strafe fällig. 1660 war von sieben Eimern die Rede. An Fracht durften

Geplanter Fröner-Einsatz 1745

	Termin	*Karren-fröner*	*Hand-fröner*
Stadt und Amt Cannstatt	14. 10. 15. 10.	65 65	65 65
Amt Stuttgart	16. 10. 17. 10.	70 70	70 70
Mehrere Orte Amt Ludwigsburg	18. 10.	46	46
Stadt Hoheneck	18. 10.	10	10
Amt Leonberg	19. 10. 20. 10.	60 50	60 50
Amt Markgröningen	20. 10. 21. 10.	10 40	10 40

im 18. Jahrhundert höchstens 60 Zentner (2918,5 Kilogramm) geladen und höchstens sechs Pferde vorgespannt werden. Immer wieder ergingen neue Wege-Ordnungen und General-Rescripte, die auf die Vorschriften hinwiesen oder sie der Zeit anpassten.

Die Straßen waren eng, das Ausweichen war schwierig. Deshalb wurde 1631 statt des »großen Gleises« mit sechs Fuß (1,72 Meter) das »Mittlere Gleis«, um 1700 jedoch erneut das weite Gleis eingeführt. Um 1720 war man sich einig, dass die Straße höchstens 20 Schuh (rund 5,70 Meter) breit sein sollte, damit sich Wagen begegnen konnten, und dass sie an den Seiten durch Flechtwerk oder Schranken begrenzt werden sollte. Nach Erfahrungen *aus gantz Europa* sei eine Pflasterung besser und auf Dauer billiger als die ständige Reparatur. Die Rede war von einem Unterbau aus Holz und Steinen, über die man Erdreich schüttete. Die Wölbung zur Mitte sollte das Regenwasser seitwärts ablaufen lassen.

Bereits 1620 äußerte Heinrich Schickhardt, man solle neben den Straßen Gräben anlegen, sofern nicht bereits welche vorhanden seien, damit das Wasser von den Straßen abfließen könne, man solle sie stets gut ausräumen und das Material in die tiefen Löcher auf der Straße schütten. An vielen Orten müssten die Besitzer der anstoßenden Güter die Gräben räumen, wobei sie die Hälfte auf ihr Gütle werfen dürfen. Die tiefen Schlaglöcher solle man mit (hölzernen) Wellen ausfüllen, Steine darauf legen und Kies darüber schütten. Wo zu viele Löcher seien, solle man eine kleine Brücke bauen. Als an der Grenze der Stuttgarter und der Cannstatter Markung das Wasser 1621 beim Eisnest (im Feuerbacher Zehnt) die Straße aufriss und den Grenzgraben zuschüttete, empfahl Schickhardt, dort eine Brücke zu bauen, um dem Wasser einen Abfluss zu geben, und beiderseits der Straße einen Graben anzulegen. Der Maurer Martin Heitler aus Feuerbach baute dort denn auch eine steinerne Brücke.

Das Chausseehaus und das Wirtshaus an der Prager Straße

Immer wieder stellte man die Fragen: Wie ist eine dauerhafte Reparatur möglich? Wer soll sie bezahlen? Wer soll die Ausführung kontrollieren oder übernehmen? Die öffentlichen Kassen waren leer, der Staat und die umliegenden Städte konnten den Ausbau nicht finanzieren. Deshalb erwog man 1712, die Ausführung einem *Entrepeneur*, einem privaten Unternehmer, zu übertragen und ihm das Straßengeld zu überlassen, aber es fand sich niemand, der dazu bereit war. So blieb Herzog Eberhard Ludwig nichts anderes übrig, als wenigstens die großen Löcher auffüllen zu lassen und die Pflasterung auf später zu verschieben.

1720 wurde vorgeschlagen, einen Straßenwärter anzustellen, der in einem Zollhaus (das noch zu erbauen war) auf dem Pragsattel wohnen und einen Wegezoll kassieren sollte – über dessen Höhe sind auch Vorschläge genannt –, sowie zusätzlich ein bis zwei Wärter für die tägliche Unterhaltung anzunehmen. Auch 1728 spielte dieser Gedanke eine Rolle. Man diskutierte jetzt darüber, etwa in der Nähe *der so genannten Bettelmanns Hütten* ein kleines Haus zu errichten, den Weinausschank zu gestatten und einen Unternehmer einzusetzen, der dort den Zoll zu kassieren, aber auch mit einigen Arbeitern die Straße instand zu halten hätte. Cannstatt war 1728 sogar be-

Das Pragwirtshaus war lange Zeit hindurch ein beliebtes Ausflugsziel. Es wurde um 1830 erbaut und stand bis 1958. Das Bild zeigt es nach einem Aquarell von August Federer um 1900.

reit, dieses Haus zu bauen, und 1731 legte Baumeister Weyhing einen Plan für das Gebäude vor. Errichtet wurde es anscheinend jedoch nicht, denn noch 1771 ist nur von Bettelmanns Haus die Rede, nicht aber von einem Zollhaus[110].

Etwas später muss es jedoch entstanden sein, denn 1790 wird das Chausseehaus erwähnt. Zu dieser Zeit wird Sigmund Wörner als Chausseegeld-Einnehmer auf der Prag genannt. Er war zugleich *Conservations Entrepeneur der Chaussee mit Kieß in der Cannstatter und Feuerbacher Markung.* Der Gedanke, das Kassieren des Wegegelds und die Instandsetzung an einen Unternehmer zu vergeben, war jetzt also in die Tat umgesetzt. Eine Karte von 1818 zeigt das Chausseehaus an der Stelle des heutigen Löwentors. Ein Vorläufer, das im 15. Jahrhundert erbaute »Letzhäusle«, war im 17. Jahrhundert abgebrannt.

Nachdem König Wilhelm I. das Wirtshaus und Chausseehaus aufgekauft hatte, um dort das Löwentor errichten zu lassen, entstand um 1830 auf dem Sattel auf Stuttgarter Gemarkung das Pragwirtshaus, etwa dort, wo heute der Hochbunker steht. Es war lange Zeit beliebt und gut besucht, wurde aber 1958 beim Ausbau der Straße beseitigt.

Immer wieder Probleme

Als der Cannstatter Vogt Ramßler im März 1713 begonnen hatte, *an der im Grund verderbten Prager Straßen* die Löcher *mit Steingerigel* auffüllen zu lassen und dazu 30 Tagwerker unter einem *Obmann und Antreiber* sowie zehn Karren einzusetzen, war zu deren Bezahlung *khein Kreuzer vorhanden* und vor der Ernte und dem Herbst kein Geld zu erwarten. Die Leute wollten aber jeden Abend ihr Geld haben, um *das liebe Brodt zue kauffen und den Pferden das Futter anzuschaffen.* Ramßler bat den Herzog deshalb um 300 bis 400 Gulden, doch dieser befahl, Ramßler solle das Geld aufbringen oder selbst bis Georgii vorschießen. Soldaten, wie sie der Herzog 1699 und auch 1728 einsetzen konnte – sie übernachteten 1629 nahe der Baustelle in Zelten –, standen dem Vogt nicht zur Verfügung. Das von ihm ebenfalls erbetene Arbeitsgerät, nämlich 20 Bickel und zehn Schubkarren, wurden ihm allerdings von der Bauverwaltung zur Verfügung gestellt.

Die Unternehmer beim Chausseehaus wechselten relativ schnell: 1790 wird Sigmund Wörner genannt, 1793, als für das Haus ein neuer Brunnen gegraben wurde, ist der *Chaussee Gelds Einbringer* Früh zuständig, 1795 Friedrich Schöllkopf aus Zuffenhausen. Wörner und Schöllkopf bekamen übrigens wegen ihrer Arbeit Streit mit dem Bürgermeister von Cannstatt. Sie holten nämlich den benötigten Kies – Schöllkopf am 7. Mai 1795 mit acht Bauern und zehn Pferden – von der Insel unterhalb des Cannstatter Wehrs, die bei jedem mittleren und höheren Wasser neuen Nachschub erhielt. Auch für andere *Heer- und Landstraßen, Vicinal- und Gütter-Weeg, so oft solche es bedürftig,* nahm man den Kies von dieser Insel. Der Bürgermeister argumentierte beide Male, zuerst müssten die Anlagen in der Stadt – Straßen und ein beschädigtes Wehr – wieder hergestellt werden, ehe Kies für die Pragstraße entnommen werden könne. Überdies sei Schöllkopf ein Auswärtiger. Drei bis vier Stadtsoldaten mussten die Karren seiner Bauern wieder abladen, wofür diese dann verständlicherweise Ersatz des Schadens verlangten[111]. Probleme gab es also zur Genüge.

Dass die Arbeitskräfte nicht immer die fleißigsten waren, kann man sich denken. Deshalb wurde im März 1728 befohlen, *bey der grossen Anzahl der Handarbeiter und Fuhrleut, unter welchen sich viele befinden, welche schlecht arbeiten, wenig und vorteilhaftig aufladen, eine Ausmusterung* vorzunehmen.

Es gab aber auch noch ein anderes Problem. Für den Unterbau der Straße wurde Holz verwendet. Woher soll man es nehmen? fragte Vogt Ramßler am 7. Januar 1719. Die Wälder seien ruiniert, das Holz teuer. Die Steine, die man aus Cannstatter Gruben holte, seien innerhalb eines halben Jahres *zu lauter Mehl verfahren worden,* berichtete er. Man habe deshalb Steine von Zuffenhausen heranfahren müssen, Kies sogar von Untertürkheim, was jeweils lange Fahrzeiten erforderte.

Im Jahr 1720 wurde eifrig – mit etlichen Stellungnahmen – darüber diskutiert, ob nicht der Kiesweg neben der Straße von Stuttgart bis zur Höhe, *da man auf Zuffenhausen sehen kann,* gepflastert werden sollte. Der herrschaftliche Baumesser Johann Georg Lawmayer fertigte im März 1720 dazu eine reizvolle Karte an, der zu entnehmen ist, dass der *herrschaftliche Weg* am Ende der Schlossgarten-Mauer bei der Ballemalle (Spielbahn) begann, beim Galgenberg die Prager Straße querte und weiter bis zu des Bettelmanns Haus am Pragsattel neben ihr verlief. Dann führte er in einem Bogen unter dem Cannstatter Hauptgericht entlang und querte die Landstraße etwa bei der Friedrichswahl in Richtung Zuffenhausen[112]. Wahrscheinlich war dies aber nur ein Entwurf, denn ein in den Akten liegender Vertrag mit einem *Entrepeneur* ist nicht unterzeichnet, offenbar unterblieb der Ausbau. Es muss aber eine besondere Fahrbahn bestanden haben, denn laut

Anordnung des Herzogs Eberhard Ludwig vom 22. Mai 1715 durfte der herrschaftliche Weg von niemand außer von der Herrschaft benutzt werden. Mehrere Werren (Schlagbäume) sperrten ihn ab.

Der Ausbau in neuerer Zeit

Herzog Carl Alexander vollendete die bessere Herrichtung des Herrschaftsweges Stuttgart–Ludwigsburg und stellte dessen Gebrauch für einen Kreuzer pro Pferd jedem frei. Unter Herzog Carl Eugen wurden weitere wichtige Straßen zu Chausseen ausgebaut. So konnte 1752 die Chaussee Stuttgart–Ludwigsburg fertig gestellt werden. Knotenpunkt dieses Netzes war Cannstatt. Um die Instandhaltung zu finanzieren, führte der Landesherr 1772 ein Chaussee-Geld ein. 1797 musste für ein Pferd ein Kreuzer, für Kühe 1,5 Heller, für anderes Vieh 0,5 Kreuzer entrichtet werden[113].

Eine Verbesserung, nämlich eine gleichmäßige Steigung brachten der Ausgleich des Anstiegs mit Aufschüttung nahe der Gabel beim heutigen Löwentor und der Einschnitt des oberen Endes mit gleichzeitiger Begradigung, die 1829 fertig gestellt waren. Gleichzeitig wurde die Kurve der Straßengabel ausgeglichen.

Die Entwicklung neuer Verkehrsmittel, nämlich der Straßenbahn und vor allem des Kraftfahrzeugs, erforderten eine Anpassung der Straßen. Noch als 1909 die Straßenbahnlinie von Stuttgart nach Feuerbach eröffnet wurde, fuhren die Wagen durch die Nordbahnhof- und die Pragstraße, und als der Festwagen den Pragsattel erreichte, soll es einen Achsbruch gegeben gaben, so dass die Honoratioren aussteigen mussten. Als 1909 auch die Haltestelle Fortuna der Linie von und nach Cannstatt eröffnet wurde, ließ der Mitinhaber Emil Lilienfein am Werkstor der Fortuna-Werke den Spruch anbringen:

*»Ein Hoch der Stadtverwaltung
Für die Verkehrsentfaltung.
Kommt jetzt noch Kanalisation und Gas,
Dann macht das Steuerzahlen wirklich Spaß!«*

Erst 1927 begann man, den Durchbruch am Wartberg vorzunehmen und die heutige Heilbronner Straße anzulegen Sie konnte 1936 fertig gestellt werden.

Mit dem Wachstum des Verkehrs musste die Straße wiederholt erweitert werden. Die wohl stärkste neuere Veränderung geschah in den 1950er-Jahren und dann erneut um 1990. Bei den Amerikanern wurde der Sattel übrigens »Mox Nix Corner« genannt, wohl deshalb, weil Einheimische mit »Macht nichts!« antworteten, wenn man sie nach dem Weg fragte und sich dafür bedankte. Jetzt ist der Pragsattel, an dem die Bundesstraßen 10, 27 und 295 zusammentreffen, der am meisten befahrene Kreuzungspunkt in Stuttgart. Etwa 110 000 Kraftfahrzeuge passieren ihn täglich, dazu die auf eigener Fahrbahn verkehrenden Züge der Stadtbahn-Linien U 5, 6, 13 und 15. Der ungemein dichte Verkehr regte schon vor langem die Diskussion darüber an, wie man diesen Kreuzungspunkt entflechten könne. Die so lange diskutierte Krailenshaldentrasse ließ sich nicht durchsetzen. Jetzt, im Jahr 2002, beginnt die Stadt damit, die Bundesstraße 10 in einem Tunnel unter dem Sattel bis zur Kreuzung Prag-/ Löwentorstraße hindurchzuführen. Vorgesehen sind zwei zweispurige Röhren von 680 bis 710 Metern Länge, mit den Zulaufstrecken und Rampen zusammen 1,44 Kilometer. Im Zusammenhang damit müssen auch die Verbindungen nach

Feuerbach umgestaltet werden. Die Fertigstellung ist für 2006 vorgesehen.

Für andere von Cannstatt ausgehende Straßen, so nach Waiblingen, Untertürkheim und Wangen, liegen ebenfalls zahlreiche interessante Akten vor. Es würde aber zu weit führen, hier auch auf sie einzugehen.

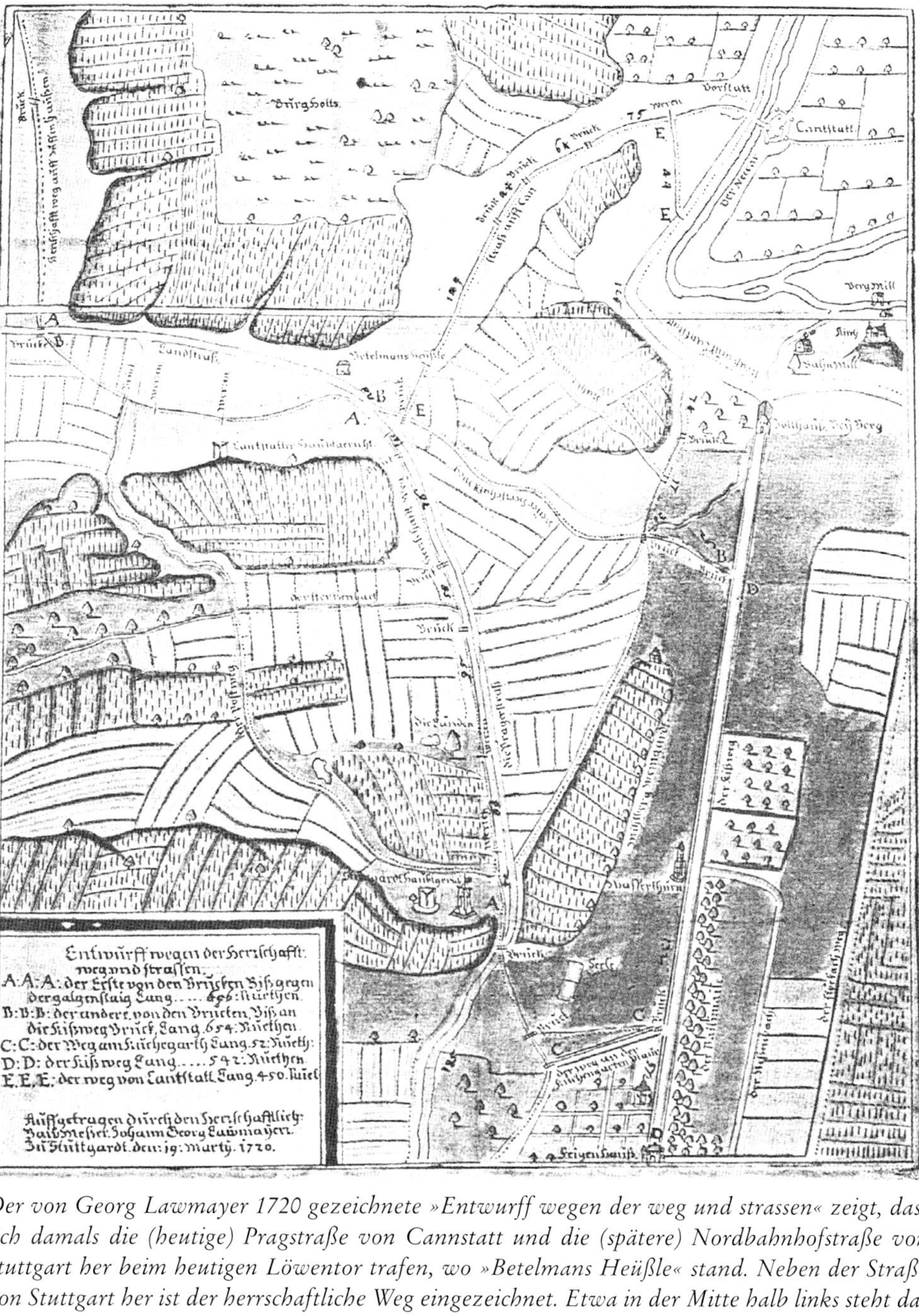

Der von Georg Lawmayer 1720 gezeichnete »Entwurff wegen der weg und strassen« zeigt, dass sich damals die (heutige) Pragstraße von Cannstatt und die (spätere) Nordbahnhofstraße von Stuttgart her beim heutigen Löwentor trafen, wo »Betelmans Heüßle« stand. Neben der Straße von Stuttgart her ist der herrschaftliche Weg eingezeichnet. Etwa in der Mitte halb links steht das »Cantstatter Haubtgericht«.

Was wäre Cannstatt ohne den Wasen!

Als man noch die Wiesen bewässerte

Viele Jahrhunderte hindurch nutzte man das Neckartal oberhalb von Cannstatt als Wiesengelände. Daher stammt ja auch der Name: Wasen. Alljährlich konnte die Fläche bei den gewöhnlichen Hochwassern überflutet werden, ohne dass großer Schaden geschah, und man konnte mit Recht sagen: »Auf'm Wasa graset d' Hasa«. Doch sogar dort versuchte man früher, die Erträge zu steigern, indem man nämlich die Wiesen bewässerte. Diese »Wiesenbewässerung« erfolgte hier dergestalt, dass man einen Teil eines Wasserlaufs in einen Graben ableitete und dessen Abfluss versperrte, wenn er nicht ohnehin blind endete, so dass das Wasser seitwärts versickern oder überlaufen musste. Dabei konnte man den Zufluss je nach Bedarf durch ein Stellbrett regulieren. Das Wasser sollte durch seine düngend wirkenden Stoffe, durch die ausgleichende Wirkung auf die Bodentemperatur (Verkürzung des Bodenfrostes) und durch Verdrängung von Schädlingen (Engerlinge, Mäuse, Maulwürfe, Ameisen) die Erträge erhöhen. Infolgedessen konnten die bewässerten Wiesen häufig auch einmal mehr pro Jahr geschnitten werden.

Der älteste Nachweis der Wiesenbewässerung im Stuttgarter Raum liegt aus dem Jahr 1391 für Möhringen vor, doch muss die Anwendung viel weiter zurückreichen. Für Cannstatt wird sie erstmals für 1501 erwähnt, für Berg 1475[114]. 1505 zum Beispiel meinte der Abt von Lorch, Wasser von einem Brunnen auf seine Wiesen zu Münster führen zu können, doch die Cannstatter und das Spital Esslingen wollten das nicht zulassen, weil auch sie das Wasser zur Bewässerung nutzten. Also musste Herzog Ulrich entscheiden. Übrigens wurde bei Berg auch vom Nesenbach her bewässert.

Wichtiger war sicherlich die Bewässerung vom Neckar her. 1501 hatten die Untertürkheimer den Cannstattern genehmigt, durch die dortigen Wiesen ei-

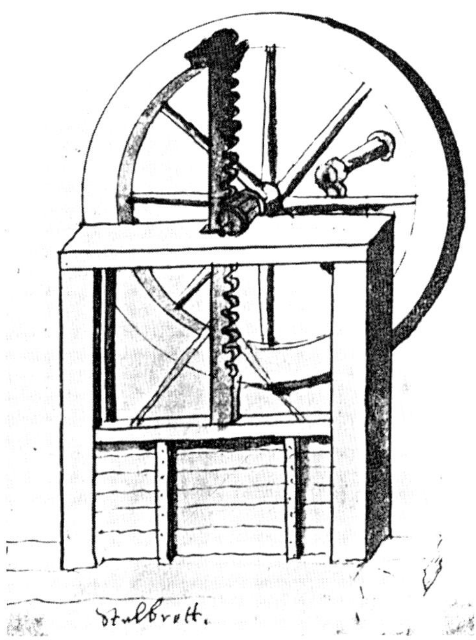

Zur Regulierung der Wiesenbewässerung benutzte man Stellfallen, wie sie Heinrich Schickhardt um 1600 gezeichnet hat. Durch Drehen an der Kurbel konnte man das Brett auf- und abwärts bewegen.

nen Graben auf die Cannstatter Markung zu führen. Spätestens seit 1535 zahlten die Cannstatter den Anliegern dafür einen Grabenzins. Da waren Streitigkeiten nicht zu vermeiden, und 1774 griff in sie sogar die Regierung ein. Obwohl der Graben 1767/68 als »ehemalig« bezeichnet wurde, war die Bewässerung doch 1807 noch im Gang. Sie scheint aufgehört zu haben, als der Neckar in den 1820er-Jahren begradigt wurde. So hieß es 1832, die »Cannstatter Wässerungs-Anstalten im Neckarthale« seien schon lange durch den häufigen Wechsel des Flussbettes zerfallen. Einige Einwohner wünschten jedoch 1835 die Wiederherstellung, wozu Generalmajor von Seeger einen Übersichtsplan anfertigte, der im Stadtarchiv erhalten ist. Ausgeführt wurde das Vorhaben nicht, wenngleich 1847 verlangt wurde, einen zugebauten Abschnitt des Grabens wieder herzustellen. Das war zu einer Zeit, als die Wiesenbewässerung in Württemberg wieder stark propagiert wurde. Sie fand aber in der Mitte des 19. Jahrhunderts ohnehin ein Ende.

Ein Platz für die Seiler

Um die Seile schlagen zu können, benötigten die Meister eine lange Bahn, die Seilerbahn. Hierfür bot sich die ebene Fläche des Wasens geradezu an. Der von den Seilern genutzte Teil hat denn auch noch heute danach seinen Namen: Seilerwasen.

Die älteste dem Verfasser bekannte Nachricht über die Cannstatter Seiler stammt aus dem Jahr 1591. Als damals landesweit über die Seiler-Ordnung verhandelt wurde, bemerkten die Meister von Cannstatt, sie sähen es nicht gerne, dass auch der Seiler von Untertürkheim einen Lehrjungen annehmen dürfe. Ansonsten sind die Angaben über das Seiler-Handwerk aber dürftig. Um 1830 gab es hier sieben Meister und vier Gesellen, 1895 sechs. Noch 1930 waren in Cannstatt Seiler tätig[115].

Wo einst Soldaten exerzierten

Früher dienten den Stuttgarter Soldaten der Schlossplatz und die herrschaftlichen Wiesen im Nesenbachtal unterhalb des Schlosses zum Exerzieren[116]. Als König Friedrich den Schlosspark anlegen ließ und die Garnison vergrößerte, musste – insbesondere für Feldübungen – ein anderer Platz gesucht werden. Zudem gefiel es König Wilhelm I. offenbar nicht, die Rekruten vor dem Schloss zu haben. Deshalb befahl er am 28. Mai 1817, auf dem Wasen gegenüber von Berg einen Exerzierplatz anzulegen. Das sollte möglichst kein Geld kosten, weshalb die Regierung in Cannstatt anfragte, ob die Stadt bereit sei, 40 Morgen Allmende gegen Wald einzutauschen. Die Cannstatter entschieden sich jedoch für Wiesen im Stuttgarter Tal, die Jahre zuvor abgetreten worden waren. Nicht ganz zwei Jahre verhandelte man über den Tausch, bis im Februar 1819 die Vereinbarung besiegelt werden konnte: Cannstatt gibt 45 Morgen im Wert von 652 Gulden 30 Kreuzer pro Morgen und erhält dafür einige Geld- und Zehntgefälle (Abgaben) sowie einige herrschaftliche Wiesen in Cannstatt und Münster und kann auch einige Zehntpflichten ablösen. Es handelte sich also nicht, wie es in der Literatur zu lesen ist, um einen Verkauf.

Es gab allerdings ein Problem: Man brauchte einen Zugang. Für diesen verkaufte Cannstatt 1821 zweimal kleinere

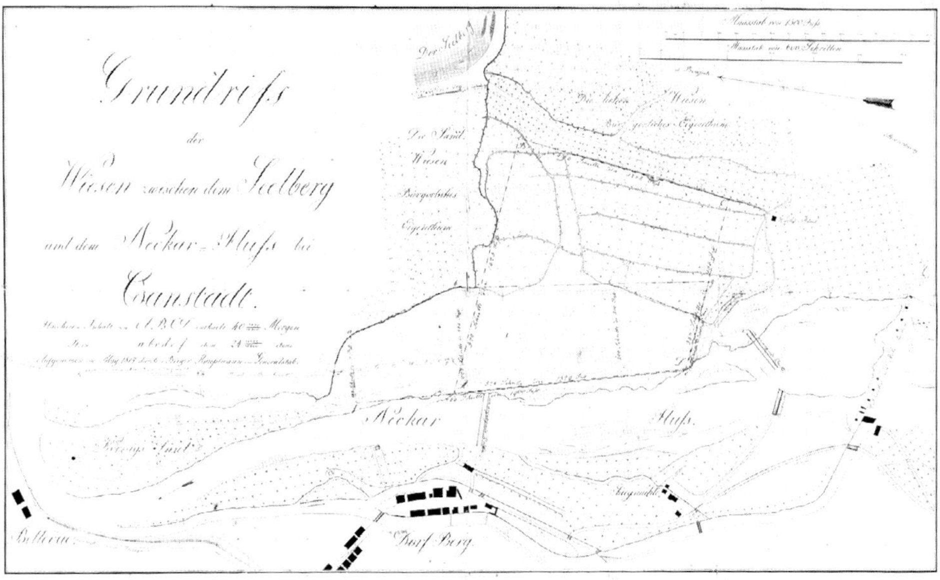

Von 1819 bis 1929 befand sich auf dem Wasen der Exerzierplatz der Stuttgarter Garnison. Der von Hauptmann von Berger 1817 gezeichnete Plan zeigt in der rechten Hälfte mit einer gestrichelten Linie die anfangs vorgesehene Ausdehnung an. Unter der Beschriftung ist der von Cannstatt (links außerhalb) kommende Weg verzeichnet, der allerdings nicht angelegt wurde, weil man den Zugang über eine Brücke von Berg her bevorzugte. Dort sind zwei geplante Brücken eingetragen.

Flächen, allerdings mit der Bedingung, die Wässerungsanlagen nicht zuzuwerfen. Dann aber wurde der Zugang nicht, wie anfangs geplant, von Cannstatt her angelegt, sondern von Berg aus über die Kiesinsel im Neckar hergestellt. 1890 beschloss die Regierung, den Exerzierplatz auf insgesamt 150 Hektar zu vergrößern und erwarb dafür im Folgejahr insgesamt 111,5 Hektar hinzu, davon allein 66 Hektar von der Gemeinde Cannstatt.

Der Exerzierplatz war Schauplatz vieler großer Paraden. Das Bild zeigt die Jubiläumsparade von 1889: Kaiser Wilhelm II. paradiert mit seinem württembergischen Regiment vor König Karl von Württemberg. Holzschnitt nach einer Zeichnung von Th. Volz.

Für große Paraden war hier am Neckar genug Platz. So marschierten am 3. September 1851, als das Militär in Gegenwart der gesamten königlichen Familie und unter dem Donner von Kanonen neue Fahnen erhielt, die Truppen von Ludwigsburg und Stuttgart auf: Der Generalstab, fünf Regimenter Infanterie, drei Regimenter Reiterei, die reitende Artillerie und das Pionierkorps, zusammen 5500 Mann[117]. Später nahm der König alljährlich auf dem Wasen den Vorbeimarsch der Soldaten aus den beiden Garnisonen ab. Zum Jubiläum der 25-jährigen Regierungszeit des Königs Karl im Jahr 1889 erschien auch Kaiser Wilhelm II., der ja, wie damals üblich, auch Kommandeur eines württembergischen Regiments war, und so kam es, dass der Kaiser an der Spitze seines württembergischen Regiments vor dem König von Württemberg paradierte. Die Übernahme des Platzes durch das Deutsche Reich 1892 änderte an der Nutzung nichts. Zur Heerschau 1893 und zum Kaiserbesuch 1909 war der Wasen abermals Schauplatz großer militärischer Aufmärsche. Als zur Kaiserparade 1899 rund 20 000 Mann erschienen, mussten die Cannstatter Bürger mehr als zwei Wochen lang im Wechsel Soldaten aus verschiedenen Teilen des Reiches ins Quartier nehmen. Das waren westfälische Dragoner und hannoversche Ulanen, auch preußische Husaren und Ulmer Grenadiere sowie Artillerie und badische Infanterie. Die Krieger- und Militär-Vereine rückten mit 10 000 Mann an, dazu rund 100 000 Zuschauer. Luftbilder vom Wasen aus dem Jahr 1918 zeigen dort Schützengräben, in denen Stellungskrieg geübt werden konnte.

Bis 1927 wurde die Fläche auf diese Weise genutzt, ehe der Standort-Übungsplatz wegen der Neckar-Kanalisierung auf den Burgholzhof verlegt werden musste.

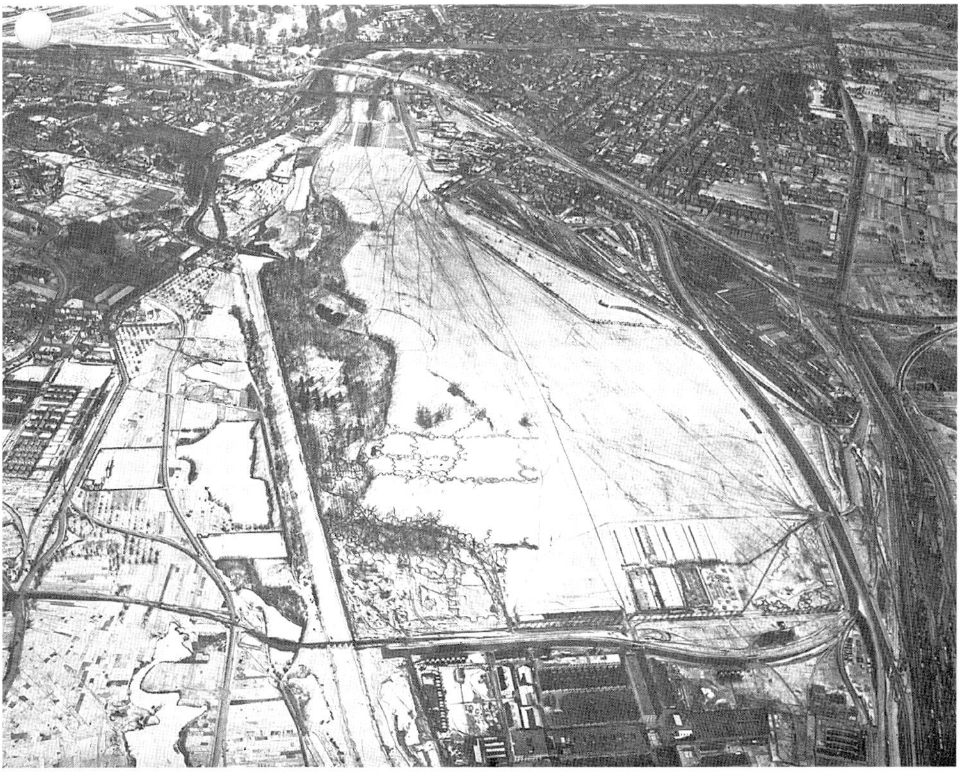

Der Cannstatter Wasen in einer Luftaufnahme aus dem Jahr 1918. Im linken Teil des Platzes (in der Bildmitte) erkennt man die zickzack-förmig angelegten Schützengräben.

Prämierung der Tiere auf dem Landwirtschaftlichen Hauptfest im Jahr 1831. Auf der Tribüne sind der König und die Königin dargestellt.

Von weither besucht: das Landwirtschafts- und das Volksfest

Die große Hungersnot von 1816/17 veranlasste König Wilhelm I., die Landwirtschaft in Württemberg, das zu dieser Zeit noch ein Agrarland war, und die Landwirtschafts-Technik besonders zu fördern[118]. Dazu sollte (neben anderen Maßnahmen) ein landwirtschaftliches Fest beitragen, das den Landwirten Anschauung und Ansporn geben konnte. Der Gedanke hierzu wurde im Frühjahr 1817 geboren. Die neu gegründete Centralstelle des Landwirtschaftlichen Vereins erarbeitete ein Programm, das der König 1818 genehmigte. Die »Bekanntmachung eines jährlich am 28. September zu Kannstadt abzuhaltenden landwirthschaftlichen Festes« verkündete: »Auch wird ein Volksfest damit in Verbindung gesetzt und dafür gesorgt werden, daß solches durch unterhaltende Abwechslungen diesem frohen Tag entspreche.« Die Schiffer sollten am selben Tag ihren Zunfttag abhalten und »durch ein Schifferstechen Proben ihrer Kunst und Geschicklichkeit öffentlich« zeigen. Außerdem war ein Pferderennen vorgesehen. Für Schifferstechen und Pferderennen stiftete der König besondere Preise. Der landwirtschaftliche Teil widmete sich der Viehzucht, für die in Gegenwart des Königspaares viele Prämien vergeben wurden, sowie landwirtschaftlichen Geräten. Zum ersten Fest 1818 sollen 30 000 Besucher gekommen sein; Cannstatt hatte damals gerade etwas mehr als 3000, Stuttgart rund 22 000 Einwohner. Als Standort des Festes wählte man den Exerzierplatz und anstoßende baumfreie städtische Wiesen. Baumeister Nikolaus von Thouret fertigte den Entwurf für die Gestaltung des Festplatzes an und hatte auch die Gesamtleitung der Veranstaltung.

Die Pferderennen hörten 1848 auf, doch nachdem 1860 von den Offizieren ein Rennverein gegründet worden war, nahm man sie wieder auf. Sie endeten mit dem Beginn des Ersten Weltkriegs.

Im September 1857 gab es hohen Besuch: Auf Einladung König Wilhelms I. kamen Kaiser Napoleon III. und Zar Alexander II., zwei Monarchen, die sich nicht sonderlich freundlich gesonnen waren, zu politischen Gesprächen nach Stuttgart. In der Wilhelma gab es für sie ein großartiges Lichterfest. Gemeinsam mit dem französischen Kaiser besichtigte König Wilhelm »ohne alles Gefolge in bürgerlicher Kleidung« die landwirtschaftliche Ausstellung im Kursaal, und alle drei besuchten am 27. September gemeinsam mit einem etwa 200 Mann starken Gefolge das Fest auf dem Wasen. Auch die Kaiserin von Russland und die Königinnen von Württemberg, der Niederlande und Griechenlands waren anwesend. Nach dem Treffen meinte die Presse: »Als Resultat erwartet man zunächst eine bedeutende Verminderung der stehenden Heere«. Trotz einer zechlustigen Gesellschaft von fünfzig- bis sechzigtausend Men-

Hunderttausende von Besuchern strömen alljährlich auf den Cannstatter Wasen, um sich auf dem Volksfest zu vergnügen. Links hinten erkennt man die Hanns-Martin-Schleyer-Halle.

schen gab es auf dem Volksfest nicht den mindesten Skandal, keinen Unfall, keinen Diebstahl, keine Verhaftung, vielleicht von den üblichen Taschendiebstählen abgesehen. 1876 besuchte auch Kaiser Wilhelm I. anlässlich der Kaisermanöver zusammen mit dem Großherzog von Baden in Begleitung des württembergischen Königs Karl das Fest.

Zu dem Fest wurde von Anfang an alljährlich die Fruchtsäule aufgestellt. Als 1976 von ihrer Spitze vier Stuttgarter Rössle ins Land blickten, war das für die selbstbewussten Cannstatter zu viel: Sie protestierten so heftig, dass fortan wieder das Cannstatter Wappen erschien. Wenn die Säule geschmückt wird, brauchen die Stadtgärtner dafür drei Tonnen Gemüse und Obst sowie viele Garben Getreide. Seit 2001 schmückt den Sockel der Fruchtsäule das ganze Jahr über eine getriebene Kupferkanne, die auch im Umzug mitgeführt wird. Dieses 4,60 Meter hohe Stadtsymbol ist eine Stiftung des Cannstatter Volksfestvereins.

In den 1880er-Jahren verlor die Landwirtschaft ihre dominierende Rolle, Volksfest und Landwirtschaftliches Hauptfest entwickelten sich jeweils eigenständig weiter, wobei die Ausstellungen zur Landwirtschaft mehr zu einer Messe und zu einer Dokumentation über die Landwirtschaft tendierten. Zudem wurde der Aufwand für nur einen Tag bald zu groß, und der Ansturm der Massen drängte die Schausteller, möglichst mehr Tage zu fordern. So dauerte das Volksfest allmählich immer länger: Zunächst zwei Tage, 1934 zehn, ab 1936 zwölf und seit 1972 16 Tage. Jetzt wird das Landwirtschaftsfest in dreijährigem Turnus abgehalten, das Volksfest alljährlich, im Jahr 2001 das Landwirtschaftsfest zum 95., das Volksfest zum 156. Mal. Neben dem Volksfest findet alljährlich das Frühlingsfest statt, das allerdings kleiner ausfällt.

In Not- und Kriegsjahren musste das Volksfest ausfallen. Anlässe waren beispielsweise die allgemeine Teuerung 1847 sowie die Cholera im Raum Heilbronn 1873 und in Hamburg 1892. Im Jahr 1851 trat der Neckar innerhalb kurzer Zeit dreimal über seine Ufer und riss die bereits aufgestellten Buden mit sich hinweg.

Begünstigt wurde diese Entwicklung durch die Fortschritte in der Verkehrstechnik. Schon die Eisenbahn ließ die Besucherzahlen stark ansteigen, weil sie zwischen Stuttgart und Cannstatt Pendel- und für die Umgebung Sonderzüge einsetzte. So wurden 1867 zwischen Stuttgart und Cannstatt zusätzlich zu den 52 regulären Zügen 308 Extrazüge gefahren und vielleicht 120 000 Personen befördert. Und wenn 1929 rund 98 000 Volksfest-Besucher mit der Bahn ankamen, aber 116 000 mit ihr abfuhren, so besagt dies, dass zum einen viele Stuttgarter die Kosten für die Hinfahrt sparten, zum andern viele ob der genossenen Getränke lieber nicht zu Fuß heimgehen wollten. Das Jahr 1936 brachte mit 79 Sonderzügen und 405 000 Besuchern einen Rekord. Der Omnibus ergänzte den Bahnverkehr. Heute spielt der Pkw die Hauptrolle, so dass viele Parkmöglichkeiten zur Verfügung gestellt werden müssen. Eine lange Zeit hindurch gab es auch oberhalb der König-Karls-Brücke eine schwimmende Behelfsbrücke, die einen raschen Zugang ermöglichte.

Auch wenn sich inzwischen bezüglich der Veranstaltungen mancherlei Änderungen ergeben haben, der »Cannstatter Wasen« ist neben dem Oktoberfest in München das bedeutendste Herbstfest in Deutschland, und während es stattfindet, ist Cannstatt der Nabel der Welt, zumindest für die Schwaben. Jetzt sind es jährlich gut fünf Millionen Menschen, die auf diesem zweitgrößten Volksfest in Europa bei den weit über 400 Schaustellern – 1977 sogar 500 aus zwölf Ländern – sowie in drei großen Brauerei-, sechs Bier- und Weinzelten Belustigung suchen.

Freilich war es auch früher schon laut, doch ist es heute noch lauter und weniger bescheiden. Es gibt keine Moritatensänger mehr, keine »lebenden Bilder« zur Musik aus dem Leierkasten, keinen Kletterbaum zum Wurstpflücken, es gibt dafür donnernde Achterbahnen und ratternde Motorradschauen. Geblieben sind die Bierzelte, Karussells und Schießbuden, auch das Riesenrad, von dem man einen so schönen Ausblick hat. Wie war es da doch gemütlich, als man 1905 für fünf Pfennig den »Blick ins Jenseits« tun, nämlich durch ein Loch im Bretterzaun nach jenseits des Neckars blicken konnte. Geblieben ist aber auch das Feuerwerk. Dass es in mehreren Städten der USA ein »Cannstatter Volksfest« gibt, deutet dessen Beliebtheit an. Die Arbeit in den Räumen der Polizei, der Samariter und der Kinder-Sammelstelle zeigt freilich eine weniger schöne Seite des Festes. Dass zudem asphaltierte Straßen, Stromzuleitungen, Drainagen und anderes mehr mit hohen Kosten in Stand zu halten sind, wird von den Besuchern kaum registriert.

Es gäbe noch vieles über das Volksfest zu berichten, zum Beispiel von den großen Festzügen, die seit 1927 von Stuttgart zum Wasen führen – von kleineren Festzügen ganz abgesehen –, von den Pferderennen, zu denen nur in Württemberg gezüchtete Pferde starten durften, von gelegentlichen Wagenrennen, auch von einem Blumen- und einem Autokorso, von Trachtenschauen oder von einem Flugtag mit halsbrecherischen Vorführungen des Flieger-Idols Ernst Udet und mit Fallschirmabsprüngen der beliebten Hedy Schumann; aber auch von der Politisierung im Dritten Reich, vom »Schnellgericht« und von der Heimweghilfe. Es würde den Rahmen dieses Buches sprengen.

Das Schifferstechen hörte schon 1819 auf, wurde allerdings später gelegentlich als Fischerstechen wieder abgehalten. Dafür kam zwischen den beiden Weltkriegen das Volksfestschießen hinzu.

Der Wasen als Flugplatz

Es wird meistens vergessen, dass der Cannstatter Wasen in der Geschichte der deutschen Luftfahrt eine bemerkenswerte Rolle spielt: Er war der erste Flugplatz Stuttgarts. Das begann um die Wende zum 20. Jahrhundert[119].

Doch schon vorher ging Cannstatts Name in die Geschichte der Luftfahrt ein, denn nachdem Gottlieb Daimler im Oktober 1887 in der Leipziger Illustrierten Zeitung von erfolgreichen Probefahrten des Buchhändlers Dr. Karl Wölfert mit einem lenkbaren Ballon gelesen hatte, lud er Wölfert ein, mit ihm in Cannstatt gemeinsame Versuche zu unternehmen. Der junge Leipziger hatte schon etliche durch Handkurbel angetriebene Luftschiffe gebaut und zahlreiche Aufstiege absolviert. Sie bauten nun einen Einzylinder-Motor mit vier PS ein und dazu Kupplungen für zwei Luftschrauben, von denen eine dem Vorwärts-, die andere dem Abwärtsflug diente. Am 12. August 1888 startete Wölfert im Hof am Seelberg mit dem 17 Meter langen Luftschiff in Richtung Kornwestheim, wo er nach gut vier Kilometer langem Flug ohne Schwierigkeiten lande-

Am 12. August 1888 startete Karl Wölfert vom Seelberg mit einem Luftfahrzeug, das durch den vor dem Piloten stehenden Daimler-Motor über zwei Luftschrauben angetrieben wurde. Die eine Schraube diente dem Vorwärtsantrieb, die zweite (unter der Gondel) für den Abwärtsflug. Rechts das Seitenruder.

te. Wahrscheinlich flog er auch noch ein zweites Mal.

Es war 1909, als Hellmuth Hirth mit dem von ihm selbst gebauten Flugzeug die ersten Flüge wagte. Anfangs waren es nur Luftsprünge, und so manches Mal war er grün und blau angeschlagen. Hirth stellte die Versuche in Stuttgart ein und lernte erst einmal fliegen. Auch die Brüder Karl und Hans Vollmöller aus Stuttgart-Vaihingen schrieben hier mit ihrem Eindecker Geschichte. Hans Vollmöller startete zu seinem Jungfernflug im September 1909. Acht Minuten blieb er bis zu 200 Meter hoch in der Luft. Als dann im Januar 1911 der Württembergische Flugsportklub ein Schaufliegen veranstaltete, kamen gleich vier Flieger, um ihre Kunst vorzuführen. Auch Hellmuth Hirth war unter ihnen. 13 Minuten dauerte sein Rundflug, und einen Tag später brach er mit 800 Meter Höhe den bisherigen Rekord, der bei 650 Metern lag. Anschließend startete er zu seinem ersten Überlandflug; in 63 Minuten legte er die 80 Kilometer lange Strecke bis nach Baden-Baden zurück.

Der von Wölfert und Baumgarten 1896 gebaute Lenkballon »Deutschland«. Mit einem solchen Luftschiff startete Wölfert 1888 in Cannstatt.

Ernst Heinkel auf seinem ersten Flug 1911. Im Hintergrund die Grabkapelle auf dem Rotenberg.

Inzwischen hatte sich auch Ernst Heinkel, der an der Technischen Hochschule in Stuttgart studierte, einen Flugapparat gebaut, eine veränderte Version des von Henry Farman in Frankreich gebauten Flugzeugs Farman III. Es war ein Doppeldecker mit einem Gitter-Rumpf und mit bespannten Flügeln und Leitwerken. Der Pilot saß darin im Freien vor dem Motor. Das Höhenleitwerk befand sich vorne, das Seitenleitwerk hinten. Den Motor mit 50 PS liehen die Daimler-Werke aus. Weil die von dem Mechanikermeister Münz in der Blumenstraße zur Verfügung gestellte Werkstatt für die Endmontage zu klein war, erwarb ein Freund Heinkels eine zum Verkauf ausgeschriebene Reithalle der Dragoner und verpachtete sie an ihn. Man zerlegte die Halle und baute sie auf dem Wasen wieder auf. Am 9. Juli 1911 stieg der Luftfahrtpionier zum ersten Mal mit seinem Gerät auf. Der Probeflug »führte den Flieger durch die ungeheure Kraft des Motors unversehens auf etwa 10 Meter Höhe«, berichtete das Stuttgarter Tagblatt einen Tag später. Heinkel probte weiter, und jeden Tag verbog sich irgendwo das Gestänge. So kam der 19. Juli 1911: In einer Rechtskurve stürzte die Maschine aus etwa 40 Meter Höhe ab, zerschellte, das Flugbenzin lief aus und explodierte, kurz nachdem tatkräftige Männer Heinkel aus den Trümmern gezogen hatten. Sechs Wochen lang musste er im Krankenhaus verbringen. Aber Heinkel machte nach seiner Genesung weiter und wurde einer der bedeutendsten deutschen Flugzeugbauer.

Zu dieser Zeit war der Wasen bereits Landeplatz für Luftschiffe geworden. So landete am 15. Oktober 1909 das Luftschiff Parseval III, ein Prall-Luftschiff ohne inneres Gerippe. Es war dies die erste Landung eines lenkbaren Luftschiffes auf Stuttgarter Gebiet. Das war für die Einwohner so interessant, dass vom Schlossplatz aus Extrawagen der Straßenbahn zum Wasen fuhren. Sogar Herzog Wilhelm von Urach und Herzog Philipp von Württemberg hatten sich zur Begrüßung eingefunden. Am Abend durchbrachen die unzähligen Zuschauer die Absperrungen des Militärs und brachten das Luftschiff in Gefahr, und erst nach schweren Rangeleien konnten Polizei und Militär die Ordnung wieder herstellen. Nachdem ein defekter Ventilator zum Füllen des Flugkörpers in den Daimler-Werken repariert war, stieg das Schiff am folgen-

Ein Zeppelin-Luftschiff über dem Cannstatter Wasen

den Morgen wieder in die Luft und flog weiter nach Frankfurt.

Ein Jahr später, am 10. September 1910, ging das Zeppelin-Luftschiff LZ 6 auf dem Wasen nieder. Die Begeisterung kannte keine Grenzen, es heißt, es seien 100 000 Menschen zum Wasen geströmt, hätten alle Absperrungen über den Haufen gerannt und sich mit den Ordnungskräften angelegt, weshalb sich die Luftschiffer ernstlich beklagten und einen weiteren geplanten Flug hierher absagten.

Als ein großartiges Ereignis feierte man die Gordon-Bennet-Woche 1912, während der am 24. Oktober 30 Ballone zu einer nationalen Wettfahrt nach Weckrieden bei Schwäbisch Hall abhoben und am 27. Oktober 20 Ballone zu einer internationalen Wettfahrt um den von Gordon Bennett gestifteten Preis starteten. Auch die Königsfamilie war beim Start anwesend und dazu etwa 10 000 Menschen. Der Sieger, der Franzose Maurice Bienaime, landete nach 46 Stunden – nach einem Flug von 2191 Kilometern – etwa 150 Kilometer südwestlich von Moskau. Man vergisst über dieses Ereignis allerdings meist, dass bereits 1861 anlässlich des Volksfestes und zur Feier des 80. Geburtstages des Königs Wilhelm auf dem Wasen ein Ballon in den Himmel stieg, der den Namen des Königs und die Zahl 80 zeigte. Und im Oktober und November 1874 startete der Franzose Henri Théodore Sivel zu mehreren Fahrten.

Bereits 1911 wurde an der Technischen Hochschule Stuttgart ein Lehrstuhl für Luftschifffahrt und Flugtechnik geschaffen und mit Alexander Baumann besetzt. Schon bald konnte die Hochschule einen Wright-Flugapparat anschaffen, und man konnte über dem Wasen Änderungen der Konstruktion im Flug erproben. Im Jahr darauf erbaute der Württembergische Flugsportklub seine Flughalle. Während des Ersten Weltkrieges erfuhren hier Militär-Piloten ihre Ausbildung. Um 1920 erhielt Baumanns Lehrstuhl diesen Hangar als Geschenk; man richtete darin ein Laboratorium für Luft- und Kraftfahrwesen ein.

Inzwischen war die Bedeutung des Flugzeugs für den Verkehr klar geworden. Als Paul Strähle aus Schorndorf 1920 das erste private Luftverkehrsunternehmen gründete, wählte er seinen Standort auf dem Wasen. Zunächst startete Strähle zu Werbe- und Rundflügen. Wenig später, am 5. Januar 1921, eröffnete er die Fluglinie Stuttgart–Konstanz, 1922 die Verbindung Stuttgart–Fürth. Paul Strähle stieg vom Wasen aber auch auf, um seine berühmt gewordenen Luftbilder aufzunehmen. Die Inflation und die Übertragung des Monopols an die Deutsche Lufthansa machten dem Unternehmen 1923 ein Ende, der erste Stuttgarter Flugplatz diente fortan nur noch Sportflugzeugen zum Starten und Landen. Im Jahr 1925 trat der im Ersten Weltkrieg angelegte ehemalige Militär-Flugplatz Böblingen die Nachfolge als Verkehrsflugplatz an.

Einrichtungen für Sport und Großveranstaltungen

Für die deutschen und englischen Jungen, die für ihre neu aufgenommenen Rasenspiele viel Platz brauchten, bot sich der Wasen als geeignete Fläche an, bis ein Verein 1893 einen geeigneten Platz pachten konnte. Die für das Spiel notwendigen Linien zog man anfangs mit der Hacke, später mit Kalkpulver. So konnten hier besonders Rugby und Cricket gespielt werden. Im September 1892 gab es bereits ein internationales Cricket-Turnier[120].

Die ebene Fläche eignete sich auch hervorragend für Großveranstaltungen. Sieht

Ein Cricketwettspiel zu Cannstatt (11. September 1892).

Szene aus dem Cricket-Wettspiel vom 11. September 1892. Rechts die Volksfest-Tribüne, dahinter die Kapelle auf dem Rotenberg.

man von den Militärparaden ab, war die wahrscheinlich erste große Kundgebung die Maifeier der Gewerkschaften auf dem Seilerwasen am 1. Mai 1898, an der etwa 15 000 Menschen teilnahmen. Die nächste Veranstaltung folgte am 18. August 1907 anlässlich des Internationalen Sozialistenkongresses in Stuttgart. Diesmal strömten mindestens 30 000 Menschen zusammen, darunter viele Delegationen von politischen Organisationen und Gewerkschaften mit ihren Fahnen und Musikkapellen. Sechs Bierwagen waren zu rot ausgeschlagenen Podien hergerichtet worden, von denen aus 18 Redner sprachen. Auf den Wagen nahmen auch Klara Zetkin und Rosa Luxemburg Platz sowie August Bebel, Wilhelm Liebknecht und Wladimir Iljitsch Lenin. 1934 traten auf dem Wasen 7000 Mitglieder der NSDAP zu einem Appell an.

Der Platz lud aber auch dazu ein, große Anlagen zu errichten. So wurde ab 1912 darüber diskutiert, einen Ausstellungspark mit Kongresshalle und einen Sportpark mit Stadion zu errichten. Über lange Zeit verfolgte man diesen Gedanken, doch man konnte ihn nicht verwirklichen. Immerhin wurde zur Stuttgarter Gesundheitsausstellung im Mai 1914 ein

Der Wasen mit dem Neckarstadion, vermutlich in den 1930er-Jahren. Die Allee-Bäume sind noch klein.

Stadion mit 7000 Tribünen- und 13 000 Stehplätzen eröffnet, in dem in den folgenden Monaten bedeutende Sportveranstaltungen stattfanden. Es brannte leider schon wenige Monate später ab. 1929 begann die Planung für das Neckar-Stadion, das 1931 bis 1933 für das 15. Deutsche Turnfest 1933 erbaut wurde. Zu dessen Abschluss-Veranstaltung erschienen auch Adolf Hitler, nach dem man das Stadion inzwischen in »Adolf-Hitler-Kampfbahn« umbenannt hatte, und Reichspropagandaminister Dr. Joseph Goebbels. Als hier nach dem Zweiten Weltkrieg das erste Fußball-Länderspiel Deutschlands gegen die Schweiz stattfand, sahen ihm über 100 000 Fans begeistert zu. 1974 trafen in diesem Stadion im Rahmen der Fußball-Weltmeisterschaft mehrere Mannschaften aufeinander. Später umgebaut und mit mehr Sitzen versehen, bietet das Stadion jetzt unter dem Namen Gottlieb-Daimler-Stadion 50 000 Zuschauern Platz. Mehrere weitere Sportanlagen gruppieren sich um das Stadion herum.

Die erste Halle für Versammlungen und Ausstellungen, die Schwabenhalle, entstand 1937, wobei es sogar zu einem Konflikt zwischen der Stadt und den Nationalsozialisten kam. Die 160 Meter lange, 64 Meter breite und 29 Meter hohe Halle mit ihren 20 000 Plätzen wurde wegen des (infolge der Aufrüstung) bestehenden Mangels an Eisen ganz in Holz erbaut; sie sollte später durch einen Massivbau ersetzt werden.

Im Jahr 1983 konnte die Hanns-Martin-Schleyer-Halle mit Plätzen für 10 000 Zuschauer eröffnet werden. Sie dient für Veranstaltungen verschiedener Art: Reit- und Tennis-Turniere, Musik-Großveranstaltungen, Radrennen, Eis-Revuen und dergleichen mehr. Heute wird sie jedoch als nicht mehr ausreichend angesehen. Deshalb wird seit 1999 eine neue Großhalle mit 15 000 Plätzen geplant, die Boschhalle, die zur Fußball-Weltmeisterschaft 2006 verfügbar sein soll. Für die Olympischen Spiele (2012 oder 2016) plant die Stadt zudem den Ausbau des Stadions auf 70 000 bis 80 000 Plätze, eine weitere Großhalle mit 20 000 Plätzen und am Neckar eine »Schwimmoper« mit 5000 bleibenden Plätzen. An der Stelle des Güterbahnhofs soll auf 25 Hektar das Olympische Dorf für 17 000 Gäste entstehen. Hotelanlagen und Medienzentrum sind links des Neckars vorgesehen.

Als die Autoreisen mit Wohnwagen modern wurden, bot sich ebenfalls der Wasen als Standort für einen Campingplatz an. 1954 konnte die 17 200 Quadratmeter große Anlage eröffnet werden. Sie bietet Platz für 150 Wohnwagen und 40 Zelte und wird jährlich von etwa 35 000 Gästen aufgesucht. 1996/97 war eine Sanierung unerlässlich.

Bad Cannstatts Geschichte im Überblick

Die Gründung einzelner Fabriken und Vereine, die Erbauung einzelner Schulen, Kirchen und anderer Gebäude, Jubiläen, das Auftreten von Seuchen, die Eröffnung von Straßen sowie die Erweiterung und Modernisierung von Bauwerken und Anlagen werden nur in besonderen Fällen aufgeführt.

Vor 250 000 Jahren Menschen durchstreifen das Gebiet. Verlorene Werkzeuge und weggeworfene Abfälle bleiben in dem sich aufbauenden Travertin erhalten.

Vor 100 000 bis 130 000 Jahren »Untertürkheimer Warmzeit«. Zahlreiche Belege berichten von den Menschen, die zu dieser Zeit hier leben.

Vor 35 000 Jahren Während der Kaltzeit jagen im Cannstatter Gebiet Menschen nach Mammuten. Was sie an ihren Rastplätzen hinterlassen, deckt der vom Wind herangewehte Lössstaub zu.

Vor 7500 Jahren Die Bandkeramiker kommen ins Land. Sie bringen ihre Getreidearten und Haustiere mit und beginnen mit dem Ackerbau.

Um 800 v. Chr. Die Eisenbearbeitung ermöglicht die Verwendung besserer Ackerbaugeräte. Jetzt kann der Boden gepflügt statt nur geritzt werden.

6. bis 5. Jahrhundert v. Chr. Die Kelten wandern ins Land. Sie leben in kleinen Dörfern und haben, wie die Goldfunde aus den Fürstengräbern vom Steinhaldenfeld bezeugen, ein hoch entwickeltes Handwerk.

Um 90 n. Chr. Die Römer erbauen hier ein Kastell für etwa 480 Reiter. Neben ihm entsteht ein Dorf.

Um 155 n. Chr. Die römische Einheit wird nach Welzheim verlegt. Der Siedlungsschwerpunkt verlagert sich ins Tal zu den Quellen.

Um 260 n. Chr. Die Alamannen dringen in den Raum ein, die Römer ziehen ab. Zahlreiche Funde künden von der nun folgenden Landnahmezeit.

Um 500 bis 800 Ausbauzeit. Die Siedlungsdichte nimmt zu.

Um 650 bis 700 Die Martinskirche wird auf dem heutigen Steigfriedhof errichtet. Sie ist die Mutterkirche des Stuttgarter Raumes.

708 Das am Feuerbach gelegene Dorf Biberbach wird in einer in Cannstatt ausgestellten Urkunde erwähnt. Wahrscheinlich hat der Herzog in Cannstatt einen Hof.

746 Gerichtstag des fränkischen Königs Karlmann in Cannstatt, auf dem alamannische Adlige verurteilt werden. Vermutlich zieht Karlmann den Cannstatter Herzogshof zum Königsgut.

Um 800 Wahrscheinlich besteht die Stadtkirche bereits als einfacher Bau, der 1169 bis 1182 durch einen zweitürmigen Neubau ersetzt wird.

1132 Cannstatt geht als Heiratsgut der Calwer Grafenrochter Uta an die Welfen über.

1146 Erstmals wird ein Adliger von Cannstatt als Zeuge in einer Urkunde genannt: Wernhere de Candestat.

Ende des 12. Jahrhunderts Cannstatt wird an Kaiser Friedrich I. Barbarossa verkauft.

Nach 1200 Cannstatt kommt an die Markgrafen von Baden. Auf den sechs Burgen leben, wie die Wappen zeigen, Gefolgsleute der Markgrafen.

Mitte des 13. Jahrhunderts Die Grafen von Württemberg erhalten Besitz in Cannstatt (vielleicht als Heiratsgut zur Vermählung des Grafen Ulrich mit Mathilde von Baden, bei der Stuttgart an Württemberg überging). Die Württemberger und ihre Vettern, die Grafen von Grüningen, erscheinen als Besitzer des Fronhofs.

1268 Die Siedlung Niederhofen wird erwähnt.

1275 Erster Nachweis der Siedlung Uffkirchen. Die Kirche ist Filial der Martinskirche, wird aber vor 1344 eigene Pfarrei.

1279 Das Kloster Bebenhausen erhält Weinberge und Gärten in Cannstatt. Es bestehen sechs herrschaftliche Keltern.

1282 Der württembergische Teil des Fronhofs wird an das Spital in Esslingen verkauft und wird zum Esslinger Hof.

1283 Das Cannstatter Wappen ist erstmals belegt.

1287 König Rudolf von Habsburg zerstört im Krieg gegen Graf Eberhard den Erlauchten sämtliche Burgen in und um Cannstatt.

1289 Die Grafen von Grüningen-Landau verkaufen ihren Anteil am Fronhof und das Patronatsrecht an der Stadtkirche an das Domkapitel zu Konstanz. Daraus wird der Konstanzer Hof.

1300 Bei Cannstatt wird erstmals ein Landtag abgehalten.

1310 bis 1312 Krieg Kaiser Heinrichs VII. gegen Graf Eberhard den Erlauchten. Cannstatt wird durch Truppen der Reichsstädte zerstört.

1324 »Kannestat« wird noch als Dorf bezeichnet.

1330 In einer Privaturkunde vom Juni wird außer einem Bürger ein Richter von Cannstatt genannt, weshalb angenommen werden kann, dass Cannstatt zu dieser Zeit bereits Stadt war.
Kaiser Ludwig der Bayer bestätigt dem Grafen Ulrich von Württemberg im Dezember, dass die »stat ze Chanelstatt« städtische Rechte besitzt. Vermutlich wird die Bevölkerung zumindest einiger naher Dörfer in die Stadt umgesiedelt.

1350 Die Quelle beim Rathaus treibt eine Mühle an (1604 abgebrochen).

Die erste Pestwelle erfasst das Land. Soweit sie nicht schon früher in die Stadt geholt worden waren und überlebt hatten, siedeln die Einwohner der Nachbardörfer in die Stadt um. Die mittelalterliche Agrarkrise beginnt.

1353 Auf einem Kaufbrief ist das älteste Siegel der Stadt erhalten.
Die Mahlmühle wird erstmals genannt.

1377 Erstmals wird ein »Sulzbader« erwähnt. Die Badstube ist an den württembergischen Schreiber Konrad verpachtet.

1390 Armeleutehaus belegt.

1393 Graf Eberhard III. bestätigt, dass Cannstatt einen Wochenmarkt und einen Jahrmarkt abhalten darf (vermutlich Bestätigung eines älteren Rechts).

1449 Im Städtekrieg wird das Badhaus (am heutigen Wilhelmsplatz) von den Esslingern zerstört.

1458 Erster Vertrag über die Flößerei auf dem oberen Neckar, dem später mehrmals neue Verträge folgen. Die Durchfuhr von Flößen durch Cannstatt beginnt. Im 19. Jahrhundert besitzt Cannstatt auch eine Einbindestelle.

1460 bis 1471 Der heutige Bau der Stadtkirche wird von Aberlin Jörg errichtet.

1463 Als Haus der Beginen wird das Klösterle erbaut. Ein weiteres Beginenhaus steht in der Brählesgasse.

1465 Kaiser Friedrich bestätigt Graf Ulrich von Württemberg das Recht, in Cannstatt Straßenzoll zu erheben.

1484 Erstmals wird wörtlich der Brückenzoll erwähnt.
Lateinschule in Cannstatt belegt.

1488 Erstmals wird die Neckarschifffahrt erwähnt, hatte aber wahrscheinlich keine sehr große Bedeutung.

1491 Das heutige Rathaus wird erbaut. Es ist das älteste erhaltene Rathaus im Gebiet der heutigen Stadt Stuttgart. Später wird es erneuert und teilweise verändert. Um diese Zeit (1490 bis 1494) erhält Cannstatt in der Brückenstraße (bei der Bebenhäuser Kelter) die erste Poststation in Württemberg.

1494 Die heutige Uffkirche wird erbaut und 1500 fertig gestellt.

1501 Erstmals werden Cannstatter als erfolgreiche Schützen in Wettkämpfen genannt. Erste Erwähnung der Wiesenbewässerung auf Cannstatter Gebiet. Sie hört erst im 19. Jahrhundert auf.

Die älteste bildliche Darstellung Cannstatts findet sich in einem großen Holzschnitt, der um 1580 bis 1596 gedruckt, dessen Vorlage aber schon um 1500 bis 1530 gezeichnet wurde. Als Zeichner der »Abconterfectur des löblichen Fürstentums Wirtemberg« gilt Hans Leonhard Schäufelin. Die Blickrichtung ist gen Süden gerichtet. Cannstatt ist mit Oberem Tor, Kirche (noch ohne Turmspitze), Neckartor und Brücke für die damalige Zeit relativ gut dargestellt.

1506 Die Martinskirche wird in die Neckar-Vorstadt verlegt. Die Pfarrei der Uffkirche wird aufgehoben, der Friedhof bei der Stadtkirche aufgegeben und seitdem jener der Uffkirche benutzt.

1500 bis 1530 Um diese Zeit wird eine Karte von Württemberg gezeichnet, in der die älteste Ansicht von Cannstatt enthalten ist. Sie wird jedoch erst nach 1580 gedruckt.

1514 Aufstand des »Armen Konrad«. Der 80-jährige Vogt Konrad Vaut wird als angeblicher Verräter gefoltert und gevierteilt.

1519 Truppen des Schwäbischen Bundes in Cannstatt und Umgebung.

1524 Erstmals ein Hochwasser für Cannstatt erwähnt.

1525 Im Bauernkrieg wird Cannstatt vom Truchsess von Waldburg besetzt. Cannstatter Soldaten plündern in Pfauhausen und Unterboihingen (Wendlingen).

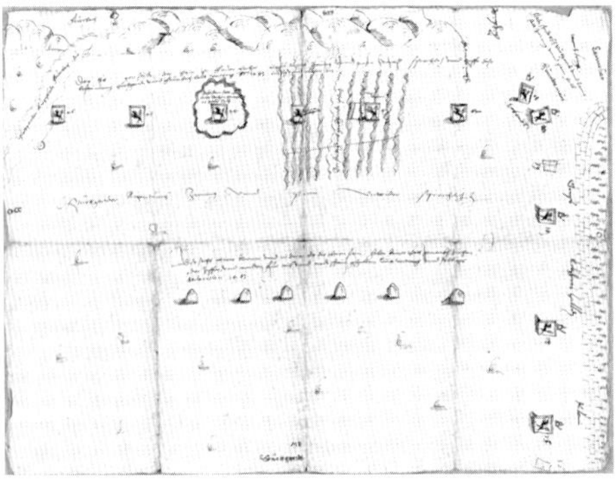

Die ältesten kartographischen Darstellungen von Cannstatter Gebiet stammen von 1559 (Berg) und 1574 (Feuerbacher Heide). Beide Male ging es um Grenzstreitigkeiten. Der hier abgebildete Plan von 1574 zeigt die Grenzsteine mit den Wappen sowie (oben in der Mitte) das strittige Gebiet.

1532 Kaiser Karl V. passiert in einer Sänfte die Neckarbrücke und bestätigt der Stadt, als der Vogt ihm auf der Brücke ein Gesuch übergibt, den Wege- und Brückenzoll erhöhen zu dürfen. Auch später verhandelt die Stadt immer wieder um die Erhöhung des Brückenzolls, der bis 1833 gezahlt werden muss.

1535/36 Reformation in Cannstatt. Die Martinskirche und neun Pfarreien werden aufgehoben, die kirchlichen Anstalten und Stiftungen dem Armenkasten zugeschlagen und der Kirchenschatz vom Herzog eingezogen. Der erste evangelische Pfarrer kommt 1537.

1538 Das Badhaus wird neu erbaut.

1546/47 Schmalkaldischer Krieg. Die Stadt muss für die evangelischen Stände ein Fähnlein stellen und wird von Spaniern besetzt.

1558 Herzog Christoph plant die Schiffbarmachung des Neckars flussaufwärts bis nach Cannstatt, doch wird der Plan nicht verwirklicht.

1559 Die älteste Augenscheinskizze von Cannstatter Gebiet bezeugt einen Grenzstreit bei Berg.

1562 Hexenverbrennung in Cannstatt.

1574 Zweitälteste Augenscheinskizze. Es geht um einen Grenzstreit auf der Feuerbacher Heide.

1585 Neben der Stadtkirche wird das Dekanathaus erbaut.

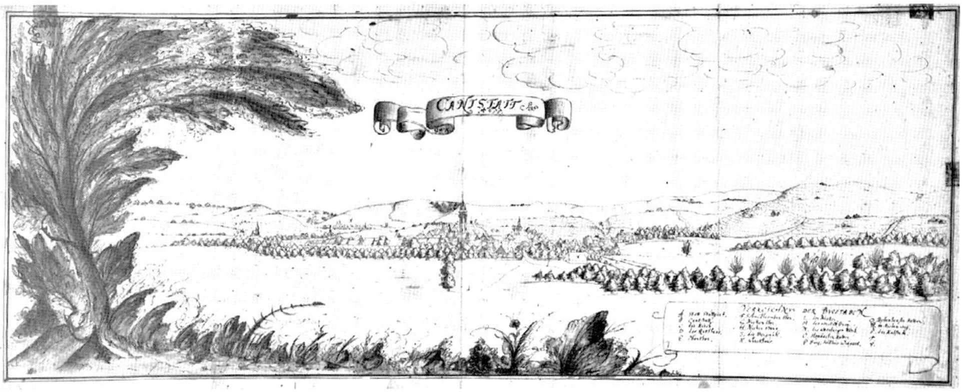

So sah Georg Wilhelm Kleinsträttl die Stadt im Jahr 1655 vom Sulzerrain aus. Halb rechts die Neckar-Vorstadt, links davor ein Werkhaus. Zwischen beiden ist der Neckar sichtbar, der nach rechts vorne fließt. Halb links die Kirche von Berg, in der Ferne Stuttgart.

1596 Bürgermeister Speidel stiftet einen Steinplattenweg zum Uffkirchhof. Reste sind noch vor der Turnhalle der Martin-Luther-Schule erhalten.

1597 Herzog Friedrich I. versucht, in Cannstatt eine Salzgewinnung aufzubauen.

1598 Erste Kartierung des Neckars ab Cannstatt durch Heinrich Schickhardt zwecks Schiffbarmachung des Flusses, die jedoch unterbleibt.

1605 Die fünf Mühlen der Stadt werden in der neu erbauten Stadtmühle zusammengefasst.

1612/13 Heinrich Schickhardt erbaut den neuen Turm der Stadtkirche.

1618 bis 1648 Dreißigjähriger Krieg. Zahlreiche Truppendurchzüge mit Plünderungen. Cannstatt erleidet allein zwischen 1634 und 1638 einen Schaden von über zehn Millionen Gulden. 1635 tritt zudem die Pest auf. Große Bevölkerungsverluste, Ländereien bleiben vielfach wüst liegen.

1638 Der Stuttgarter Hofapotheker Hans Jakob Künlen eröffnet in Cannstatt eine Filiale.

1642 Seltsame, vermutlich durch einen Vulkanausbruch verursachte Himmelserscheinungen versetzen die Cannstatter in Angst und Schrecken.

1653 Eine angebliche Hexe wird mit Schwert und Feuer gerichtet.

1655 Der Ausbau Cannstatts zu einer Festung wird geplant. Mehrere Ansichten und die beiden ältesten Pläne der Stadt entstehen. Die nächste Ortsansicht wird 1686 angefertigt.
Durch Feuer werden mehrere Häuser zerstört oder beschädigt.

1688 Im Pfälzischen Erbfolgekrieg Besetzung durch die Franzosen.

1693 Im Pfälzischen Erbfolgekrieg erleidet die Stadt schwere Schäden.

1699 G. W. Leibniz schlägt vor, Cannstatt zur Landeshauptstadt zu machen und die Universität Tübingen hierher zu verlegen.

1700 Die Stadt nimmt 400 Glaubensflüchtlinge auf. Eine reformierte Gemeinde bildet sich und hält ihren Gottesdienst zunächst im Gasthof zur Rose (Marktstraße), später im alten Rathaus (Erbsenbrunnengasse) ab. Die Flüchtlinge beginnen mit der Zucht von Seidenraupen und richten eine 1712 genannte Kattunfabrik ein.
Bei der Uffkirche wird ein Lager von Mammut-Stoßzähnen entdeckt und ausgegraben.

1709 Herzog Eberhard Ludwig versucht die Salzgewinnung. Vermutlich wird ein kleines Gradierwerk erbaut.

1712 Herzog Eberhard Ludwig lässt den Neckar flussaufwärts bis nach Cannstatt schiffbar machen. Der Verkehr wird 1713 aufgenommen. Gründung einer Schiffer-Innung.

1717 Erstes Fischerstechen in Cannstatt in Anwesenheit des herzoglichen Hofes.

1719 Schiffer und Fischer werden in einer Zunft mit einer gemeinsamen Ordnung und Sitz in Cannstatt zusammengefasst.

1736 Das Sulzbad wird ausgebaut und erhält acht Stuben zum Logieren, einen Speisesaal, sechs Badekabinen und ein gemeinsames Bad.

1743 Herzog Carl Friedrich erlaubt der Stadt, einen Kran zum Be- und Entladen der Schiffe zu erbauen, der 1744 errichtet wird.

1748 Verbesserung des Weinbaus durch Geheimrat Bilfinger, der Reben aus südlichen Ländern einführt.

1751 Ein Teil der Bürger erhebt sich mit Beschwerden gegen den Magistrat; mehrere Personen werden zu Zuchthausstrafen verurteilt, aber begnadigt.

1755 Die Fassade des Rathauses und eine Ecke des Schulhauses stürzen infolge Subrosion ein. Das ist die älteste Nachricht über unterirdische Lösungsvorgänge in Cannstatt. Auch später kommt es verschiedentlich (1957, 1983, 2000) zur Bildung von Erdfällen.

1756 Neuer Versuch der Seidenraupenzucht. Drei Bürger errichten eine Seidenfabrik.

1773 Am Sulzerrain wird eine Bohrung auf Salz begonnen. Sie führt nicht zu dem gewünschten Erfolg, erschließt aber eine Mineralquelle.

1788 Das Gewölbe der Stadtkirche wird durch Blitzschlag zerstört. Der Rest wird 1790 entfernt. Die Kirche wird erst 1858 wieder eingewölbt.

1790 Das Chausseehaus an der Pragstraße (beim heutigen Löwentor) wird erwähnt. Es muss zwischen 1771 und 1790 erbaut worden sein. Bei der Anlegung des Rosensteinparks wird es abgetragen. Über den Zustand der Straße wird ständig geklagt, immer wieder sind Ausbesserungen nötig.
Die kurmäßige Nutzung der Sulzerrainquelle beginnt.

1792 Ältester Beleg für ein Neckarbad, erbaut von Dr. Frösner.

Das von Benno Schmid gebaute Modell der Stadt, das im Stadtmuseum betrachtet werden kann, zeigt Cannstatt um das Ende des 18. Jahrhunderts.

1796 Schwerer Kampf zwischen Österreichern und Franzosen um Cannstatt, insbesondere um die Brücke. Große Schäden durch Besetzungen und Schießereien. Von Österreichern mitgeführtes Vieh bringt eine Viehseuche in die Stadt.

1798 Die Österreicher besetzen Cannstatt. Wieder tritt eine Viehseuche auf.

1800 Dr. Frösner lässt das alte Badhaus von 1538 modernisieren.

1800 bis 1815 Mehrfach Franzosen, Russen und Österreicher in Cannstatt. 1805 und 1809 Napoleon in der Stadt. Russische Gefangene der Franzosen schleppen 1806 eine schwere Krankheit ein.
Erste Fabriken sind bereits entstanden, weitere kommen hinzu, doch Cannstatt bleibt noch Agrarstadt mit vorwiegend kleinen Betrieben und großer Bedeutung des Weinbaus.

1804 Erste Garnfärberei Württembergs durch Wilhelm Zais in Cannstatt eingerichtet.

1805 In Cannstatt erscheint die erste Zeitung.

1806 König Friedrich erwirbt das Anwesen des Fabrikanten Zais (im Bereich des heutigen Wilhelma-Parkhauses) und richtet dort das Landhaus Bellevue ein, das er 1816 seiner Schwiegertochter, der späteren Königin Katharina, schenkt.

1809 bis 1811 In dieser Zeit waren in Stadt und Amt Cannstatt insgesamt 336 817 Mann einquartiert, darunter 71 Generäle und 12 975 Offiziere, ferner 195 826 Pferde.

1811 Der Abriss der Türme in der Stadtmauer beginnt mit dem Brückentor, 1812 folgt das Waiblinger Tor. Ab 1817 werden auch Teile der Mauer und die oberen Teile der weiteren Türme abgetragen. Große Hungersnot und Teuerung, die bis 1817 andauert.

1812 Die Gebrüder Stern richten eine Tabakfabrik ein.

1814 Hofrat Karl Friedrich Sick aus Stuttgart lässt die Anlage am Sulzerrain verschönern. Bemühungen um die Verbesserung der Quellen-Anlage.
120 Kinder sterben an Scharlach und Masern. 1861/62 grassieren diese erneut.

1816 Ein großes Lager von Mammut-Stoßzähnen und anderen Resten wird entdeckt. Bei der Besichtigung zieht sich König Friedrich eine Lungenentzündung zu, an der er kurz darauf stirbt. Gleichartige Funde bereits 1700 und erneut 1859.
Hungersnot

1817 Besonders hohes Neckar-Hochwasser. König und Königin verlassen ihr Landhaus Bellevue in einem Boot.
König Wilhelm I. kauft in diesem und im folgenden Jahr die Grundstücke der Cannstatter auf dem Kahlenstein (Rosenstein).

1818 Beginn der Stadtplanung für Cannstatt, zunächst für die Neckar-Vorstadt.
Dr. Frösner errichtet ein neues Badhotel, das bald zum führenden Haus in Cannstatt aufsteigt (das spätere Hotel Hermann).
König Wilhelm I. ruft das »landwirthschaftliche Fest« und das Volksfest ins Leben.

1819 Bürger bilden ein Schützencorps.
Neufassung des Brunnens und Bau eines Pavillons an der Sulzerrainquelle.
Der Exerzierplatz auf dem Wasen wird eingerichtet. Er wird später mehrmals vergrößert und wird Schauplatz großer Paraden.

1821 Gründung des Brunnenvereins, der den Ausbau Cannstatts zu einem bedeutenden Kurort wesentlich vorantreibt.
Dreifache Allee von der Stadt zum Brunnen wird gesetzt.
Überlegungen für den Neubau der Neckarbrücke beginnen.
Nach der Eröffnung der neuen Schleusen in Heilbronn gewinnt der Schiffsverkehr wieder an Bedeutung.

1822 König Wilhelm I. verlangt, ihm einen Generalbauplan für die ganze Stadt vorzulegen. Deshalb wird die Stadt im Rahmen der Landesvermessung aufgenommen. 1823 genehmigt der König den ihm vorgelegten Plan, der allerdings schon bald mehrfach geändert oder ergänzt wird.

1823 Oberhofgärtner Bosch beginnt auf dem Kahlenstein mit der Anlegung des Rosenstein-Parks.

1824 Das höchste Hochwasser seit drei Jahrhunderten überschwemmt am 29./30. Oktober die ganze Stadt.
Erste Bauordnung für Cannstatt. Sie wird 1837 neu formuliert.
Der Bau des Schlosses Rosenstein durch Giovanni Salucci beginnt.
Cannstatter Zeitung gegründet.

1825 Die erste Kelter wird abgerissen und in Stein bei der Uffkirche neu erbaut. Die zweite folgt 1844.

Erster Vorschlag zum Bau eines Hafenbeckens.
Am Sulzerrain wird ein Haus zum Füllen der Krüge mit Mineralwasser erstellt.
Der Grundstein für den von Nikolaus von Thouret entworfenen Kursaal wird gelegt.

1827 Eine jüdische Gemeinde bildet sich und errichtet eine Synagoge. Der jüdische Friedhof wird aber erst 1872/73 eingerichtet.

1828 Der steigende Schiffsverkehr macht den Bau eines neuen Lagerhauses erforderlich, weshalb das Hallgebäude an der Hallstraße errichtet wird.

1829 Ochsenwirt Linckh erwirbt die Fläche, auf der ab 1832 der Burgholzhof erbaut wird.
Dr. Heine eröffnet seine orthopädische Heilanstalt, die bis 1864 besteht.
Das Neckarknie unterhalb des Rosensteins wird verlegt.
Das Schloss Rosenstein wird fertig gestellt und 1830 eingeweiht.

1830 Von den 800 Bürgern der Stadt sind 600 Weingärtner, aber nur 100 leben in besseren Vermögens-Verhältnissen.

1831 Cannstatt wird zum Freihafen erklärt.
Eine Interimsbrücke wird erbaut, um die alte Brücke abreißen zu können.
Baubeginn auf dem Hummelgraben (Wilhelmstraße).

1832 Auf dem Seelberg wird ein städtisches Krankenhaus eröffnet. Ein Krankenhaus für Dienstboten folgt 1835.
Nachdem das Postamt 1806 geschlossen worden war, erhält Cannstatt wieder ein eigenes Postamt.

1834 Die alte hölzerne Neckarbrücke wird abgetragen. Der Bau einer neuen Brücke ganz in Stein beginnt 1835.

1835 Über dem ehemaligen Badgraben wird mit der Anlegung der Badstraße begonnen.

1836 Berg, das zum Teil zu Cannstatt gehörte, wird ganz zu Stuttgart geschlagen.
Dr. Albert Veiel eröffnet die erste Hautklinik in Deutschland. Sie bleibt bis 1935 bestehen.
Raupen des Frostspanners vernichten die gesamte Obsternte. Auch andere Schädlinge (Maikäfer, Feldmäuse) richten in diesem Jahrhundert immer wieder Schäden an.

1837 Der Kursaal wird eröffnet, aber erst 1842 fertig gestellt.
Zweiter Vorschlag für den Bau eines Hafenbeckens.
Grippe-Epidemie.

1838 König Wilhelm I. übergibt die Wilhelmsbrücke dem Verkehr.

1839 König Wilhelm I. lässt durch Ludwig Zanth das Wilhelma-Theater erbauen.

1842 Das Landhaus Bellevue wird verkauft und vom Käufer an die Badstraße versetzt.
Die Anlegung der Wilhelma im maurischen Stil durch Ludwig Zanth beginnt. Sie bleibt der ganz private Bereich des Königs. Die Eröffnung erfolgt 1846.

1844 Mineralbad beim Kursaal eingerichtet (später »Karl-Olga-Bad«, heute »Mineralbad Cannstatt«).

1845 Die erste Bahnlinie in Württemberg wird ab Cannstatt eröffnet. Bau der Eisenbahnbrücke beim Rosenstein.

1846 Große Hungersnot und Teuerung beginnt.
An der Straße nach Hofen wird ein Schlachthaus erbaut (1879 durch ein neues ersetzt).
Anlage der Seelbergstraße.
»Turnverein Cannstatt 1846« im Gasthaus zum Alten Hasen gegründet.

1847 Beim Stuttgarter »Brotkrawall« wird Cannstatt von Reiterei besetzt.
In Cannstatt wird eine Feuerwehr gegründet.

1848 Der Revolutions-Versuch erfasst auch Cannstatt. Stadträte, Stadtschultheiß und Stadtpfleger treten zurück. Eine Bürgerwehr wird gebildet. Die Hinrichtung zweier Raubmörder erfolgt unter militärischer Absicherung. Generalversammlung der württembergischen Volksvereine in Cannstatt. Die Schützengesellschaft bildet sich neu.

1850 Der erste Verschönerungsverein in Cannstatt wird ins Leben gerufen.
Erneuerung des Maienfestes.
Der Wilhelmsplatz wird angelegt.
Errichtung des von Johann Michael Knapp gestalteten Löwentors.

1851 Dreimal Hochwasser. Die Aufbauten für das Volksfest werden weggeschwemmt.
Erster katholischer Gottesdienst nach der Reformation in der Sakristei der Stadtkirche.
Telegrafen-Anstalt eröffnet.

1852 Architekt Gräser gründet das erste Gaswerk (für Leuchtgas). Es nimmt 1853 den Betrieb auf.
Das erste private Bildungs-Institut entsteht. Bis 1862 folgen drei weitere.
Die Metallwarenfabrik Cannstatt Fr. Haaga zur Herstellung von Artikeln für chirurgische und sanitäre Zwecke wird gegründet.

1853 Dr. Rühle gründet eine Heilanstalt für Gemüts- und Nervenkranke.

1854 In Cannstatt wird erstmals eine Dampfmaschine aufgestellt. Im folgenden Jahr zeigt J. F. Stoll auf der Weltausstellung in Paris eine von ihm gebaute Dampfmaschine. Korsettfabrik S. Lindauer gegründet. Die Industrialisierung Cannstatts ist voll im Gange.
An der Cholera sterben elf Personen.

1855 Die Oberamts-Sparkasse wird als erstes Geldinstitut in Cannstatt eröffnet.

1856 Erste Gewerbeausstellung im Cannstatter Kursaal, der später weitere Ausstellungen verschiedener Art folgen.
Galvanisch-magnetische Heilanstalt Dr. Theobald Kerner eingerichtet. Sie wird 1864 nach Weinsberg verlegt.

1857 Kaiser Alexander II. von Russland und Kaiser Napoleon III. von Frankreich treffen mit König Wilhelm I. zusammen. Sie besuchen gemeinsam das Volksfest.
Seuchen dezimieren den Viehbestand.

1858 Die ehemalige Martinskirche in der Neckar-Vorstadt ist wieder hergerichtet und wird als katholische Kirche geweiht.
Große Gewerbe-Ausstellung im Kursaal.

Die Zunahme des Bahnverkehrs insbesondere nach der Eröffnung der Remstalbahn 1861 machte schon bald eine Vergrößerung des Cannstatter Bahnhofs erforderlich. (Zeichnung von 1868)

Um 1860 Häufige (friedliche) Durchzüge österreichischer Bundestruppen.

1861 Eröffnung der Bahn ins Remstal.
Der Kurbetrieb belebt sich weiter und erreicht in den folgenden Jahren seinen Höhepunkt.
Die Maschinenfabriken von Hildt & Metzger und von Geiger & Hesser (ab 1862: Hesser) werden gegründet.
Bildung des Gewerbe- und Handelsvereins. Er gründet im folgenden Jahr die Handwerker-Bank und die Feierabend-Gewerbeschule.
Der König lässt die Säulenhalle im Kurpark und das Weinberghaus (an der Stelle des ersten Robert-Bosch-Krankenhauses) erbauen.

1862 Mit der neuen Gewerbe-Ordnung wird die Gewerbefreiheit eingeführt. Sie führt zur Gründung vieler Klein-Unternehmen.
Die Buntweberei, Färberei und Bleicherei Elsas & Cie und die Maschinenfabrik C. Seeger entstehen.
Erstmals wird berichtet, dass junge Engländer hier ihre Rasenspiele betreiben. Rugby, Fußball, Cricket und Tennis werden bald in Cannstatt beliebt.

1863 Bettfedernfabrik Straus & Cie siedelt sich in Cannstatt an.
Erweiterung des Bahnhofs.
Badeeinrichtungen verbessert.

1864 König Wilhelm I. stirbt auf Schloss Rosenstein.
Die Maschinenfabrik Gebr. Decker wird gegründet.
Cannstatt erhält bei der Stadtmühle eine Turnhalle.

Dr. Tritschler und Dr. Roth gründen eine gymnastisch-orthopädische Anstalt, die bis 1874 bestehen bleibt.

1865 Dr. Ebner verlegt seine orthopädische Heilanstalt nach Cannstatt, die bis 1878 bestehen bleibt. Außerdem gab es einige weitere, weniger bedeutungsvolle Institute.
Die König-Karl-Straße wird angelegt.

1866 Der Arbeiter-Bildungsverein und eine Sparkasse für Arbeiter werden gegründet.

1867 Cannstatt erhält eine Bierbrauerei.
Die Eisenbahn-Reparaturwerkstatt wird nach Cannstatt verlegt.
Gründung des Schubert-Vereins.

1868 Großer Brand zwischen Marktplatz und Spreuergasse. Auch in den folgenden Jahren gibt es mehrere gefährliche Brände.
Gebetsheilanstalt Villa Seckendorff eingerichtet.
Ferdinand Freiligrath lässt sich in Cannstatt nieder.

1869 Die Pferde-Straßenbahn von Stuttgart-Berg zur Neckar-Vorstadt wird eröffnet. Großer Bau-Boom.
Erstmals wird über die Belastung der Nachbarschaft durch Abgase diskutiert.
Sozialdemokratischer Arbeiterverein gegründet. Er schließt sich 1870 der Sozialdemokratischen Arbeiterpartei an, was als Gründung der Cannstatter SPD gilt.
In Cannstatt entsteht die methodistische Kirche.

1870 Die Eisenbahn-Reparaturwerkstatt nimmt ihren Betrieb auf. Sie wird in der Folgezeit mehrmals erweitert und bleibt bis zu ihrer Schließung einer der großen Arbeitgeber der Stadt. Am Fuß des Seelbergs entwickelt sich ein Industriegebiet. Verlagerungen von Industriebetrieben und Gründungen von auswärtigen Filialen setzen ein.
Eine Baugenossenschaft wird gegründet.
Der Krieg gegen Frankreich beginnt. Von 141 Cannstattern fallen sechs. Es bildet sich ein Sanitätsverein, ein Reservelazarett wird eingerichtet, dort und bei Dr. Ebner werden Verwundete betreut.

1871 Die Stadt beginnt, über eine bessere Wasserversorgung zu diskutieren. Es werden zunächst jedoch nur kleinere Maßnahmen ausgeführt.
Gründung der Gießerei M. Streicher.
Die Neckarschifffahrt ist praktisch erloschen. Nur vereinzelt werden noch Transporte ausgeführt.
Eine jüdische Gemeinde bildet sich. 1872 legt sie auf der Steig einen Friedhof an.

1872 Ab jetzt gelten die metrischen Maße und Gewichte.
Neues Gaswerk erstellt.
Victoria-Theater gegründet. Es geht 1875 in Konkurs. Heute steht dort der Neubau der Deutschen Post AG.
Die Schuhmachergesellen rufen zum ersten Streik in Cannstatt auf.

1873 Der Börsenkrach in Wien führt zu einer lange anhaltenden Wirtschaftskrise.
Die Fabrik für chemische und technische Produkte Gottlob Epple entsteht.
Gründung der Bürgergesellschaft.

1874 Die Handwerkerbank wird zu einer Spar- und Vorschuss-Bank nach den Grundsätzen von Schultze-Delitzsch umgebildet.
Pocken-Epidemie.

1875 Cannstatt beschließt ein Ortsbaustatut auf der Basis der Landesbauordnung von 1872.
Das Reiterstandbild König Wilhelm I. wird auf dem Wilhelmsplatz aufgestellt. 1881 wird es vor den Kursaal gesetzt.
Gründung des Evangelischen Vereins.
Als Währungseinheit wird die Mark eingeführt.

1876 Die Synagoge an der König-Karl-Straße wird eingeweiht.
Die Fabrik für Misch- und Knetmaschinen Werner & Pfleiderer, die Mechanische Gurten- und Bandweberei Gutmann & Marx und die Fabrik für Schnellpressen J. G. Mailänder entstehen.

1877 Die Spar- und Vorschuss-Bank gerät während der anhaltenden Wirtschaftskrise durch Fälschungen in Konkurs.

1878 Die Fabrik Gebr. Decker führt die elektrische Beleuchtung ein.
Die von Partikulier Schöne gestiftete Olgakrippe wird eingeweiht.

1879 Der Umschlag mit Schiffen hört auf. Das Freihafen-Magazin wurde schon 1877 zu einer Turnhalle umgebaut.

1880 Der Neckar ist zugefroren. Die Cannstatter feiern auf dem Eis ein Fest.
Die Wilhelma wird allgemein zugänglich.
An der Pragstraße entwickelt sich ein Industriegebiet. Ein Wasserwerk wird gebaut (fertiggestellt 1884).

1881 Amtmann Nast von Heilbronn wird Stadtschultheiß von Cannstatt (1885 Oberbürgermeister, 1893 persönlicher Adel, 1904 Ehrenbürger).
Das Krankenhaus des Amtes Cannstatt wird fertiggestellt. Nach dem Zweiten Weltkrieg nutzen es die US-Truppen als Hospital bis 1992.

Die Stadtmühle mit ihrem markanten Treppengiebel wird durch einen Neubau ersetzt.
Der zweite Verschönerungsverein wird gegründet.

1882 Die Fabrik für Rundwebstühle C. Terrot siedelt von Stuttgart nach Cannstatt über.
Weitere Verschönerung der Kuranlagen.
Mit dem Bau der Wasserleitung wird begonnen.

1883 Gottlieb Daimler und Wilhelm Maybach entwickeln in Cannstatt ihren ersten Motor.

1884 Eine Cholera in Frankreich führt zu lange dauernden Auseinandersetzungen Cannstatts mit Stuttgart wegen der Einleitung des sehr schmutzigen Nesenbachs, der als Abwasser-Sammler Stuttgarts oberhalb von Cannstatt in den Neckar mündet.
Die Diskussion über preisgünstige Arbeiter-Wohnungen kommt in Gang. In der Folgezeit werden erste Arbeiter-Wohnungen gebaut und Baugenossenschaften gebildet.
Cannstatt wird in das Stuttgarter Telefon-Netz einbezogen.

1885 Wilhelm Maybach konstruiert das erste Motorrad. In den Folgejahren bauen er und Gottlieb Daimler Motorwagen, Motorboot und Motorstraßenbahn.

1887 Die Stadt richtet ein Amt zur Untersuchung von Nahrungs- und Genussmitteln ein und erwirbt die Gasfabrik.
Deutsche Partei neu gegründet.

1888 Karl Wölfert startet am Seelberg mit einem Luftschiff, das von einem Daimler-Motor angetrieben wird.
Die Stadtmühle liefert Strom zu Beleuchtungszwecken. Sie ist die zweite Wasserkraft-Elektrizitäts-Zentrale in Deutschland.
Das Ortsbaustatut wird neu formuliert, wobei »lästige Anlagen« in bestimmte Gebiete gewiesen werden. Seine Vorgaben sind noch heute stellenweise im Stadtbild sichtbar.
Demokratischer Volksverein, Sozialdemokratischer Arbeiterverein, der Radfahrerverein und ein Bürgerverein entstehen.

1889 Große Parade mit Kaiser Wilhelm II. auf dem Wasen zum Jubiläum der 25-jährigen Regierung von König Karl.
Das von der Stadt erworbene Wilhelmsbad wird als Gymnasium eingerichtet. An ihm erwirbt Hermann Hesse 1893 die Mittlere Reife.

1890 Die Daimler-Motoren-Gesellschaft wird gegründet.
Der »Cannstatter Fußball-Club, Verein zur Betreibung aller Rasenspiele und des athletischen Sport« entsteht (heute Cannstatter Tennis-Club).

1891 Der vom Verschönerungsverein erbaute Aussichtsturm beim Burgholzhof wird eingeweiht.
Evangelischer Arbeiterverein gegründet.

1892 Bürgervereine der Schmidener und der Neckar-Vorstadt entstehen. Turnerbund und Fußballclub gegründet. Internationales Cricket-Turnier auf dem Wasen.

1893 Eröffnung der König-Karls-Brücke.
Gründung der Baugenossenschaft Cannstatt, die auf der Wilhelmshöhe mit dem Bau der ersten Genossenschafts-Siedlung beginnt.
Neues Dekanats-Gebäude in der Wilhelmstraße.

Cannstatt um 1896 zwischen der König-Karls-Brücke (rechts) und dem Eisenbahn-Viadukt (links). Noch erscheint die Stadt überschaubar.

1894 Ernst Kapff entdeckt das Römerkastell.
Der Bau des »Eisenbahndörfles« (Nordbahnhofstraße) wird begonnen.

1895 Die Stadt richtet ein Arbeitsvermittlungsamt ein.
Fertigstellung des Nordbahnhofs.
Der erste Cannstatter Sozialdemokrat rückt in den Landtag ein.

1896 Die 1894 begonnene Umgehungsbahn mit dem König-Wilhelm-Viadukt wird fertig gestellt.
Eine Artillerie-Einheit bezieht die neu erbaute Kaserne an der Taubenheimstraße.
Erste Süddeutsche Manometerbauanstalt Eckardt eingerichtet.
Der Verein für Krankenpflege der Barmherzigen Schwestern wird gegründet.
Gebetssaal der Evangelischen Gemeinschaft eingerichtet.

1897 Die Stadt beginnt mit dem Bau der Kanalisation.
Erstes Motor-Taxi in Cannstatt.

1898 Cannstatter Straßenbahnen GmbH gegründet. Deren erste Linie wird 1899 eröffnet.
Mit dem Bau des neuen Postgebäudes an der Stelle des Victoria-Theaters wird begonnen. Die Fassade des Theaters wird mit einbezogen.

1899 Anstelle des einstigen Karl-Olga-Bades entsteht das Städtische Mineralbad.
Die elektrische Straßenbahn nimmt den Verkehr von der König-Karls-Brücke zur Taubenheimstraße auf.
Pflasterung des Wilhelmsplatzes.

1900 Pflasterung der Marktstraße. Die pneumatische Abort-Leerung beginnt.
Weitere elektrische Straßenbahnlinien eröffnet.
Eröffnung des neuen Stadtbades.
Die im neugotischen Stil von Böklen und Feil gebaute Lutherkirche wird als erster Kirchen-Neubau seit der Reformation eingeweiht. Später folgen mit dem Wachstum der Stadt weitere evangelische Kirchen. Der Evangelische Verein eröffnet Kaffeehaus und Herberge zur Heimat.
Ende der Flößerei.

1901 Volksbibliothek eröffnet.

1903 Ein großer Brand in der Daimler'schen Motorenfabrik beschleunigt die aus Platzgründen geplante Verlegung des Werkes nach Untertürkheim.

1904 Die Zuckerfabrik wird errichtet. 1906 und 1967 entstehen dort große Brände.
Vertrag über die Vereinigung der beiden Städte Stuttgart und Cannstatt abgeschlossen.

1905 Am 1. April erfolgt die Vereinigung Cannstatts mit Stuttgart. Die Verwaltung bleibt weitgehend in Cannstatt.
Baubeginn der genossenschaftlichen Wohnsiedlung »Vatikan«.

1907 Internationaler Sozialisten-Kongress auf dem Wasen, zu dem etwa 30 000 Menschen zusammenströmen, um die führenden Sozialisten zu hören.
Mit dem Bau des Kleinen Kursaals wird begonnen.

1908 Am Fuß des Eisenbahn-Viadukts wird mit dem Bau der Hauptdampfzentrale (Kraftwerk) Münster begonnen.

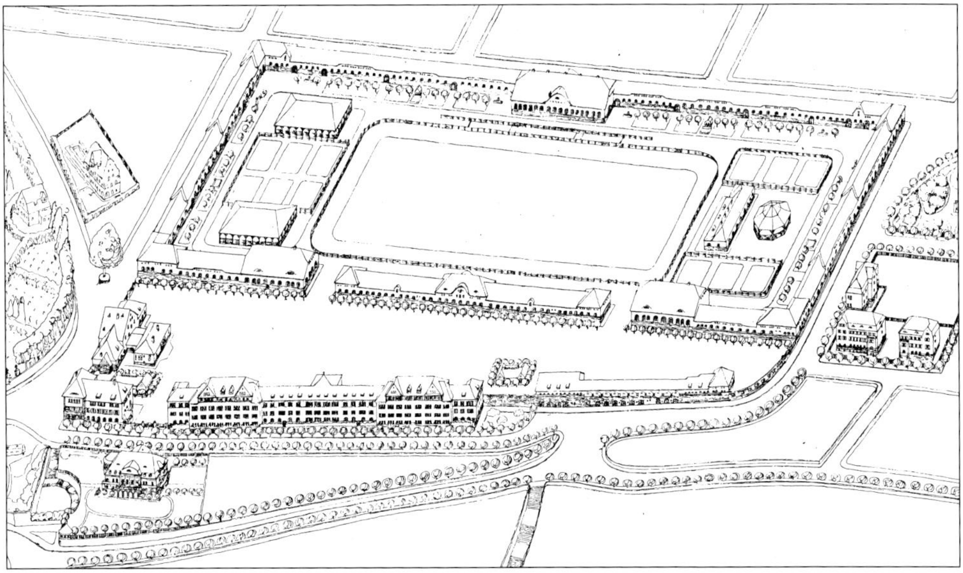

Die 1910 von den Königsdragonern bezogene Reiterkaserne im Vogelschaubild. Um den großen viereckigen Hof sind die Ställe, Reithäuser und Reitbahnen gruppiert, davor liegt der Kasernenhof, der nach vorne durch die Mannschaftsgebäude begrenzt wird. Ganz vorne links das Offizierskasino, am rechten Bildrand Wohnhäuser für Angehörige.

1909 Die Straßenbahnlinie Stuttgart–Feuerbach, die am Löwentor vorbei führt, wird eröffnet.
Die von Josef Cades im neuromanischen Stil erbaute Liebfrauenkirche wird eingeweiht. Später folgen entsprechend dem Wachstum der Stadt weitere Neubauten.
Hellmuth Hirth versucht seine ersten Flüge auf dem Wasen. Dort landet ein Parseval-Luftschiff.

1910 Ein Dragoner-Regiment bezieht die neue Kaserne auf der Steig. 1914 wird dort eine weitere Kaserne fertiggestellt.
Erstmals landet ein Zeppelin-Luftschiff auf dem Wasen.

1911 Ernst Heinkel baut sein erstes Flugzeug und startet damit auf dem Wasen.

1912 Auf dem Wasen steigen Ballone zu nationalen und internationalen Wettfahrten auf.

1913 Die Artillerie-Kaserne II ist fertiggestellt (heute Theodor-Heuss-Kaserne).
Bau der neuen Eisenbahnbrücke beim Rosenstein. Die alte Brücke wird anschließend abgerissen.

1914 Auf dem Wasen wird ein Stadion eröffnet. Es brennt wenig später ab.

1917 Der Zentralfriedhof Steinhaldenfeld wird eröffnet. Ab 1940 werden dort auch jüdische Bürger beigesetzt.
Erste Bemühungen, die Belastung durch Fabriklärm zu vermeiden.
Ab jetzt ist die Stadt an die Landeswasserversorgung (aus dem Donautal) angeschlossen.

1919 Beginn mit dem Bau städtischer Wohnungen, vor allem in der Quellenstraße, zur Milderung der Wohnungsnot.

1921 Von 1921 bis 1923 ist der Wasen Stuttgarts erster Flugplatz.

1923 Höhepunkt der Inflation. Die Rentenmark wird eingeführt, 1924 folgt die Reichsmark.

1924 Die Brauchtumsvereinigung Kübelesmarkt wird gegründet. Sie ist heute aus dem geselligen Leben der Stadt, vor allem zur Fastnachtszeit, nicht mehr wegzudenken.

1926 Die Stadt Stuttgart eröffnet die Industriebahn im Bereich Neckar-Vorstadt/ Kraftwerk Münster.

1927 Beginn des Straßen-Durchbruchs am Wartberg. Die Straße wird 1936 fertig. Der Exerzierplatz auf dem Wasen wird wegen der Neckar-Korrektion zum Burgholzhof verlegt.

1929 Die Kanalisierung des Neckars beginnt. Deshalb werden die zu niedrigen Brücken gesprengt und neu wieder aufgebaut. Bau der neuen Rosensteinbrücke.
Der von Fritz von Graevenitz gestaltete Erbsenbrunnen wird aufgestellt. Für den Jungen war der spätere Bundespräsident Richard von Weizsäcker das Modell.

1932 Auf dem Steinhaldenfeld wird mit der Anlage einer vorstädtischen Kleinsiedlung begonnen.
Im Zuge der Neckarkanalisierung wird das Cannstatter Wehr fertiggestellt. Die Kraftanlage liefert 49 Millionen Kilowatt.

1933 Die Nationalsozialisten übernehmen am 30. Januar die Regierung.
Boykott jüdischer Geschäfte durch die Nationalsozialisten.
Juden und Gegner der Nationalsozialisten (insbesondere Sozialdemokraten und Kommunisten, Gewerkschaftsführer) werden zur »Schutzhaft« in Konzentrationslager gebracht. Mehrere Kommunisten erhalten wegen Verteilung von Flugblättern Haftstrafen.
Cannstatt erhält den Titel »Bad«.
Gründung der Siedlung Sommerrain.
Das seit 1931 erbaute Stadion auf dem Wasen wird mit dem Deutschen Turnfest eröffnet.

1934 Entdeckung des ersten keltischen Fürstengrabes auf dem Steinhaldenfeld.
Im Kraftwerk Münster wird der mit der Stromerzeugung gekoppelte Fernheizbetrieb für Bad Cannstatt aufgenommen. Zunächst werden das Krankenhaus und das Schwimmbad versorgt.
Großer Plan zum Ausbau des Badebetriebs. Er scheitert an den Zeitumständen.

Oskar Paret bei der Untersuchung des Fürstengrabes II am 5. Oktober 1937

Vorübergehend gab es 1913 drei Neckarbrücken nebeneinander. Die hintere Brücke wurde nach der Fertigstellung der neuen Eisenbahnbrücke abgetragen. Der alte Tunnel ist noch erhalten.

1935 Die Flandernkaserne beim Burgholzhof wird fertiggestellt.

1936 Italiener kommen als Gastarbeiter nach Deutschland.
Erste Verdunkelungsübung.

1937 Zweites Keltengrab auf dem Steinhaldenfeld entdeckt.
Auf dem Wasen wird die Schwabenhalle, wegen des Eisenmangels in Holz erbaut und als Provisorium für eine später massiv zu errichtende Halle gedacht, von Oberbürgermeister Strölin eingeweiht.
Auf dem Gelände des ehemals königlichen Weinberghauses lässt Robert Bosch das nach ihm benannte Krankenhaus errichten, das 1940 fertiggestellt wird.
Der Einsatz von NSV-Krankenschwestern im Städtischen Krankenhaus beginnt.

1938 Die Nationalsozialisten brennen in der Nacht vom 9./10. Oktober die Synagoge nieder. Die meisten jüdischen Männer in Cannstatt werden verhaftet und in Konzentrationslager gebracht.

1939 Am 27. August beginnt die Rationierung von Lebensmitteln, am 28. August werden Reservisten zum Wehrdienst einberufen, am 1. September beginnt der Zweite Weltkrieg.
Mit dem Bau von Luftschutzbunkern wird begonnen.
Jeder Jugendliche zwischen 10 und 18 Jahren ist per Gesetz Mitglied der Hitler-Jugend.

1940 Die erste Kleingartenanlage in Cannstatt wird geschaffen.
Der Bau großer Luftschutzbunker (z. B. am Wilhelmsplatz) beginnt.

1941 Das »Kriegswohnungsbauprogramm« führt zum Bau von 500 Wohnungen im Hallschlag.
Cannstatter Juden werden von den Nationalsozialisten in Konzentrationslagern ermordet.
Infolge der verordneten »Papiereinsparmaßnahmen« (besser: »Gleichschaltungsmaßnahme«) muss die Cannstatter Zeitung ihr Erscheinen einstellen.

1942 In der Neckar-Vorstadt fallen die ersten Bomben auf Cannstatter Gebiet.

1943 Die schweren Bombenangriffe auf Cannstatt beginnen. 1942 bis 1945 wird Cannstatt zwanzigmal bombardiert. Es entstehen große Schäden an Bahnanlagen, Fabriken, Kasernen, Brücken, Wohnungen und Baudenkmälern.
Zur Bedienung der Flugzeug-Abwehrgeschütze werden jugendliche Flak-Helfer (ältere Schüler) eingesetzt.

1944 Aus den in der Heimat noch tätigen Männern, Alten und älteren Hitlerjungen wird der »Volkssturm« gebildet.

1945 Deutsche Soldaten sprengen im April fast alle noch intakten Neckar-Brücken.
Französische Truppen besetzen die Neckar-Vorstadt, amerikanische rücken in das Stadtgebiet rechts des Neckars ein. Am 4. Mai übernehmen die Franzosen auch die Stadtteile rechts des Neckars.
Am 7. Juli rücken die französischen Einheiten ab, amerikanische übernehmen am 8. Juli das gesamte Stadtgebiet.
Kurz nach Kriegsende bildet sich in Bad Cannstatt ein antifaschistisches Kampfkomitee. Es wird im Mai in einen Arbeitsausschuss umgewandelt.
Ab August bilden sich wieder politische Parteien und Gewerkschaften.
Ab dem 1. Oktober sind die Schulen wieder offen.

1946 Der Bahnverkehr Stuttgart–Bad Cannstatt ist über eine Behelfsbrücke wieder möglich.
Strenge Winter: Heizmaterial, Gas und Strom sind knapp.
Erste Gemeinderatswahl nach dem Kriege.

1948 Währungsreform mit der Einführung der Deutschen Mark. Der Schwarzmarkt hört weitgehend auf.
Die König-Karls-Brücke ist wieder hergestellt. Es folgen 1949 die Wilhelms- und die Eisenbahnbrücke. Die weiteren Verbindungen werden später neu aufgebaut.

1949 Gründung der Bundesrepublik Deutschland. Im Juni erfolgen die Wahlen zum ersten Bundestag.
Das Cannstatter Volksfest findet erstmals nach dem Krieg wieder statt.

1950 Die Rationierung der Lebensmittel wird beendet.
Der Bau der Wohnsiedlung für Amerikaner bei der ab 1948 von US-Truppen genutzten Kaserne (Robinson Barracks) auf dem Burgholzhof wird begonnen und 1957 abgeschlossen.
Beginn der Aufnahme von Tieren in die Wilhelma, die später zum Zoo ausgebaut wird.
Die Heimatvertriebenen beschließen im Kursaal die Charta von Cannstatt, in der sie für friedliche Aussöhnung eintreten.

1954 Der Camping-Platz auf dem Wasen wird eröffnet.

1955 Beginn der Anwerbung von Gastarbeitern aus den Mittelmeerländern.

1956 Nach der Fertigstellung der Schleuse bei Hofen können Schiffe bis zur Wilhelma fahren.
Gründung der Neckar-Personen-Schifffahrt Berta Epple mit Liegeplatz vor der Wilhelma.

1962 Die König-Karls-Brücke wird auf doppelte Breite ausgebaut. In der Folgezeit erhält auch die Waiblinger Straße eine größere Breite.

1965 Die Müllverbrennungsanlage wird ihrer Bestimmung übergeben.

1966 Beginn der Rebflurbereinigung in Bad Cannstatt. Sie wird 1982 abgeschlossen.

1969 Die Planung der Altstadt-Sanierung läuft an. Die Sanierung kann jedoch erst 1976 beginnen.

1970 Entstehung des Wohngebiets Muckensturm. 100 Grundstücks-Eigner bilden eine Gemeinschaft für das Gebiet »Auf der Gans«. Dort können jetzt 800 Wohnungen für 3000 Einwohner entstehen.
Das Wein- und Brezelfest wird begründet und ist fortan ein wichtiges Ereignis im Jahr.

1971 Zuckerfabrik stillgelegt.
Überlegungen zum Schutz der Heilquellen beginnen, werden aber bis zum Jahr 2001 noch nicht durch eine Rechtsverordnung abgeschlossen.
Starke Verschmutzung führt wegen Sauerstoffmangels zu einem Fischsterben im Neckar.

1972 Die Reinhold-Maier-Brücke wird fertiggestellt.

1973 Neues Robert-Bosch-Krankenhaus auf der Bergheide fertiggestellt. In das alte Gebäude zieht nach der Renovierung die Landespolizeidirektion II ein.
Die Sporthilfe Württemberg eröffnet eine Spezialklinik für Sportverletzte, die als Modell für die ganze Bundesrepublik Deutschland gilt.
Neue Bohrungen nach Mineralwasser beginnen. In der Folgezeit werden einige Brunnen erschlossen.
Eine Initiative gegen »bürgerfeindliche Stadtplanung« bildet sich (Wilhelmsplatz).

1974 Die König-Karls-Brücke wird neu erbaut.

1975 Die Brauchtumsvereinigung Kübelesmarkt begründet die Aktion Pro Alt-Cannstatt, die sich für die Erhaltung und Aufwertung der Altstadt engagiert. Seit 1981 ist sie als eigenständiger Verein tätig. Pro Alt-Cannstatt setzt sich seither für viele Projekte ein: Rettung des Klösterles, Sanierung der Brunnen, Anbringung von Gedenktafeln, Broschüre »Historischer Pfad Bad Cannstatt«, Skulptur »der Entaklemmer« zum Gedächtnis an Thaddäus Troll.

1976 Neugestaltung des Wilhelmsplatzes.
Großes Fischsterben im Neckar wegen Sauerstoffmangels infolge der anhaltenden sommerlichen Wärme.
Die Sanierung der Altstadt beginnt. Sie wird 1977 auf die Neckar-Vorstadt ausgeweitet.

1977 Letzte Teile der Taubenheim-Kaserne abgerissen.

1979 Die Marktstraße wird mit ihren Nachbargassen Fußgängerzone und unter Denkmalschutz gestellt.
Mit dem Bau des Wohngebiets »Auf der Gans« wird begonnen.

1980 Bad Cannstatt erhält eine Mess-Station zur Luftüberwachung.
Die Bundespost übernimmt das Gelände der früheren Firma Hesser. Die bis dahin größte Umwandlung eines Fabrikgeländes zu einem Dienstleistungszentrum beginnt.
Die Obere Ziegelei stellt die Produktion ein; das Gelände wird ab 1996 mit Wohnungen bebaut.

1982 Internationale Tage zur Begegnung deutscher und ausländischer Mitbürger. Sie werden bis 1990 durchgeführt.
Der Steinbruch Lauster wird wegen der vorgeschichtlichen Funde im Travertin zum Grabungsschutzgebiet erklärt.

1983 Die Hanns-Martin-Schleyer-Halle ist fertig. Sie kann bis zu 10 000 Zuschauer aufnehmen.

1984 Die Mineralquellen sind mit Schadstoffen belastet. Das macht Abhilfe-Maßnahmen nötig.
Das letzte Kino in Bad Cannstatt schließt.
Das Fischerstechen wird wieder aufgenommen.

1985 Das Museum am Löwentor des Staatlichen Naturkunde-Museums wird eröffnet. In ihm werden hervorragende Versteinerungen vorgestellt.
Die Gebäude nahe beim Pragsattel werden für die Internationale Gartenbau-Ausstellung abgerissen. Das Gartenbauamt beginnt (zum Teil auf Cannstatter Gemarkung), das »Grüne U« anzulegen.

1987 Die Abfüllanlage der Mineralbrunnen schließt.
Der Aussichtsturm auf dem Burgholzhof ist renoviert und kann wieder bestiegen werden.
Die Eisenbahn-Reparaturwerkstatt wird geschlossen. 1989 übernimmt Daimler-Benz das Werk und baut dort ein Motorenwerk.

1988 Als moderne Neubauten werden der Komplex der Telekom an der Nauheimer Straße, das »Neue Rathaus«, die König-Karls-Passage und das Parkhaus Mühlgrün fertiggestellt.
Der Bahnhof Cannstatt wird ab jetzt vom Bahnhof Untertürkheim aus verwaltet.
Die Beseitigung von »Altlasten« ist in Cannstatt längst zu einer dringlichen Aufgabe geworden.

1991 Beginn mit Maßnahmen zur Renaturierung des Neckar-Ufers. Der Gedanke »Stadt am Fluss« kommt auf.

1992 Im Zuge der Entspannungspolitik beginnen die Amerikaner, die von ihnen genutzten Kasernen freizugeben.
Der letzte selbständige Bäcker in der Altstadt gibt auf.

1993 »Internationale Gartenbauausstellung '93.« Für sie wurden die Grünanlagen großenteils neu gestaltet.
Leichtathletik-Weltmeisterschaft im Gottlieb-Daimler-Stadion.
Die Stadtmühle stellt den Betrieb ein. Sie wird später vom Evangelischen Verein erworben und zu Senioren-Wohnungen umgebaut.

An der Stelle der Taubenheim-Kaserne stehen heute moderne Gebäude des Dienstleistungssektors, etwa das Landeskriminalamt.

Das Gewerbegebiet Zuckerfabrik wird bezogen.

1994 Die neue Straßenbrücke im Zuge der Bundestraße 14 vom linken Neckarufer über den Güterbahnhof nach Fellbach wird fertig.

1997 Der Bus-Betriebshof der Stuttgarter Straßenbahnen wird von Bad Cannstatt nach Gaisburg verlegt.

1999 Mit der Enstehung des Felgerhofs wird die Stadtsanierung abgeschlossen. In 25 Jahren wurden dafür insgesamt 44 Millionen Mark ausgegeben.

2000 Der Anteil der Ausländer in Bad Cannstatt beträgt 30,2 Prozent. An der Spitze stehen Türken mit 4468 Personen, gefolgt von Griechen.

Im Mai bildet sich infolge Subrosion an der Ihmlingstraße ein Erdfall, wie es in Cannstatt früher schon häufiger geschehen ist.
Die schwierige Beseitigung der Altlast auf dem Epple-Areal beginnt.

2002 Die Deutsche Mark wird durch den Euro abgelöst.
Angesichts der Attentate in New York am 11. September 2001 wird das amerikanische Quartier auf dem Burgholzhof vorsorglich mit einem zwei Meter hohen Zaun eingefasst.
Am 24. April wird der unter Neugereut und Steinhaldenfeld verlaufende, 2735 Meter lange Zuckerbergstollen, neben dem 85 Jahre alten ersten Stollen die künftige »Hauptschlagader« des Stuttgarter Abwassernetzes, durchgeschlagen. Die zum Hauptklärwerk führende Leitung soll auch Regenwasser abführen und damit helfen, den Neckar sauberer zu machen.
Die Umgestaltung des Wilhelmsplatzes zur Verbesserung der Verkehrsverhältnisse und der Bau der Stadtbahn nach Neugereut werden vollendet.

Ansprechende moderne Architektur kennzeichnet viele der neuen Industriebauten wie hier am Wolfersberg.

Verzeichnis der verwendeten Literatur und Quellen

Verwendete Literatur

Abkürzungen:
HStAS – Hauptstaatsarchiv Stuttgart
OA – Beschreibung des Oberamts
PrA – Pressearchiv
RBl – Königlich württembergisches Staats- und Regierungsblatt
SK – Schwäbische Kronik
StA – Stuttgart Archiv
StAL – Staatsarchiv Ludwigsburg
StAS – Stadtarchiv Stuttgart
StN – Stuttgarter Nachrichten
StZ – Stuttgarter Zeitung
VASS – Veröffentlichungen des Archivs der Stadt Stuttgart
WUB – Württ. Urkundenbuch
W. Jb. – Württembergische Jahrbücher für Statistik Landeskunde
ZWLG – Zeitschrift für württembergische Landesgeschichte

Adam, K. D., W. Reiff u. E. Wagner: Zeugnisse des Urmenschen aus den Cannstatter Sauerwasserkalken. Fundber. Bad.-Württ. 11, 1986, S. 1–100

Adreß- und Geschäftsbuch der Stadt Cannstatt, 1876 ff. (In 1904 auch S. VII–XV)

Adressbücher der Stadt/Landeshauptstadt Stuttgart 1900–1912, 1942, 2001

AGENDA, Beratungsbüro für Stadt- und Regionalentwicklung: Markt- und Standortanalyse für Bad Cannstatt. Arbeitspapiere zur Stadtentwicklungsplanung, 2001

Aldinger, V. u. K. Knoblich: Der Baugrund von Stuttgart. Erläuterungen zum Baugrundkartenwerk. Hg. Stadtmessungsamt, 1968

Amtsblatt der Landeshauptstadt Stuttgart: wie in den Anmerkungen angegeben

Apostelkranz Cannstatt: Zur Feier des 50jährigen Jubiläums, 1905

Arbeitsgemeinschaft hauptamtlicher Archivare im Städtetag Baden-Württemberg (Hg.): Revolution im Südwesten. 2. Aufl., 1998

Back, N. und andere: Der Flughafen Stuttgart 1937–1992, 1993

Bader, E.: Geschichte des Bergbaus und der Steinbrüche in Stuttgart. Veröff. Württ. Landesstelle f. Naturschutz 16, 1940

Bardua, H.: Stuttgart im Luftkrieg 1939–1945. VASS 35, 1967

Bassler, S. (Hg.): Mit uns für die Freiheit. 100 Jahre SPD in Stuttgart, 1987

Bauer, W. in: Festschrift 60 Jahre Kreisverband der Obst- und Gartenbauvereine Stuttgart e. V., 1987, S. 27–29

Baumann, S.: In den Vereinen vereint. In: H. O. Stroheker, 1979, S. 123–127

Beck, C. H.: Cannstatter Chronik über die zweite Hälfte des XIX. Jahrhunderts, 1900

Biel, J.: Der Keltenfürst von Hochdorf, 1985

Boelcke, W. A.: Wirtschaftsgeschichte Baden-Württembergs von den Römern bis heute, 1987

Boelcke, W.: Industrieller Aufstieg im mittleren Neckarraum zwischen Konjunktur und Krise. ZWLG 43, 1984, S. 287–326

Boldt, W.: Die württembergischen Volksvereine von 1848–1852, 1970

Bongartz, N.: Jahrzehntelang hart am Abbruch vorbei. Das »Klösterle« in Stuttgart-Bad Cannstatt. Denkmalpflege in Baden-Württemberg 15, H. 1, 1986, S. 17–24

Borcherdt, Ch.: Geschäftszentren im Stuttgarter Stadtgebiet. In: Wechselwirkungen, Jb. Univ. Stuttgart 1982, S. 37–47

Borst, O.: Stuttgart. Die Geschichte der Stadt. 3. Aufl., 1986

Bräuhäuser, M.: Das Landschaftsbild Stuttgart. Eine naturwissenschaftliche Betrachtung. Der Schwäb. Bund 1, 1919/20, S. 202–217

Brunner, H.: Geologische Karte von Baden-Württemberg 1 : 50 000, Erläuterungen zum Blatt Stuttgart und Umgebung. 6. Aufl., 1998

Bürkle, F.: Der Neckar und Freiberg im Wandel der Zeit, 1989

Carlé, W.: Salinenversuche an den Mineralquellen von Cannstatt. ZWLG 20, 1961, S. 199–221

Cast, J. F.: Der Kurort Cannstatt, seine Heilquellen und Umgebungen, 1836
Christlein, R.: Die Alamannen. Archäologie eines lebendigen Volkes, 1978
Chronik der Stadt Stuttgart. 1913ff. (verschiedene Autoren). VASS (viele Bände)
Chronik zum 150jährigen Jubiläum der Schützengilde Cannstatt 1818 e. V., 1998
Daiber, O.: Beschreibung und Geschichte der Stadt Cannstatt. 2 Teile, 1878
Decker-Hauff, H.: Geschichte der Stadt Stuttgart. Band I. Von der Frühzeit bis zur Reformation, 1966
Decker-Hauff, H.: »Cannstatt ist an seiner früheren Bedeutung hängen geblieben«. Amtsblatt Stuttgart 8. 1. 1981, S. 4f.
Doelker, H.: Flurnamen der Stadt Stuttgart, 1933
Ebner, H.: Album von Cannstatt und Umgebung, 1868
Ehmer, H.: Une fort médiocre campagne. Der Feldzug des Dauphin in Württemberg im Sommer 1693. In: G. Fritz (Red.): Der Franzoseneinfall 1693 in Südwestdeutschland, 1995, S. 51–75
Elias, O.-H.: Zwischen Politik und Kunst. König Wilhelm I. von Württemberg als Landesherr. Beitr. z. Landesk., 1955, Nr. 4, S. 1–8
Ernst, A.: Verwüstet und entvölkert. Der Dreißigjährige Krieg in Württemberg. (Katalog), 1998
ETZ – Elektrotechnische Zeitschrift 16, 1895, S. 223
Filtzinger, Ph. u. D. Planck: Die Römer in Baden-Württemberg, 1970
Frank, M.: Die natürlichen Bausteine und Gesteinsbaustoffe Württembergs, 1944
Frank, M.: Maßnahmen zum Schutze der Mineralquellen beim Schleusenbau in Stuttgart-Bad Cannstatt. Jh. Geol. Landesamt Bad.-Württ. 3, 1958, S. 361–388
Frischlin, J.: Vom Ursprung und altem Herkommen und Erbauung der Stadt Cannstatt. Nach 1611. HStAS A 335 W Bü 15 fasc. 1
Gaisser, F. C.: Bad Cannstatt vor 100 Jahren. W. Jb. 1934/35, S. 137–147
Gerhardt, O.: Cannstatt vor hundert Jahren, 1905
Gerhardt, O.: Stuttgarts Kleinod. Die Geschichte des Schloßgartens, Rosensteins sowie der Wilhelma, 1936
Glass, Chr.: Unterwegs mit Lasten: Frachtfuhrleute und Landboten. Beitr. Volksk. Bad.-Württ. 4, 1991, S. 89–105
Goeßler, P.: Vor- und Frühgeschichte von Stuttgart-Cannstatt, 1921
v. d. Goltz, R.: Stuttgart-Bad Cannstatt, Erneuerung der Altstadt, Städtebaulicher Rahmenplan Altstadt, 1976
Götz, H.: »Den Neckher schiffreich zu machen von Helbrun biß gen Canstat«. Mitt. Versch.-Ver. Stuttgart 14, 1941, H. 1, S. 11–19
Graeter, K.: Der Neckar, 1977
Greither, A.: Die Dermatologen-Dynastie der Veiel. Der Hautarzt 15, 1964, S. 197–201
Griesinger, C. Th.: Humoristische Bilder aus Schwaben, 1844, S. 194–206
Grotz, R.: Entwicklung, Struktur und Dynamik der Industrie im Wirtschaftsraum Stuttgart, 1971
Haeberle, K. E.: Stuttgart und die Elektrizität. Hg. Technische Werke Stuttgart, 1983
Hagel, J.: Stadtwachstum und Umweltveränderung im Wandel der Zeit. Stuttg. Geogr. Stud. 93, 1979, S. 25
Hagel, J.: Stuttgart im Spiegel alter Karten und Pläne. (Katalog) 1984
Hagel, J.: Stuttgart vor 125 Jahren, 1986
Hagel, J.: Mensch und Wasser in der Geschichte. (Katalog) 1989
Hagel, J.: Esslingens Straßenbauprobleme zwischen Weil und Hedelfingen um 1740. Esslinger Studien, Zs. 28, 1989, S. 143–161
Hagel, J.: Vom Weinbauort zum Industriestandort. Die Entwicklung Feuerbachs von 1850 bis zum Ersten Weltkrieg. VASS 53, 1991
Hagel, J.: Vom Garten der Frau von Mailand zur IGA '93. In: Stuttgart – Das grüne Erlebnis, 1993, S. 19ff.
Hagel, J.: Zur Geschichte der Verschönerungsvereine in Südwestdeutschland. Schr. Versch.-Ver. Stuttgart 1, 1994
Hagel, J.: So soll es seyn. Königliche Randbemerkungen Befehle zur Stadtgestaltung in Stuttgart. VASS 70, 1996
Hagel, J.: Naturkatastrophen im Stuttgarter Raum. ZWLG 57, 1998, S. 65–107
Hagel, J.: Saurier, Pest und Brotkrawall, 1999
Hagel, J.: Maskenfest und Mammutzähne, 2000
Hagel, J.: Mensch und Natur im Stuttgarter Raum, 2001

Hagel, J.: Zur Geschichte der Wiesenbewässerung im Stuttgarter Raum. ZWLG 62, 2003 (im Druck)
Hahn, J.: Friedhöfe in Stuttgart, 4. Band: Steigfriedhof Bad Cannstatt, Israelitischer Teil. VASS 60, 1995
Hammer, F.: Theodor Veiel. Dermatol. Wochenschr. 77, 1923, S. 1335f.
Harling, R. u. M. Warth: Schloß und Park Rosenstein. Stuttg. Beitr. z. Naturk. C 34, 1993
Hartmann, J.: Die älteste württembergische Landesbeschreibung. Vierteljahreshefte VII, 1884, S. 125–129
Hartmann, J. E.: Stuttgarts Gegenwart. 1847, S. 101ff.
Hartmann, J. E.: Stuttgarts romantische Umgebungen, 1847
Heimann, H.: Die Neckarschiffer, I. Diss. Heidelberg, 1907
Heineken, Ph.: Die beliebtesten Rasenspiele, 1893
Heinkel, E.: Stürmisches Leben. Hg. Jürgen Thorwald, o. J.
Heiss, L.: Hirth, Vater, Hellmuth, Wolf, 1949
Hiller, M. P. (Hg.): Stuttgart im Zweiten Weltkrieg, 1989
Jauch, D.: Vom Märchenschloß aus Tausendundeiner Nacht zum modernen zoologischbotanischen Garten: die Wilhelma. Unveröff. Ms.
Kirsch, P.: Arbeiterwohnsiedlungen im Königreich Württemberg in der Zeit vom 19. Jahrhundert bis zum Ende des Ersten Weltkrieges. Tübinger Geogr. Stud. 84, 1982
Klos, H.-B.: Land und Leute. In: H. O. Stroheker (Hg.), 1979, S. 16–19
Koch, P.-A. u. G. Satlow: Großes Textil-Lexikon. Bd. 1, 1965
Köhler, K.: Entstehung und Entwicklung der Posten, der Postkurse und Poststellen in Württemberg. W. Jb. 1932/33, S. 93–103
Königlich württembergisches Staats- und Regierungsblatt: wie jeweils angegeben
Das Königreich Württemberg. 2. Aufl., 1884, II1, S. 827
Korbmacher, R.: Chronik der Stuttgarter Wohnungs- und Siedlungsgesellschaft mbH 1933–1983 (Vervielfältigtes Manuskript)
Krankenhaus Bad Cannstatt. 100 Jahre. VASS 32, 1981
Krehl, H. & Partner: Stuttgart-Bad Cannstatt, Erneuerung der Altstadt, Vorbereitende Untersuchungen. 1. Bericht, Ergebnis der Bestandsaufnahme 1973/74, 1974
Krenkler, G.: Kleingärten in Stuttgart – eine sozialgeographische Untersuchung. Wiss. Arbeit f. d. Staatsexamen, Geogr. Inst. Univ. Stuttgart, 1976
Kreuzberger, G.: Fabrikbauten in Stuttgart. VASS 59, 1993
Kugler, H.: Das Cannstatter Klösterle. Schwäbische Heimat 36, 1985, H. 1, S. 2–7
Küster, H.: Geschichte der Landschaft in Mitteleuropa. Von der Eiszeit bis zur Gegenwart, 1999
Landeshauptstadt Stuttgart (Hg.): Ausländische Einwohner in Stuttgart, 1979
Leisinger: Albert Friedrich Veiel. In: Württ. Bildersaal 1 (Württ. Volksbilder, Abt. 1), 1859, Nachtrag S. 41–48
Ling, H.: Die Stadt als Wohnungserbauer. In: F. Elsas, Stuttgart, Das Buch der Stadt, 1925, S. 63–69
Losch, H.: Die Ergebnisse der Volkszählung vom 1. Dezember 1900. W. Jb. 1902, S. 45–244
Maier, B.: Die Kelten. Ihre Geschichte von den Anfängen bis zur Gegenwart, 2000
Mauer, W.: Die Kaiserlich Thurn- und Taxissche Reichspost zu Cannstatt und ihre Postmeister und Posthalter. Postgeschichtl. Bl. aus Württ. 1967, Nr. 12, S. 18–24
Maurer, H.-M.: Die landesherrliche Burg in Wirtemberg im 15. und 16. Jahrhundert. Diss. Tübingen, 1956
Memminger, J. D. G.: Canstatt und seine Umgebung, 1812
Meroth, P.: StZ 23. 7. 1983, S. 27
Mönch, W.: Mehrere Beiträge im StA, Blätter 01072, 01086, 02106, 04108, 04109, 04110, 04119
Mönch, W.: Stuttgarter Kasernen im 20. Jahrhundert. (Unveröff. Manuskr.), 2001
Müller, E.: † Theodor Veiel. Mediz. Korrespondenzbl. Württ. 4, 1923, S. 101f.
Müller, K. O.: Altwürtt. Urbare aus der Zeit Graf Eberhards d. Greiners, 1934
Müller, R.: Stuttgart zur Zeit des Nationalsozialismus, 1988
Niederich, N.: Stadtentwicklung und Nahverkehr. Stuttgart und seine Straßenbahnen 1868 bis 1918. VASS 79, 1998, S. 267ff.
Niemann, H.: Maybach. Der Vater des Mercedes, 2000

OA – Beschreibung des Oberamts
OA Cannstatt, 1832. – 2. Ausgabe 1895. (Abgekürzt OA Ca)
OA Esslingen (o. J.)
OA Ludwigsburg, 1859
OA Stuttgart, 1851
Oberpostdirektion Stuttgart, Referat 52P (Hg.): Verwaltungszentrum der Deutschen Bundespost Stuttgart-Bad Cannstatt Nauheimer Straße 98–101, 1988
Ohnewald, M.: Krater beschert Hausbewohnern schlaflose Nächte. StZ 15. 5. 2000
Paret, O.: Das Fürstengrab der Hallstattzeit von Bad Cannstatt. Fundber. Schwaben N. F. VIII, 1935, Anhang 1
Paret, O.: Berichte in Fundber. Schwaben, N. F. V–VII 1931–1932; VIII 1935, S. 25f., 52; IX 1938, S. 55ff., 81f.
Paret, O.: Groß-Stuttgart in vorgeschichtlicher Zeit, 1949
Paul, K. In: 50 Jahre Gemeinschaft der Gartenfreunde Bad Cannstatt e. V, 1990
Paulus, E.: Die Kunst- und Altertumsdenkmale im Königreiche Württemberg, 1889
Paulys Real-Encyclopädie der classischen Altertumswissenschaft 3, 1899, Sp. 882f.
Pfaff, K.: Geschichte der Stadt Stuttgart. Zwei Bände, 1845/46
Pfaff, K.: Beiträge zur Geschichte des Straßenbaus in Württemberg. W. Jb. 1859, II, S. 89–128
Pfaff, K.: Geschichte der Neckarschiffahrt in Württemberg bis zum Anfang des 19. Jahrhunderts. W. Jb. 1859, II, S. 129–138
Plieninger, Th.: Die artesischen Brunnen in Württemberg. Corr.-bl. Kgl. W. Landw. Ver. NF II/1, 1833, S. 151–183; IV, 1834/2, S. 25–56 (hier S. 154–161 bzw. 37–44 und Tafel)
Räntzsch, A. M.: Stuttgart und seine Eisenbahnen, 1987
Reyscher, A. L.: Vollständige, historisch und kritisch bearbeitete Sammlung der württembergischen Gesetze 13, 1842, S. 1028f.
Rilling, A.: Cannstatt seit 6000 Jahren, 1967
Ruddies, A.: Einheitlich konzipierte Wohnsiedlungen in Stuttgart. Geogr. Inst. Univ. Stuttgart, Materialien 11, 1982
Sattler, Chr. Fr.: Geschichte des Herzogthums Würtemberg unter den Graven. 3. Forts. 1768, S. 52f. + Beil. 36
Sauer, P.: Dokumente über die Verfolgung der jüdischen Bürger in Baden-Württemberg durch das nationalsozialistische Regime 1933–1945. Veröff. Staatl. Archivverw. 16–17, 1966(a)
Sauer, P.: Die jüdischen Gemeinden in Württemberg und Hohenzollern. Veröff. Staatl. Archivverw. 18, 1966(b)
Sauer, P.: Die Schicksale der jüdischen Bürger Baden-Württembergs während der nationalsozialistischen Verfolgungszeit 1933–1945. Veröff. Staatl. Archivverw. 20, 1969
Sauer, P.: Revolution und Volksbewaffnung, 1976
Sauer, P.: Kriegsende, Besatzungsherrschaft, demokratischer Neubeginn. Stuttgart und Südwestdeutschland in den Jahren 1945 bis 1947, 1995
Sauer, P.: Die Demokratisierung des kommunalen Lebens nach 1945 in Stuttgart, 1996
Schleuning, H. (Hg.): Stuttgart-Handbuch, 1985
Schmid, M.: 250 000 Jahre Cannstatter Geschichte, 1989
Schneider, E.: Ausgewählte Urkunden zur Württembergischen Geschichte. Württ. Geschichtsquellen 11, 1911
Schnizer, [O.] & [W.] König: Heimatkunde von Stadt und Bezirk Cannstatt, 1913
Schöchle, A.: Das Schlitzohr. Bekenntnisse eines leidenschaftlichen Gärtners und Tierfreunds, 1981
Schön, Th.: Geschichte Cannstatts als Bad bis zum Tode Königs Friedrichs. Mitt. Altertumsver. Cannstatt 5, 1898
Schukraft, H.: Beitrag im StA, Blatt 04105
Schulz, E. v.: Die Wilhelma in Stuttgart. Diss. Tübingen, 1974
Schwäbische Kronik: Wie jeweils in den Anmerkungen angegeben
Schweizer, E.: Zwischen Selbstbestimmung und Weltentsagung. Beginen im Cannstatter Klösterle. In Stuttgarter Frauenmuseum e. V.: Stuttgart für Frauen, 1992, S. 157–164
Schwelin, N.: Württembergische kleine Chronica, 1660
Seidel, K.: Der Weg der ersten Eisenbahn. In: Erinnerungen an die Schwäbische Eisenbahn 2, 1985, S. 6–66
SSB – Kreuzweise durch Stuttgart. Über Berg und Tal Nr. 3/2001, S. 24–25 (Industriebahn)
S-r: Die Königsdragonerkaserne in Stuttgart-Cannstatt. Bauzeitung für Württ. 7, 1910, S. 309–312, 317–319

Stroheker, H. O. u. G. Willmann: Cannstatter Volksfest, 1978
Stroheker, H. O. (Hg.): Cannstatter Zeiten (unsere Stadt zu ehren), 1979
Stroheker, H. O.: Cannstatt und die Eisenbahn. In: Erinnerungen an die Schwäbische Eisenbahn 2, 1985a, S. 67–77
Stroheker, H. O.: Der Veielbrunnen am Fuße des Seelbergs. Cannstatter Volksbank, Geschäftbericht 1985b, S. 6–13
Stroheker, H. O.: Die Badestadt Cannstatt zur Zeit Dr. Heinrich Ebner's und was davon blieb. Beilage zu H. Ebner: Album von Cannstatt und Umgebung, 1868, Nachdruck 1985c
Stroheker, H. O.: Fasnet und Brauchtum in Bad Cannstatt. In: 1925–1985, 60 Jahre Kübelesmarkt, 1975d
Stroheker, H. O.: Technische Begabung als Grundlage des Erfolgs. Mitt. IHK Mittlerer Neckar 1/1986a, S. 13–16
Stroheker, H. O.: 125 Jahre Gewerbe- und Handelsverein Bad Cannstatt. Cannstatter Kanne Frühjahr 1986b
Stroheker, H. O. u. K. Wagner: Streifzüge durch Cannstatt, 1986
Stroheker, H. O. u. H. Betsch: Historischer Pfad Bad Cannstatt, 1999
Ströhmfeld, G.: Führer durch Cannstatt und Umgebung, 1896
Strölin, K.: Stuttgart im Endstadium des Krieges, 1950
Stuttgart Archiv. Loseblatt-Sammlung, 1989–1996
Stuttgarter Nachrichten: 10. 8. 1988
Stuttgarter Zeitung: Wie jeweils in den Anmerkungen angegeben
Tritschler, J. C. B.: Cannstatts Mineralquellen und Bäder, 1834
Troll, T.: Jugendtage in Cannstatt. In: H. O. Stroheker (Hg.), 1979, S. 8–15
Ufrecht, W. u. G. Einsele (Hg.): Das Stuttgarter Mineralwasser – Herkunft und Genese. Schriftenr. Amt f. Umweltschutz Stuttgart 1/1998
Uhland, R.: Die Anfänge der Industrie. In: H. O. Stroheker, 1979, S. 51–61
Vietzen, H. u. K. Hetschel: Bad Cannstatt und sein Volksfest im Wandel der Zeit, 1968
Vogelmann, L.: Geschichte von Münster a. N., 1965
Walter, E. u. Th. Pfündel: Cannstatter Wasen. Schauplatz der Geschichte. Amtsblatt-Beilage 24. 7. 1986
Wein, G.: Die mittelalterlichen Burgen im Gebiet der Stadt Stuttgart. 2. Band: Die Burgen in den Stadtteilen. VASS 21, 1971
Werner, F.: Alte Stadt mit neuem Leben. Architekturkritische Gänge durch Stuttgart, 1976, S. 107–134
Wied, Fr.: im Amtsblatt Stuttgart 30. 7. 1981
Württ. Urkundenbuch I, 1849, S. 2
Würtz, L.: Die geschichtliche Entwicklung des Straßennetzes in Baden-Württemberg, 1970
Zahnenbenz, G.: Stuttgart als Industriestandort 1850–1982. Diss. Univ. Hohenheim, 1984
Zanth, K.: Die Wilhelma. Maurische Villa seiner Majestät des Königs, 1855
Zelzer, M.: Weg und Schicksal der Stuttgarter Juden, 1964
Zelzer, M.: Stuttgart unterm Hakenkreuz. 2. Aufl, 1984
Zimmermann, W.: Heilbronn. Der Neckar, 1985
150 Jahre Kursaal. Beilage Amtsblatt Stuttgart 11. 6. 1987
150 Jahre Cannstatter Kursaal. Sonderbeilage Cannstatter Zeitung 16. 6. 1987

Benutzte Quellen

StAS – Stadtarchiv Stuttgart

Cannstatt 1022: Satzungen, Prospekte etc. des Brunnenvereins 1821–1934
Cannstatt 2410/10: Fassung der Mineralquellen 1819/20
Cannstatt 2410/13: Badeplätze am Neckar 1822–1852
Cannstatt 2414/2: Brückenbau 1570–1785
Cannstatt 2115: Brückenbau 1803–1871, 1924–1929
Cannstatt 2416/8: Unterhaltung der Straße auf der Prag 1728–1771
Cannstatt 2420/6: Beschaffung neuen Trinkwassers 1857–1876
Cannstatt 2434/3: Schädlinge 1822–1846
Cannstatt 2440/9: Wiesenwässerung 1505
Cannstatt 2441/10: Vogteiwald 1775
Cannstatt 2441/31: Spitalwald 1661
Cannstatt 2442/4: Versteinung der Waldungen 1683–1795

Cannstatt 2442/7: Verkauf am Frauenkopf 1827
Cannstatt 2446/8: Wiesenwässerung 1538
Cannstatt 2448/9: Weg- und Brückenzoll 1465–1749
Cannstatt 2450: Ortsbaustatute 1875 + 1888
Cannstatt 2520/1: Arbeiterwohnungen 1884–1904
Cannstatt 2577/1: Wegen Hochwassers freizuhaltende Flächen 1875–1881
Cannstatt 2579/2: Einleitung von Schmutzwasser in den Neckar 1884–1903
Cannstatt 2580/1: desgleichen 1875–1901
Cannstatt 2586/3: Eissee im Wartberg 1870–1896
Cannstatt 2615: Vereinigung von Cannstatt mit Stuttgart
PrA – Pressearchiv: Wie in den Anmerkungen jeweils angegeben

HStAS – Hauptstaatsarchiv Stuttgart
A 202 Bü 2068: Schäden 1634–1638
A 202 Bü 2820–2821: Himmelserscheinungen 1639–1683
A 206 Bü 1414–1415: Wiesenwässerung bei Berg 1574–1584 bzw. 1641–1657
A 206 Bü 1429: Umzug des Vogts nach Münster 1564
A 206 Bü 1431: Übermäßiges Trinken aus Zehntfässern 1566
A 206 Bü 1452: Umzug des Vogts nach Münster 1611
A 206 Bü 1483: Bestrafung wegen Aufspielens und Tanzens 1650
A 206 Bü 1672: Kirche der Waldenser 1718
A 247 Bü 151: Prager Straße 1767–1768
A 247 Bü 207: Alte Brücken
A 247 Bü 429: Pragstraße 1790–1798
A 248 Bü 2506: Errichtung eines Krans und Lagerhauses in Cannstatt 1739–1805
A 249 Bü 278: Bezahlung für Prager Straße 1737
A 249 Bü 517: Unterhaltung der Prager Straße 1715–1729
A 249 Bü 518: Cannstatter Gemeindebrücken, -wege und -stege 1570–1726
A 249 Bü 2451: Herstellung der Prager Straße 1702–1723
A 249 Bü 2452/1: Unterhaltung der Straßen bei Stuttgart 1701–1715
A 335 L Bü 3: Prozesse der Stadt Cannstatt 1562–1668 (mit Kopien älterer Schriftstücke)
A 335 L Bü 27: Neckarbad 1792 u. 1802
A 335 W Bü 2: Zerstörung der Schlösser Wernau und Unterboihingen durch Cannstatter 1525
A 335 W Bü 11 (3): Neckarbrücke Cannstatt
A 335 W Bü 11 (6): Kriegsschäden 1693
A 335 W Bü 16: Büchsenschießen Speyer 1617 und Mühlwehr Cannstatt 1669
A 372 W Bü 1: Bauwesen Ludwigsburg
A 602 U 12900: Brückenzoll 10. 7. 1484
E 10 Bü 109 + 110: Wasserbau und Neckarschiffahrt I 1818–1835 + II 1836–1882
E 10 Bü 111 fasc. 2: Erbauung einer Brücke bei Cannstatt 1821–1843
E 14 Bü 1093: Generalbauplan Cannstatt 1822–1906
E 33 Bü 841: Abgabe der Neckarflößer an die Mühlen-Inhaber 1831
E 143 Bü 486–495: Auswanderung 1851–1856
E 143 Bü 2881: Johann Anderwerth 1812
E 146/1 Bü 2330: Fabriken 1868
E 146/1 Bü 2340: Dampfkessel im Oberamt Cannstatt 1853–1873
E 146/1 Bü 4010: Waffenabgabe 1847
E 146/1 Bü 4107: Schützencorps Cannstatt 1819
E 151d Nr. 112: Vereinigung von Cannstatt mit Stuttgart
E 221 Bü 1787: Brücke bei Cannstatt 1822–1829
E 221 Bü 2253: Quelle am Sulzerrain 1814–1854
E 221 Bü 4255: Heilbronner Dampfschiffahrt 1858–1870
H 59 Nr. 38: Grundriss von Cannstatt von G. W. Kleinsträttl 1655
N 1 Nr. 25: Entwurf wegen der herrschaftlichen Wege und Straßen, 19. 3. 1720
N 3 Nr. 16: Stuttgarter Forstbuch 1680
N 200 Nr. 117–119: Ansic
N 200 Nr. 117–119: Ansichten und Pläne zur Befestigung von Cannstatt 1655
N 220 T 9: Aufzeichnungen von H. Schickhardt über Straßenbau
N 220 T 22: Schiffbarmachung des Neckars 1598
N 220 Nr. 117: Drei Stadtansichten von G. A. Böckler 1655
N 220 Nr. 118: Ansicht von Cannstatt von G. W. Kleinsträttl 1655
N 220 Nr. 119: Entwürfe für eine Befestigung von G. A. Böckler 1655

StAL – Staatsarchiv Ludwigsburg

D 52 Bü 754: Abriss der Stadtmauer in Cannstatt 1817
D 52 Bü 760: Abbruch der Türme in Cannstatt 1818
E 21 Bü 299: Neckarkorrektion 1821–1834
E 162 I Bü 1366: Fassung der Mineralquelle und Verschönerung der Anlagen 1812–1888
E 162 I Bü 1418: Lästige gewerbliche Anlagen 1839–1887
E 162 I Bü 1420: Belästigungen durch Rauch usw. 1899–1920
E 166 Bü 24: Krippenbau bei Münster 1826–1828
E 166 Bü 27: Korrektur der beiden Stiche auf der Prag 1828–1832
E 166 Bü 1452: Dampfbootsfahrten Bausch 1879
E 166 Bü 1453: Motorbootsfahrten Daimler 1895
E 166 Bü 1454: Dampfbootsfahrten Strom 1879
E 166 Bü 1457: Neckar-Ufer- und Straßenbau 1817–1860
E 166 Bü 1472–1475: Brückenbau Cannstatt 1810–1853
E 166 Bü 1490: Verbesserungen des Neckarlaufs 1811ff.
E 166 Bü 1493: Neckarkorrektion bei Bellevue 1826–1829
E 166 Bü 1501: Unterhaltungsarbeiten am Neckar unterhalb der Wilhelms-Brücke 1850–1894
E 166 III Bü 27: Neckarkorrektion bei Bellevue 1826–1829
E 173 I Bü 65: Explosion in der Bierbrauerei Cannstatt 1878
E 173 III Bü 8248: Badeanstalten Cannstatt 1833–1892
E 173 III Bü 8254: Herstellung eines Güterwegs und eines Dammes gegen Hochwasser 1846–1853
E 173 III Bü 8255: Inundationsbrücke an der Seelbergstraße 1860–1886
E 228 II Bü 666: Bausachen (Verschüttung des Mühlgraben-Auslaufs) 1821–1827
E 228 II Bü 694: Exerzierplatz auf dem Wasen 1817–1821
E 228 II Bü 727: Durchfahrtsrecht der Holzschiffe 1829–1832
E 228 II Bü 2044–2045: Ausstockungen im Burgholz 1822–1824 bzw. 1818–1831
F 109 Bü 251: Verkauf des Stadtwaldes 1826/27
F 109 Bü 519: Kegelswald 1851
F 120 Bü 237: Durchfahrt der Holzschiffe 1832
F 160 I Bü 203: Lästige Anlagen 1887
F 160 I Bü 654a: Beschwerden und Anliegen betr. Bau der Brücke in Cannstatt 1843–1851
F 160 I Bü 657a: Neckaruferbau bei Cannstatt 1826–1828
F 160 I Bü 668a fasc. 2: Sägmühle Geßwein 1816–1854
F 220 Bü 20: Pläne Neckarbrücke 1824–1834
F 220 Bü 22: Bau der neuen Brücke 1835–1837

Nachweis der Bildquellen

Dr. Hermann Behmel, Stuttgart: Seite 142
Hans Betsch, Bad Cannstatt: 139 oben, 227
DaimlerChrysler AG, Konzernarchiv, Stuttgart: 171, 216
Dr. Jürgen Hagel, Nürtingen: 15, 23, 49, 56, 60, 61, 70, 82, 88, 89, 92, 102, 107, 115, 122, 123, 126, 129, 130, 134, 135 oben rechts, 135 unten, 147, 162, 172, 174 oben, 175 unten, 193, 196, 197, 238
Winfried Mönch, Stuttgart: 211
Eberhard Wagner, Bad Cannstatt: 30, 31 unten, 34, 54, 57, 67, 80, 84, 85, 93, 98, 100, 110, 111, 114, 119, 127, 135 oben links, 140, 143, 144, 151, 158, 170, 172, 174 unten, 175 oben, 176, 194, 212, 218, 220, 242
Klaus Wagner, Bad Cannstatt: 2, 14, 31 oben, 69, 139 oben, 213
Achim Zweygarth, Stuttgart: 138
Städtisches Museum Ludwigsburg: 45, 55, 73, 146
Württembergisches Landesmuseum, Stuttgart: 19
Stadtarchiv Stuttgart: 52, 77, 117, 204, 217
Hauptstaatsarchiv Stuttgart: 28, 36, 41, 42, 44, 163, 207, 208, 210, 224, 225
Staatsarchiv Ludwigsburg: 166, 167, 179, 184, 192
Landesbildstelle Stuttgart: 223
Haus der Geschichte Baden-Württemberg, Sammlung Metz: 75
Aus Bauzeitung für Württemberg 1910: 236
Aus Beschreibung des Oberamts Cannstatt 1895: Vorsatzblatt hinten
Aus Biel 1985: 237
Aus Blätter des Schwäbischen Albvereins 1898: 21
Aus Ebner 1868: 81, 149, 153, 154, 159, 231
Aus Festschrift Steinhaldenfeld 1982: 106
Aus Filtzinger & Planck 1970: 22
Aus O. Fraas 1866: 17
Aus Ph. Heineken 1893: 219
Aus Krankenhaus Bad Cannstatt 1981: 116
Aus O. Paret 1949: 20
Aus E. Paulus 1889: 39
Aus Ströhmfeldt 1896: Vorsatzblatt vorne, 234
Aus Über Land und Meer: 37 (Jahrgang 1861), 59, 87 (1888/89), 210 (1889), 195 (1893)
Aus Vietzen & Hetschel 1968: 113
Aus Stroheker 1994: 104

Anmerkungen

1 Adam u. a. 1986. – Im Folgenden nach Paret, Fundberichte sowie 1935 und 1949. – Goeßler 1921.– Rilling 1967. – Vgl. auch die kurze Darstellung bei Hagel 2000, S. 8ff., und 2001 mit weiteren Literaturangaben.

2 Decker-Hauff 1966, S. 7.

3 Küster 1999, S. 108ff., 121, 127, 137.

4 Maier 2000. – Paret. – Biel 1985. – Pauly 1899. – Wein 1971, S. 158 sowie Anm. 482 und 489. – Doelker 1933, Nr. 437.

5 Vgl. Hagel 2000, S. 12ff.

6 WUB. – Christlein 1978, S. 31. – Wein 1971, S. 86, 90f., 111ff. – Hagel 1999, S. 109ff.

7 Nach Wein 1971, S. 83ff., 173. – Schneider 1911, S. 12f. – Paulus 1889, S. 145. – Decker-Hauff 1966, S. 129ff. – Maurer 1956, S. 52.

8 HStAS A 335 W Bü 15/1. – Memminger 1812, S. 62, 101f. – Wein 1971, S. 93f. – Paulus 1889, S. 143. – Stroheker & Betsch 1999, S. 145. – Rilling 1967, S. 145. – Decker-Hauff 1981, S. 4f.

9 Decker-Hauff 1966, S. 33, 37f. – Rilling 1987, S. 122. – Paulus 1889, S. 143f. – Stroheker 1985b. – Daiber 1878, S. 26. – Siehe die Pläne bei Hagel 1984, Nr. 21 + 61.

10 In Anlehnung an Wein 1971, S. 83ff. – Amtsblatt Stuttgart 4. 8. 1983 (Leserbriefe) u. 30. 7. 1987, S. 3. – Memminger 1812, S. 140 (leider konnte der Verf. die Angaben nicht überprüfen). – Hagel 1984, Nr. 19 und 20.

11 Eine Zelge ist eine landwirtschaftliche Fläche, auf der alle Parzellen in gleicher Weise angebaut werden. Die Flur war früher, abgesehen von der Allmende als Gemeinbesitz, in drei Zelgen eingeteilt, auf denen im Turnus Winterfrucht, Sommerfrucht und Brache einander folgten (Dreifelderwirtschaft).

12 Sauer 1988, S. 324. – Maurer 1956, S. 44. – OA Ca 1895, S. 522f. – Schweizer 1992. – Bongartz 1986. – Kugler 1985.

13 OA Ca 1895, S. 509, 518–523. – StAS PA N 6.9.4. – Adressbuch 1904. – Daiber 1878, S. 27. – Memminger 1812, S. 241. – Hartmann 1847, S. 40. – HStAS A 206 Bü 1671.

14 Diese beiden Kapitel basieren vor allem auf Köhler 1932/33 und Mauer 1967. – Heimann 1907, S. 273.

15 Rilling 1967, S. 174.

16 HStAS A 335 W Bü 2. – OA Ca 1895, S. 434, 436. – Adressbuch 1904. – Schnizer & König 1913. – Daiber 1878. – Ernst 1998, S. 91f.

17 HStAS N 220 Nr. 117, 118, 119; H 59 Nr. 38. – Rilling 1967, S. 150, nennt ihn fälschlich Bölke.

18 OA Ca 1895, S. 441. – Zum Folgenden Ehmer 1993, S. 63. – HStAS A 335 W Bü 11/6.

19 Ausführlicher bei Daiber 1878, S. 41ff. – Siehe Hagel 1999, S. 93ff. mit weiteren Literaturangaben.

20 Beck 1900.

21 Im Folgenden meist nach Daiber 1878.

22 HStAS A 202 Bü 2820–2821. – Hagel 1999 S. 35ff., 39ff.

23 OA Ca 1895, S. 440. – Zum Folgenden HStAS A 206 Bü 1429, 1452; A 209 Bü 723ff. – Adressbuch 1904. – Schwelin 1660, S. 518.

24 Soweit nichts anderes genannt siehe Hagel 1996. Dort sind Literatur und Quellen angegeben. Insbesondere siehe E 14 Bü 1093. – Ferner: Gaisser 1935, S. 140. – OA Ca 1895, S. 530. – Beck 1900, S. 346. – Sauer 1988, S. 15, 50. – StAL E 166 Bü 1473.

25 Daiber 1878.

26 OA Ca 1895, S. 469. – StAL D 52 Bü 754, 760.

27 Vgl. Hagel 1984, Abb. 27. – Seyffer 1830. – Harling & Warth 1993.

28 StAL E 166, Bü 1457.

29 Chronik Schützengilde 1998. – HStAS A 335 W Bü 16 fasc. 1; E 146/1 Bü 410. – Sauer 1976, S. 38.

30 Elias 1995, S. 7. – Gerhardt 1936, S. 76ff. – Schöchle 1981. – v. Schulz 1976. – Stroheker 1985c, S. 7. – Zanth 1855. – Jauch.

31 StAS Zeitungsarchiv M 5.3.3. – H. Vietzen in H. O. Stroheker 1979, S. 26. – Memminger 1812, S. 181. – OA Cannstatt 1832, S. 94. – HStAS E 166 Bü 1490; A 335 W Bü 16. – StAL F 160 I Bü 668a. – Uhland 1979. – Kreuzberger 1993, S. 200ff.

32 Grotz 1971, S. 19. – Memminger 1912, S. 191f., 197, 200.

33 Hagel 1999, S. 96ff. – Daiber 1878.

34 Hagel 1999, S. 101ff., 156–160. – Reg.bl. 15. 5. 1847. – HStAS E 143, Bü 486–495; E 146/1 Bü 4010, Bü 4107 fasc. 3. – Boldt 1970, S. 7, 22. – Revolution 1998, S. 609, 613ff. – Sauer 1976, S. 70ff., 125ff.; 1988, S. 89. – Stroheker & Willmann 1978, S. 60. – Chronik Schützengilde 1998.

35 Seidel 1985, S. 6–66. – Räntzsch 1987. – Stroheker 1985, S. 67–77. – Kohlhaas 1967. – Schnizer & König 1913, S. 121

36 Ebner 1868, S. 28ff. – Sauer 1988, S. 324, 331, 344. – Stroheker 1985c, 1987, 1988, 1989. – Schmid 1989, S. 41ff. – Heineken 1893.

37 StAS Cannstatt 2434/3. – Memminger 1812, S. 124f., 197. – Daiber 1878. – Beck 1900.

38 Daiber. – Beck. – Stroheker 1979, S. 113ff. – Rilling 1967, S. 136f. – HStAS A 206 Bü 1431.

39 Viele Einzelangaben entstammen den Chroniken von Beck und Daiber, die im Folgenden nicht gesondert zitiert werden. Die von ihnen genannten Daten stimmen allerdings nicht immer mit denen anderer Veröffentlichungen oder Quellen überein, was zum Teil mit Unterschieden zwischen Beschluss und Ausführung beziehungsweise Baubeginn und Eröffnung erklärt werden mag. Eine Nachprüfung war dem Verfasser leider nicht möglich. Weitere Grundlagen dieses Kapitels: Uhland 1979. – Memminger 1812. – OA Ca 1895. – SK 1. 7. 1791. – Hagel 1999, S. 122ff. – K. O. Müller 1934.

40 StAS Cannstatt 2442/7 – HStAS N3 Nr. 16. – StAL E 166 Bü 1473. – F 109 Bü 251.

41 HStAS E 146 Bü 2330, 2340. – StAL E 173/I Bü 65. – Boelcke 1987, S. 214. – Kreuzberger 1993, S. 192ff. – Uhland 1979. – Hagel 1991, S. 120; 2001, S. 223ff. – Haeberle 1983, S. 20, 27, 35, 39, 65. – ETZ. – SK 13. 6. 1884. – In der Literatur wird gesagt, die erste Dampfmaschine habe Gipsfabrikant Idler 1862 aufgestellt. Diese Angabe ist zu berichtigen.

42 Boelcke 1987, S. 214.

43 Seidel 1985. – Räntzsch 1987. – Stroheker 1985, S. 67–77. – Chronik. – Schnizer & König 1913, S. 121. – OA Ca 1895, S. 320. – Hagel 2000, S. 90ff. – Sauer 1988, S. 255. – Niederich 1998.

44 Boelcke 1984, S. 309. – Ebner 1868. – SSB. – Grotz 1971, S. 140ff. – Heiss 1949. – Kreuzberger 1993. – Sauer 1988. – Stroheker 1985b. – Zahnenbenz 1984. – Mehrere der im Folgenden genannten Firmen sind von verschiedenen Autoren beschrieben in dem Loseblatt-Werk Stuttgart Archiv, Braunschweig 1989–1996. Den Beiträgen liegen jeweils Firmenchroniken zugrunde.

45 Zu diesem Kapitel: StZ 21.5. 1986 zur Ausstellung 125 Jahre Gewerbe- und Handelsverein Bad Cannstatt. – HStAS E 146/1 Bü 2330. – Uhland 1979. – OA Ca 1895. – Beck 1900, S. 334. – Rilling 1966, S. 199. – Koch & Satlow 1, 1965, S. 207. – StAS Cannstatt 2586/3. – Adressbuch Cannstatt. – Adressbücher Stuttgart 1871–1874, 1899–1912.

46 HStAS E 143 Bü 2881. – StZ 15. + 17. 8. 1983. – Uhland 1979, S. 58. – Niemann 2000. – Grotz 1971. – Zahnenbenz 1984. – Hagel 1991.

47 Hagel 1991.

48 StAL E 162 I Bü 1418, 1420; F 160 I Bü 203. – Stroheker & Willmann 1978, S. 160.

49 Hagel 2000, S. 159ff., 164ff. – Ruddies 1982. – StAS Cannstatt 2450, 2520/1. – Stroheker 1986b, S. 22. – Schleuning 1985, S. 408ff. – Kirsch 1982, S. 196ff. – Beck 1900, S. 304. – OA Ca 1895, S. 319.

50 Stroheker 1985b. – Hagel 1996, S.267ff. – StAS Cannstatt 2420/6. – OA Ca 1895.

51 Sauer 1988, S. 364; 1966b, S. 172f. – Hahn 1995.

52 Stroheker & Willmann 1978, S. 158.

– Stroheker 1985c; 1986. – Sauer 1988, S. 247, 307. – OA Ca 1895, S. 171, 447, 529. – Werner 1976, S. 128f. – Uhland 1979, S. 56. – Vietzen & Hetschel 1968, S. 18.

53 Großenteils nach Daiber 1878 und Beck 1900, z. T. nach Jubiläumsschriften. – OA Ca 1895. – Apostelkranz 1905.

54 StAS Cannstatt 2615. – HStAS E 151d Nr. 112.

55 Etwas ausführlicher dargestellt bei Hagel 2000, S. 171ff. – StAS PA N 6.4.7. – Ling 1925. – Korbmacher 1983. – Ruddies 1982, S. 15. – Veitinger u. a. 1983. – Müller 1988, S. 233, 352. – Chronik Stuttgart.

56 StAS PA N 6.9.5.6. – Losch 1902, S. 177, 185. – Chronik Stuttgart.

57 Hahn 1995, S. 37f., 44f., 47. – StAS PA M 9.4. – Chronik Stuttgart.

58 Mönch 2001. – Beck 1900, S. 212. – StZ 16. 10. 2001.

59 StAL E 228 II Bü 2045. – StAS PA N 6.9.5.6. – Mönch 2001. Siehe auch S. 72.

60 W. Banhardt in: Krankenhaus Bad Cannstatt 100 Jahre. 1981. – StAS PA 6.9.5.5.

61 Hahn 1995. – Müller 1988, S. 90, 93, 161f., 417, 484f. – Sauer 1966 a,b; 1969. – Bassler 1987, S. 105. – Stroheker 1985c, S. 14. – Zelzer 1965, S. 155, 189, 265. – Chronik Stuttgart.

62 Hiller 1989. – Müller 1988, S. 361, 366, 429ff., 534. – Bardua 1967. – Räntzsch 1987, S. 172. – Strölin 1950, S. 63f. – Zahnenbenz 1984, S. 250ff. – Chronik Stuttgart.

63 Zahnenbenz 1984. – Chronik Stuttgart. – Sauer 1995; 1996.

64 Ch. Borcherdt 1982, S.37–47. – AGENDA 2001.

65 Beck 1900. – StAS PA B 10; N 6.9.5.5–6. – Kreuzberger 1993, S. 200, 377ff. – Oberpostdirektion 1988. – Briefl. Mitt. Unternehmensarchiv Robert Bosch GmbH 19. 11. 2001. – AGENDA 2001. – Stroheker & Betsch 1999, S. 37. – Vogelmann 1965, S. 82f. – Chronik Stuttgart. – StZ 19. 6. 1993, 22. 11. 2001, 20. 2. 2002. – Rilling 1967, S. 177. – Adressbücher.

66 Chronik Stuttgart. – Hagel 2001, S. 87f. – StZ 21. 11. 2000, 16. 8. 2001, 22. 2. + 25. 4. 2002. – Amtsblatt Stuttgart 23. 11. 2000.

67 Frank 1944, S. 306f.

68 Landeshauptstadt Stuttgart: Ausländische Einwohner 1979. – Adressbuch 2001, Teil II B. – Chronik Stuttgart.

69 J. Hagel: Vom Garten der Frau von Mailand zur IGA '93. In: Stuttgart, das grüne Erlebnis, 1993, S. 19–37 (hier S. 32f.). – W. Bauer in der Festschrift 60 Jahre Kreisverband der Obst- und Gartenbauvereine Stuttgart e. V. 1984, S. 27–29. – Krenkler 1976, S. 11. – K. Paul in 50 Jahre Gemeinschaft der Gartenfreunde Bad Cannstatt e. V. 1990, S. 1–6.

70 Kreh & Partner 1974 – v. d. Goltz 1976. – Werner 1976, S. 113, 115, 117ff. Der Begriff »Subzentrum« bedeutet terminologisch eine ganz niedrige Einstufung, die hier nicht gemeint ist. – 150 Jahre Cannstatter Kursaal.

71 Aldinger & Knoblich 1968, S. 18. – Brunner 1998, S. 204. – Ohnewald. – OA Ca 1895, S. 530. – Hagel 1998, S. 104.

72 Stroheker 1979, S. 113ff.; 1985d. – Stroheker & Wagner 1986. – Adressbuch 2001, Teil II B. – Baumann 1979.

73 J. Bruder u. a. in Brunner 1998, S. 182ff. – Ufrecht & Einsele 1998. – Chronik Stuttgart. – Paulus 1889, S. 147. – Gaisser 1935. – Frischlin. – Memminger 1812. – Schön 1898. – OA Ca 1895, S. 510. – Adressbuch 1904. – Vietzen & Hetschel 1968, S. 16. – Carlé 1961. – HStAS E 221 Bü 2253. – StAL F 160 I Bü 668a.

74 SK 14. 2. 1851, S. 217.

75 Cast 1836. – Tritschler 1823. – Griesinger 1844. – Gaisser 1935, S. 138. – Plieninger 1833; 1834

76 Beck 1900. – Schmid 1989, S. 65ff., 85. – SK 14. 2. 1851, S. 217. – Vietzen & Hetschel 1968, S. 17. – Griesinger 1844. – Hagel 1986, S. 18ff. – Cast 1836, S. 26, 35. – OA Ca 1895. – Ebner 1868. – Daiber 1878. – Stroheker 1985c. – Gaisser 1935, S. 140.

77 Zitiert nach Hartmann 1884, S. 125–129.

78 150 Jahre Cannstatter Kursaal. Sonderbeilage Cannstatter Zeitung 16. 6. 1987. – 150 Jahre Kursaal. Beilage Amtsblatt Stuttgart 11.6. 1987. – Stroheker & Willmann 1978.

79 StAS PA: Stolz.
80 Zitat nach Stroheker 1985c, S. 2. – Schmid 1989. – Ebner 1868. – SK 1847–1864, 1874, 20.+27. 1. 1900, 4. 2. 1908, 6. 7. 1919, 14. 9. 1923. – Leisinger 1859. – Beck 1900. – Greither 1964. – Hammer 1923. – Müller 1923.
81 J. Beck in Ufrecht & Einsele 1998, S. 6. – W. Hailer ebenda S. 11. – Frank 1958. – E. Rogowski in Brunner 1998, S. 209. – Chronik Stuttgart.
82 HStAS E 14 Bü 1093. – Hagel 1994. – StAS PA.
83 HStAS A 335 L Bü 27. – StAS Cannstatt 2410/13. – StAL E 173 III Bü 8248. – S. auch Hagel 2000, S. 100ff., in dem die hier zitierten Akten noch nicht berücksichtigt sind.
84 Zu diesem Abschnitt OA Cannstatt 1832, S. 72; 1895, S. 24, 226f. – Bürkle 1989, S. 41, 49f., 54ff. – Zu den Fischottern: OA Ca (1832), Esslingen (o. J.), Ludwigsburg (1859), Stuttgart (1851).
85 Zu diesem Abschnitt Hagel 1989, S. 82f. – Württ. Jb. 1872 I, S. 63; 1891 I, S. 128; 1899 III, S. 120; 1900 III, S. 122. – HStAS E 10 Bü 110; E 33 Bü 841. – StAL E 228 II Bü 727; F 120 Bü 237. – OA Ca 1895.
86 HStAS A 248 Bü 2491; N 220 T 22. – OA Ca 1895, S. 506. – Pfaff 1859. – Heimann 1907, S. 270ff. – Stroheker 1979, S. 119.
87 HStAS A 248 Bü 2506. – Gräter 1977, S. 88.
88 Zum Folgenden: StAL E 166 Bü 1501, Bü 1747; F 220 Bü 20. – HStAS E 10 Bü 109, 110; E 221 Bü 1787, 4255. – OA Ca 1895, S. 307. – Götz 1941. – Heimann 1907, S. 183ff., 377ff. – Hagel 2000, S. 9ff. – Daiber 1878, S. 87. – Beck 1900. – W. Jb. 1854 I, S. 106–147; 1872 I, S. 57f.; 1878 I, S. 197. – Gräter 1977, S. 89. – OA Ca 1832, S. 102, gibt für die Schiffe folgende Maße an: 80 Fuß (30 m) lang, im Boden 5‘ 8“ breit (1,66 m), mit einem Nachen von 38‘ (10,9 m) Länge. Ladefähigkeit 600 Ztr (30 t). 1 württ. Zentner = 48,642 kg.
89 Zimmermann 1985.
90 Siehe Hagel 1999, S. 137ff. – StAL E 166 Bü 1135 alt. – OA Ca 1895, S. 36. – StAS PA.
91 Siehe Hagel 2000, S. 106ff. (mit Literatur-Angaben); 2001, S. 203ff.
92 Hagel 1998, S. 75f.; 2000, S. 22ff., S. 31ff. + Abb. S. 32; 1984, Nr. 79a. – Vgl. StAL E 173 III Bü 8254. – OA Ca 1895, S. 33f. – Daiber 1878. – Beck 1900, S. 305. – SK 1851.
93 HStAS E 10 Bü 110. – StAL E 173 III Bü 8254, 8255. – StAS Cannstatt 2577/1. – SK 14. 2. 1851, S. 217.
94 Zu diesem Abschnitt StAL E 21 Bü 299; E 166 Bü 24, Bü 1490, 1493, 1501; E 166 III Bü 27; E 228 II Bü 666; F 160 I Bü 657a. – HStAS E 10 Bü 110, Bü 111.
95 StAS Cannstatt 2579/2, 2580/1.
96 Beck 1900, S. 186. – OA Ca 1895, S. 405. – HStAS A 247 Bü 207; A 602 U 12900. – Sattler 1768. – Siehe auch StAS Cannstatt 2448/9.
97 1 Turnes ist nach Fischer, Schwäbisches Wörterbuch, eine alte französische Silbermünze im Wert von einigen Pfennigen.
98 HStAS A 249 Bü 518; A 335 Bü 11 (3); A 335 L Bü 3; E 10 Bü 111 fasc. 2; E 221 Bü 1787. – StAS Cannstatt 2448/9, 2414/2.
99 Wie Anm. 98. – Memminger 1812, S. 167.
100 StAL E 166 Bü 1457, 1472–1475. – HStAS E 10 Bü 111; E 221 Bü 1787.
101 Siehe Anm. 100. – StAS Cannstatt 2415. – StAL E 155 Bü 1472; E 166 Bü 1472; F 220 Bü 20–23.
102 Wie vor. – StAL E 166 Bü 1475; F 160 I Bü 654a.
103 Bader 1940, S. 23. – Daiber 1878, S. 105. – StAL E 166 Bü 1475; F 160 I Bü 654a. – StAS Cannstatt 2415.
104 SK 10. 9. 1892, 21.–27. 9. 1893, 18. 3. 1897. – StZ 6. 11. 1993 (Leserbrief S. 35). – Beck 1900.
105 Stroheker 1985c, S. 6. – Ebner 1868. – OA Cannstatt 1895, S. 487. – Beck 1900, S. 26, 30.
106 Strölin 1950, S. 58. – StZ 19.11. 1994 (Leserbrief).
107 Pfaff I, S. 195. – Königreich 1884. – HSt AS A 249 Bü 2452/1; A 335 L Bü 3/5; N 220 T 9. – StAS Cannstatt 2414/2. – Doelker 1933, Nr. 437.
108 Dieses und folgendes, soweit nichts anderes angegeben, nach HStAS A 249 Bü 517, Bü 2451 sowie StAS Cannstatt 2416/

8. – Pfaff 1859. – S. auch OA Cannstatt 1895 S. 367. – Hagel 1989.

109 StAS Cannstatt 2416/8. – HStAS A 247 Bü 151, Bü 278. – Glass 1991, S. 92ff. – Hagel 1999, S. 135ff. – Würtz 1970. – Pfaff 1859.

110 StAS Cannstatt 2416/8. – HStAS A 247 Bü 429. – Hagel 1984, Abb. 27 u. S. 58. – F. Wied im Amtsblatt Stuttgart 30. 7. 1981. – Memminger 1832, S. 123. – Beck 1900, S. 282f.

111 HStAS A 247 Bü 429; A 372 W Bü 1; N 1 Nr. 25. – Reyscher 13, S. 1028f. – Pfaff 1859, S. 97.

112 HStAS N 1 Nr. 25.

113 Pfaff 1859, S. 106. – StAL E 166 Bü 27. – W. Mönch in Stuttgart Archiv, Bl. 04060; 2001 S. 21. – StAS PA: Pragsattel.

114 StAS Cannstatt 2446/8, 2440/9. – HStAS A 206 Bü 1514–1515. – Im Folgenden OA Cannstatt 1832, S. 63; 1895, S. 678. – Hagel 1989, S. 70. – Hagel 2003.

115 Hagel 1999, S. 127.

116 StAL E 228 II Bü 694. – Beck 1900, S. 175, 178f. – StAS PA N 6.9.7.

117 Daiber 1878, S. 127. – Zum Folgenden siehe W. Mönch in: Stuttgart Archiv, Braunschweig, Blatt 01072, 01086, 02106, 04119. – Mönch 2001. – Beck 1900.

118 Ausführlich hierzu Stroheker & Willmann 1978. – RBl. 31. 3. 1818 – Daiber 1878, S. 142. – Beck 1900.

119 Zu diesem Abschnitt siehe Heiss 1949, S. 85ff. – Heinkel, S. 18ff. – Walter & Pfündel 1986. – Back 1993. – H. Schukraft: Stuttgart Archiv Blatt 04105. – W. Mönch: ebenda Blätter 04108, 04109, 04110. – Niemann 2000. – SK 12. 8. 1888 (Wölfert). – Stroheker & Willmann 1978, S. 81. – Neues Tagblatt Okt./Nov. 1874.

120 Heineken 1893. – Chronik. – Müller 1988, S. 263. – Amtsblatt 15. 2. + 25. 4. 2002. – StZ 20. + 23. 4. 2002. – StAS PA N 6.9.7.

Personen- und Sachregister

Verweise auf Abbildungen sind kursiv gesetzt.

Aachener Straße 50
Abort-Leerung 235
Adelmann, Graf v., Leutnant 199
Ährenlesen 70
Alamannen 23f., 25, 221
Alexander II., Zar von Russland 213, 230
Altstadt-Sanierung 104, 134ff., *135*, 240f.
Altenburg 32
Altlasten 130f., 241f.
Altmetallsammlung 121
Anderwerth, J., Tabakfabrik 62, 87
Apostelkranz 102
Apotheke 225
Arbeiterbildungsverein 102, 232
Arbeiterverein, evangelischer 234
–, sozialdemokratischer 102, 234
Arbeiterwohnungen 94f., 233
Arbeitsgemeinschaft Marktstraße 139f.
Arbeitsvermittlungsamt 235
Armeleutehaus 33, 223
Aßmann & Ketterer, Maschinenfabrik 77
Auf der Gans 109, 241
Ausländer 131f., 242f.
Aussichtsturm 157f., *158*, 234, 241
Auswanderung 65
Automobil 87, *87*
Bad Cannstatter Mineralbrunnen GmbH 156
Bad, Ernennung zum 151, 237
Bad, Frösner'sches 45, 74, 189, 227
Baden, Markgrafen von 27, 222
Badstraße *56*, 229
Bahnhof 79, 129, 231, *231*, 241
Bahnhofstraße 53, 124
Ballone (Luftfahrt) 215ff., *216*, 236
Bandkeramiker 18f., 221
Bau- und Sparverein 95
Baugenossenschaften 95, 233f.
Baumann, Prof. Dr. A., Luftfahrttechniker 218
Baumwollweberei 82
Bauordnung 51, 228
Bausch, Mechaniker 172
Bebel, A., Politiker 219
Bebenhausen, Kloster 222
Beginen-Häuser 33f., 35, 223
Bellevue 55f., *55*, *56*, 58, 180, 188, 190, 227, 229
Benz, Schriftsetzer 64
Berg 12, 32, 53, 167, 178, 180, 185, 199, 208, 224, 229
Besatzungsmächte 121, 239
Beschäftigte 83, 86
Betriebswerk, Nordbahnhof *79*
Bettelei 101
Bettelmanns Haus 203, 205, *207*
Biberburg 25
Bildungsinstitute s. Lehranstalten
Bilfinger, G. B., Gelehrter 13
Bitzer, C., Trikotwarenfabrik 126
Blezinger, Dr. Jul., Oberamtsarzt 181f.
Blos, W., Politiker 13
Böckler, G. A., Baumeister 35, *36*, *42*, 43, *225*
Bodenehr, G., Kupferstecher *54*
Böheim, Gg., Architekt 191
Bohrungen 143f., 148, 152, 156, 240
Bombenangriffe *119*, 119f., 239
Bootsfahrten 171f.
Borst, O., Historiker 149
Bosch, J. W., Oberhofgärtner 56
Brählesgasse 161
Brände 49, *99*, 99f., 128, 236
Brandenstein, v., Major 58, 150
Brauerei 77, 86, 232
Brie 32
Brotkrawall 63f., 230
Brücken 198f.
– alte *41*, *45*, 183, 187, *192*
– Eisenbahnbrücke *61*, *77*, *197*, 198f., 230, 236, *237*, 239
– Gaisburger Brücke 198
– Interimsbrücke 190, 194, 229
– Kiesbrücke 187
– König-Karls-Brücke 80, *172*, 194ff, *195*, *196*, 234, *237*, 240
– König-Wilhelm-Viadukt *79*, *80*, 119f., 235
– Neue Brücke 242
– Plochinger Brücke 197
– Reinhold-Maier-Brücke 240
– Römerbrücke 183
– Rosensteinbrücke 119f., 188, 198f., 237
– Untertürkheimer Brücke 183, 187f.

- Wilhelmsbrücke 50, 173, *192, 193,* 193f., *194,* 198f., *229,* 239
Brückenstraße 50
Brückentor 29, *41, 44, 45,* 46, 53, 183, 228
Brückenzoll, -geld 183ff., 187, 191, 193, 195, 223f.
Brunnenstraße 39, *67,* 97, *134,* 136, 150
Brunnenverein 104f., 146, 151, 155ff., 228
Buckel, E., Gewerkschafter 122
Burgen 26f., 32
Bürgergarde, -wehr 64f., 193
Bürgerinitiative 240
Bürgervereine 234
Burgholzhof 113ff., *113, 114, 115,* 211, 229, 237, 239, 242
Bus-Betriebshof 242
Campingplatz 220, 239
Cannstatt: Ansichten, Pläne *14, 36, 41, 44, 54, 61, 73, 223, 225, 234*
- Name 20, 28
Candestat, Wernhere v. 222
Cannstatter (Einwohner) 12ff., 36
Cannstatter Straßenbahnen GmbH 80
Cast, J. F., Autor 74, 147
CDU 122
Charta der Heimatvertriebenen 153, 239
Chausseehaus 203f., 226
Chausseen 206
Cholera 96, 101, 182, 214, 230, 233
Christoph, Herzog v. Württ. 164, 224
Cricket 67, *219,* 234
Daimler, G., Ingenieur 13, 30, 88, 158, 170ff., 215, 233
Daimler-Benz, Automobilfabrik *79,* 120, 125
Daimler-Motoren-Gesellschaft 83, 88, 100, 125, 234, 236
Daimlerstraße 93f.
Dampfmaschine 76f., 230
Decker, Gebr. (& Co), Maschinenfabrik 76, 78, *81,* 81f., 126, 231, 233
Dekanathaus 224, 234
Demmler, G., Mechaniker 143
Demontage 121
Deutsche Partei 233
Dienstleistungssektor 124
Dietz, J. W., Rentkammer-Expeditionsrat 164, 201
Dilger, A., Pfarrer 118
Displaced Persons 113, 120
Duisburger Straße *89*
Duttenhofer, A., Wasserbauinspektor *167,* 168, 190f.
Duttenhofer, K. A. F. (v.), Oberwasserbaudirektor 145, 163, 167, 168, 180, 187ff.
Duttenhofer, K., Wasserbauinspektor *166,* 167, 180, 189
Eberhard I., Graf v. Württ. 222
Eberhard III., Graf v. Württ. 223
Eberhard d. J. Graf v. Württ. 184
Eberhard V./I., Graf/Herzog v. Württ. 99, 184
Eberhard III., Herzog v. Württ. 41, 180, 185, 202
Eberhard Ludwig, Herzog v. Württ. 161, 164, 184, 200, 206, 226
Ebner, Dr. H. 149
Ebner'sche Heilanstalt *154,* 155, 232
Ebner'sches Bad 76, 148
Eckart, J. C., Manometerfabrik 82, 235
Einquartierung 47, 75, 211, 227
Einstein, A. 99
Einwohner (Zahl) 36, 64, 92, 105
Eisenbahn 65f., 76, 78f., 129, 170, 178, 214, 231
Eisenbahndörfle *92,* 95, 103, 235
Eisenbahnwerkstatt 76, 79, 83, 119f., 125, 232, 241
Eisfest *176,* 177f., 233
Eisversorgung 87
Elektron GmbH 121
Elsas & Cie., Baumwollweberei 83, 231
Elsas, F., Kommunalpolitiker 99
Elsas, L., Unternehmer 94
Emminger, E. 61
Engelhardt, F., Gemeinderat 118
Epple, G., Mineralölwerk 129, 242
Erbsenbrunnen 237
Erdfälle 137ff., *138,* 242
Esslinger Hof 26, 222
Etzel, E., Oberbaurat 180, 188ff.
Etzel, K., Baumeister 66, 160, 180
Etzelstraße 138
Euthanasie 118
Exerzierplatz 114, 173, 209ff., *210, 211,* 228, 237
Fabrikstraße s. Veielbrunnenweg
Fahnenweihe 102
Fasnacht 139ff., *139*
FDP 122
Feldmausplage 68, 229
Felgergasse, -hof *135,* 136, 242
Fernheizung 238
Festung 41ff., *42,* 225
Feuerwehr 101, 230
Fieber, typhöses 47, 227

Finckh, C., Zeichner *77*
Fischer, H., Heilanstalt 150, 155
Fischerei 161, 181
Fischereiordnung 161, 164
Fischerstechen 141, 215, 241
Fischotter 161
Fischsterben 240
Flakhelfer 120, 239
Flößerei 162f., *162,* 167, 181, 223, 236
Flugplatz 215ff., 237
Fortuna-Werke, Maschinenfabrik 82, 87, 125
Fraas, Dr. O., Paläontologe 18
Frauenarbeit 99
Freihafen 167ff., 229, 233
Freiligrath, F., Schriftsteller 30
Fremdarbeiter 120
Friedhöfe:
– israelitischer 53, *98,* 98, 110f., 120, *229*
– Stadtkirche 31
– Steigfriedhof 110
– Steinhaldenfeld 104, *110,* 110f., 236
– Ufffriedhof 30f.
Friedrich I. Barbarossa, Kaiser 222
Friedrich III., Kaiser 183, 223
Friedrich, König v. Württ. 17, *23, 55,* 87, 159, 209, 227f.
Friedrich I., Herzog v. Württ. 158, 164, 225
Frischlin, J., Magister 27, 143
Frondienste 33
Fronhof 25, 222
Frösner, Dr. J. L., Badbesitzer 143, 145, 159, 226f., 228
Frost 68
Frostspanner 67f., 229
Fruchtsäule 214
Fuhrwerke 185f., 202f.
Funde, vorgeschichtliche 16ff., *17, 19, 21, 22, 23, 238*
Fürstengräber, keltische *19, 20,* 20, 106, 237f., *237*
Fußball-Club 66, 234
Ganzhorn, W., Dichter 30
Gartenbauausstellung, Internationale 137, 241
Gasanstalt 97, 179, 230, 133
Gastarbeiter 131, 238, 240
Gauss, H. v., Oberbürgermeister 103
Gebetszentrum, islamisches 109, 132
Geizig *139,* 140
Gemeinderat *104*
Gemeinschaft, Evangelische 235
Generalbauplan 51, *52*
Geruchsbelästigung 90f., 129
Geschäftszentren 124
Gesner, J. A. 143, *143*
Geßwein, P., Mühlenbesitzer 144
Geßwein, Zimmermeister 192
Getreidepreise 63
Gewerbe 72, 83
Gewerbe- und Handelsverein 93, 118, 231
Gewerbeausstellungen 81, 153, 231
Gewerbefreiheit 83, 90, 230
Gewerbeordnung 89, 96
Gewichtseinheiten 141
Glaser, E., Stadtrat 122
Glaubensflüchtlinge 36, 71, 226
Goebbels, Dr. J., Reichspropagandaminister 220
Goertz, J., Bildhauer 126, *127*
Gordon-Bennet-Woche 218
Gottlieb-Daimler-Stadion *117,* 220, *220,* 236f., 241
Graevenitz, F. v., Bildhauer *237*
Grenzsteine *72, 102*
Griesinger, C. Th., Autor 147f.
Grippe 101, 229
Groß, F. B. A., Baumeister 50ff.
Großmann, Dr., Arzt 155
Groß-Wohnsiedlungen 93ff.
Grotz, Chr., Mühlenbesitzer 144
Grotz, D., Zimmermeister 164
Grundler, Maschinenbaumeister 189
Grüningen, Grafen v. 222
Gutmann & Marx, Weberei *85,* 117, 233
Haag, K. 111
Hafen *166, 167,* 167ff., 229
Hagelschlag 68f.
Halbig, J., Bildhauer 152
Haldenstraße 53
Hallschlag 105, 108f., 239
Hallstraße 50, 177
Handwerker 74
Handwerkerbank 232
Hanns-Martin-Schleyer-Halle 220, 241
Haueisen & Co, Schuhfabrik 86
Häuser, älteste 35, 136
Hecker, F., Revolutionär 64
Heide, Feuerbacher 32f., 71, 113, 224, *224*
–, Wolfersberger 71, 113
Heilanstalten 153ff., 232
Heilbronner Straße 137, 200, 206
Heim, J. U., Baumeister 164, 201
Heine, Dr. J., Ehrenbürger, Heilanstalt 147f., 154, 229

Heinkel, E., Luftfahrtpionier 217, *217,* 236
Heinrich VII., Kaiser 222
Held, Werkmeister 193
Hermann, Hotel 64, 76, 89, 91, 148, *149,* 150
Herzogshof 26, 221
Hesse, H., Schriftsteller 13, *67,* 234
Hesser, Fr., Maschinenfabrik 81, 125, *126,* 231, 241
Hexen 48, 224f.
Hilch, J. G., Handelsmann 165
Hildt & Metzger, Kesselfabrik 62, 76, 231
Himmelserscheinungen 48
Hinrichtung 64, 230
Hirth, A., Ingenieur 81, 87
Hirth, H., Flieger 216, 236
Hitler, A., Reichskanzler 107, 130, 220
Hitler-Jugend *117,* 121, 238
Hochflur 32
Hochwasser 63, 65, 160, *175,* 176ff., 184ff., 224, 228, 130
Hochwasserschutz 178f.
Hoffmann, E. G., Unternehmer 88
Hölder, J. C., Kriegsrat 201
Hopfen 72
Hopfenschwefelung 90f.
Hopfenstock, Expeditionsrat 164
Hungerbühl 133
Hungersnot 63, 212, 228, 230
Ihmlingstraße *138,* 138, 242
Im Geiger 109
Industrie 62, 81ff., 124ff., 151f., *242*
Industriebahn 82f., *237*
Jahrmarkt 223
Jakobsbrunnen 136
Jenisch, J. Ph., Baudirektor 201
Jörg, A., Baumeister 30, 223
Juden 53, 98f., 116ff., 237ff.
Juno-Brunnen 158
Kahlenstein 56, 228
Kalbfell, Wasserbauinspektor 181
Kampfkomitee, Antifaschistisches 122, 239
Kanalisation 97, 235
Kapff, E., Lehrer 21, 235
Karfreitagsprozession *139,* 141
Karl V., Kaiser 164, 184, 224
Karl, König v. Württ. 58, 158, 211, 214, 234
Karl Alexander, Herzog v. Württ. 206
Karl Eugen, Herzog v. Württ. 206
Karl Friedrich, Herzog v. Württ. 165
Karlmann, König 221
Karl-Olga-Bad 148, 150, 229, 235
Karlstraße s. Daimlerstraße
Kasernen:
- Flandernkaserne/Robinson Barracks 114, 238
- Artillerie-/Funker-/Theodor-Heuss-Kaserne 112f., 236
- Kleine Reiterkaserne/McGee Barracks 112
- Reiterkaserne/Wallace Barracks *111,*112, *236,* 236
- SA-Kaserne 114
- Artillerie-/Taubenheimkaserne 111, 235, 240
Kastell, römisches 21ff., *21, 22,* 235
Katharina, Königin v. Württ. 55, 227
Katholiken 97, 230
Kaufhaus 124, 136f.
Kelten 19f., *19*
Keltern 33, 96, 104, 137, 222, 228
Keppler, Baumeister 158
Kerner, Dr. Th., Arzt 155, 230
Kiemlen, E., Bildhauer 13, 158
Kienbachstraße 95, 138
Kies 205
Kieser, A., Obristleutnant 36, *44*
Kino 214
Kirchen:
- Christuskirche 98
- Liebfrauenkirche 98, 236
- Lutherkirche 98, 235
- Martinskirche 29, 35, 97, 221, 224, 230
- Methodistische Kirche 98
- Neuapostolische Kirche 109
- Stadtkirche 30f., *31,* 35, *41,* 98, 222, 224, 225, 226
- Uffkirche *30,* 30f., 35, 224
Kläranlage 181
Klein, Chr., Maschinenfabrik 76
Kleingärten 133, 238
Kleinsiedlungen, vorstädtische 105
Kleinsträttl, G. W., Hauptmann 35, *41,* 42f.
Klösterle *33,* 34, 137, 223
Knisel, Regierungsrat 164
Knoll, Kreisbaurat *192*
Koch, P. (Mutter v. Einstein) 53, 99
Koch, Jul., Früchtehändler 99
Kommunisten, KPD 116ff., 122, 237
König-Karls-Passage 137, 241
König-Karl-Straße 92ff., 149, 178, 232
Königsplatz 137
Königstraße s. König-Karl-Straße
Konstanzer Hof 26, 222
Konversion 112
Kraftwerk 83, *107,* 109, 122, 175, 236f.

Kran 165, 168
Krankenhaus 97, 104, 115f., *116*, 118, 229, 233, 237f.
Krauss & Reichert 83
Krauß, P., Kaufmann 101
Kriege 34, 39f., 43–47, 75f., 118ff., 187, 223ff, 238
Krieger, H. 118
Kübelesmarkt 122, 140, 237, 240
Kübelesrennen 140
Kübler *140*
Kugellagerfabriken, Schwedische 82
Kuhn, G., Maschinenfabrik 76
Kundgebungen 219
Künlen, H. J., Hofapotheker 225
Kurallee, -anlagen *151*, 151ff., 228
Kurgäste 148, 152
Kursaal 104, *147*, 152f., 229, 236
Kurtz, K. W., Spritzenbauer 88f.
Kurverein 152
Ladenschluss 90
Lage 12, 29, 34
Lagerhaus 228
Lämmle, A., Dichter 13
Landeskriminalamt 112, *242*
Landesverschönerung 157
Landtag 222
Landwirtschaft 25f., 71
Landwirtschaftsfest 212ff., *213*, 228
Lang, D., Pfarrer 118
Lärm 91, 236
Lateinschule 33, 223
Lauster, Steinbruch 130, 241
Lawmayer, J. G., Baumesser 205, *207*
Lazarett 76
Lebensmittelrationierung 119, 121ff., 238f.
Lehranstalten, private 66f.
Leibbrand, K. v., Präsident, Ehrenbürger 196
Leibniz, G. W., Philosoph 36, 225
Lenin, W. I., Politiker 219
Liebknecht, W., Politiker 219
Lilienfein, E., Unternehmer 87, 206
Linckh, Chr. A., Ochsenwirt 113, 145
Linckh, J., Grönlandforscher 13
Linckh, J., Ochsenwirt 39
Linckh, Sophia, Ochsenwirtin 39
Lindauer, S., Korsettfabrik 86, 230
Little America 114
Loh, Dr. A., Arzt 150, 155
Lokalpatriotismus 14
Lokalstatut 148
Lorch, L. H., Bettfedernfabrik 86, 90
Lösslehm 17, 131
Löwentor 204, 230
Ludwig der Bayer, Kaiser 27f., 222
Luftreinhaltung 90f., 241
Luftschiffe 217f., *218*, 234, 236
Luftschutz 114, 238
Luftschutzbunker *15*, 119, 238
Lütze, D., Major 199
Luxemburg, R., Politikerin 219
Mahle, Gebr., Kolbenfabrik 81f., 107
Mährlen, J., Baurat 188
Maienfest 70, 230
Maikäferplage 68
Mailänder, J. G., Fabrik f. Druckmaschinen 86, 233
Mammut-Jäger 16ff., 221
Mammutzähne 17, *17*, *23*, 179, 226, 228
Marktstraße *75*, 124, 136, 177, 235, 241
Marx, L., Dichter u. Fabrikant 99
Maschinenfabrik Esslingen 82ff., 91
Masern 68, 228
Maulbeerbäume 72
Maybach, W., Ingenieur 13, 30, 88f., 170ff., 233
Memminger, J. G., Lehrer 17, 21, *24*
Mertz, E., Architekt 121
Mineral-Bad Cannstatt 150, 229, 235, 240
Mineralquellen 24, 142ff., 152, 226, 241
Missernten 63
Moslems 109
Motorboot 89, 170, *171*,172, 233
Motorrad 89, 233
Motor-Taxi 235
Muckensturm 240
Mühlen 61, 223
Mühlhäuser Straße 108
Müller, M., Maschinenfabrik 62
Müllverbrennung *107*, 240
Münster 114, 208
Münze 112
Museum am Löwentor 56, 241
Nädelin, Dr., Arzt 155
Napoleon I., Kaiser von Frankreich 47, 227
Napoleon III., Kaiser von Frankreich 213, 230
Narrensprung 141
Nast, O. (v.), Oberbürgermeister, Ehrenbürger 80, 94, 103, 105, 195f., 233
Nationalsozialisten 116ff., 237ff.
Neckarbäder *61*, *159*, 159ff., 226
Neckar-Kanalisierung 156, 173ff., *194*, 211, 237

Neckar-Personen-Schiffahrt 240
Neckarschifffahrt 77, 178, 223, 240
Neckarstadion siehe Gottlieb-Daimler-Stadion
Neckar-Verlegung *179*, 180, 229
Nesenbach 181f., 233
Nicolai, F. F. v., Minister 13
Niederhofen 26, 32, 222
Nordbahnhof 79, 103, 120, *135*, 235
Nordbahnhofstraße *94*, 95, 200
Norma, Kugellagerfabrik 88
Notstandsarbeit 108
Obst- und Gartenbauverein 133
Obstbau 71
Ochsen, Gasthof 45, 150, 194
Öchsle, R. Gemeinderat 118
Olga, Königin v. Württ. 58
Olgakrippe 233
Ölmühle 144
Ortsbaustatut 96, 178, 233f.
Ortsnamen 20, 24f., 32
Otto, W., Bildhauer 125
Pappenheimer, O., Fabrikant 99
Paraden 210f., *210*
Paret, Dr. O., Archäologe *237*
Parkhaus Mühlgrün 241
Parteien 239
Pendler 99, 109f.
Pensionäre 92f.
Pest 40, 50f., 69, 223
Petrarca, F. 142
Pfarrer, Besoldung 35
Pfauhausen 40
Pfeffern 69
Pfeiffer, E., Geh. Hofrat, Ehrenbürger 99
Pferderennen 213
Pfleiderer, Paul, Fabrikant 87
Pocken 101
Post, Postämter 36ff., *37*, *39*, 125, 223, 229, 235, 241
Postmeister 38f.
Pragsattel *15*, 103, 200, 206
Pragstraße 50, 82, 137, 190, 200, *207*, 233
Pragwirtshaus 204, *204*
Prießnitzweg 95
Pro Alt-Cannstatt 11, 60, 137, 150f., 158, 240
Quellen-Reinhaltung 156
Quellenstraße 237
Radfahrerverein 234
Ramßler, S. Fr., Vogt 201, 204f.
Rasenspiele 67, 219, *219*, 231, 234
Rathäuser 29, *31*, 35, *41*, 137, 141, 223, 241
Rau, G., Revolutionär 64
Raupenplage 67
Rebflur-Bereinigung 133, 240
Reformation 35, 224
Reformierte 36
Reiher 161f.
Renaturierung (Ufer) 176, *174*, 241
Rentiers 92f.
Revolution 64, 230
Reyscher, Dr. A. L., Prof. 101
Rheinwald, Chr., Bürgermeister 201
Rinderpest s. Viehseuchen
Ritter, Schokoladefabrik 82, 126
Robert Bosch GmbH 125
Robert-Bosch-Krankenhaus 60, 238, 240
Rohrtrunk *69*, 70
Römer 21ff., 142, 221
Römer, K., Landgerichtsrat 157
Rommel, M., Oberbürgermeister 14
Rosenstein, Schloss 56, *57*, 228f.
Rosenstein-Park 56, 58, 228
Rosenzweig, H., Vogt 184
Roth, Dr. A., Arzt 155, 232
Rudervereine 172
Rudolf v. Habsburg, König 222
Rudolf, Kaiser 184
Ruggaber, K. 118
Rühle, Dr., Arzt 230
Rüsch, A., Instrumentefabrik 86
Russischer Hof 148
Sägmühle 144f.
Salucci, G., Hofbaumeister 56, 189, 228
Salzgewinnung 143, 225f.
Sauerwasserkalk 16
Scharlach 68, 228
Scharrer, Fabrikant 90
Schäufelin, H. L., Zeichner *223*
Schickhardt, H., Baumeister 31, *163*, 164, 203, *208*, 225
Schiffbarmachung, Neckar *163*, 163f.
Schiffer-Innung 165
Schifferstechen 212, 215
Schiffsverkehr 164, 166, 168f., 228, 240
Schlachthaus 230
Schleuse *173*, 173, 239
Schmid, K. v., Innenminister, Ehrenbürger 196
Schnurrer, D., Bürgermeister 201
Schöchle, A., Wilhelma-Direktor 58
Schöllkopf, Fr., Unternehmer 205
Schönhut, W., Schraubenfabrik *84*
Schreck, P., Schiffer 164

Schubert-Verein 232
Schulden 74, 104
Schützen 57, 223
Schützencorps 57f., 228
Schützengesellschaft 65, 230
Schützengilde 65
Schwabenhalle 220, 238
Schwarzarbeit 108
Schwarzmarkt 122, 239
Seeger, C. v., Generalmajor 189f., 209
Seeger, C., Maschinenfabrik 90, 125, 231
Seelberg 24, 82
Seelberg-Durchlass 178f.
Seidenfabrik 72
Seidenraupenzucht 71f., 226
Seiler 209
Seyffer, J. F., Oberamtmann 46, 113, 144
Sick, K. Fr., Hofrat , Ehrenbürger 145, 228
Siegel (Cannstatt) 28, 223
Sivel, H. Th., Ballonfahrer 218
Sommerrain 108, 133,
Sozialdemokraten 64, 235, 237
Sozialistenkongress 219, 236
Spar- und Vorschuss-Bank 101, 232f.
Sparkasse 101, 230
SPD 102, 122
Speidel, Bürgermeister 225
Spezialklinik, Sportverletzte 240
Spreuergasse 51, *175*
Stadtbahn 242
Stadtbauplan 51, *52,* 53, 96, 189, 228
Stadtgarten 150
Stadtmauer 29, 51, 53ff., *54,* 228
Stadtmühle *41,* 78, 128, 144, 163, 225, 234, 241
Stadtplanung 50ff., 228, 240
Stadtrecht *27, 28,* 222
Stahl, J. F., Autor 143
Staustufe 173, *174*
Stege (Neckar) 197f.
– Berger Steg 121, 198f.
– Voltasteg 198f.
Steinbrüche 16, 130
Steinhaldenfeld 20, 104ff., *105,* 119f., 133, 237
Steinkohlen-Umschlag 78, 83
Stellfalle *208*
Stern & Söhne, Lumpengeschäft 90
Stern, Tabakfabrik 62, 228
Stihl, A., Maschinenfabrik 81
Stoll, J. F., Maschinenfabrik 76f., 230
Stolz, R., Komponist 13, 153
Strähle, P., Luftbildfotograf 219
Straßenbahn 79f., *87,* 88, 196f., 206, 233, 235f.
Straus, Bettfedernfabrik 99, 100, 231
Streicher, M., Gießerei 76f. 95, 121, 125
Streik 101
Strohm, E., Hutmacher 172
Strölin, K., Oberbürgermeister 199, 238
Strudelbäder 159f.
Subrosion 137f., *138*
Sulz (Marktplatz) 29, *41,* 138, 143, 222
Sulz, obere 143, 147
Sulzbach 29, 143f.
Sulzbachgasse *135,* 137
Sulzbad 142f., 223
Sulzerrain 53, 145, 148, 150f., 229
Suntheim, L. 150
Suppenanstalten 70
Swing-Club 118
Synagoge 99, 117, 229, 233, 238
Tage zur Begegnung, Internationale 133, 241
Tarnowitzer Straße 138
Teinacher Straße *119,* 137
Telefon 233
Telegrafen-Anstalt 230
Telekom 241
Tennis 67, 231
Terrot, C., Maschinenfabrik 83, 86, 90, 125, 233
Tertiärisierung 125
Tessin, W. H. v., Kammerpräsident 164
Thouret, N. v., Baumeister 152, 213, 229
Transformatoren-Union 82, 125, 130
Travertin 16, 130, 142, 221
Trinkhalle *144*
Tritschler, Dr. S., Badearzt 76, 147
Tritschler, Dr. Th. 150, 155, 232
Troll, Th., Schriftsteller 12–14, 177, 240
Turnerbund 234
Turnfest, Deutsches *117,* 220, 237
Turnverein Cannstatt 230
Uferschutz 179f.
Uffkirchen 32, 222
Ulrich I., Graf v. Württ. 222
Ulrich V., Graf v. Württ. 30, 183, 223
Ulrich, Herzog v. Württ. 35, 39, 200, 208
Umweltprobleme 90f., 129ff., 173, 181, 186f., 240
Unruhe, politische 63f.
Unterboihingen 40
Untertürkheim 208f.
Uta, Gräfin v. Calw 222
Vatikan (Wohnsiedlung) *93,* 95, 236
Vaut, K., Bürgermeister 39, 224

Vauthier von Baillamont, C. A. Baron, Ehrenbürger 44ff., *45*
Veiel, Dr. A. (v.), Arzt, Ehrenbürger 13, 101, 154, 229
Veiel, Dr. E., Arzt 154
Veiel, Dr. F, Arzt 154
Veiel, Dr. Th., Arzt 154
Veiel, Heilanstalt *153,* 154
Veielbrunnenweg *88,* 93f.
Vellnagel, R. v., Geh. Hofrat, Ehrenbürger 196
Verein für Krankenpflege 235
Verein, Evangelischer 233, 235, 241
Vereine 102, 132f. 140
Vereinigung (Stuttgart – Cannstatt) 105ff., 236
Vernebelung 121
Verschmutzung (Neckar) 176, 181f.
Verschönerungsvereine 156ff., 230, 233
Versorgung 96f.
Victoria-Thater 101, 235
Viehwirtschaft 71
Viehseuchen 46, 69, 227, 230
Villa Seckendorff 155
Volksbibliothek 236
Volksfest 90, 212ff., *213,* 228, 230
Volkssturm 121, 239
Volksverein, Demokratischer 234
Vollmöller, Brüder, Flieger 216
Volz, Th., Zeichner *195*
Vulkanausbrüche 48, 62f., 225
Wächter, Oberregierungsrat 163
Währungen 141, 233, 237, 239, 242
Waiblinger Straße 240
Wald, Cannstatter 72, 102
Wandelhalle 60, *60,* 69, 150, 231
Wappen 28, 222
Wartberg 237
Wasen 208ff.
Wasserkraft 60
Wasserversorgung 96f., 119f., 199, 233, 236
Wegegeld, -zoll 204, 206, 223
Weil, Schreiner-Obermeister 190
Wein- und Brezelfest 140, 240
Weinbau 26, 33, 71f., 229
Weinberghaus 60, 231
Weiß, Matthias, Baumeister 201
Weiß, sen. + jun., Werkmeister 193
Weizsäcker, R. v., Bundespräsident 237
Werft 170, *171*
Wergo, Spinnerei 62
Wernau, Veit v. 39
Werner, H., Fabrikant 13, 87
Werner & Pfleiderer, Maschinenfabrik 82, *82,* 87, 233
Weyhing, Baumeister 204
Wiesenbewässerung 208f., *223*
Wilhelm I., Kaiser 214
Wilhelm II., Kaiser 211, 234
Wilhelm I., König v. Württ. 18, 50–60, 65, *70,* 97, 145f., 149, 151, 154, 157, 167, 170, 180, 188ff., 193f., 204, 209, 212f., 218, 228ff., 231, 233
Wilhelm II., König v. Württ. 104, 157f., 196
Wilhelma 58ff., *59,* 178, 229, 233, 240
Wilhelma-Theater 53, 59f., 229
Wilhelmsbad 147f., 150, 234
Wilhelmsplatz 92, *123,* 124, 137, 230, 235, 238, 240, 242
Wilhelmstraße 51f., 229
Wilhelms-Zentrum 137
Winkel 49, *49*
Wirtschaftskrise 233
Wochenmarkt 223
Wohnungsbau 105, 109, 237, 239
Wohnungsbauverein 93f.
Wohnungsnot 108
Wölfert, Dr. K., Luftfahrtpionier 215f., *216,* 234
Wörner, S., Unternehmer 205
Württemberg, Grafen v. 222
Zais, Adolf, Fabrikant 58
Zais, Albert 58
Zais, Chr., Baumeister 13
Zais, W., Fabrikant 55, 58, *227*
Zanth, L., Architekt 59, 229
Zeitler & Missel, Vernickelungsanstalt 125
Zeitung 101, 227f., 239
Zeltmann, J. F. 114
Zetkin, K., Politikerin 219
Ziegeleien 83, 85, 94, 130f., *130,* 241
Zuckerbergstollen 242
Zuckerfabrik 82, 126, 236, 242
Zuffenhausen 113f.

Kornwestheim
Aldingen
Stammheim
Zatzenhausen
Mühlhausen
Zuffenhausen
Hofen
Münster
Burgholzhof
Röm. Castell
CANNSTATT
Fellbach
Rosenstein
BERG
Exercier-Platz
STUTTGART
Ostheim
Gaisburg
U. Türkheim
Gablenberg
Wangen
O. Türkheim
Frauenkopf
Rohracker
Karlsvorstadt
HESLACH
Hedelfingen
Degerloch
Sillenbuch
Heumaden
Kleinhohenheim
Riedenberg
Brühl
Weil
31
24